imaginist

想象另一种可能

理
想
国
imaginist

"娜拉"在中国

"Nora" in China

新女性形象的塑造及其演变

1900—1930 年代

许慧琦

上海三联书店

图书在版编目（CIP）数据

"娜拉"在中国：新女性形象的塑造及其演变，
1900—1930年代 / 许慧琦著 .-- 上海：上海三联书店，
2024.7
ISBN 978-7-5426-8524-7

Ⅰ.①娜 ... Ⅱ.①许 ... Ⅲ.①妇女学 – 研究 – 中国 –
近代 Ⅳ.① D442.9

中国国家版本馆 CIP 数据核字 (2024) 第 103305 号

"娜拉"在中国：新女性形象的塑造及其演变，
1900—1930年代

许慧琦 著

责任编辑 / 宋寅悦
特约编辑 / 刘　铭
封面设计 / 汐　和 at compus studio
封面插画 / 几　迟 at compus studio
内文制作 / 陈基胜
责任校对 / 王凌霄
责任印制 / 姚　军

出版发行 / 上海三联书店
　　　　　（200041）中国上海市静安区威海路755号30楼
邮　　箱 / sdxsanlian@sina.com
联系电话 / 编辑部：021–22895517
　　　　　发行部：021–22895559
印　　刷 / 山东韵杰文化科技有限公司

版　　次 / 2024 年 7 月第 1 版
印　　次 / 2024 年 7 月第 1 次印刷
开　　本 / 880mm×1230mm　1/32
字　　数 / 290千字
印　　张 / 12.5
书　　号 / ISBN　978-7-5426-8524-7/D · 636
定　　价 / 78.00元

如发现印装质量问题，影响阅读，请与印刷厂联系：0533-8510898

新 序

《"娜拉"在中国》的初版,是 2003 年,距今正好 20 年。它乃是我头一本专书,是我 2001 年从台湾政治大学历史系研究所毕业时的博士论文。系上于 2003 年帮我出书时,我感到非常荣幸与感谢,但没想到要修改内容。换言之,这本书当时没有经过从博论转型为专书的过程。我开始教书之后,偶闻优秀后辈读过这本书,既高兴又感惶恐,只希望拙著对她/他们研究近代中外性别史,多少有点帮助。

2022 年暑假时,理想国的黄旭东编辑联系我,表示有兴趣出这本书的简体字版。我惊喜之余仍感惶恐,心想此书过了这么久,还能有学术贡献吗?在黄编辑鼓励下,我与理想国签了约。理想国希望我或许前言结论多少修改一下,以不显过时。但当我开始修改工程时,却感到这是个更新此书的宝贵时机。尤其,在我搜集与阅读过去 20 年间大陆学界出版的相关研究著作后,也希望能借此机会,纳入这些研究。因此,书稿修改的篇幅,超过我原先预想的程度;修改稿的主要论点与章节架构,也都有别于原书。我很希望,简体中文版会是《"娜拉"在中国 2.0》（更进化版本）。这个版本的诞生，有赖编辑仔细校阅，以及政大历史所硕士生杨巧丹费心助我搜集资料、整理书目。借此，一并致谢。

　　姑不论这本书内容优劣与否，我确实觉得在 2023 年谈娜拉，并不过时。特别是在当代社会，论近代中国的"娜拉"形象及其实践，仍能引发吾人省思。在书稿修改版中，我企图超越只就娜拉论娜拉的史料视角，而以娜拉为个案，检视近代中国男性本位大叙事的深远影响。通过基于史料而阐述的娜拉历史发展，有助于揭露女权解放或女性主义演进过程的助力与阻力。直到 2023 年，英语与华语世界，都还有《玩偶之家》的公演；这意味着娜拉想"做一个人"的意念，对当代社会依旧有启发性。不论资本主义或共产主义社会，无论民主或集权统治，都尚未改变男性本位的政治与经济运作模式。同工不同酬、玻璃天花板（glass ceiling）等职场性别歧视，普遍存在于各国。近年来在欧美与亚洲各国都掀起的"#MeToo"运动，触动了众多不同阶级、年龄、地区、种族与宗教的女性，揭露自己受虐却有苦难言的经历。即使民主国家如美国，也能轻易由最高法院推翻女人掌控自己身体的主导权。社交网络平台上，制约、歧视、批判乃至仇恨女性的厌女言论，俯拾皆是。原来，直到现在，女人想要完整、自主自在地"做一个人"，还如此不简单。

　　虽然看似自不量力，但我仍希望这本书，能发挥一点历史后视镜的功用；即使无法鉴往知来，也能在认清一路走来的险途困境之际，让今人少走些冤枉路。

2023 年圣诞前夕

目　录

绪 论

关于娜拉

2022 年 10 月，搜狐网上一篇《永远不要低估一个女人的力量》的文章，介绍了因婚姻破裂而出走的 58 岁旅游博主苏敏，并称她"被誉为中国版娜拉"。[1] 2000 年 9 月，台北《联合报》"二十世纪回眸专辑"有篇专文《娜拉不想离家》，作者兼精神科医师王浩威以一位女病人的故事拉开序幕，缕述百年前后的近代中国，女性面对家庭与社会的处境大不相同。"一百年前，不准娜拉离家；一百年后，不准不离开。"[2] 镜头拉回 81 年前，郭沫若（1892—1978）曾于《〈娜拉〉的答案》（1942）一文将清末革命女杰秋瑾（1875—1907）冠以"不折不扣的中国的娜拉"头衔。[3] 上述三例，暗示"娜拉"似在中国大陆与中国台湾地区有相当的知名度与代表性。王浩威还效法前人，将"娜拉"封为"那一位民国初年进步男女共同向往的典范"。[4] 娜拉究竟是谁，且如何见闻于华人社会？此问题，须从娜拉的原型及其如何传入中国说起。

娜拉（Nora）是挪威剧作家易卜生（Henrik Ibsen, 1828—

1906）的代表作《玩偶之家》（*A Doll's House*，在中国又称《娜拉》）的女主角。[5] 此剧乃根据真实故事改编，批判 19 世纪末西方资本主义社会、家庭与婚姻的黑暗面。[6] 娜拉是一位中产阶级家庭主妇，曾为救丈夫而伪造文书。未料数年后东窗事发，其夫却只顾自身名节，震怒并辱骂她不足为人妻母。娜拉于焉领悟八年婚姻无异于儿戏，自己只是丈夫的玩偶，没有独立的意志与自主权。她因而向其夫表明要先"教育自己"以"做一个人"，最后舍弃三个小孩与丈夫，飘然离去。

《玩偶之家》一剧，以娜拉开门进家为始，关门离家而终，家门内外的象征意义相当强烈。[7] 易卜生安排让娜拉出走，"是在于让人们彻底了解问题所在，不是要强迫他们在此一特殊案例中采取这种特殊的解决之道"。[8] 该剧于 1879 年首度公演以来，因其开放性的结局，而在世界各地陆续掀起关于"娜拉出走"的讨论热潮。每个上演此剧的社会，各以其文化思维与价值标准，来理解并评估娜拉。中国社会亦不例外。由于不同文化背景使然，中国论者对《玩偶之家》与娜拉的诠释，颇有别于西方剧作家及舆论观点。

让我们以年代为序，快速扫描娜拉在近代中国社会留下的重要痕迹：1914 年，上海"春柳社"成员陆镜若（1885—1915）等人首次公演《玩偶之家》。1918 年，《新青年》首次出版专刊"易卜生号"，正式将娜拉介绍给国人。1919 年，胡适（1891—1962）以《娜拉》为样本写了中国版娜拉的《终身大事》。[9] "五四"爱国学潮时期，"曾到处上演《娜拉》"[10]，"也到处有人在家庭里真的做了'娜拉'"[11]。1923 年，鲁迅（1881—1936）发表"娜拉走后怎样"的演讲，提出中国离家女性的出路问题。1934 年，以议论时局著称的《国闻周报》，标出"娜拉走后究竟怎样"的主题，展开两个多月的讨论。

1935 年初,南京发生引起京沪等地热议的"娜拉事件",上海电影"新女性"掀起与娜拉相关的讨论。同年,左翼的上海业余剧人协会公演"娜拉",由蓝苹 (1914—1991) 出饰娜拉一角,大受好评,电台还有"娜拉"广播剧。1935 年因此被中国文艺界称为"娜拉年"。1936 年 2 月到 4 月,上海《申报》首次以图文并茂的方式,刊载《娜拉》全剧。

以上介绍虽简要,却透露娜拉在 20 世纪前三分之一的中国社会频繁出现的现象。一个外国女性形象,在中国能起什么作用,不禁令人好奇。"娜拉"在中国,代表什么?该形象的塑造与转变,传达怎样的时代与性别信息?

Why 娜拉?

长久以来,"娜拉"在中国始终因被视为新女性形象而闻名。[12] 人们传诵"五四"时代被译介来华的娜拉,指其为"易卜生所举来做模范的'觉醒的妇人'"[13]。有学者还指出:"曾经叱咤风云、名噪一时的'五四'新女性皆是中国的'娜拉'!"[14] 丰富与多元的史料揭露娜拉在"五四"时期被引入中国后,出现女子出走与妇女解放风潮。但娜拉显然并非近代中国头一个享有高知名度的外国女性形象。清末女权意识方兴,改革与革命思潮涌现之际,有志之士已竞相译介各类外国女杰。著名者如罗兰夫人 (Madame Roland, 1754—1793)、比切·斯托夫人 (Harriet Beecher Stowe, 1811—1896)、苏菲亚 (Софья Львовна Перовская, 1853—1881) 与圣女贞德 (Jeanne d'Arc, 1412—1431) 等。[15] 但这些外国杰出女性,在女子中小学教育方起步的清末,顶多只是改革 / 革命派精英男女认同的典范。当时真有能力效法她们爱国救亡或贡献社会的中国女性，寥寥无几。纵然五四新文化运动掀起继清末之后又一波思想变革浪潮，上述外国女杰也不复发展空间。

那么，与娜拉同属外国文艺创作主角，且在中国也享有盛名的茶花女（the Lady of the Camellias）呢？茶花女乃法国作家小仲马（Alexandre Dumas fils, 1824—1895）在 1848 年出版的小说《茶花女》（*La Dame aux Camélias*）主角玛格丽特·戈蒂埃（Marguerite Gautier）之别名。此小说描述贫苦乡下女子成为巴黎上流社会交际花后，结识一名青年并陷入情网，但两人却因青年的家庭问题而被硬生生拆散，最终天人永隔。《茶花女》首部中译本，为林纾与王寿昌于 1899 年合译并出版的《巴黎茶花女遗事》。该书迅即广受欢迎，在民国时期还有众多翻译、改编、重写与再创作版本。[16] 有学者称誉此小说为"中国近代以来影响最巨的浪漫主义译作"，女主角茶花女对爱执着的坚贞崇高形象，也深入人心。[17] 而茶花女与娜拉形象最主要的差别，在于前者散发牺牲的美德，后者展露独立的自觉。

此一差别，已然揭示娜拉得以受五四新文化人青睐的原因。陈独秀（1879—1942）主编的《新青年》，明确期许中国新世代展现自主进取的精神。[18] 陈独秀、吴虞（1872—1949）与鲁迅等知识分子联袂批判儒家礼教，汇聚"五四"的激烈反传统思潮。这些抨击传统家族威权、呼吁个性解放的新文化人，只会属意觉醒后要求自立的娜拉，不会惊艳于自我牺牲的茶花女。娜拉原是个平凡的中产家庭主妇，婚姻中的生活重心是丈夫与小孩。但她醒悟离家的举措，却席卷五四青年男女之心，并启发他们抵抗家庭与婚制传统。此后，她的反抗与自立精神，持续为中国论者发扬。娜拉"已婚出走"的身份，在民国社会被多方延伸转化，使她成为所有反传统离家女性的象征。要言之，娜拉正是"五四"反传统思维召唤出的近代中国"新女性"象征。

娜拉与近代中国大叙事

然而，娜拉在中国，果真只是新女性代表吗？

或者，换个角度问：民国论者构建与宣扬娜拉精神，为的是谁／什么？

当时的报章刊物、时人论著与文艺创作等史料，大体反映出娜拉最初乃"五四"知识男性的论述产物。自20世纪20年代以降，伴随着女子中高等教育逐步开展，为数渐增的知识女性或坐而言或起而行地，加入再现娜拉的行列。北伐后到抗战前的20世纪20年代后期到20世纪30年代前期，从女学生成长为各领域专业女性的论者，接棒发扬娜拉新意象。此一随时而移的娜拉形象，看似只象征新女性，且只为女性服务，实则不然。

本书将阐明，娜拉得以在中国社会发挥如此广大深远的思想影响，关键在其超越性别、阶级、族群和年龄藩篱的自立与反抗意识。当娜拉现身"五四"中国时，体现的是具普世意味的新人理型。易言之，新人性是娜拉的原型，新女性是衍型。但娜拉衍型的相关论述，很快便凌驾其原型，并广为后世接受。

新女性作为中国娜拉的衍型，透露出中国新女性论述的本质，并非专为女性自身需求服务，而是以宣传符合各种大叙事的新女性特质及表现为宗旨。法国哲学家利奥塔（Jean-François Lyotard, 1924—1998）表示，每个时代皆存在占主导地位的思想或信仰体系，即所谓大叙事（grand récit）。近现代社会的大叙事，自我标榜为具现普世真理与正义，并以应然的典范权威支配实然发展。[19]近代中国亦不例外。自天朝体系受国际体系挑战的清后叶以降，中国便在救亡、自强、变革与解放等诉求下，发展出接受西方价值观的大叙事。而从性别视角观之，这些大叙事，清一色都是男性本位。男性本位观，即以男人主导的权威、机制及组织，来开展政治经济和社会文化活动以及建立性别关系。原则上，维持既有分工秩序的性别论述，都属男性本位。这绝不表示，男性本位思维不支持女权。男性本位观的女权思想鼓励女人做男人从事的事，到男人主宰的社会场域活动，却不会相应鼓励男人做女人做的事，或发展良好的女性化气质。一言以蔽之，男性本位观抱持"男人是人，女人（至多）是类男人"的心态。这使男性本位的大叙事虽允许甚至鼓吹女权，女人却始终无法挑战男性性别优势。

许多近代中国的女权思想，都基于男性本位大叙事而发。梁启超（1873—1929）的《新民说》（1902—1906）与金天翮（1873—1947）的《女界钟》（1903），可谓清末最具代表的男性本位女权论述。这些受西潮启发，而欲振衰起敝的改革／革命精英，都不约而同将目光望向受无识与缠足所苦的女性。梁启超形容得最为贴切，全中国若有半数之人都是分利者，国家如何得兴？[20]因此，欲新中国，不只须新民，还得新女性。从清末到民国，各种大叙事随时间推移而生，不少都以反传统为基调，以追求中国的现代性。新女性是这些大叙事实践过程中的核心部分。娜拉，便成为这些大叙事着意宣扬的新女性象征。

本书即旨在揭露近代中国多种反传统的男性本位大叙事，如何发挥娜拉的意象来塑造随时因势而变的新女性形象，以为其服务。自"五四"以来，以追求个性解放为重的新文化运动，开启了启蒙觉醒的大叙事。此一大叙事强调欲新中国，须新文化；欲新文化，须新青年。它的矛头，指向种种约束青年行动与人生选择——如求学与婚姻——的权威体制。觉醒的重点，在于突破被视为阻碍个人发展的陈俗旧习，这些旧习既广涉礼教纲常，也包含家族／家庭专制。走出传统，不论思想或行动层次，便成为接受启蒙觉醒大叙事的关键。五四新文化运动的反传统思想，将清末已出现的文明结婚激化推进为自由结婚。以欧美自由恋爱及科学优生思想为基础的自由婚恋大叙事，在 20 世纪 20 年代前半期迅速形成。提倡者将自由婚恋定位为同时可裨益个人、男女双方、社会乃至国族的现代性核心。与此同时，由国共两党主导的妇女运动，被融入政党推动的国族大业，而以解放平权大叙事的面貌出现。此叙事强调男女平等，妇女解放须以社会解放为依归，号召女性在社会公共领域为自己争权、为社会谋利且为国家效劳。以上重点有别的民国大叙事，都需要女性不仅独立自主，且做对社会有用的人。

《玩偶之家》中娜拉觉醒后立意出走的表现，成为上述三类大叙事之理想新女性的公约数。娜拉坚定果决，有自知之明但也有闯荡社会的勇气。她的反抗与自立精神，成为这些大叙事论者共同拥护的新女性主要特质。娜拉的出走，更从"五四"以降，成为新女性追求现代生活与社会贡献的重要指标。

本书从近代中国男性本位大叙事的多元视角，考察娜拉被诠释与实践的演进过程。此一研究策略，不仅可揭示民国时人频繁宣扬娜拉意象的宏观动机，也能检视娜拉形象允许民国女性"做自己"

的限度。此外，考察男性本位论述，也能突破以生理性征为区隔的僵化性别分析。其实，民国时期许多女作者的女性／女权论述，都属男性本位。这类论述多主张法律上男女平等，宣扬女性在公共领域从事各类活动以及参与政治。

基于对民国几类大叙事的分析，本书将论证娜拉形象在中国的演变，同时映照出新女性与女权论述在中国的多种发展空间，及其难以突破的困境。娜拉的反抗与自立精神，赋予中国女性走出传统的重要动力。我们将在本书中看到民国多类大叙事，不约而同以娜拉的出走来激励女性。拜娜拉论述之赐，许多民国女性理直气壮争取在社会上的立足之地。然而，"女性加入男性专擅的活动领域"之类的思维，既未挑战男性社会优势，也未改变女性的家务责任。因此，职业女性及男性本位的新女性论述，皆陷入矛盾困境。对职业女性而言，虽得社会发展机会，却须面临传统女性不曾有的公私领域"双重负担"。而新女性论述总是以符合男性本位的国族与性别价值观来评估、规范女性的言行表现。基本上，那些只满足女性小我而非为社会或国族大我的行径，皆容易被男性本位大叙事批判为自私。从围绕娜拉延伸的各种女性论述，便可发现此种趋势。由此可知，并非所有效法娜拉出走的中国女性，都会获得上述大叙事论者的认同与肯定。中国娜拉的新女性论述，是在符合男性本位的现代性叙事前提下出发的。此即中国娜拉论述的局限。

大叙事·娜拉·中国女性

本书除绪论与结论外，共分四章，阐述四种近代中国大叙事为何及如何建构娜拉为中国新女性形象，以及中国女性实际出走的演进历程。《玩偶之家》虽于民初传入中国,但清末萌芽的新女性论述,已然为娜拉在中国的发展铺路。本书第一章"召唤娜拉",探讨受救亡图存意识激发的国族自强大叙事所发展的新女性论述。我将从跨文化脉络出发,说明娜拉现身中国的国际与国内思想背景。清末内外多种危机催生的国族自强大叙事,孕育出中国前所未见的女权概念,并开始援用外国女性作为中国新女性典范。为求较宏观地掌握娜拉在中国的形象塑造及演变,本章也重点勾勒易卜生的创作理念,以及《玩偶之家》在欧、美与日本演出引发的讨论。借此,我们可更清楚地理解中国论者赋予娜拉的含义与特质。

第二章"自救娜拉",勾勒娜拉被迎进中国的新文化大叙事氛围及其最初意象。经过民初数年复古风潮回流后,《新青年》擘画了启蒙觉醒的大叙事,以推进新文化、新中国的大业。在《新青年》"易卜生号"的宣传下,娜拉的出走举动,随即成为新青年的行为典范。此一发展,须从个人主义激发的反传统思想观察,才能理解娜拉在当时普受青年男女欢迎之因。我将论析,娜拉形象的原型,是为全中国男女——尤其新青年——而塑造的。当时实践娜拉精神之人,是想脱离传统家族专制,"做一个人"的新青年。男性新文化健将先提升娜拉到体现新人性的普世层次,继而积极号召女青年自救做人。这番论述操作,奠定了娜拉作为中国新女性代言人的思想地位。精英男性成功以娜拉的"形象塑造者"自居;被新文化与爱国学潮驱策出走的女青年,则成为"形象接受者"。本章也将概述《玩偶之家》(当时多沿用胡适在《新青年》对该剧的译名《娜拉》)在"五四"中国公演的情形,以多方了解娜拉形象激起的各界反应。

第三章"抗婚娜拉",阐明继出走意象在"五四"中国确立后,娜拉最普遍被议论与实践的表达形态。"五四"的娜拉要求"做一个人"的形象,落实到中国后最本土的表现,即因应传统媒妁安排而出现的抗婚举措。因此,"五四"娜拉的出走,有别于《玩偶之家》中娜拉走出的夫家门,得先离开父家门。在离开婚姻之前,中国娜拉必须先解除婚约。以译介并发扬西方恋爱自由与科学优生观为主轴的自由婚恋大叙事,此时开始强势涌入各大进步报刊。抗婚娜拉的面貌与自立精神,正是在此大叙事的传播下,被发扬到全中国。本章将聚焦时人如何通过发挥娜拉的反抗精神,来推动自由婚恋思想,以挑战传统婚制。这类思想,主要由抗婚出走、自由恋爱、自由结婚与自由离婚四大步骤组成。我也将考察中国女性实际的抗婚出走表现,以及当时发扬娜拉意识的文艺再现。这些实际人生与创作世界中的出走,交相展现出娜拉对中国女性及新女性论述的启发。

第四章"志业娜拉",综述随中国政治社会情势演变而现身的新娜拉形象。所谓"志业",泛指超越婚姻家庭范畴的各种人生或社会发展。这种强调新女性在公共领域的表现,并将之纳入打造新中国工程的论述,本章称之为解放平权大叙事。这类叙事称扬的娜拉面貌十分多元,但可大体分为两类,一是以个人求职谋经济独立的"职业娜拉",一是以社会、政党或国家大局为重的"大我娜拉"。20世纪20年代的政党政治、妇女动员以及革命浪潮,都是促使志业娜拉逐渐取代"五四"自救或抗婚娜拉形象的主要时代因素。本章将论说,职业娜拉的应然面与实然面所存在的落差,最可显现男性本位大叙事的新女性论述对女性的制约。我通过舆论对"花瓶"与"摩登女子"的污名化,指明中国职业娜拉面临的困境之一。另一困境，则是伴随 1929 年经济大恐慌而席卷全球的复古浪潮，要求职业娜拉回家的反挫。但也正是在一片要求妇女返家的呼声中，娜拉论述如浴火重生般，展现新貌。从北伐后到抗战前，原先以小我为重、自救为先的旧型娜拉，逐渐被扬弃。反对妇女回家的男女论者，在解放平权大叙事的旗帜下，建构出为"大我公益"而出走的新型娜拉。本章将举众多实际生活、舞台表演或文艺创作的娜拉表现／再现为例，显示志业娜拉在中国的发展空间及其限度。

通过检视不同大叙事主导的多样娜拉论述，本书既凸显中国论者挪用与发挥娜拉意象的本土意识，也追踪其随时随势而变的新女性面貌。我们将发现，娜拉在中国，显然具有丰沛能量与思想韧性，得以因应不同时局而生存。但是，娜拉持续有启发性的事实，也显露各种男性本位的大叙事仍宰制着社会。

第一章

召唤娜拉：国族自强大叙事下的新女性论述

　　自 19 世纪中叶以来，外国势力的多方渗透与侵犯，引发中国一连串求新求变的言行，也催生出民权及女权思想。朝野有志之士，出于"师夷长技以制夷"的救亡图存心态，从军事器械、制度政体到思想文化层面，逐步改变中国的样貌。19 世纪末，西方传教士与中国维新人士，陆续传播以社会进化思想为基础的欧洲文明等级论。宋少鹏的专书，精彩阐述此一以欧美为最高等级的文明论，如何在中国孕育出女权的概念。此乃因妇女的地位被视为文明进化的重要指标，而美国监理会传教士林乐知（Young Allen, 1836—1907），进而将妇女视为中国文明封闭落后的象征与根源。当妇女问题被纳入中国变革思潮的一环时，妇女也在文明求进化、国族争富强的过程中，发展成行动主体。[1] 须藤瑞代的深入研究，说明西方的天赋人权思想在日本与中国等东亚国家发酵出"民权""人权"与"女权"的概念。从梁启超、马君武（1881—1940）与金天翮，到秋瑾、张竹君（1876—1964）与何殷震（1884—1920），这些男女知识分子开展出多种异质的女权论述。[2] 其中，除了何殷震从无政府主义出发主张女子解放以外，其他女权论见，都以"教育革新女性是富强中国之关键"为前提出发。故若不论无政府主义此一例外，清末女权思想，原则上皆依循男性本位的国族自强大叙事脉络而生。

以救亡图存为宗旨的国族自强大叙事，虽然致力于将女性拉出礼教传统的深沉泥淖，却明显优先强调她们为国族人民尽义务之社会责任。此种大叙事一切以大我为重的思维，可见诸"兴女学"与"废缠足"这两项女权主要诉求。"兴女学"在传教士与维新志士陆续指陈中国女子无知、无用以致误国之际，被大力提倡，以救济女子并使之免为梁启超笔下的分利者。"废缠足"则在西方文明论将缠足传统折射为中国野蛮陋习的脉络下，被强力动员进行。[3]不论改革或革命阵营的男女知识分子，几乎众口一致，从富国保种、贡献社会的前提，凸显女教或天足的急迫时代意义。清末从国民之母到女国民的新女性形象，皆反映时人期许乃至要求中国女子共赴国难的殷切之心。[4]各种译介外国杰出女性的著作，也多宣扬为国为民为社会奉献的各家女杰。[5]

无论"兴女学"与"废缠足"诉求，或金天翮在《女界钟》中所列的各种女权主张，都隐然汇聚着号召女性走出家庭从事各项活动的思潮。《女界钟》主张女子有入学、交友、营业、参政、掌握财产、出入及婚姻自由等权利。先不说营业等难度更高的女权，即便当时的"兴女学"，也已超越家庭教育这种传统形态，而以学校教育为准。换言之，女教在清末涉及女子迈出家门，到学校接受群体学习的教育。"废缠足"的主张，或许并不只为走出家门而被提倡，却是女子得以在家内外自在活动的重要前提。可以说，这些因应大局需求而被呼吁的女权，交相烘托出女子进入社会有所为的现代条件。

依历史的后见之明，19、20 世纪之交的中国，已然形成迎接娜拉的新时代氛围。晚清仁人志士受西方文明论的思维引导，群趋译介被认定值得中国女子效法的外国女性典范。季家珍（Joan Judge）在古今中外的时空轴线下，探究清末时人通过"传记"讨论妇女、国家与历史的互涉。季家珍区分当时这类传记，如何发展出对女德、女才与女力立场相异的论述。借此，她呈现由世俗化、全球化与时间化等特质交织出的中国多元现代性。[6]季家珍等学者的研究，再现外国女性参与晚清因应变局的自强大叙事之历史图景。[7]这些宣扬外国女性典范以供中国女子效仿的著述，为日后娜拉进入中国培植出丰厚的思想土壤。

本章将探讨清末民初知识界，如何借由外力来思索国族与性别问题，并孕育出得以接受娜拉精神的新女性意识。所谓新女性意识，指不同于以往社会普遍接受的传统女性言行价值观、特质与自我认同方式。在此，新女性意识并非仅指女性自我形成的主体意识，而是不论男女所发展出的有别于传统的女性观。我将先考察清末时人如何介绍宣传外国女性形象，并将其转化为塑造中国新女性的资源。之后，我将简介易卜生思想在欧美的发展经过，进而勾勒进入中国前的"娜拉"跨国传播的流衍意象。

第一节　清末民初新女性意识的萌芽

近代中国的新女性意识，从酝酿、发展到演变，都曾接受并寻求外力相助。本节说明身处变局的清末知识分子，通过兴办新式女子教育，提供女性走出家门的机会，并由此衍生出新女性观。他／她们介绍外国杰出女性，塑造具有"国民母"或"女国民"特质的新女性，以为国尽义务。本节最后陈述辛亥革命后新旧观念杂陈的民初社会——娜拉进入中国前夕——在女权思想的进展上，存在的阻力与助力。

1. 从家庭到学校：出走的第一步

传统的中国女子教育，历来皆被赋予培养、规范妇女思想行为与价值准绳的重要角色。[8] 此种教育，体现传统社会男、女相生相辅的两性观；不过，女性始终扮演的是配角，以贤以德，来衬托出男性的才、智与能。概言之，中国传统女教，主要是为凝聚家庭宗族、稳定社会结构而逐步发展。诚然，过去社会许多中下层妇女，因须从事家庭生产而走出家门，也曾有妇女受迫乃至受诱于各种人事因素而逃出家庭的案件。[9] 但大体上，传统中国女性的生活空间与生命关怀，仍以家庭为核心。[10]

清末发展的女子教育不同于以往之处，在于提供青年女性走出家庭、进入学校与社会的契机。[11] 清末女子教育的发展，从西方传教士创办的教会学校开始，继之为国人私设的女子学校。[12] 西方教会从 19 世纪 40 年代至 70 年代，陆续在华设立女子学校。这类学校不仅免收学费，还提供食宿，发给衣物甚至少数零用钱，实为中国社会前所未有的经验。[13] 初时的教会女校，因国人早期对传教士的疑惧与猜忌而进展缓慢，且仅限小学教育阶段。然由外人开始的女子教育及其成绩，却激发不少中国知识分子兴办女学的决心。[14]

郑观应在《盛世危言》中撰有"女教"一篇，以泰西女学的兴盛为模范，倡议"广筹经费，增设女塾"。[15] 当时不乏受民族自尊心驱使而生创设女学之心者，梁启超的《倡设女学堂启》可为代表：

> 泰西女学，骈阗都鄙，业医课蒙，专于女师，虽在绝域之俗，邈若先王之遗，女学之功，盛于时矣！彼士来游，悯吾窘溺，倡建义学，求我童蒙，教会所至，女塾接轨。夫他人方拯我之窘溺，而吾人乃自加其桎压，譬犹有子弗鞠，乃仰哺于邻室；有田弗芸，乃假手于比耦，匪惟先民之恫，亦中国之羞也。[16]

梁氏借上述比喻，说明女子教育为中国自身应倡导的事业，不该由外人掌控。日后创办第一所女学堂的经元善，曾针对兴建女学堂之事，向南洋大臣上奏折言：

> 卑府等窃见西女教士，传教所至，设立女塾，教授中国女子，所在多有……惟是西士宗仰西经，教旨所垂，不出彼法，堂堂中国，使诸妇女不幸而不得闻往圣先贤之说，圣祖神宗之教，非斯人之责，而谁责欤？[17]

上述两段引文，透露出中国男性知识分子提倡女学之因，多少起于不甘让外人操控教育中国女性的主导权。

"兴女学"一事在康有为、梁启超等维新派大力提倡下，其规模与成效实为清末妇女运动最卓越者。1897年夏秋之交，李闰（谭嗣同之妻）、黄谨娱（康广仁之妻）等维新派人士之妻，为提升妇女的文化水准成立了女学会。次年 6 月，梁启超与经元善等人，赞助创办第一所国人自办女学堂，通称经正女塾或经氏女学。[18] 可惜在 1899 年 8 月，该学堂因戊戌政变带来的政治压力，被迫停办。[19] 虽然如此，庚子拳乱后，倡设女学之声浪，仍随时人的改革与革命议论而更加浩大。20 世纪初年，各地陆续出现女子学校，报章时常刊载女子学堂的成立公告及其章程。[20]1902 年，上海商务印书馆开始应市场需要，编印女子学堂用书，为女学堂的教学提供一定的可靠保证。[21] 维新派、开明士绅、商人、归国留学生与地方官僚，都积极投入创办女学的行列。一时间，兴办女学的风气蓬勃蔓延。1906 年，浙江杭州贞文女学发生校长惠馨（惠兴）女士因办学经费日绌而自杀的事件。《东方杂志》记者载惠馨女士"博学能文"，"知国势日蹙，非兴学无以救亡，乃大感奋，以提倡女学自任"，因"女学垂危，而乃以身殉之，冀动人怜"。[22] 惠馨为满族女子教育与社会福祉，不惜牺牲性命以动视听，反映有志女性也体认求学的重要性。[23]

截至此时，清末"兴女学"的风气，仍只限于私人自设层次；女子教育尚未由官方承认并推行。1907 年 1 月 24 日，学部奏定《女子师范学堂章程》39 条与《女子小学堂章程》26 条，首度将女教明文列入正规教育体制内。[24]学部奏折上有言："近来京外官商士民，创立女学堂，所在多有。臣等职任攸关，若不预定章程，则实事求事者，既苦于无所率循；而徒务虚名者，或不免转滋流弊。"[25] 由此可知，将女子教育纳入学校系统，实为大势所趋。为求统一管理，该奏折表示："现在京外各地方，如一时女教习难得，不能开办者，务须遵照前章，实行家庭教育之法，以资补助；其已开办各女学堂，务须遵照此次奏定章程，以示准绳。"[26]

根据统计，到 1907 年年底，全国已有女学堂 428 所，女学生 15498 人。从 1903 年到 1908 年，全国女校增加了 58.5 倍。女子教育之受重视，由此可见一斑。[27] 除了上述有关女子学堂的兴办及数据，这些女校的教育宗旨，尤其反映当时社会对女子接受教育后的角色定位。[28] 以《女子师范学堂章程》为例，其声明"以启发知识、保存礼教，两不相妨为宗旨"。[29] 经正女塾的教育宗旨，则"以彝伦为本，所以启其智慧，养其德性，健其身体，以造就其将来为贤母为贤妇之始基"。[30] 报章舆论，如 1906 年 4 月 20 日《顺天时报》的《论女子教育宜定宗旨》一文，也期许女子教育"宜趋重道德，以养成贤女贤妇贤母为宗旨"。该文末更强调："若徒以学术工艺，炫其所长，矜言独立于社会，致启男女之竞争，则失教育之宗旨矣！"[31]

"贤妻良母"，是自清末到民初，从执政当局、乡绅名流到维新知识分子共同认可，并加以提倡的女子教育纲领与行为典范。[32] 李又宁曾指出，维新人士理想中的贤妻良母"与传统的不同，是不缠足、有基本知识，不作丈夫和国家累赘的女子。……他们并不鼓励妇女像娜拉一样，走出家庭"。[33] 这种由维新派提倡在先、清廷接受于后的女子教育理念，主要希望女子摆脱分利者的角色，尽好"国民母"的责任。就此观之，此种贤良教育孕育出的清末"新女性"，不需离家便能做到。梁启超便认为，妇女出于天性与本能，相当适合从事"育儿女、治家计"等室内生利事业，以益于国家社会。[34] 不过，纵然维新派仍谨守男女有别的分际，其所发起的"兴女学"与"废缠足"运动，仍开启女子走出家门的机会与能力。

清末女子求学的动机，包括主动被动希望追求知识与健全身心，为自己的未来铺路，或为逃避家庭问题（如自身婚姻、分产纠纷等）而就学。那些踏入学校门槛的女子，已象征性迈出家门，争取接触新世界的机会，去想象不同于以往的未来。此外，更有少数青年女性踏出国门，远渡重洋到海外求学。这批经自费或公费得以走出中国的幸运儿，逐渐摆脱早期"小脚蹒跚闯世界"的辛苦，在生理与心智上，争取与男性同样的发展机会。这群留洋女学生，对近代中国新女性意识的发展产生了正面的刺激与鼓舞作用。[35]1903年赴日就读的何香凝（1878—1972），1908年赴美求学的宋庆龄（1893—1981）、宋美龄（1898—2003）等早期留学女性，日后都在中国社会发挥重要影响力。[36]

由上可知，清末的"兴女学"运动，受西方教会的刺激而展开，并由国人发扬光大。地方人士努力自行创办学校，终于促使清廷意识到女子教育的重要性，将之拢括于正式学校体系内。此后，女子学校稳步开展，女子出外就学的机会不断增加。女校纷设，不尽然代表其为新女性意识发展的摇篮。当时的官方教育思想，仍以温婉贞淑等符合传统女性的优良气质，来规范或教导女学生。但革命风气的蔓延与移风易俗观念的散播，使新女性意识随清末求新求变的措施与观念，而有机会被宣扬。这些新思潮进而鼓舞知识女性走出家门，为国为己奋斗。

2. 从《新民说》到新女性

自19世纪中叶以来，中国经历过数次对外战败的屈辱。在进化论"物竞天择，适者生存"思想的刺激下，有识之士了解到要应付大变局，不仅得"淬厉其所本有而新之"，更须"采补其所本无而新之"。梁启超的《新民说》兼具此二种认知，堪谓清末十年间知识分子求新求变的代表。[37] 梁氏"欲以探求我国民腐败堕落之根原，而以他国所以发达进步者比较之，使国民知受病所在，以自警厉，自策进"。[38]

《新民说》善用中西思想元素，奠定晚清开民智、鼓民力与新民德等启蒙运动的思想基础。[39] 梁启超撷取西方重公德、具国家思想、肯进取冒险、强调自由与权利、懂自治、求进步、贵自尊、尚合群和有毅力诸多长处。他再从王阳明学派的正本、慎独与谨小三项修身功夫着手，发扬中国的良好私德以"自策进"，达到国家"安富尊荣"的理想。[40] 在他的启蒙思想中，"民"已从依附帝王统治的臣民，转变为具有现代国家概念与独立人格的国民。在此基础上，《新民说》实开启了近代中国改造国民性的道德革命，成为日后新文化运动重建现代国民道德之先声。[41] 1902 年，梁启超在甫创刊的《新小说》杂志，发表《论小说与群治之关系》一文，重复强调新民、新小说的重要性。[42] 同年，黄遵宪指出，近半年来，许多中国报刊开始采用梁氏新译或介绍的名词与字汇。[43] 由此可知，各种"新"概念已渐流传并为人所接受。[44]

新民说里的"民"，主要指的仍是男性。女性在其中，被喻为"不读书、不识字、不知会计之方，不识教子之法。莲步妖娆，不能操作"，所以居"分利者十六七"[45]，新女性的概念似乎未曾显现。不过，清末社会在新民说及新小说思想发展同时，开始出现对女性的新诠释与期许。"国民母"与"女国民"等新字眼的出现，可为一明证。[46] 维新派的新女性意识，也许仅发展到"国民母"的概念；"女国民"

意识的萌芽，则多半出于革命派的努力。

革命情势激发人心的变革欲望，促使清末女性走出旧有环境，以成就自身并贡献社会。学者严昌洪曾指出，革命派主张用移风易俗来推进革命，并通过革命改变风俗。这种反传统习俗的言行，在清末具有重大影响力。[47]同时，救亡图存的民族意识，驱使时人将19世纪90年代以来流行于中国的社会达尔文主义，转化成要求变革的意识形态。不少知识分子发扬此思想，挑战过去的制度、文化和价值观念。[48]革命成为许多人超越过去、想象未来的理想目标。当时人谈革命，意味着与过去某种程度的断裂。这种断裂，非仅政体或制度的改变，更包括如何建设新社会的观念与态度。在革命气息浓厚的清末十年，这些加诸女性的新头衔，凝聚出中国新女性的雏形，且成为时人常用来伸张女权的名词。[49]署名"初我"的作者在1904年《女子世界》上发表《新年之感》，便勾勒出中国新女子精神：

> 吾闻女子者，国民之母。精神者，事实之母也，以尊贵神圣之资格，养成高尚美满之精神，自由空气入我，陶镕万众来苏与之同化坐视。此新中国之新女子，发施此二十世纪之新事业。吾且进精神上之理论，为形质上之理论以研究之。[50]

就时间上来看，此文正接续《新民说》的发表与《新小说》的创刊。可见20世纪前十年，中国社会求新求变的意识日炽，因而推及于改造女性。

与"新"有关的众多言论，常述及"欧风美雨"对中国的冲击与启蒙，妇女问题方面自不例外。清末人士在讨论女子教育与女子参政等女权议题时，多援引西方发展为例，以说明其重要性。[51]西方的人事，在清末时人的想象与认知里，化身为进步开明的象征。诸如"欧化东渐，女学日兴，吾侪女子始渐受完全之教育""欧美诸国，男女自择，阴阳和谐，内无怨女，外无怨夫，群治之隆，蒸蒸日上""西方新空气，行将渗漏于我女子世界，灌溉自由苗，培泽爱之花"此类叙述，屡见于清末女权言论中。[52]

　　这种宣传欧美进步，以对照中国落后的行文方式，并不始自清末国人。19世纪中叶陆续来华传教的西方传教士，是系统介绍外国妇女言行的首批人士。[53]这群传教士因中国战败后所签订的条约而得以来华，融合宣扬宗教、文化与政治任务于一身。[54]他／她们借宣传西方文化优越之处，来对照并凸显中国文化诸多落后观念与野蛮风俗。这种"以文化包装宗教"的布教策略，逐步让华人认识西方文化与宗教的可取处并接受之。[55]林乐知在上海创办的《万国公报》(*The Globe Magazine* 1874—1883; *The Review of the Times,* 1889—1907)，即为清末传递西方知识的重要桥梁。[56]该报大量介绍外国妇女在各方面的活动，并明言女子地位与文明进化间的密切关联。林乐知尤其推广"女俗为教化之标志"的观点。[57]1899年《万国公报》5月号曾载林乐知翻译英人布兰飓《美女可贵说》一文，破题便谓："有人言国之盛衰，教化之优劣，观于妇女而知之。虽不能专恃为凭，然亦莫妙于是矣！诚哉！是言也。"[58]另一篇译自美国女士美而文的《论西国振兴女人之成效》，于讨论19世纪西方女性的改变与发展时指出："如是则女人之地位日高，女人之才德日著，而世人之福乐，亦藉是以日增矣！国有如是之女人，安有不成为文明教化之上国哉！"[59]

外国妇女的事迹在传教士的宣扬下，开始为国人所熟悉进而接受。维新派文人，咸以"女教普及与否"作为国家强弱的标准。[60]梁启超《变法通议·论女学》里"是故女学最盛者，其国最强。不战而屈人之兵，美是也；女学次盛者，其国次强，英法德日本是也"[61]一段话，可为个中代表。外来文化的信息持续进入中国，使时人向往西方进步的发展及其妇女的优越表现。不少人出现取法西方，以成就新女性形象的心态及行径。[62]梁启超为求凸显新学特色，不惜将古代才女文化贬为"风花雪月"般不足取，以倡其立基于"学习西方"的女学。[63]1900年庚子拳乱后，知识分子开始投注更多心思于启蒙中下层民众，希望动员更多力量共同建设新中国。[64]与此同时，知识女性，也在男性知识分子的启迪与带动下，开始担负组织女性的重责，扩大女性言论与运动的范畴。1907年《中国新女界杂志》的"创刊词"反映出女性对自身的殷切期许：

> 近年以来，朝野上下始从事于女子教育问题，通都大埠之间，女校相继成立，虽规模未备，甫具雏形，较诸东西女界，瞠乎其后。然就吾中国论之，不可谓非为吾女学界开一新纪元也。但深望当事者，勿徒尚物质的教育，必发挥其新道德，而活泼其新思想，斯教育一女子，即国家真得一女国民。由此类推，教育之范围日以广，社会之魔害日以消，国民之精神即日以发达。十年以后，如谓中国女界不足与欧美争衡者，吾不信也。[65]

该杂志创办人燕斌（炼石女士），以"输入各国女界新文明"为清末女权论述的主要任务之一。[66]李又宁归结道，清末十年间，维新派与革命派人士塑造出的女性形象，主要有三类：女英雄、医药护理专家以及教育家；其中外国与中国女性皆有之。[67]清末人士虽也赞扬中国历史上如秦良玉、花木兰等女英雄，但似乎更凸显外国妇女的众多杰出表现，期许中国女子仿效看齐。金天翮的《女界钟》即有如下见解：

> 嗟我同胞，二千年来，须眉如鲫，求可入王粲英雄之记，布尔特奇豪杰之谈，既不慨见。而红粉蛾眉，无论不足比贞德（Icanne Dare）、玛利侬（见后）、韦露（Vera Sassouhitsch）、苏菲亚（Sophia Perovskaia）、批荼（Pethias）、娜丁格尔（Florence Nightingale）之徒，即班昭、庞娥、缇萦、木兰、冯嫽等，亦不许望肩背也。我彤管其无光，我青史其无色，我神州其终不发达，我黄种其永不名誉。耗矣哀哉，国无人，国无人！[68]

将中、外女杰相提并论的叙述，在清末比比皆是。不少具有女性自觉意识的知识女性，如陈撷芬或燕斌等人，皆期许自身有朝一日可与之匹敌。燕斌曾谓：“欧美女界，其发达的程度，还不算十分高尚，所享受的权利，还不算十分满足，缺点尚是狠多呀！”[69]陈撷芬则断言，“吾中国二十世纪后之女界，为超越欧美，龙飞凤舞一绝大异彩之时代”。[70]清末的知识女性身处民权与女权思想日张的时代，多驱策自己学习西方以求“并驾其驱”或竟“能胜之”。她们也不忘时常以传统女杰的英勇事迹自期，以示中国女性“苟能人人读书，知大体，爱国爱种，办事之手段，必胜于彼男子也，必优于彼欧美女子"的信心。[71]

　　清末女性想一口气追过中国男子并超越外国女子的抱负与行文方式，较少出现在男性知识分子的女权言论中。他们介绍与宣扬外国女性的事迹，主要为求形塑符合救国自强大叙事的新女性形象。这些男性把中国妇女视为被拯救的对象，并明显表现出优于女性的姿态。[72] "设女学、阅报章、交游广、知识多"的外国妇女，被塑造为"一世幽闺闭此生"的传统中国女性学习与认同的新典范。[73] 各种外国妇女的传记介绍陆续出现，如梁启超在《新民丛报》"中外史传"系列发表的《罗兰夫人传》(1902)，曾谓"十九世纪欧洲大陆一切之人物，不可不母罗兰夫人，十九世纪欧洲大陆一切之文明，不可不母罗兰夫人"。[74] 他对这位为国捐躯的革命女性之推崇，充分流露于字里行间。《中国新女界杂志》的"史传"一栏，也有包括"美国大新闻家阿索里女士"(Margaret Fuller Ossoli, 1810—1850)、法国救亡女杰若安（即贞德）、"大演说家黎佛玛女士"(Mary Livermore, 1820—1905)、"英国小说家爱里阿脱女士"(George Eliot, 1819—1880) 以及"博爱主义实行家墨德女士"(Lucretia Mott，1793—1880) 等传记。[75]

　　时值革命意识高涨之际，中国人从外国杰出女性身上汲取的特质，多散发巾帼不让须眉的革命气息。[76] 报章、小说、诗文、弹词、传记、专论等文类，都是时人发挥的园地。"挽澜词人"的《法国女英雄弹词》(1904) 讲述罗兰夫人的生平，期"使烧香吃素念观音"的中国女性觉醒，同赴国难。[77] 陈天华以平实易懂的文笔写出《警世钟》(1903)，举罗兰夫人与苏菲亚为例，恳切劝告中国妇女起而救国。[78]1904 年的《女子世界》载《女军人传》一文述及"泰西自达氏鼓吹女权之说，一时学界巨子，争以发达女权之目的为世界一大问题，以是善种，以是善因，遂胎孕二十世纪女权发达之美国。罗兰、贞德、若安、批茶辈女杰，乃不绝踵于欧洲"。[79] 署名"安如"的作者，则在小说《松陵新女儿传奇》里，表达其视外国女性为中国妇女模范的观点：

> 侬家想，亚细亚人也是个人，欧罗巴人也是个人，为什么咱们偌大中华，女权蹂躏，女界沉沦，愈趋愈下，偏是那白晰人种，平权制度一定，便有一班女豪杰出来，为历史上添些光辉。侬家平日所最崇拜的法朗西罗兰夫人，俄罗斯苏菲亚两先辈，不就是世界女杰的代表人么！[80]

当时许多诗词，亦不乏对外国革命女性的颂扬，诸如"更谁巧样学邯郸，乐府新删行路难，讶道年来进步速，演坛到处说罗兰"等。[81] 曾就读于务本女学的张昭汉，也抒写出"嗟余亦国民，胡为力太穷，攘臂徒奋发，匣剑欲化龙，贞德与罗兰，我愿步其踪"的自勉诗句。[82]1904 年有一首《女学生入学歌》，则结合中外女英雄以自期："缇萦木兰真可儿，班昭我所师，罗兰若安梦见之，批茶相与期，东西女杰并驾驰，愿巾帼凌须眉。"[83]

上述各类介绍中、外女杰的文字宣传，以及知识女性落实为行动的集会结社、兴办女学与革命工作，共同展现清末十年中国女性形象的变革方向。有机会接受新思潮启迪的女性，正逐步颠覆中国传统女性特质，并努力建立起自主与独立的行为典范。清末著名的女革命家及女权运动者，首推秋瑾这位被郭沫若称为"不折不扣的中国的娜拉"。[84] 秋瑾在 19 岁时嫁给湖南王氏，育有一子一女。[85]
庚子拳乱后，她目睹京城危急之状，痛感革命的重要性，因而变卖
首饰，"别其夫，送其子若女，受鞠于外家，子身走东瀛留学"，并
与革命派人士展开密切联系。[86] 这位郭沫若笔下"不折不扣的中国
的娜拉"，曾创办《中国女报》，发起天足会，鼓吹婚姻自由，提倡
女子教育与女性自立，注重女子体育，甚至筹组女国民军；其行动
魄力与决心，丝毫不让当时的男性。[87] 秋瑾曾以一首《精卫石》弹词，
沉痛道出中国女子素来的悲惨境遇，并对照欧美女子的处境："近
日得观欧美国，许多书说自由权，并言男女皆平等，天赋无偏利与
权。强国强种全靠女，家庭教育尽娘传。女子并且能自立，人人盛
唱女之权。女英女杰知多少，男子犹且不及焉。……般般学业非常
盛，男和女竞胜求精日究研，所以人人能自活，独立精神似火燃。"[88]
对于中、外女性犹如身处地狱与天堂般的对比描述，鹃红女士在《哀
女界》也曾发出类似喟叹：

> 旷观欧美文明各国，男女同等，如结婚也，选举也，莫不力
> 争平权，诚以处二十世纪新鲜空气中，不自由毋宁死也。泰西之
> 女士，如维多利亚之英明，罗兰夫人之豪侠，其伟迹丰功，啧啧
> 人口。我国女士，除服从以外无技能，舍依赖之外无事业，如笼
> 中之飞鸟，饲哺由人，以视欧美文明之世界，不啻天堂地狱之判矣！[89]

这些知识女性相信要冲出地狱牢笼，非革命不可。秋瑾了解当
时处境，可谓覆巢之下无完卵，国家倘若被瓜分，个人也难以苟存：
"祖国沦亡已若斯，家庭苦恋太情痴；只愁转眼瓜分惨，百首成空

花蕊词。"[90]对她而言，唯有先顾全国家，才能论及个人幸福。她长年在外奔波而成长的独立意识，使她以男性职责自期，并呼吁女子也应为男性所为，报效国家，光复祖国，证明女子并非无能：

> 且光复之事，不可一日缓，而男子之死于谋光复者，则自唐才常以后，若沈荩、史坚如、吴樾诸君子，不乏其人，而女子则无闻焉；亦吾女界之羞也。愿与诸君交勉之。[91]

秋瑾一语成谶，日后果真为革命牺牲而名留青史。除秋瑾以外，当时留学日本的许多女性，后来都成为革命党的中坚分子，何香凝即为著例。何母是贫苦人家的女儿，一双天足，嫁给何父后，自愿为妾，并坚持帮女儿缠脚以免被人瞧不起。但何香凝幼年即耳闻并钦佩许多太平军妇女以天足奋勇征战，加上缠足的锥心刺骨之痛，使她奋力抵抗，最后终因其父不忍见她受苦，得以保有一双大脚，伴她走过革命岁月。日后她与廖仲恺（1877—1925）的姻缘，便是因大脚而缔结的天足缘。[92]当维新运动开始后，廖仲恺有意到日本留学。1902年年底，妻子何香凝先变卖妆奁以接济丈夫出国。数月后，她卖尽身边杂物，追随其夫到东京，进入东京的目白女子大学。何香凝先攻读博物科，后于本乡女子美术学校高等科学习绘画。[93]在日期间，她也如秋瑾等人热心参与革命派筹组的活动，日后成为首位加入同盟会的女性。1903年，何氏写成《敬告我同胞姊妹》一文，以数位外国女豪杰为中国妇女的榜样："如当日罗兰夫人、美世儿、苏太流夫人者，是非渺然一弱女子乎？然卒能以身许国，为历史上伟人，则我辈又何必多让也。"[94]日后她参加革命，并不断进行妇女解放运动，研究妇女问题，成为近代中国著名的妇女领袖之一。

许多留学女性，经过在异国的生活与学习体验后，对于中国发展的相对落后，以及清廷的腐败颠顶，有更深刻与恨铁不成钢的感受。因此，她们多在求学时代就加入革命阵营，或自组女权团体。前者以1905年在东京成立，有何香凝、秋瑾、唐群英、燕斌、曾醒等人先后加入的同盟会最著。后者则如1903年4月留日女学生胡彬夏、林宗素等人合组的共爱会。[95] 虽然女子力量不及男性，但她们的矫捷、细心及韧性等特质，却可胜任如勤务、侦探、联络等多项重要任务。[96] 1911年武昌一役，打响了革命军的名气，激励许多女性起身响应，相率组织军队与革命团体。较著者，包括女子北伐队、女子军事团、同盟女子经武练习队、女子医护队及劝募团体等。[97] 女权运动随着革命情势迅速发展，缔造民初第一波要求女子参政的高潮，并为日后女性主体意识的觉醒奠下基础。

清末新女性的意识，与妇女解放的思想，起源于时人的民族危机感及对富国强兵的诉求。革命，被视为妇女不应自外的重要志业。[98] 当时多数革命男女强调女子不同于以往的职责，女国民、女豪杰之类的思想笼罩当时社会。[99] 诉诸反强权、打倒"三从"等激烈手段的言论，在反满政治革命的口号高过一切的清末，只见诸少数无政府主义者的报刊。[100] 献身革命的新女子，在救国自强大叙事的引导下，以认同国家为先。[101] 诚如胡缨所言，"虽然'新女界''新女杰'这类词汇在晚清文章中屡见不鲜，似乎被赋予很重要的含义，但是这类词汇的历史可释性是建筑在对真正生活中女子的遗忘上的"。[102] 凡与家国革命大业无关的女性个人需求，多非"新女杰"

或新女子首要诉求。要待民国肇建，社会与人心需求转变，从政治革命推进到道德与文化革命，新女性意识才出现不同层次的发展。

3. 民初复古与妇女解放思潮的相互激荡

民国甫成立，《申报》的"自由谈"一篇《今昔女子观》即有云：

> 昔日女子多缠足，今日女子多天足。
>
> 昔日女子能文者少，今日女子入学堂者多。
>
> 昔日女子多柔顺之气，今日女子多英爽之气。
>
> 昔日女子谨守闺中，羞不见客，今日女子靴声囊囊马路中疾行如飞。
>
> 昔日女子主中馈，惟酒食是议。今日女子结队成军，颇有铁血主义。[103]

乍见下，仿佛一场革命，便让舆论对今昔女子产生偌大印象差异。实则，《今昔女子观》充其量，仅勾勒在清末以来最具西化与变革气息的上海一隅。当外国人在中国建立租界时，西方的生活方式、习惯、价值观随之传入。西方风俗主要通过洋货带入、传教灌输、租界生活展示、国人出洋考察与留学，以及大众传播介绍等渠道，进入中国。[104] 居住租界的中国教徒与买办，是最早沾染西俗者。西方崇尚个人自由、尊重个人意愿的行事风格，与流行多变的服饰风尚，逐渐吸引心态较开放并乐意求变的中国人意图模仿之。女子教育同样受到西化风气的鼓励，不断发展。日后被称为"中国第一桩现代离婚案"女主角的张幼仪（1900—1988），曾在侄孙女张邦梅为她做口述历史而写下的《小脚与西服》一书中提及："我想，从我这一辈的女性开始，希望接受教育的人之所以愈来愈多，是因为中国认识了西方的风俗民情。"[105]

以西方为学习对象来论述妇女问题的行文模式，持续出现在民初社会。留美女学生胡彬夏的《二十世纪之新女子》，以三位美国女性的生活为例，分述其所具特质及可启迪国人之处："予既详述对于三夫人之感触矣，今复约而言之。一曰学问高深，自居谦逊，二曰圆通广达，无所不能，三曰展发智能，益世助人。窃以为必具此三者，始为二十世纪之新女子，缺一则不可。"[106]吴虞以其夫人曾兰（1875—1917）之名发表的《女权平议》，则通过对西洋妇女活动的观察，对照中国女性所受的不平等境遇。该文力陈现代女性在家庭或社会所应扮演的角色，不该只是当时社会一般所能接受的"贤妻良母"而已。[107]民初适逢"一战"爆发，欧洲妇女因男性参战，后方人丁缺乏，而增加就业机会。她们走出家庭，从事各式各样的工作并协助国家参战事务，缔造西方妇女迈向自主平等的新契机。[108]这种发展对中国妇女而言，不啻为一大刺激，仿效之心油然而生。署名"梦九"的作者在《欧战声中之妇女》文中云："希腊大哲学家Plato有言曰，女子当执干戈以卫社稷，为男子之后盾，吾恐此说，行将见诸实行矣。"[109]该文并辅以插图多幅，以资佐证文末所言"妇女才能，固不亚于男子。巾帼英雄，足为国家增光"。[110]《申报》的《美国战事中之女工》一文，也记述"一战"时期妇女的杰出表现。[111]西方妇女得以出外大展其才于社会，对中国姊妹而言，是值得宣扬并效法之举。

可惜，历史虽随时代前进，社会却不尽然总是向前直线进步。

中国并未因辛亥革命后建立民主政体，便使社会相应蜕下封建守旧的面貌。清末社会对中外革命女杰的推崇与宣扬，已因达成阶段性任务而暂告落幕。一些受清末自强大叙事鼓舞，而走出家庭为革命奋斗的知识女性，开始转而争取法律上的女性权利。[112] 然而革命后一片回归两性传统分工领域的空气，迅速扼杀了为国出走的女性活动与言论空间。即便唐群英敢于当众怒掴宋教仁，也无济于当权者漠视女权的事实。[113] 民初妇女参政运动的失败，可谓当时社会道德心理的映照。[114] 自从 1913 年二次革命失败后，袁世凯政府解散国民党，袁氏大权在握，更想确保权位不易。名为尊孔崇圣，实则复辟为皇的运动，通过主政者的刻意推动，在各地掀起影响广泛的复古风潮。[115] 1913 年 6 月 22 日袁政府颁布"尊崇孔圣令"，其中明言："天生孔子为万世师表，既结皇煌帝谛之终，亦开选贤与能之始，所谓反之人心而安，放之四海而准者。"[116] 同年，袁世凯先以大总统名义，下令恢复学校的祀孔典礼，后更强行通过《天坛宪法草案》，明示"国民教育以孔子之道为修身大本"。[117] 各地官员与舆论纷纷发表尊孔、读经活动的相关言论，力图营造一股回归传统的氛围。

尊孔复古流风所及，使清末萌芽不久的妇女言论空间，立时萎缩变形。[118] 1912 年与 1913 年，全国还新办有 14 种妇女报刊。[119] 但随着袁世凯政府政权的建立与巩固，1912 年曾热闹一时的妇女参政运动渐趋沉寂。就连婚姻自主与经济独立等议题，也被视为与传统纲常名教不符而遭批判。政府陆续颁布命令，务求恢复传统妇德。1914 年 3 月 2 日的《治安警察条例》规定女子"不得加入政治结社""不得加入政谈集会"。[120] 由政府到舆论，都不乏赞扬节妇烈女的公告与言论。1914年3月11日北京政府颁布《褒扬条例》，明示"妇女节烈贞操，可以风世者"，得受此一条例的褒扬。[121] 对贞节烈女的宣扬与推崇，此起彼落于报章杂志中。这些，包括随夫死而殉夫，嫁给重病未婚夫为其冲喜而又随夫死而自杀殉夫，以及青年守节白首完贞而蒙大总统特加旌褒。[122] 1915年创刊的《妇女杂志》（1915—1931），也常刊载宣扬妇女节烈行为的传记。[123] 其中，丁逢甲的《周烈妇传》中有段话颇值玩味："輓近来，从容就义视死如归之奇行，往往不钟于须眉，而钟于巾帼。若烈妇者，尤可风焉。"[124]

民初由执政者刻意发动的复古潮流，影响时人对妇女的一般舆论，并强化卫道人士的守成观点。即使开明人士批评此种"与平等学说、人道主义、国家思想、社会事业、迷信之破除不相容"的节烈风气，此风仍未减。[125] 1915年的《妇女时报》，有篇《对于近世妇女界之针砭》，作者"蕉心"指出：

> 欧风东渐，影响最甚者，厥惟女界。盖我国数千来来，女子俱蜷伏荏弱，一切事务惟男子实司其柄。亦惟男子实任其劳，今则平等自由昌明，闺阁经济生活擘画营谋，一反前此固陋之习，而成活泼之风。猗欤盛哉。然事贵持平，见宜及远。今日女界之现象，固可目之为平，而能长无此弊乎……抑吾尤有进者，吾女界尚未能发扬新道德，毋宁保存旧道德。盖我国旧道德虽迂腐，然终较之无道德为愈也。风雨鸡鸣，暮晨钟鼓，吾愿女同胞一垂鉴之。[126]

保守人士批判当时现状的有力论据，正是此引文所谓的无道德状态。"蕉心"殷切期望中国妇女"留心家事"，勿长此"浮嚣之习"。这类论述都不满西方学说对中国社会造成的不良影响，并批判中国女性东施效颦的举动。

虽然维护传统的言论势盛且措辞强硬，但无可否认，女子问题仍是民初社会所关注的课题。辛亥革命之后，政府方面的言行虽日趋保守，但一般民众对于西方的文化与价值观，似乎较帝制时期展现出更大的接受度。许多刊物持续登载欧美妇女参政运动的情形，并介绍各国妇女情形。这些介绍，显示西方女权思想仍源源不断地跟随西潮涌向中国，引起瞩目与讨论。[127]

每当新旧交替的关键时刻出现，社会总得经历并承受晦暗与混乱局面。民初的情势证明，不少人一心想摆脱旧社会、家族与家庭加诸其身的束缚，在女界也出现在物质上崇洋赶时髦，盲目西化的肤浅行径。这种风气，又以西化气息浓厚的商业大城上海为甚。1912 年年初《申报》"自由谈"中，一篇《时髦派》将"女界上所不可少的东西"从头数到脚，讽刺意味鲜明。[128]另一篇载于 1915年 7 月 4 日"杂评"的《女界之风气》，则公然诘难世风日下的女界：

> 社会风气之日趋污下，盖非一端矣。其初一二有力者倡之，众人贸焉从之，传染之速且广，无异疫症肺疾。而京沪尤为提倡风气之先导。故凡种种恶风气，无不自京沪开之。近来女子风气之败坏，亦其一端也。其所以败坏之原因，由于外界耳目所接触者，无一非不良之习尚，而内之家庭与学校，又不能施以善良之教育。新知识不生旧道德，日丧身心，既无所约束，而荡检逾闲之事作矣。

北京法官以女子风气日坏，将于沈案加以惩警（本日专电）。吾谓
法律之惩警有限，其重大责任，要在父兄与学校之教也。[129]

这篇文章中所提到的沈案，指的是发生于 1915 年 6 月 13 日，
沈佩贞率众闹神州日报分馆并围打郭同这桩新闻。沈佩贞，浙江杭
州人，与唐群英、王昌国、林宗素等民初妇女参政运动者齐名。[130]
杨绩荪在《中国妇女活动记》，如此描述这群新女性："那时号称新
妇女，大都在日留学，身着短衣、长裙、革履，梳东洋高髻，每经
过途中，莫不窃窃私议，投以惊奇眼光，呼之为洋学生，女国民。"[131]
她们从参与辛亥革命的过程中，培养出巾帼不让须眉的志气，与争
取男女平权的决心。郭箴一曾称这些有意模仿男性、组织军队以展
现雄图的女性，抱持的是"拟男"主义，即力求男女平权的主张。[132]
她们以为只要与男性做同样的事，就能取得与男性相等的权利。[133]
这种行为与心态，有模仿当时西方尤其是英国女权主义者言行的倾
向。于 1903 年在英国成立的"妇女社会与政治联盟"（Women's
Social and Political Union, 简称 WSPU），为当时战斗派妇女参政
权者（militant suffragists）的代表。[134] 唐群英等人曾与该组织有联
络，并互相表达支援之意。[135] 然理想不敌现实，少数几位心怀壮志
的新女性，仍受挫于整个社会的迟滞风气与复古潮流。

这场纠纷起因于沈佩贞欲访汪彭年，以求更正对她不名誉的记
载，未料访汪不成，却与另一男子郭同产生口角并大打出手；双方
各执一词，难判是非。这件公案值得玩味之处，在其透露出民初社
会对女性，尤其是像沈佩贞这类"新女性"的某些看法。据报载，
此事发生后，随即经由某军界人士的调停而私下和解。但似乎有人

看不过沈佩贞"假借名义（自称公府顾问总统门生）在外招摇，且招集徒党，有种种不正行为，实于政治风俗两有妨碍"。舆论界更有人评道："郭同大好男儿，何竟屈于英雌一击之下，深致揶揄。"[136]男主角郭同便在"既得政界之同情，又感舆论之刺激"双重因素推动下，向地方检察厅起诉沈氏。[137]报界时论甚至视此案为闹剧一桩，指其仿佛为接连出现吞款舞弊新闻的北京市，增添新鲜的茶余饭后话题。[138]综观全案发展，姑不论沈氏言行属自卫性的辩解与否，她在整个审判过程中，明显居于下风，检察长甚至暗示借此案"杀鸡儆猴"的意图。[139]由此可知，当时舆论对女性在公共领域的作为，若非心存偏见，就是不以为然。[140]

在清末为革命派与无政府主义者鼓吹的各种女子公共活动，到民初时多被解读为丧失女德的破坏性举动。恢复"优良女德"的举措，如禁止男女自由交往，禁止女子参政，禁止男女合演戏剧等官方饬令，层出不穷。[141]在位者鼓吹的守旧复古气息，浓厚至此，其迂腐思想自成为具改革意识的知识分子大力抨击的对象。丁逢甲曾以其男性立场，列举"奢侈，逸乐，放荡，偏私，愚陋，褊隘，忌妒"堂堂八大项为"女界的缺失"。清末以来新兴的女学生阶层，尤成众矢之的。[142]许多女学生倚赖家庭，不事生产，只知争奇斗艳，将心思花在打扮装饰上，却口口声声要自由平等。此举自然招致卫道者的批评，并借此提倡传统美德。改革人士，也出于爱之深的情绪，而有责之切的不满与期许。在某些人眼中，当时的女学生"妄言平等，任性溃理之防，误解自由，淫奔越法律之外。环指穿耳，自命风流，粉面红唇，号称文化"。[143]这种在女学界逐渐浮现的恶风，使无锡德馨学校校长瑞华以《敬告女学生》一文痛陈："女界

沉沉，女权扫地……日事斗珠竞翠，装奇作伪，一若天生为男子之
玩物，致我堂堂女国民，竟如痴如醉，蠢如鹿豕，天下最难堪之事，
莫此为甚。"[144]

当时社会舆论，大体立于贤妻良母主义的立场，诘难女学生不
仅未发展出良好美德，更尽忘为人妻母的本分。[145]当权者、地方乡
绅与多数舆论，都有意在营造"革命既成，男女各安其（原）位"
的共识。换言之，肩负养儿育女之天职的妇女，此时应走回家庭，
恪尽天职。1914年时任教育总长的汤化龙，便发表反驳新女子观
的贤妻良母教育："余对于女子教育之方针，则务在使其将来足为
良妻贤母，可以维持家庭而已。"[146]从当时资料可见，附和此种论调
者，为数颇众。《妇女杂志》一位作者汪集庭，曾区分女性为"时
式女子"与"时实女子"。前者指略懂知识却自以为是，衣着时髦
且奢侈浪费的女性，后者则为"道德完粹，知识新颖，体力强健"
的标准新女性。汪氏敬告那些"今日社会盛行"的时式女子要先戒
除"奢侈，狂妄，刻薄，嫉妒"，实行贤母良妻主义。她们如欲进
为时实女子，则须注意"维持我国旧道德，竭力求知识新颖，研
究幼稚教育，勤练身"这四点。[147]一位曾是女学生的作者"遐珍"，
则感慨许多女学生"学其名，而不学其实，遂致家庭之间，蒙其害
而未蒙其利"。"遐珍"忠告她们"毋夸耀其技能，毋放弃其责任，
毋浮嚣其行为，毋痴心其学业。身修而后家齐，家齐而后国治"。
"遐珍"还强调"有贤妻而后有乐羊子，有贤母而后有孟子"。[148]即
便当时以改革立场发刊的《新青年》，也有文章发出雷同之声："贤
母良妻主义，教育之旨归，而教育自身，则为其途术，固未有受高
深教育，不能为贤母良妻者也。且正以受高深教育之故，思想高超，

见解精确，益以知贤母良妻为人类之所急耳。"[149]

贤妻良母主义在清末曾受维新派拥护，以驳斥传统女教观；其至民初，虽被卫道者援用来规范新女性，却也开始受到挑战。如吴曾兰在《女界缘起》中曾言："夫振兴共和国之女学以求步美洲妇女后尘，岂仅造就贤母良妻而已？而犹傲睨自若，以为尽教育女子之能事，诚不足以语国家百年之大计矣。"[150]她点出仅教育女性为贤母良妻之不足，预示了日后更为全面的女权诉求。随着社会的进步与思想变迁，贤妻良母思想逐渐被思想激进的新文化人视为传统的产物，而加以批判。

民初妇女解放与复古风潮的对峙，反映在逐渐出现的婚变现象上。过去被谨守的婚姻礼俗、规范与禁忌，开始遭受少数个案的质疑与挑战。各地偶闻的自由结婚（或谓文明结婚）与离婚新闻，可为代表。[151]1912年，有位中华民国自由党女党员陈某，曾在女子师范学校肄业，"近心醉自由结婚之说，在外与阳湖人张某同居"。[152]离婚之事，则在妇女不堪丈夫对待、企图争取解放的过程中缓步出现。[153]浙江遂安县"近自妇女解放声起，离婚别嫁亦日渐多"；山东夏津县则"近数年来，结婚、离婚颇尚自由，通都大邑时有所闻"。[154]还有女青年受到西方婚俗观念的影响，公开招婚。如北京某位周姓女子自幼游学美国，回国后竟在其所任教的校门挂起征婚启事的招牌。[155]

当时的报纸，也不乏妇女因各种原因出走的新闻报道。有些女性因不堪被虐待而背夫潜逃，或径至离家不愿复返。[156]根据报载，也有不少妇女受邻人诱拐而至"潜逃""淫奔"。[157]临嫁前私逃的例子，也不乏可见。[158]这些为数日增的案例，说明当时妇女出走的模式，多半因不堪现有生活处境，或受外界诱惑而形成。这其中很少是出于自我觉醒，而向不公平待遇抗争。不过当这种"无法忍受就想脱离"的人性举措，接二连三出现在社会上时，无形中也有某种感染力，促成人心改变。文盲女性可借邻居街坊口耳相传，就学女性则通过同学交流、阅读报章等渠道，得知与她们处于类似情境的妇女，如何企图摆脱旧环境。这些社会现象，对女性多少带来刺激与模糊的启迪。待到以先觉者自居的新文化人引领中国社会走上西化的反传统之路时，不少女性会化思想为行动，实践她们人生中的出走。

综上可见，中国男性（知识分子）、外国男性（传教士）与少数中外女性（传教士或牧师娘）[159]，因缘际会促成中国新女性意识的萌发与成长。女学发展、报章传播外国杰出女性典范、革命时势所趋、社会观念渐变以及衣食住行西化，共同提供中国社会转型，及容许女子涉足公共领域的条件。与此同时，西方社会也不断酝酿改变与突破现状的新思潮。其中一股风行欧美，并东至亚洲的潮流，是来自北欧易卜生剧作的演出与讨论热浪。娜拉，这位在易卜生《娜拉》剧终离家出走的女主角，随着剧本理念及演员表达，与读者观众产生世界性的交流。

第二节　引进中国前的娜拉

娜拉现身于中国舞台与出版界之前，已经历丰富的跨国之旅。她在剧末抛夫弃子，离家追寻自我的表现，无国界与文化之分，烙印在读者与观众心中。同样的女主角与剧本表演，却在不同文化社会激起异质的反应与议论。了解易卜生的创作背景与娜拉周游列国所引发的讨论，将有助于对照并掌握中国社会接受娜拉的独特性。因此，本节将先介绍引进中国前的娜拉，及其创作者的思想表达，以将中国置于 19 世纪与 20 世纪之交的全球性历史脉络下，观察国人选择及参与世界潮流的心态和表现。

1. 易卜生与 19 世纪末的欧洲现代性

亨利克·易卜生出生于挪威的史基恩（Skien）城，原排行老二，后因长兄早夭，成为家中长子。易卜生的家庭经济状况，在年幼时便因父亲事业遭遇变故，而一落千丈。他 15 岁时，被送到格里姆斯塔（Grimstad）当药房学徒，此后 6 年边工作边自习读书。[160] 没有大学学位的他，靠自修获取知识，并于 1848 年写出处女作《凯蒂琳》（*Catiline*）。[161] 早期易卜生的剧作家之路，走得并不顺遂，他却始终未曾放弃创作。1857 年，他接受挪威首都某家剧场的职务。1863 年，易卜生获得挪威政府一年的补助经费，于翌年春赴罗马游览学习；未料这次出游，竟长达 27 年。在此期间，他只曾在 1874 年与 1885 年返回挪威作短暂的停留。其余时间，他来往于意大利、德国、丹麦、瑞典甚至埃及等国家，并持续创作。[162]1869 年，易卜生改变以往用韵文写作的风格，发表首出散文戏剧《青年同盟》（*The League of Youth*）。此后，他的著名剧作，多数都以散文写成。

19 世纪 80 年代初期，易卜生的戏剧逐渐从挪威向欧洲各国传播，开始广受瞩目。欧洲出现各种语言的易卜生剧作译本与舞台表演，吸引众多观众注意与报刊讨论，其文学盛名不胫而走。他中后期的几部重要剧作，包括 1877 年的《社会支柱》(*Pillars of Society*)、1879 年的《娜拉》、1881 年的《群鬼》(*Ghosts*)、1882 年的《人民公敌》(*An Enemy of the People*)。这些都因揭发并深入探讨当时西方社会的种种弊端，而备受争议，声名大噪。19 世纪中叶以来的欧洲，政治情势、意识形态与经济结构都出现巨幅震荡。以易卜生写出处女作的 1848 年为例，民族主义、自由主义加上社会主义的力量，汇聚成多道革命洪流，奔腾于欧洲各地。革命促成法兰西第二共和国诞生，德意志各地民族统一与民主立宪运动，以及马克思与恩格斯联合发表《共产党宣言》(*The Communist Manifesto*)。19 世纪 60 年代到 70 年代，是意大利与德意志地区进行建国的艰苦阶段，易卜生在此期间出入意、德等国，亲身见闻这些国家的实际发展，受到不少刺激与启发，对其创作影响颇深。[163] 这些因周游列国而培养出的世界主义视野与信念，使易卜生得以超越民族国家的偏狭视野。他通过其诗人与文学家细腻而深入的观察与体会，不留情地揭发欧洲多数国家资产阶级社会的丑恶与弊端。[164] 易卜生从生前到死后，都屡被赞誉为现代剧 (modern drama) 之父。[165] 有人赞誉他为首位代言中产阶级的伟大剧作家。[166] 他不遗余力揭露当时欧洲卫道人士力图维系的旧道德、旧思想的弊端与黑暗面，掀起一波又一波的议论热潮，毁誉参半。[167] 易卜生的剧作，触及当时及日后人们不断思考并期望能解决的问题。从他的创作中，可窥见 19 世纪后半叶欧洲人对现代性的想象、质疑与追求。

如果我们参考查尔斯·泰勒 (Charles Taylor) 对现代性理论的诠释，则可谓西方早期对现代性的解释，是以"传统信念的丧失"为主而出发。自启蒙时代以来，西方社会总是通过某些选择过的价值与想象，例如解放、独立判断、个人自由等精神原则的推动，以助长现代性的形成。[168] 由此审视易卜生的戏剧，他汲取与发挥的正是当时重要的进步思想，如社会达尔文主义、心理分析，尼采（Friedrich Nietzsche, 1844—1900）的超人哲学等。[169] 易卜生中后期的散文剧作，对传统与现状的质疑与批判，开启了"现代社会剧"的滥觞。他对既有文化的破坏及对个人自觉的肯定，给后人提供创造现代性的灵感与动力。[170]

举例言之，《社会支柱》讽刺的是世人的愚昧与肤浅，将表里不一的公众名人推崇为道德高尚的社会支柱，并指出真正的社会支柱，是"真理与自由的精神"。《娜拉》通过描述一对中产阶级夫妻，从表面的幸福转变为尖锐冲突的经过，以探究资本主义双重道德标准的婚姻真实、家庭生活与妇女处境等问题。《群鬼》中，女主人公阿尔文夫人（Mrs. Alving）掩盖自觉以顾全大局，孟代尔（Manders）牧师沽名钓誉与虚伪劝告，儿子欧世华（Oswald）遗传梅毒与放逐自我，共同营造出一个"不出走娜拉"的悲惨下场，晦暗的结局令人不寒而栗。《人民公敌》，则非难"多数人的意见就是正确的"此一观点。该剧借由主人翁斯铎曼医生坚持个人判断力，为捍卫真理不惜与大众为敌的行动，鼓吹尊重个人自由意志与独立思考的空间。《野鸭》（The Wild Duck）从反面点出过度自以为是，强迫别人接受不切实际的理想可能带来的危险。[171] 易卜生这些创作挑战道德规范、法律及宗教信条，并讥讽虚伪与妥协。他虽因此而遭受保守主义者的抨击，导致舞台表演屡屡遭禁，波折横生，却受到改革人士的认同与宣扬。易卜生剧作所蕴含的批判性与戏剧张力，是他吸引欧洲各国剧评人与文坛的重要因素。批评者、爱慕者与追随者各以自己所理解的易卜生理念，归纳出所谓的"易卜生主义"。[172] 后世不断从易卜生剧作中汲取各种理念与灵感，进行创作与讨论。但易卜生的思想，实难被框定于某种既有的思潮中。个人主义、自由主义、社会主义、无政府主义、女性主义与人道主义，都能从易卜生的思想寻得蛛丝马迹。这种"无政府的偶像破坏主义"，堪谓易卜生的思想特质，也是他留予后世最宝贵的遗产。[173]

　　19、20 世纪之交，易卜生戏剧逐渐跨出欧美，传播到太平洋彼岸的东亚各国。1906 年 5 月 23 日，易卜生病逝，许多报章相继刊出讣闻及相关报道。美国杂志《独立报》（*Independent*）编辑爱德恩·斯洛森（Edwin Emery Slosson, 1865—1929）推崇易卜生的创作："主要的特色为现代性与普世性（modernity and universality）。……在将近四分之一的世纪中，几乎所有其他国家的舞台受到他的影响，比它们本国作家都要来得深远。"[174] 此处的现代性，意味着对个人意识的重视，对独立精神的强调，对旧有制度与思想的挑战，以及对未来美好社会的追求。易卜生的剧作，启发了许多有心改革现世的知识分子。通过这些追随者的传播与发扬，易卜生的思想从 19 世纪末以来，持续影响 20 世纪以后的世界。其中最为人所熟知者，当属《娜拉》。

2.《娜拉》在欧美掀起的风潮

　　《娜拉》剧本中的娜拉，开始是以其夫郝尔茂（Torvald Helmer）昵称的"小雀儿""小松鼠儿"这般中产阶级家庭主妇的形象现身。作为银行行长丈夫的宝贝妻子，娜拉原本相信自己快乐又幸福。未料一位即将被其夫解雇的银行职员柯士达（Krogstad）

图一：首位出演娜拉的贝蒂·亨宁斯（Betty Hennings）的两种扮相

出现，挟着当初娜拉为救丈夫之病而向他借钱的秘密，逼迫娜拉游说其夫撤销对他的解职令。娜拉的想法与命运，从此产生巨大转变。她原本深惧丈夫无法原谅她私下借贷的行径，却又安慰自己他应能谅解此举是为了他。这般惶恐不安的心情，在狂欢后的圣诞夜到达最高点。郝尔茂知情后，立即怒责她"没有宗教，没有道德，没有责任心"，不许她再看管儿女。但他旋即又因柯士达将娜拉当初的借据寄还，终止丑闻爆发的可能性，而以饶恕其妻为"说不出的畅快"。[175] 此刻的娜拉，醒然发觉八年的婚姻生活实为一场骗局、闹剧。她顿时领悟从父亲到丈夫都把她当"顽意儿"的事实，也看穿宗教、道德与法律的虚伪。因此，她毅然决定靠自己来教育自己、了解世界，"努力做一个人"。[176] 剧情就在娜拉果决离开三个小孩与丈夫，走出家门，其夫失望之际又期盼"奇事中的奇事"

发生的表情下落幕。

1879 年 12 月 21 日，《娜拉》于哥本哈根的皇家剧院（Royal Theatre）举行世界首演，获得空前成功，首季演出达 21 次之多 [177]（参见图一、图二）。此剧开放且出人意料的结局，引发众人热烈讨论。[178] 不少人若想确保家中宴会能顺利进行，甚至须在门前挂上"请勿讨论《娜拉》"（Her tales ikke Dukkehjem）的牌子，以免席间宴客因对该剧持不同意见而起争执，有失和谐气氛。[179]《娜拉》对当时社会造成的影响力，可见一斑。[180]

图二：《娜拉》首演中第二幕的塔兰泰拉舞（tarantelle），跳舞者娜拉，指挥者郝尔茂，弹琴者兰克医生（Dr. Rank），旁观者林敦夫人（Mrs. Linde）[181]

不少剧评者批评易卜生写出这样的结局，只是想出奇制胜。丹麦剧评人及剧场管理者布朗（M. W. Brun）于《人民报》（Folkets

Avis）上，指责娜拉没在一开始就把借贷之事告知丈夫。布朗认为更令人无法接受的，是娜拉抛弃母爱："让我这么问：在数千名身为妻子或母亲的女性中，有哪一个真的会像娜拉最后所做的一样，愿意抛弃丈夫、孩子与家庭，只为了成为一个人？我坚决地回答：没有，就是没有！"[182]

有关娜拉在剧中放弃母职的抉择，是欧洲文艺界争执不休的重点之一。例如，布朗不相信真有妇女会像娜拉般抛弃三个儿女。另有评论人，承认易卜生这番安排是此剧弱点所在，但整体而言仍瑕不掩瑜。[183]《娜拉》首演带给世人的难忘印象，除了剧情引人入胜外，还要归功于出演娜拉的贝蒂·亨宁斯。剧评家对这位芳年 29 的女演员赞誉有加。身为小说家与演员的赫尔曼·邦（Herman Bang）称许亨宁斯"改变了读者与观众，因为一旦我们看过她的娜拉，她就仿佛跟随着我们穿过一幕又一幕，我们看到甚至读到的，不是娜拉，而是她"。[184]亨宁斯生动而淋漓尽致的演出，为这出现代味十足的剧作增色，并影响其后文艺界对该剧的诠释方向与接受程度。[185]许多人甚至将亨宁斯与娜拉做了心理上的认同；这种角色投射的心态，日后在其他国家也发生过。[186]事实上，揣摩娜拉的个性与心理变化，是演员与导演非常艰巨的挑战。他们不断问自己，"娜拉究竟是个怎样的人呢？"；这个问题，同样为观众与读者反复咀嚼。[187]

《娜拉》生动描绘个体性在 19 世纪中产阶级社会与家庭遭受的种种制约，及个人觉醒后的转变。[188]剧中包括娜拉、郝尔茂、柯士达、林敦夫人等，都以自己的方式，寻求自身的价值。[189]娜拉与其夫不同之处，在于她抗拒衡量是非的既有标准（宗教、道德、法律）。她决心依靠自己去思考、学习，以真正明了人事。这出"现代悲剧"（modern tragedy）之所以震撼当时的欧洲社会，在于其触及并挑战了欧洲人援之为精神引导与道德指标的基督教教义。18 世纪的英国清教徒，将两性的结合与缔结家庭视为"神圣婚姻"（holy matrimony）。天主教则发扬神圣家族（即圣父、圣母与圣子）的精神，来期许并规范世俗的家庭与婚姻。[190] 而在《娜拉》剧中，婚姻的"神圣结合"意义，却被娜拉教育自己的自觉所取代。该剧对欧洲社会冲击之大，可想而知。《娜拉》并未以毁灭为终，反倒预示了新的未知。娜拉在剧末的幡然觉醒与飘然而去，郝尔茂谨遵社会成规行事却失去妻子的爱与信任，都让世人深有所感，并有所反省。[191]

《娜拉》在欧洲各国的演出，屡屡因结局抵触社会道德规范，而波折丛生。在德国，易卜生曾受剧场经理之要求，被迫修改此剧。[192] 甚至有主演娜拉的女演员，以"我绝不会离开我的孩子"为由，拒绝演出。[193] 对于这些现象，易卜生做出捍卫该剧原貌的反应。这可从他写给友人普拉佐伯爵（Count Moritz Prozor）的信中看出："……事实是我不可能直接授权对此剧结局做任何改变。我甚至可以说这整出戏就是为了最后一幕而写的。"[194] 易卜生为了答复时人对于此剧的抨击，继续写出《群鬼》。他以阿尔文夫人为图遮掩其夫罪过反致衍生两代悲剧，来揭露如果娜拉选择留在家中，有可能变成像阿尔文夫人一样，由于缺乏勇气与自觉，而铸成大错。[195]

《娜拉》以英语在伦敦舞台上演之前，已被译成 6 种语言，并成为欧洲数国首都街谈巷议的热门话题。[196]1880 年，《娜拉》的英文翻译本首度出现，但翻译错误百出。直到 1882 年另一译本出版后，该剧本始大为畅销。[197]1889 年 6 月 7 日，《娜拉》于伦敦新戏院

(Novelty Theatre) 举行首演，观赏者包括萧伯纳 (George Bernard Shaw, 1856—1950) 与（马克思之女）埃莉诺·马克思 (Eleanor Marx, 1855—1898) 等人。[198] 该剧甫落幕，随即在当地报章中掀起议论热潮。[199] 因出演娜拉一角而声名大噪的演员珍娜·阿彻琪(Janet Achurch)，曾在 1889 年 7 月接受采访。她表示，娜拉是她演过的两百多个角色里，最中意、挑战度也最高的一个。她认为两性都能从该剧中勘得某些道理："真正需要做的是尽可能不鲁莽地踏入婚姻，如果双方只是一时热情冲昏头，而缺乏任何智趣与个性上相似之处，那么这样的草率婚姻，只是预备让你以后会经历一场可怕的觉醒。"[200]

当时赞扬易卜生思想的英国人士，主要包括社会主义者、费边社成员 (Fabians) 及女性主义者。[201] 他们分别从自身的理解与认识出发，在易卜生的作品里找到能与之呼应的理念。[202] 这些知识分子多出身中产阶级，不满当时工业化所引发的社会问题，力倡改革。易卜生挑战既有体制与价值观的写作风格，深受他们欢迎。[203] 萧伯纳曾赞誉，娜拉将家门甩于身后的意义及重要性，胜过滑铁卢的大炮。因为，"当她回来时，这就不再会是原来那个旧家庭了；因为当父权不再宰制一切，当原本的一家之主承认他的依赖性之后，就是旧秩序的终结了"。[204]

萧伯纳短短几句话，勾勒出娜拉出走对既有社会体制的冲击。此后，不少人围绕着娜拉出走后可能有的结局打转，接连出现该剧的想象性续作。在 1890 年初刊于《英格兰插画杂志》(English Illustrated Magazine) 的《玩偶之家—及其后》(A Doll's House - and After)，即为一例。作者沃尔特·贝赞特 (Walter Besant) 的创作叙述娜拉离家 25 年后的故事：娜拉最后家破人亡，而这一切都因她当初离家而起。[205] 这篇充满道德批判的续集小说，引起易卜生拥护者的抗辩。一个月后，萧伯纳以比原剧更为激进的《也是玩偶之家之后：贝赞特先生对易卜生剧作所作的续集之续集》(*Still After the Doll's House: A Sequel to Mr. Besants' Sequel to Henrik Ibsen's Play*) 予以回应。埃莉诺·马克思也曾与伊斯雷尔·赞格威尔 (Israel Zangwill)，一起写出具讽喻意味的游戏之作《整修过的玩偶之家》(*A Doll's House Repaired*)。[206] 与易卜生同时期的瑞典剧作家奥格斯特·史特林堡 (August Strindberg, 1849—1912)，则不满易卜生的《娜拉》与《群鬼》一类剧作都有意抹黑男性，回应以《般格爵士之妻》(*Sir Bengt's Wife*, 1882)。[207]

苏格兰剧评家威廉·阿彻 (William Archer, 1856—1924) 与易卜生私交甚笃，不遗余力推动易卜生剧作。他曾直言易卜生的贡献，并非发明新理念与新观念，而是运用某些新观念来攻击社会陈俗旧制，使现代生活透出一线曙光：

> 举例来说，我曾被问及易卜生是否有意在《娜拉》的最后一幕告知观众，一个觉醒的妻子必须要离夫弃子，以独自成长，丰富其灵魂？易卜生根本无意如此……这出戏的目的，是在于让人们彻底了解问题所在，而不是要强迫他们在这一特殊案例中采取这种特殊的解决之道。[208]

阿彻表示，易卜生并非刻板地鼓励已婚妇女出走，"他描绘出典型的家庭生活；他赋予男女主角生动的个性特质；他将他们置于一连串事件中，由此展现他们因应人事的不同反应，以预示后来的发展；最后，他使女主角采取了男主角相信是出于她个人本质与情势所需的行动。的确，这个行动刻意被设计来使问题获得强有力的解决"。[209] 阿彻强调，易卜生以开门为始、以关门为终的安排，象征性意味大过实际行动。[210] 对阿彻而言，《娜拉》真正打动人心之处，并非娜拉毅然离家或她义正词严的出走宣言，而在于她真实深切的心情、诚挚生动的表白，与郝尔茂流露人性的反应。

这出戏之所以引发英国社会超乎一般看戏心情的严肃讨论，在于它触及维多利亚时代社会中产阶级婚姻与两性观的核心。[211] 多数观众与读者原本认同的，是郝尔茂所代表的男性中心的父权价值观。[212] 郝尔茂在剧中对娜拉说："我日夜替你做事，忍穷忍苦，我都愿意，但是世上没有一个男子肯为了他所爱的妇人牺牲自己名誉。"娜拉回道："几十万的妇人都肯为了她们的情人男子牺牲名誉。"[213] 易卜生通过娜拉与郝尔茂对于爱情和自我的不同陈述，揭露当时中产阶级的双重道德标准：男性重自我实现，女性重自我牺牲。[214] 由此可见，娜拉的出走，除了自我觉醒外，还包括对爱情本质的重新了解，与对自身婚姻的彻底失望。尽管郝尔茂自以为深爱其妻，但对已产生自觉意识的娜拉来说，他不过把她当傀儡，觉得跟她在一起很好玩罢了。借贷事件衍生出的发展，推翻了娜拉梦想中的家庭与婚姻关系，使她质疑自身责任的优先顺序。她走出玩偶之家，是为了寻求对自己与对社会的答案。易卜生并未揭示此答案为何，娜拉出走后的未知，正是该剧给予世人最宝贵的礼物——想象后续发展的创造力，与付诸行动的实践力。

《娜拉》与《群鬼》等剧作，从欧洲传到美洲，同样掀起热烈的褒贬之争与议论声浪。[215] 早在 1870 年，威斯康星大学规划挪威文学的课程时，便以易卜生的作品为教材。[216]1882 年 5 月 20 日，《群鬼》首度登上美国芝加哥的舞台。[217] 此后 10 年间，《娜拉》《人民公敌》及《约翰·盖勃吕尔·博克曼》（*John Gabriel Borkman*）陆续在纽约、波士顿、费城等地巡回演出。[218]1882 年 6 月 2 日，《娜拉》的改编版《童妻》（*The Child Wife*）在威斯康星州的密尔沃基（Milwaukee）演出。不同于原著，《童妻》中的丈夫体谅妻子的作为，最后以双方和解的喜剧收场。[219] 原版的《娜拉》舞台首演，则自 1889 年 10 月 30 日起，从波士顿展开巡回演出。[220] 此剧照例在美国剧坛产生大幅震荡与冲击，挞伐与支持者各执一端，互不相让。剧评家艾维斯利（P. P. Iverslie）在《诺登》（*Norden*）周报上对《娜拉》的评语为"道德堕落的悲哀见证"。他斥责易卜生的剧作，是非基督教徒的（un-Christian）。女性主义者安妮·梅尔（Annie Nathan Meyer）则称许易卜生的《群鬼》与《娜拉》，都"充满了女性是负责任者的美丽真理"。[221]1915 年，美国传记作家凯瑟琳·苏珊·安东妮（Katharine Susan Anthony, 1877—1965）在其介绍德国与北欧女性主义的著作中，也赞誉易卜生。她表示"《玩偶之家》展现了男性骑士精神的反面"。[222] 亦即，易卜生通过勾勒娜拉追求自立，戳破西方社会男性名为保护实则压抑女性的表象。

娜拉形象的出现，使 19 世纪末以降的欧洲戏剧舞台开启了新女性形象的大辩论。[223] 后代的剧作家如萧伯纳等人，不断创造出符合时代潮流的新女性形象。其中较为国人所熟知者，为《华伦夫人的职业》（*Mrs. Warren's Profession*，1893）中的薇薇。当代学者曾指出，易卜生对推动维多利亚时期的文化现代性，有不可磨灭的贡献。[224]《娜拉》对其时开始出现于英国的"新女性"风潮，俨然发挥前导作用。[225]

由《娜拉》的刺激而形成的西方新女性思维，经由跨文化交流，东渡亚洲。这股西风首先吹拂并引起回响的国家，是由天皇率领进行维新的岛国日本。"娜拉"在20世纪之交的日本，成了备受议论的"醒女"标本。

3. 娜拉东至日本

娜拉在日本的传播，主要依附于约在1909年兴起的新剧运动（shingeki）而展开。日本的新剧运动，与日人的民族主义思想密切相关。[226]19世纪的日本与中国，都曾遭遇西方帝国主义的叩关与侵略。但在接受冲击方面，中国很难卸除以天朝自居的独尊心态。相较之下，日本的反应与应对策略较具弹性。德川幕府还政于天皇，开启明治维新的改革局面，将日本逐步带入近代化的社会。[227]日本文学作为民族精神的体现，率先发生重大变革。年轻的知识分子受到欧美近代文化思想的影响，开始酝酿新文化观念。[228]新剧运动在此时代背景下展开，展露日本追求现代化与国家富强的思想与欲望。通过翻译及表演西方著名剧作，日人力求在戏剧技巧与思想文化上学习西方。外国剧作有关妇女问题者，则刺激日本社会思考进而反省自身妇女问题。易卜生的剧作在当时的日本，被视为近代剧的代表而加以介绍，继而因其个人主义与妇女解放思想而闻名，得以适时在日本社会发挥影响力。[229]

最早正式将易卜生介绍到日本之人，是提倡演剧革新的坪内逍遥。[230]他曾于1892年著短文《亨利克·易卜生》，率先引介这位欧洲近代戏剧之父。[231] 翌年，高安月郊抄译《人民公敌》与《社会支柱》。高安月郊更于 1901 年，首度将《娜拉》完整翻译并介绍到日本，但当时并未引起太多共鸣或回响。此外，另有森鸥外继续翻译《布朗德》《娜拉》与《群鬼》等剧。1906 年，易卜生逝世的消息传至日本，引发以岛村抱月为首的许多知识分子开始对易卜生产生的浓厚兴趣。一时间，日本剧界掀起易卜生热，剧场开始连番演出易卜生剧作。[232] 同年，《早稻田文学》出版"易卜生纪念号"[233]。小山内薰、柳田国男、田山花袋及岩野泡鸣等人，则于翌年成立"易卜生会"（Ibusen Kai），不遗余力推动易卜生剧作及其思想。[234] 1910 年夏，坪内逍遥发表一系列"现代剧中的新女性"演讲，介绍易卜生、萧伯纳等人的剧作。坪内逍遥说明这些剧作的女主角，多为拒绝传统刻板与受限制的女性角色，以努力发现自我并追求更为平等的两性关系。[235]

近代日本学者本间久雄曾在《妇人问题十讲》一书中，将个人主义定位为妇女运动的主要思想来源。这股自文艺复兴时代即萌芽，到近代愈见勃兴的思潮，在 19 世纪末期，由尼采与易卜生等人发扬光大。他尤其称许易卜生的个人主义思想，对妇女解放有重要的影响："彼著《傀儡之家》（详后）中，于妇人之觉醒，尤能发挥尽致，毫无遗憾。"[236] 本间久雄介绍日本妇人思想时，特别以娜拉的行径，彰显易卜生强调觉醒的个人主义思想：

> 舍八年同栖之夫，放置可爱三子于不顾，彼女所谓弃"傀儡衣裳"，叫绝"第一任何为贵者，予乃人也"之间，飘然家出，如易卜生"傀儡家庭"之诺拉者，为前述近代妇人中，最新自觉之女魁，

于近代妇人解放史上，保有重要之位置，然如诺拉辈，试下一确评，则为以"人"而觉醒之个人主义，不外其具体化也。[237]

对本间久雄而言，娜拉不仅代表妇女的自觉与解放，更具现了人类的个性觉醒，其重要性不言而喻。

在个人主义与自然主义思潮的激荡下，19、20世纪之交的日本，开始从艺术、思想与妇人问题各层面，了解与诠释易卜生剧作。[238]留英作家夏目漱石，对《娜拉》有过发人深省的见解。他在明治38年（1905年）所著的小说《我是猫》中，使用"人形"这个词汇，重新省思当时普遍流行且仍不断发展的良妻贤母概念。[239]在该小说中，夏目漱石将"人形"定义为完全听从丈夫意愿的妻子。他并于1912年撰有《娜拉可以生活下去吗？》一文，对娜拉这样的女性形象在真实世界里的发展，提出饶有兴味的见解：

> 我认为体现易卜生哲学的娜拉这样的女性，在实际社会上不可能如此容易就出现。不过，虽然这样的女性无法出现，娜拉的形象还是不会让人感到不自然或不合理。像这样的形象应该不论任何时期都会令人感到新潮。但是娜拉的实践，对我而言是不可能的。我也无法想象将来得以让娜拉这样的女性出现的时代会来临。当初易卜生写娜拉的想法，是认为世间的道德规范只对男子有利而对女子有害，才产生出这本书。所以人们在此前提下，会认为娜拉的行为是理所当然，并能认同之。但是在这个故事背后，其实是蕴藏着一个哲理，而不是一个失去理性的热情。当我看娜拉时，与其说觉得感动，不如说我可从娜拉身上得到某些训诲与

启示。我不知道在现代的日本妇人中，有多少人理解娜拉，但恐怕不多吧！如果日本妇人看到娜拉以后，就提出所谓的觉醒云云，那实在是值得大家深思的问题。[240]

图三：日本第一位"娜拉"松井须磨子的扮相 [241]

也许当时很少人能与夏目一样，对娜拉的精神抱持理智态度予以理解并吸纳。多数人从该剧汲取的，是娜拉走出家庭追求自我的新潮表现。而使娜拉尤其备受日人瞩目的另一原因，在于该剧首度由女性担任主角，突破了日本自 17 世纪以来禁止女性登台演出的限制。饰演娜拉的女演员松井须磨子（Matsui Sumako, 1886—1919），自该剧公演后，演艺事业达到巅峰（见图三）。[242] 松井为女演员在日本新剧史上争得一席之地。在许多日人眼中，她简直就是娜拉的化身。[243]她曾两度结婚，后在坪内逍遥主持成立的文艺协会，认识时为有妇之夫的岛村抱月。松井在岛村的赏识与鼓励下，努力从事演剧训练，并与他坠入爱河。1919年初，岛村抱月病逝，松井须磨子自杀殉情，在日本引起极大轰动。[244]

19世纪末以来，西方源源不断东传的文明与思想，刺激了日本个人主义与妇女解放思想的发展。[245]20世纪初，日本文坛吹起自然主义风，否定固有道德与传统，强调个人意识的充实和自觉，受到许多知识女性的认同与支持。[246]当时日本研究妇女问题的著作颇丰，诸如上杉慎吉的《妇人问题》（1910）、河田嗣郎的《妇人问题》（1910），以及吉田熊次郎的《女子研究》（1911）等，都援用西方的妇女思想加以论述。[247]"到了明治末叶，文艺思想界，自然主义的运动大兴，个人主义的思潮日急。近代文学中所表现的'新时代之女性'刺激当时多少受了教育的、中流阶级的、年少气锐的女子不小。"[248]娜拉之名在日本的传播，与新女性意识的萌芽及妇女解放运动的发端并行。[249]1911年，《娜拉》在日本举行首演，博得好评。[250]此后，"娜拉主义"（ノラ主义）、"新女性"（新しい女性）这类名词，开始流行于当时的社会。[251]

1911年9月，日本第一个著名的女性文学团体青鞜社，在平冢明子（雷鸟）、木内锭子、中野初子、保持研子、物集和子等人召集下成立。长谷川时雨、与谢野晶子、冈田八千代等人赞助，田村俊子、野上弥生子、茅野雅子、尾岛菊子等人为最初社员，并创办《青鞜》杂志。[252]本间久雄曾谓：

　　"青鞜"之出现，为日本代妇人思想上，新纪元之事件，不仅妇人思想史上为然，即自男女道德史之立足地，或自更广义言之，于我国文化史上之立足地，均为堪注目之大事件，于是以此"青鞜"之出现为界线，我国近代妇人思想及性道德观念，焕然一新。[253]

　　1912年，《青鞜》的第2卷第1号，有近10篇由该刊社员发表对《娜拉》的批评及感想文章，堪谓"娜拉专号"。[254]其他主流杂志，也纷纷发行专号讨论"新女性"的主题。[255]娜拉因其女性自觉的举动鼓舞日本女性外，也因其行径抵触当时流行的"良妻贤母"观，而引发日本关于新女性的争议。"新女性"此一在1891年首度出现于《女鉴》上的名词，堪谓结合民族主义与近代国家观的女子教育理型。娜拉的抛夫弃子与良妻贤母的理想，恰成强烈对比，因此招致批判。作者长谷氏以诋毁的语气，斥责娜拉"为个人主义所误之女子"，行事盲目，误导日本青春女子做出与家庭冲突的争执事件。长谷氏称那些言行有别于传统的新女子为"醒女"，而诺赖（娜拉）即为醒女的主要不良示范：

　　诺赖一剧，乃演一西洋女子名诺赖者之历史，其脚本风行日本……弃爱儿，别亲夫，抛撇家庭，为不受束缚之自由女子，以行其所守之道。……上所述之妇人，乃新女子之代表。故开通女子者，乃牺牲良人并杀父不悔的女子之代名词也。此种危险思想，自西洋输入日本，乃产出许多和制诺赖，和制海芝泰，和制玛库塔。青鞜社一派之女诗人，就中放异彩者，如平冢雷鸟，尾竹红吉，种种作为，早已披露于各种新闻纸上，无介绍之必要。[256]

也许如夏目漱石所言，"和制诺赖"不可能如此轻易出现于日本社会。但为争取自由而出走的娜拉，确被不少日本知识女性视为妇女解放的象征。[257]

《娜拉》之得以引进日本，主要是乘新剧运动发展之机，并切合当时日本自然主义与个人主义的文艺思潮。知识分子对娜拉在该剧所揭櫫的人性觉醒，产生某种共鸣，并随之推动日本妇女运动的进行。《娜拉》的世界之旅，从欧美辗转传到日本，备受争议。该剧往往为了配合当地社会可接受的尺度，被迫修改结局以便顺利演出。娜拉成为许多拥护女权人士的新标杆，也许是易卜生所始料未及的。因为他曾谢绝挪威的女权组织欲加诸他以"拥护女权"的殊荣。[258]但无可否认，自19世纪以降娜拉出现在多国社会，通过语言文字与舞台画面所提供的心智与视觉双重影像，成为众人检讨自身与改变社会的思想泉源。娜拉的觉醒与出走精神，可以唤醒的不只是处于劣势的女性，而是所有不满于被视为傀儡的人。这般具普世意义的思想，得以超越时空藩篱，被援以对抗诸多不公正的制度、人事与习俗。

本章阐明易卜生笔下的娜拉现身中国之前夕，国内外关注女性问题的思想文化氛围，以及娜拉形象在不同社会的演变。由上可知，清末以来知识分子高涨的救亡意识，酝酿出爱国自强以兴中华、新文明与新人民的大叙事。新女子被有志之士认定为救国保种、提升文化水平的关键，适时参与此一大叙事。从兴女学到反满革命，不少中国女子受时局启发与激励，扩大了原先的活动空间，让自己的人生角色更多元丰富。诚然，民初数年的社会空气，多少失却了清末受革命激发的激烈变革味道。但为数渐增的西化言行，却反映民初中国已有别于清末之前的传统社会样貌。改变已经开始，中国正形成召唤娜拉的条件。待到20世纪10年代末，新文化思潮发展到一定程度时，娜拉形象终在中国应运而生。

第二章

自救娜拉：启蒙觉醒大叙事下的新女性

　　娜拉进入中国，正值新文化运动沸沸扬扬之时。民初肇发的新文化运动，其本质不同于清末的维新运动。新文化运动旨在借科学民主，来批判传统中国思想文学；其涉及改变中国的层面与程度，都更胜清维新派。新文化运动者所倡扬的个性觉醒，也超越梁启超期许"新民"应进取、合群、尽义务等特质范畴。由《新青年》主导的启蒙觉醒大叙事，召唤青年挣脱中国家族本位思想，以救己并更新道德文化。吹响新文化号角的陈独秀，将中国社会"种种卑劣不法惨酷衰微之象"，都归咎于传统家族主义。[1] 他在 1916 年，将中西文化自明代中叶至民初的"相触接相冲突"分阶段概述，强调当时中国处于"新旧思潮之大激战"。陈独秀呼吁青年，除了积极参与共和立宪的政治觉悟之外，更应有突破"伦理上保守纲常阶级制"的"吾人最后觉悟之最后觉悟"。[2] 陈独秀、高一涵（1885—1968）、李大钊（1889—1927）与胡适等学者，从文学、语文、伦常、哲思各面向，汇聚成为具有反孔非儒意味、拥抱西方科学民主的新文化浪潮。这些有旧学根底且多出洋留学的新文化健将，有意识扬弃传统礼教伦理，形构以个人自觉为核心的启蒙觉醒大叙事。

启蒙觉醒大叙事与清末爱国自强大叙事的主要区别，在于前者激烈的反传统文化与价值规范[3]；但这两大类叙事的男性本位思维，则无二致。不论为救亡图存或革新文化，主张者都没有挑战父权或男权体制的意图。这两大类叙事，或抗满、御侮或反孔，其宣扬的新女性形象或女权，皆配合男性的时代需求。即使娜拉也是如此。

本章将阐述启蒙觉醒大叙事，如何为中国人迎来以"自救"为特质的娜拉形象。这个形象，旨在堂堂正正"做一个人"。而欲于中国社会拥有完整自主的人格，则非挑战钳制个人主体性的三纲伦常不可。这般自救以做人的娜拉意象，在"五四"中国掀起前所未见的青年男女出走旋风。"自救娜拉"因此被抹去了女性气质，为青年男性所僭据与宣扬。据此，本章将论证，娜拉现身中国之初，并非以新女性的姿态，而是以新人的理型被宣扬的。从众人对娜拉的描述与评估中，看不出女性独有的特征。时人从该形象所汲引出的特质，包括觉醒、反叛、追求独立自主、教育自己、负责任，都没有性别意识掺杂在内。此即启蒙觉醒大叙事思维主导的结果：其形塑的新女性，有个无性别之分——实则男性本位——的新人原型。但娜拉作为"五四"中国"新人"的理型，并成为新青年的启蒙者，并不妨碍其被形塑为新女性典范。只不过，"自救娜拉"因此只启发中国女性抗拒家族与礼俗，却未驱使她们质疑男性既有的社会文化经济优势。"五四"的"自救娜拉"具有的去性化本质，同时反映启蒙觉醒大叙事带给新女性的解放视野与失焦困境。

第一节　"娜拉"初到中国

上一章说明了娜拉备受欧美亚各国艺文与知识界瞩目之因，包括该剧别出心裁的剧本构思，担纲女演员的精湛演技，剧情展现的批判与女性自觉意识，以及特别是娜拉抛夫弃子的惊人出走行径。这些引发他国热烈讨论娜拉的因子，不尽然都能在中国激起同样的火花，促成讨论或产生共鸣。那么，娜拉如何得以在中国有所发挥？引介者的动机，是否与其他国家有所不同？

本节将锁定民初知识分子阐扬个人与国家、社会关系的论述，说明易卜生的剧作传入中国的背景，并申论娜拉在中国的早期思想定位。进而，我将集中介绍《新青年》在 1918 年的"易卜生号"，如何正式将娜拉引进中国。

1. 国人对易卜生的早期认识与定位

易卜生的思想开始受中国人注意，始于一股清末以来萌芽的改革国民性思潮。国民性之所以渐受重视，在于国人面临内忧外患的存亡关头，对自身传统与社会文化产生怀疑，因而要求突破传统、解放自我，以求整体的改造与进步。[4]辛亥革命促成中国政体的改变，理应使国民与国家的关系更密切，创造民主政治。但事实却不然。袁世凯图谋帝制、返归复古、表彰节妇烈女等举措，体现出知识分子期许创新文化的理想，与掌权人士企图维持旧制的现实间之巨大落差。激进学人领悟到，非变革人心、风俗与伦理，无以根本铲除中国社会的弊端与问题。由是，而生"借思想文化以解决问题"的"全盘性反传统主义"思潮。[5]主张者申论并企图重整个人与家庭、群体、社会及国家间的关系。[6] 被视为"近世一切新文明皆导源于此"的个人主义，便以其高扬个性、尊重个人意志的特色，跃为不满现状者攻击传统的最佳利器。[7] 陈独秀的《孔子之道与现代生活》一文，是借个人主义以图"打倒孔家店"的著例。[8] 易卜生的剧作，即因其个人主义的精髓，被国人发现并引进。

中国的首位易卜生介绍者，应为鲁迅（周树人）。鲁迅于1902年以官费留学日本，由学矿改学医，再弃医而习文。他期望借重文学的社会功用，对民族精神与国民灵魂发挥潜移默化的影响，以重塑国民性格，拯救中国。[9] 他首从介绍欧洲新文艺思潮入手，尤其是被压迫民族的革命文学。他留日期间，正值易卜生热潮方兴未艾之际。不少中国留学生，都在彼时接触易卜生；此与日后易卜生在中国广受欢迎，不无关联。[10] 鲁迅相当推崇的日本白桦派作家有岛武郎（1878—1923），曾在留美阶段大量阅读易卜生的作品。有岛回日本后曾撰数文介绍易卜生的思想，多少影响鲁迅对易卜生的接受程度。[11]

在鲁迅论及易卜生的众多作品中，数1907年写的《文化偏至论》与《摩罗诗力说》为最早。[12]《文化偏至论》的思想脉络，承自欧洲19世纪中叶以来对理性主义与近代社会流弊的反动，旨在批判近世文明的虚伪与偏执。[13] 鲁迅强调个人的精神自觉，首在超脱俗见陋识与名利争逐，"掊物质而张灵明，任个人而排众数"[14]。他对个人主义在当时中国的发展，有以下观察："个人一语，入中国未三四年，号称识时之士，多引以为大诟，苟被其溢，与民贼同。意者未遑深知明察，而迷误为害人利己之义也欤？夷考其实，至不然矣。"[15] 由此可略知，清末多数国人仍视个人主义为群体团结之障碍。

鲁迅不满当时中国社会"尚物质而疾天才""个人之性，剥夺无余"的心态，有意引进个人主义以为矫正。由此他提及易卜生：

> 其后有显理伊勃生（Henrik Ibsen）见于文界，瑰才卓识，以契开迦尔之诠释者称。其所著书，往往反社会民主之倾向，精力旁注，则无间习惯信仰道德，苟有拘于虚而偏至者，无不加之抵排。更睹近世人生，每托平等之名，实乃愈趋于恶浊，庸凡凉薄，日益以深，顽愚之道行，伪诈之势逞，而气宇品性，卓尔不群之士，乃反穷于草莽，辱于泥涂，个性之尊严，人类之价值，将咸归于无有，则常为慷慨激昂而不能自已也。[16]

鲁迅勾勒易卜生桀骜不驯、不与世俗同流合污的个性与作品风格。他继以《人民公敌》为例，阐扬该剧宗旨："如其民敌一书，谓有人宝守真理，不阿世媚俗，而不见容于人群，狡狯之徒，乃巍然独为众愚领袖，借多陵寡，植党自私，于是战斗以兴，而其书亦止：社会之象，宛然具于是焉。"[17]

鲁迅综述易卜生、尼采、施蒂纳（Max Stirner, 1806—1856）、叔本华（Arthur Schopenhauer, 1788—1860）及克尔恺郭尔（Soren Kierkegaard, 1813—1855）等人的思想为"二十世纪文化始基"，"将来新思想之朕兆"与"新生活之先驱"。[18]青年鲁迅期许自己向这些大师学习，成为领导国人迈向新生的精神界战士。[19]这种强烈的信念，促使他再写出《摩罗诗力说》，发抒更为激昂的个人主义精神：

> 今则举一切诗人中，凡立意在反抗，指归在动作，而为世所

不甚愉悦者悉入之……上述诸人，其为品性言行思惟，虽以种族有殊，外缘多别，因现种种状，而实统于一宗：无不刚健不挠，抱诚守真，不取媚于群，以随顺旧俗；发为雄声，以起其国人之新生，而大其国于天下。求之华土，孰比之哉……[20]

"立意在反抗，指归在动作"，体现了摩罗诗人的核心意识。"以起其国人之新生，而大其国于天下"，则道尽鲁迅对这些摩罗诗人的表现与贡献之嘉许，及感慨当时中国无法与西方比拟的失落。曾在《文化偏至论》出现的反抗型思想家，皆被网罗于摩罗诗人旗下，易卜生也不例外：

> 伊氏生于近世，愤世俗之昏迷，悲真理之匿耀，假《社会之敌》以立言，使医士斯托克曼为全书主者，死守真理，以拒庸愚，终获群敌之谥。自既见放于地主，其子复受斥于学校，而终奋斗，不为之摇。末乃曰，吾又见真理矣。地球上至强之人，至独立者也！其处世之道如是。[21]

综观《文化偏至论》与《摩罗诗力说》，可知鲁迅欣赏易卜生之处，在其力抗群庸愚众、执守真理不渝的坚决意志。鲁迅与他笔下的易卜生，仿佛都化身为孤独却不倒的超人战士，向世人高呼人性之可贵在其尊严、独立与自由。《摩罗诗力说》借由阐述西方诗人的精神，表达了青年鲁迅的人生哲学。[22]《文化偏至论》《摩罗诗力说》二文，将易卜生置于慷慨激昂、孤傲不驯的精神界战士之列，为易卜生在晚清中国打出第一炮。陈独秀则在《青年杂志》第1卷第 4 号的《现代欧洲文艺史谭》中，将易卜生与法国的左拉、俄国的托尔斯泰，并列为西洋三大文豪。当时他笔下的易卜生，是"刻画个人自由意志者也"。[23]

但真正在"五四"时期把娜拉介绍到中国之人，当数胡适。他在 1910 年负笈美国后，开始其认识易卜生之旅。在美留学 7 年期间，胡适奠定了日后宣扬易卜生主义的思想基础。从他早年如何认知中西文化的异同，思考个人与社会的关系和中国自强之道，可了解他介绍易卜生剧作的动机与心态。胡适少时即有改革社会的理想与抱负，勤于著述。他留美前，已在《竞业旬报》发表约 15 万字的文章和诗词，洋溢着启蒙与改革气息。[24]他抨击清末社会的腐败与传统制度的僵化，也相当关心女子问题。[25]在美国求学阶段，胡适时常思索中国传统面临西方文明挑战时应如何转变的问题。[26]他认同梁启超所提"国家欲自强，以多译西书为本，学子欲自立，以多读西书为功"的理念。[27]1916 年年初，他在一封寄给陈独秀的信中提及："……今日欲为祖国造新文学，宜从输入欧西名著入手，使国中人士有所取法，有所观摩，然后乃有自己创造之新文学可言也。"[28]胡适相信要"新民"，必须"新文学"。而为使中国人有可效法的典范，必须引介先进的西方各国名著，从学习开始，进而创造自己的新文学、新文化。汪叔潜的《新旧问题》一文，曾定义"所谓新者无他，即外来之西洋文化也。所谓旧者无他，即中国固有之文化也"。[29]署名"后声"的论者，则认为中国数千年来昧于专制，"初不解何谓政治权利，何谓国民义务也。故一旦接触欧化，新知启迪，聪俊之士，觉而自奋，慨然以恢张民权，重造民权为己任。此于中国社会，谓非得未曾有之新民乎！"[30]向西方取经，因而成为留学生的当务之急。胡适与鲁迅，都同样看重文学的社会功用：

> 吾以为文学在今日不当为少数文人之私产，而当以能普及最大多数之国人为一大能事。吾又以为文学不当与人事全无关系。凡世界有永久价值之文学，皆尝有大影响于世道人心者也。[此说宜从其极广义言之……如李白、杜甫、白居易，如今之易卜生 (Ibsen)、萧伯纳 (Shaw)、梅脱林 (Maeterlinck)，皆吾所谓 "有功世道人心" 之文学也……][31]

胡适这种普及新文学以教育大众的观念，与其日后提倡 "白话文学" 的行径，一气呵成。依他所见，译介西方名著应循序渐进，不可囫囵吞枣、全盘接受。[32] 胡适以 "能有效刺激中国进步"，为吸收西方思想的依据；译介的书籍，则以 "与国人心理接近者" 为优先。而他所认定的优先顺序，自以他个人判断为主。当日流行于美国社会的易卜生戏剧，其抨击传统陋习与主张个人解放的意念，正切合胡适的脾味与选择译书的标准。此乃日后《新青年》出版 "易卜生号" 的远因。

胡适刚到美国那年，便观赏过《群鬼》，并深受易卜生戏剧的吸引。[33]1914 年 2 月 3 日，胡适记述与友人同往观看法国剧作家白里欧 (Brieux) 的《梅毒》(*Damaged Goods*)。他赞扬此剧以花柳病为主题，深入探讨该病之遗毒及对社会家庭的影响，并提及易卜生的《群鬼》也属类似主题。[34] 对 19 世纪晚期吹起一片 "世纪末热" 的欧洲社会来说，梅毒是退化、衰颓的象征。《群鬼》借描绘宗教与道德的虚伪、疾病遗传的悲剧，反映其时欧洲文化堕落与人心恐惧，对"五四"时期的中国知识分子产生不小的冲击。[35] 鲁迅便曾多次援用该剧对"群鬼"的意象，表达他对"混乱思想遗传的祸害"之深切观感。[36] 胡适也引用《群鬼》剧中的对话，申明他反对把"儿子孝顺父母"列为一种"信条"的立场：

> （孟代牧师）你忘了没有，一个孩子应该爱敬他的父母？
>
> （阿尔文夫人）我们不要讲得这样宽泛。应该说："欧士华应该爱敬阿尔文先生（欧士华之父）吗？"
>
> 这是说，"一个孩子应该爱敬他的父母"是耶教一种信条，但是有时未必适用。即如阿尔文一生纵淫，死于花柳毒，还把遗毒传给他的儿子欧士华，后来欧士华毒发而死。请问欧士华应该孝顺阿尔文吗？若照中国古代的伦理观念自然不成问题。但是在今日可不能不成问题了。假如我染着花柳毒，生下儿子又聋又瞎，终身残废，他应该爱敬我吗？[37]

胡适不只将欣赏戏剧视为纯娱乐，更认真咀嚼戏剧所传达的寓意。他侧重易卜生中后期以讨论社会问题为题材的剧作，视其为问题剧"巨子"："自伊卜生（Ibsen）以来，欧洲戏剧巨子多重社会剧，又名'问题剧'（problem play），以其每剧意在讨论今日社会重要之问题也。业此最著者，在昔有伊卜生（挪威人），今死矣，今日名手在德为赫氏，在英为萧伯纳氏（Bernard Shaw），在法为白里而氏。"[38]

胡适除了前往戏院观赏易卜生的戏剧外，还阅读易卜生的剧本与书信，并对其展开一番研究。[39] 胡适是否在美观赏过《娜拉》，无法确定。但以该剧在美国的高演出率[40]，及他后来在《易卜生主义》

中对娜拉所展现的熟悉程度，可推想他至少读过《娜拉》。[41]1914 年，胡适曾在日记中，思索人己关系应"容忍迁就"或"各行其是"时，提及《娜拉》："次请言西方近世之说，……此'不容忍'之说也。其所根据，亦并非自私之心，实亦为人者也。盖人类进化，全赖个人之自苡。思想之进化，则有独立思想者之功也。政治之进化，则维新革命者之功也。若人人为他人之故而自遏其思想言行之独立自由，则人类万无进化之日矣。（弥尔之《群己权界论》倡此说最力，伊卜生之名剧《玩物之家》亦写此意也。）吾于家庭之事，则从东方人，于社会国家政治之见解，则从西方人。"胡适此处提及《娜拉》（亦即《玩物之家》），并没有鼓励女性走出家门之意，而在强调其与《群己权界论》同样提倡个人自主精神的重要性。

胡适留学期间，不仅对易卜生等进步思想多有接触，也在与异性友人的互动上，体察女性的角色扮演与性格特质等问题。韦莲司（Edith Clifford Williams, 1885—1971）尤其对胡适在中外比较的基础上思考女子问题，产生重要影响。胡适与韦莲司于 1914 年在康奈尔大学结识，两人维持了终生情谊。[42]韦莲司的思想言谈及与胡适的交情，启发乃至引导胡适对两性关系与女性发展的看法。[43]胡适对韦莲司的人格与见识，皆极为称道，倾慕之心溢于言表。[44]他赞许韦氏个性独立、思想率真、行为自然。这些特质，都是他期许中国女性能做到的。他曾在 1915 年 10 月 30 日的日记里写着：

> 吾自识吾友韦女士以来，生平对于女子之见解为之大变，对于男女交际之关系亦为之大变。女子教育，吾向所深信者也。惟昔所注意，乃在为国人造良妻贤母以为家庭教育之预备，今始知

女子教育之最上目的乃在造成一种能自由能独立之女子。国有能
自由独立之女子，然后可以增进其国之道德，高尚其人格。盖女
子有一种感化力，善用之可以振衰起懦，可以化民成俗，爱国者
不可不知所以保存发扬之，不可不知所以因势利用之。[45]

这种能目睹西方女性将独立自主的精神落实到现世生活的经
验，对胡适的女性观有相当正面的启迪作用。胡适对韦氏的引述，
延续到 1918 年 9 月他在北京女子师范学校，一场题为"美国的妇
人"的演讲中。他以韦氏为例，说明女子不嫁而能独立生活的自立
精神。[46]除了与韦氏的交往与体会，胡适也恰逢其会目睹美国妇女
参政运动的蓬勃发展，并感佩妇女争取自身权益的努力。[47]归结胡
适在《留学日记》中所描述的女性，及对女权运动的观感，可知美
国经验对他的深刻冲击。他反思的层面，广涉女子教育、社会风气、
文化习尚、家庭伦理与两性互动。他甚至写信给在中国乡下的未婚
妻江冬秀，希望她能多读书识字，以便沟通。[48]

要言之，易卜生的剧作，带领胡适迈向解放自我、追求独立与
自由的境界。韦莲司则仿佛真正实践娜拉精神的新女性，不畏抗拒
传统，坚持自己的原则，依靠自己的智识才能维生。这些经验与想
法，都促使胡适选择易卜生及其娜拉，以之为中国人效法的典范。

除鲁迅与胡适各自对易卜生的了解欣赏之外，中国话剧界也
对易卜生有初步的认识。1914 年，陆镜若等"春柳社"中的"新
剧同志会"成员，在上海曾演出《玩偶之家》。[49]该年《俳优杂志》
第 1 期的页首，便刊登"世界脚本著作大家伊蒲生君肖像"。陆镜
若口述介绍易卜生的剧作，并强调他中期以后的表现。[50]陆镜若十

分赞赏易卜生,对他冠以"莎翁的劲敌""剧界革命的健将"等名号。[51]
这些对易卜生的早期介绍,多集中突出其写实与批判精神。整体而
言,易卜生在 20 世纪初的中国社会,尚未引起广泛注意。一如阿
英(钱杏邨,1900—1977)所言,当时"中国社会的发展,没有
到达需要、也就是真正理解易卜生的阶段"。[52]但至少从这几篇介
绍文章,可窥见日后国人将易卜生定位为社会改革家的趋向。

20 世纪 10 年代"一战"的爆发,使西方社会经历自工业革命
发展、现代社会成形以来最大规模的冲击。许多思想、信仰与价值
观,都多少因这场人为掀起的灾难而动摇或重建。同时期的中国社
会,却因民族革命后令人失望的发展,带动激进知识分子重新省思
传统伦理与思想,而望向西方寻求新典范。民初所谓复古与革新思
潮,背后所依附而发的东方与西方文明,都正经历前所未有的挑战。
但也正在此新旧交替、青黄不接的时代里,中国的新文化运动健将
扬起大旗,为自身争取到发言反传统的良好时机。他们连带扩展了
妇女问题的面向,使其成为反抗传统、学习西方的重要尝试园地。
离经叛道的娜拉,便在众青年渴望自由与体验新文化的时代,以易
卜生主义代言人的身份,跃登中国言论舞台。胡适从易卜生中期的
社会问题剧,归纳出其创作精神与思想信仰,以"易卜生主义"的
面目呈现在中国读者面前。此举,正式开启娜拉形象在近代中国传
播与演变之旅。

2.《新青年》的"易卜生号"

《新青年》于 1915 年创刊时,胡适还在美国求学;但他始终
与国内文艺界保持联系。[53]1917 年年初,胡适发表在《新青年》上

的《文学改良刍议》，正式掀起中国改革文言文为白话文的浪潮。[54]
陈独秀进一步发表《文学革命论》，将改良之风从文学形式带到文
学内容的转变，开启所谓的新文化运动。1918 年 6 月 15 日，《新
青年》首度发行专刊，是为"易卜生号"。该号整体介绍了易卜生
的生平、思想与代表作品。[55]（见下表）

《新青年》"易卜生号"文章列表

作者	译者	文章名称
胡适		《易卜生主义》
易卜生	胡适、罗家伦	《娜拉》
易卜生	陶履恭	《国民之敌》（现在的通行译名为《人民公敌》）
易卜生	吴弱男	《小爱友夫》
袁振英		《易卜生传》

作为《新青年》头一次发行的特辑主角，易卜生的作品与其思
想，想必象征着某种时代意义。1928 年，鲁迅在《〈奔流〉编校后
记》，摘引日本青木正儿教授《将胡适漩在中心的文学革命》一文，
对十年前的中国社会背景做了交代：

> 民国七年（一九一八年）六月，《新青年》突然出了《易卜生号》。
> 这是文学底革命军进攻旧剧的城的鸣镝……使他们至于如此迅速
> 地成为奇兵底原因，却似乎是这样——因为其时恰恰昆曲在北京
> 突然盛行，所以就有对此叫出反抗之声的必要了。那真相，征之
> 同志的翌月号上钱玄同君之所说（随感录十八），漏着反抗底口吻，
> 是明明白白的……[56]

由此可知易卜生雀屏中选之因，在于《新青年》有意援用外来思想以反抗传统旧制。[57]但为何选易卜生？鲁迅进一步解释，除"要高扬戏剧到真的文学底地位，要以白话来兴散文剧"，主要"也还因为 Ibsen 敢于攻击社会，敢于独战多数"。在鲁迅看来，"那时的绍介者，恐怕是颇有以孤军而被包围于旧垒中之感的罢，现在细看墓碣，还可以觉到悲凉，然而意气是壮盛的"。[58]

对当时中国论者而言，易卜生的特殊之处，在于他不妥协、不同流合污的独立判断，对社会保持质疑的批判态度，及奋勇的战斗精神。[59]这说明为何胡适等人，主打易卜生的写实散文剧，而非其早期的韵文剧或晚年象征主义作品。日后胡适在《新青年》回复读者来信时，曾明言："足下试看我们那本'易卜生号'便知道我们注意的易卜生并不是艺术家的易卜生，乃是社会改革家的易卜生。"[60]文学家萧干（1910—1999）更直言："中国人在看到西方剧作中，居然有人敢鼓吹妻子从自以为是的丈夫身边走开，看到居然有人愿意写出一位为真理而宁与全民为敌的医师的时候，其兴奋之情，西方人是很难想象的。黄帝以来的社会传统，如今终于有人敢举大旗而与之抗撷了。"[61]此时中国欲突破现状的知识分子，特别需要借助西方经验来反抗中国传统。译自西方的文学作品，如易卜生这类的社会批判剧，自备受他们欢迎与宣扬。[62]

胡适诠释的易卜生主义，主要有三大宗旨：抨击中国传统家庭制度；拥护个人主义；要求社会接受不因袭守旧的新声音。[63]一言以蔽之，易卜生主义到胡适笔下，成了个人主义与写实主义的综合体。[64]用胡适的话来说，当易卜生"把社会种种腐败龌龊的实在情形写出来叫大家仔细看"之后，不忘告知一个"保卫社会健康的卫生良法"。此举，使人们目睹写实主义呈现的黑暗真相后，能发展出"完全积极"的个人主义，以求解决问题。[65]胡适日后在《介绍我自己的思想》一文，再度归结："易卜生最可代表十九世纪欧洲的个人主义的精华，故我这篇文章只写得一种健全的个人主义的人生观。"[66]

胡适为中国社会量身定做的易卜生主义，大致主导日后国人对易卜生的接受方向。[67]易卜生原批判资产阶级的守旧成俗，胡适将之转为对孔教社会制度的批判，尤其是对中国大家庭制度的非难。[68]"五四"时期传播易卜生思想的方式，有别于欧美社会偏重剧场演出与随之衍生的讨论。西方剧场起源甚早，到 19 世纪末，剧场观众群渐由原先的中上层阶级，扩大到中产与工人阶级。[69]观赏戏剧已成为近代西方大众的普遍娱乐。若有剧作探讨某些社会关注的课题，往往能引起观众或读者共鸣，或与当时思潮合流，互相助长影响力。易卜生思想在中国的宣扬，则有赖知识分子先对其戏剧进行浓缩与综合，萃取出他们认为中国所需的思想养分，向大众宣传。

胡适汲取自易卜生戏剧并为国人带来的最大资源，在其对社会的批判火力，与对个人的尊重。[70]《娜拉》恰恰符合这两点要素，成为胡适多次援用论述的例证。首先，胡适引用《娜拉》，说明易卜生写出近世社会家庭里的四大恶德——自私自利；倚赖性，奴隶性；假道德，装腔做戏；懦怯没有胆子。其次，他引述娜拉为救其夫，不惜冒伪造文书罪，以及娜拉发自内心对宗教的疑惑，凸显易卜生批判现世法律、宗教与道德的虚假及钳制人心。最要者，乃胡适选择以娜拉的"救出自己"这句告白，作为诠释易卜生式的个人主义名言：

> （郝尔茂）……你就是这样抛弃你的最神圣的责任吗？
>
> （娜拉）你以为我的最神圣的责任是什么？
>
> （郝）还等我说吗？可不是你对于你的丈夫和你的儿女的责任吗？
>
> （娜）我还有别的责任同这些一样的神圣。
>
> （郝）没有的。你且说，那些责任是什么？
>
> （娜）是我对于我自己的责任。
>
> （郝）最要紧的，你是一个妻子，又是一个母亲。
>
> （娜）这种话我现在不相信了。我相信第一我是一个人正同你一样——无论如何，我务必努力做一个人。[71]

这种为了救出自己而不惜抛弃家庭与儿女，弃家远去的个人主义行径，是《娜拉》带给国人最强烈且印象深刻的冲击。对近代许多中国知识分子来说，中国仿如沉寂千年的睡狮，亟待被唤醒，以团结御侮。[72]娜拉的觉醒，正与国人这种等待苏醒的渴望不谋而合，而成为炙手可热的宣扬对象。娜拉卸下妻母角色的出走行径，更直接挑战了中国旧道德规范，受到新青年与改革者的认同。除了娜拉的正面形象外，《群鬼》中的阿尔文夫人则被胡适塑造为截然不同的对照形象。阿尔文先生常在外寻花问柳，妻子向牧师朋友诉苦，孰料牧师不仅认为其夫之举不足为奇，反倒要求阿尔文夫人应恪遵妇道，善尽妻职。对此，胡适指出：

妻子对丈夫，什么都可以牺牲；丈夫对妻子，是不犯着牺牲什么的……这种极不堪的情形，何以居然忍耐得住呢？第一，因为人都要顾面子，不得不装腔做戏，做假道德遮着面孔。第二，因为大多数的人都是没有胆子的懦夫……那《群鬼》戏里的阿尔文夫人没有娜拉的胆子，又要顾面子，所以被他的牧师朋友一劝，就劝回头了，还是回家去尽他的"天职"，守他的"妇道"。他丈夫仍旧做那种淫荡的行为。[73]

阿尔文夫人如此忍气吞声谨守妇道，维系家庭和谐表象的下场，竟是祸及下一代。由于其夫在外花天酒地，使后来阿尔文夫人产下的儿子，遗传丈夫的梅毒病菌，最后近于痴呆，演变成无法挽救的悲剧。阿尔文夫人的没胆子与要面子，抑制了她原本萌发的自觉意识，掩盖家中的诸多败德，徒然造成家破人亡的悲剧。相较于勇于突破现状的娜拉，阿尔文夫人的下场在胡适的笔下，也发挥令人不寒而栗的警示作用。[74]

《新青年》"易卜生号"接续《易卜生主义》文后的，是三部易卜生剧作的中译本。它们是《娜拉》《国民之敌》与《小爱友夫》。《娜拉》不只被排在最前面，更是唯一被完整翻译的剧本。《新青年》重视此剧之意，可想而知。[75]这篇《娜拉》译文忠于原剧结局，而未加更动。这种看似理所当然的译笔，与德、英及美国首次翻译并演出该剧的情形相较，方能看出其特殊之处。[76]欧洲来自出版商、译作者、剧院老板到女演员各种要求，而改变《娜拉》剧情的呼声，不一而足。他／她们所虑或所惧，无非是该剧结局可能触犯社会成俗。反观中国，《娜拉》之所以得以原貌呈现，自非因当时社会已允许女性任意抛夫弃子。"易卜生号"忠于《娜拉》原味，其意义在于彰显"五四"时代反传统意识的激烈性。具变革意识的知识分子，企图以先行者的姿态，为人民想象符合世界潮流标准的现代性。民初社会仍存留的陈腐观念与人身限制，虽令改革者失望，却成为其突破现状的动力。袁世凯垮台后，众军阀争权夺位造成的混乱情势，释放出某些激进言论的自由。这些思想与时代背景，共同促使娜拉能在此时，以原来面目与中国人相见。

"易卜生号"的压轴之作，是北大学生袁振英（1894—1979）所写的《易卜生传》。[77] 袁振英推崇《娜拉》为易氏"最有名之杰作"，并将该剧定义为"婚姻问题上之悲剧"，盛赞其淋漓尽致地描写家庭的黑暗面。他表示，当娜拉宣布独立，脱离将她视为玩偶的家庭时，不啻为"革命之天使，为社会之警钟"。娜拉的觉醒，摆脱了"家庭中之恶浊空气"，得以避免自身沉沦。袁振英推崇易卜生的《娜拉》"真足为现代社会之当头棒，为将来社会之先导也"。[78]

《新青年》的"易卜生号"，开启并推动易卜生主义在中国的发展空间。[79]1920 年，周瘦鹃（1895—1968）在《小说月报》译易卜生《社会柱石》的引言中表示："瑙威大戏剧家易卜生 H. Ibsen 这名字几乎人人都知道了。从十九世纪以来，他好似文艺界上一轮明月，明光四照，直要掩没了莎士比亚。"[80] 以茅盾笔名闻世的沈雁冰（1896—1981），在 1925 年这么评估易卜生在华的影响力："易卜生和我国近年来震动全国的'新文化运动'是有一种非同等闲的关系。六、七年前《新青年》出《易卜生专号》曾把这位北欧大文学家作为文学革命、妇女解放、反传统思想……等新运动的象征。那时候，易卜生这名儿，萦绕于青年的胸中，传述于青年的口头，不亚于今日之下的马克思和列宁。"[81]胡适日后也回顾自己所介绍的易卜生主义，"在民国七八年间所以能有最大的兴奋作用和解放作用，也正是因为它所提倡的个人主义在当日确是最新鲜又最需要的一针注射"。[82]《新青年》作者群从主编陈独秀以降，以"偶像破坏"自许。但他们在努力破除"宗教上政治上道德上，自古相传的，虚荣欺人不合理的信仰"之际，竟也竖起新的偶像，并不余遗力地加以宣传。[83]鲁迅便曾将达尔文、易卜生、托尔斯泰与尼采等西方大师，列为致力于"偶像破坏"的人物。他表示："即使所崇拜的仍然是新偶像，也总比中国陈旧的好。与其崇拜孔丘关羽，还不如崇拜达尔文易卜生。"[84]他当时效法西方的心态，一览无遗。

　　自《娜拉》出世后，各个社会依其不同传统、文化及思想，对娜拉的言行进行解读。各国的娜拉形象，反映出不尽相同的新女性特质。也许这些各自的想象与创造，落实了易卜生对该剧的期许。他曾说过："我的任务是描写人们。但事情往往总是这样：假如描写多少有点准确，读者就会把自己的感情和情绪也都放进去。他们认为这是诗人的意思；然而，不，完全不是。每一个人都按自己的理解重新创作诗人的作品，根据自己的个性美化它，修饰它。进行创作的不仅仅是作家，而且还有读者，他们是创作的伙伴，而且与诗人本人相比，读者常常更像是诗人。"[85]依此看来，易卜生有意赋予每位读者带有"诗性"的想象、理解与创造能量。换言之，易卜生无意借由娜拉，鼓吹女子都走出不如意的婚姻。他希望读者有独立思考，并各自寻得人生答案的能动性。但这种应富有个人独特需求或选择的能动性，在"五四"中国，却被当时的特殊社会与文化氛围给消弭乃至扼杀。"五四"反传统封建的新文化思潮，虽高扬个人主义，却局限了《娜拉》能带给中国人的启蒙选项。易卜生借由创造与书写《娜拉》，所带给西方社会及妇女的解放与发展空间，被五四新文化运动健将萎缩并固定化为具有单一模式特质的"出走"。究竟娜拉在中国的形象之旅，反映出什么样的文化与社会情境？而当时中国社会的特殊性质，又提供给该形象多少论述空间与衍生能量？以上问题，将是下一节锁定的焦点。

第二节 "做一个人"的自我觉醒

娜拉随着西方个人主义思潮，一道传入中国。本节将申论，娜拉在中国唤醒的，是有心突破传统的青年男女，而非仅止于女性。我将先考察新文化运动者如何在开展启蒙觉醒大叙事时，充分发挥娜拉的形象资源，来召唤超越性别的反传统实践。进而，我会说明娜拉被定位为新女性形象的论述过程。借此，本节将阐明个人主义如何通过娜拉的具象化，在"五四"中国展现反传统的能量，以及此种能量允许女子解放的空间与局限。

1. 以新"人性"为本的娜拉原型

一般著作论及"娜拉"在中国的发展及其影响时，多从妇女史、文学史或戏剧史的角度出发，强调其觉醒与出走对中国女性的鼓舞。[86]"五四"之后，由于娜拉逐渐被认知为新女性形象，因此后人多以为谈到娜拉，就只与女性有关。当代学者研究娜拉在中国的发展与演变时，也都理所当然将其视为新女性形象。

娜拉在中国，实不仅如此。本节将先分析娜拉现身中国的最初含义及被论述的方式，以揭示其被形构的"去性化"原型本质。[87]《新青年》"易卜生号"为娜拉揭开的序幕，呈现出的是无性别之分的新人理型，而非只限于女性效法的外国典范。胡适率先以娜拉来诠释易卜生主义，使娜拉被提升到超越性别差异的高度，得以赋能（empower）中国青年男女反抗传统。但与此同时，娜拉的诠释权，在中国一开始就被男性攫取，使中国女性只落得追随、被代言的地步。娜拉作为中国新女性形象，并非因女性自身觉醒，或因应社会自然变迁而诞生，而是知识男性在激烈反传统的过程中，呼吁女性共襄盛举的产物。以下，我将集中析论胡适与鲁迅这两位对娜拉论述有重要影响力的作家之文本，来说明娜拉意象在"五四"早期的本质。借由将娜拉还原到"五四"早期的论述脉络中，本节希望拨开后人对此形象虽众声喧哗却又只集中于"新女性形象"的再现迷雾。

华裔学者张学美（Shuei-may Chang）对现代中国文学里的娜拉之研究，曾提及胡适将《娜拉》的解释过于简化为对女权的要求。[88]但本书的观点恰好相反。胡适实有意向所有人宣扬娜拉"做一个人"的自主精神，而非只想唤醒女性。他所勾勒的娜拉形象，不只是中国妇女的新楷模，更是所有青年的学习对象。此可从他引介娜拉的方式，得到初步证明。

首先，胡适从未针对娜拉写过专文介绍，他对娜拉的根本见解，主要呈现在《易卜生主义》及《介绍我自己的思想》。学者周昌龙认为，《易卜生主义》一文刺激当时知识青年对个人、家庭、婚姻及贞操问题展开广泛热烈的讨论，"这种社会效应，奠定了胡适在思想界的名位基础"。[89]《易卜生主义》之可代表与具现胡适的思想,可想而知。而周文中指出《易卜生主义》造成一股反抗包办婚姻与夫权家庭的"娜拉热",影响所及绝不止年轻女性。对胡适而言,娜拉实践的,正是他提倡的"重新估定一切价值"(transvaluation of all values)。[90]娜拉对爱情与婚姻的感性期待,对法律与宗教的困惑质疑,对自身的反省期许,还有改变现状的决心毅力,都体现突破困境、重估人生的莫大勇气。胡适曾表示从海外输入新观念和新学说,即为重估既有价值的批判态度之一种。[91]他正是出于"帮助解决我们今日所面临的实际问题"这样的迫切动机,才促成《新青年》"易卜生号"的出刊。[92]而在《介绍我自己的思想》一文中,胡适更明确以娜拉作为易卜生主义的代言人。"娜拉抛弃了家庭丈夫儿女,飘然而去,只因为她觉悟了她自己也是一个人,只因为她感觉到她'无论如何,务必努力做一个人'。这便是易卜生主义。"[93]

　　胡适赋予娜拉的自救精神,体现的是他心目中的现代理想人格,及他对中国青年男女的期许。这样的新人,具有自立心,"人人都觉得自己是堂堂地一个'人',有该尽的义务,有可做的事业"。[94]刘大杰(1904—1977)的《易卜生》(1928)一书,在论及《娜拉》时,曾揭示类似想法:

　　　　在这剧本里面,易卜生的本意,并不仅是妇女解放问题,这是全人间的问题。这是利己的自我与自己牺牲的对立的灵肉斗争的悲剧。当丈夫站在门外,娜拉提好衣包讲再会的时候,娜拉不是男性,也不是女性,是未来的超人的象征。她看透了宗教的虚伪,看透了法律的虚伪,看透了爱情的虚伪,看透了现生的虚伪。

不得不积极的，去找真的人生，去找理想的人生，去找未来的超
人生。[95]

刘氏"娜拉不是男性，也不是女性，是未来的超人的象征"这段析论，
乃立基于易卜生原剧作的精神而发。但这番诠释，却可贴切形容（以
胡适为代表的）"五四"早期时人译介并塑造娜拉的初始心态。

仔细检视胡适的《易卜生主义》，可发现文中引述《娜拉》该
剧或娜拉一角以申论的概念，皆非针对女性而独发。这包括胡适举
《娜拉》来评点近世家庭的诸多弊端、社会各种恶势力，尤其是"救
出自己"的为我主义。[96]个中道理很清楚，即胡适未把娜拉当作"女
人"，而是当作"人"来理解与认知。若进而细读胡适关于性别的
文本，可发现能与他在知识层次上互相唱和者，几乎清一色为男性，
且他也曾以"女性"为比喻，做过不少负面形容。借用华裔美国学
者江勇振的话来说，胡适的男性扮相最重要的一环，"莫过于具有
骑士精神的君子"。胡适"不但可以用女性作比喻，来形容一些理
想男性所不应有的弱点，他而且相信女性的命运大体上是由生理决
定的"。[97]胡适这种骑士／君子的精神，虽流露在他尊重体贴女性的
态度上，却也驱使他理所当然代女性发言。其结果，是他有意无意
忽略她们的女性需求，而以男性本位的"人性"概括取代之。

胡适这种将娜拉塑造为新人理型而非仅新女性形象的论述模
式，正呼应"五四"早期新文化论者对个人主义的追求与向往。[98]
他们在吸收理解西方个人主义时，总将其与社会联系思考，强调社
会是自我发展与实现的唯一场所。王星拱（1887—1949）曾言："我
虽不为社会而生存，然而我必凭借社会而生存，所以我和社会是

分不开的。"[99] "个人"在此虽被凸显,但不论遗世独立般的新村生活[100],或尼采式将社会与个人对立的思想,都不被多数中国人所认同。[101]借用史家余英时的话来说,个人主义在"五四"及其后的中国社会里,始终"有一个'大我'淹没了'小我'的问题"。[102]反传统的新文化健将,即使彰显作为小我的个人,也不忘提醒自身或他人对大我——社会或国家——须负之责。[103]胡适更以"社会不朽论"为其宗教主旨:"我这个现在的'小我',对于那永远不朽的'大我'的无穷过去,须负重大的责任;对于那永远不朽的'大我'的无穷未来,也须负重大的责任。"[104]

当时知识分子宣扬个人主义,意在代表所有国人反对传统的家族专制与封建体系。[105]其根本关怀点,是从个人自觉出发,"把你自己这块材料铸造成器",而以成就民族及国家福祉为终。[106]所以新青年虽已体认"救国必先有我",却也被谆谆告诫"不以个人幸福损害国家社会"。[107]在军阀把政、国家混乱的"五四"时期,高扬个性觉醒的个人主义,与提倡爱国救国的民族主义,竟因终极诉求与批判对象一致,而出现相辅相成的共存局面。[108]

由上述个人主义思潮发展的"五四"脉络,不难想见娜拉"救出自己"以"做一个人"的呼声,对当时中国青年男女的冲击与启迪。我认为,正因胡适对娜拉采取了去性化的论述方式,才使得娜拉在中国获得如此盛名。胡适通过勾勒娜拉的个人自主精神,来宣扬易卜生主义,充分体现新文化人援用娜拉来唤醒中国的想法。[109]娜拉的作为,强化了五四青年因西化日深而愈渐成形的反传统意识,也坚定他们冲破旧家族/家庭以与社会和世界接触的决心。

日本学者本间久雄曾指出,娜拉的自觉"是妇女个人的权利底自觉，也正是个人主义底自觉"。[110] 与清末人士大力宣传的中外革命女杰相较，娜拉的觉醒及出走的勇气，在知识青年群中引发更为切身的强烈共鸣。[111] 有关"做人"的呐喊，如"女子知道自己是'人'，才能自己去解放""男女双方要深知深信女子是'人'，与男子应有一样的人格""男女既同是人，便该同做人类的事""因自己的'觉悟'，得寻着真'人'的生活"一类的言论，充斥于"五四"的进步刊物中。[112] 人的解放问题，始终是新文化运动的主要思想关怀。从陈独秀、胡适以降，皆肯定并发扬个人的尊严、价值、个性与创造精神。[113] 这股自救做人的风潮，在知识青年间迅速蔓延。陈望道（1891—1977）在 1926 年回溯"五四"时的发展，表示："易卜生底《娜拉》,《群鬼》等关于偶像破坏的文艺，当时也多输入进来。凡自称为觉醒分子的，不论女子或男子，可说没有一个人不曾在这等文艺的及非文艺的——即当时所谓新文化的文字上注目，留心，乃至笔述，口说。投入潮流游泳的数目之多，为有史以来所少见。"[114]

在中国宗法社会，最能彰显个人觉醒的行动，首推家庭革命；娜拉的言行，恰提供"五四"时人向传统的致命一击。早在清末，即有少数无政府主义者提出"毁家革命"的口号，但当时曲高和寡，未获众人共鸣。[115] 待至"五四"时期，新文化界大致达成"批判旧文化，创造新文化，建设新社会"的共识。身为中国数千年来社会基础的大家族制度，成为新文化运动者的主要箭靶。李大钊有言："社会上种种解放的运动是打破大家族制度的运动，是打破父权（家长）专制的运动，是打破夫权（家长）专制的运动，是打破男子专制社会的运动，也就是推翻孔子的孝父主义、顺夫主义、贱女主义的运动。"[116] 茅盾曾归纳中国传统家庭制度的特点为"所谓一家人，对外是成为一个整体的"。传统父慈子孝、兄爱弟悌等伦理观念的牵制，压抑了个人的发展空间。中国工业与经济的落后，以及妇女谋生能力薄弱，则使家庭在中国社会结构中的分量相对加重。[117] 新文化运动发展所及，使社会群体的力量，逐渐汇聚成取代个别家族的趋势，间接酝酿了家庭革命。[118] 娜拉之所以有机会适时发挥影响力，在于当时中国社会各种人际关系面临解体的局面。以往的皇权不再，族权与父权的地位，经过清末以来人们对三纲五常的质疑，也开始动摇。青年男女属于层层权力关系中的弱势者，在西方个人主义的洗礼下，莫不渴望摆脱家庭钳制。[119] 曾为少年中国学会成员之一的李璜（1895—1991），在其《学钝室回忆》有段记述：

> 　　五四前后新文化运动中的思想改造，其挑战对象，乃是直指于中国社会的基层组织——家庭制度及其传统的家族主义，要打倒人人家里的那一个神龛子……其惊世骇俗，比较要来得更为普遍……譬如在民七的八月新青年杂志四卷六号，胡适所主编的易卜生专号上，其易卜生主义一文，及其译载的《娜拉》与《国民公敌》等篇，都给予当时及后来的青年人抛弃家庭以及妇女解放的影响至大。[120]

李璜的追忆，印证娜拉对当时及后代的巨大影响，不止限于女性，而是包含所有青年人。总之，《娜拉》的开放性结局，与娜拉出走后的未知，恰好切合新文化运动者的脾味。他们通过对该形象的塑造，找到可突破现状并有所发挥的起点—— 要求"做一个人"的个性觉醒。[121]

让我们延续以上思考，接着分析 1923 年鲁迅在北京女子高等师范学校（简称"女高师"）红楼演说"娜拉走后怎样"的内容。[122]这场令数百名女学生印象深刻的讲演，通过对娜拉走后"不是堕落，就是回来"的推测，指陈出走的个人拥有经济权的重要性。当代学者多视鲁迅这场谈话，在于警醒未经深思即率性出走的中国女子，并提醒欲彻底解放妇女，须先解决社会根本问题。[123]然综观鲁迅演讲内容，可发觉他不仅关注女子出路，也展现对个人本位主义的怀疑，与对中国社会发展的忧虑。[124]亦即，鲁迅笔下的娜拉，不纯然是女性形象的化身；其所指代的，实际上包含所有从傀儡般旧身份出走的青年男女。鲁迅一针见血点明在政治、经济皆混沌未明的 20 世纪 20 年代初期，两性彼此间，不论同性或异性的关系，都经历了某种"互作傀儡"的复杂互动："在现在的社会里，不但女人常作男人的傀儡，就是男人和男人，女人和女人，也相互地作傀儡，男人也常作女人的傀儡。"[125]

那是个众人都想呐喊的年代，也是个众人都感到彷徨的年代。鲁迅借用《娜拉》的结局，反思个人离家后的出路，并提供他的答案。从当时的思想演变观之，此类反思象征"五四"早期一度高扬的自我，又逐渐失落。[126]当知识分子发现社会尚无法给予个体健全发展时，以团结或再造社会为号召的群体主义，便又凌驾"先做好自己"的个人主义，成为拯救中国的主要凭据。细观鲁迅所提"娜拉走后怎样"这个问题，可发现其不限于女性出路的讨论，而是对于国人自"五四"时代集体出走后，将来有何出路的思索。[127]美国学者舒衡哲（Vera Schwarcz）便认为如胡适与鲁迅等"五四"学人，掀起的"娜拉热"（Nora compulsion）皆"醉翁之意不在酒"。

他们主要借由申论娜拉，来评估个人主义在中国的可行性、发展潜能及遭遇困境。女性问题或妇女解放，并非这些新文化知识人的核心关怀。[128] 征之上文所述，此言的确不差。

再以鲁迅常被后人拿来与《娜拉》互相呼应或做相关讨论的另一作品——小说《伤逝》（1925）——为例。这部小说，从女性解放的角度来解读，是叙述为爱出走的新女性，在琐碎的日常生活中消磨了自我、耗尽爱人对她的感情，最后又走回父家、抑郁而亡的悲剧。从这样的解释逻辑出发，《伤逝》是在暗示女性拥有经济自主权的重要性。这样的概念，与"五四"后期的集体主义（尤其社会主义）诉求，互为呼应。[129] 然而，当我们从个人主义的演变，且以男主角涓生的视角审视《伤逝》，将得出不同的样貌。我们可说，鲁迅在汲取《娜拉》有关出走与追寻自我的意象，深沉省思追求自我解放的个人与广阔无情的社会之间，可能有的关系与景象。

职此之由，若把娜拉定位为新女性形象，来解读《伤逝》中的子君之行径，则子君确可谓返回父家的失败娜拉。[130] 但若从现代新人理型的角度来诠释娜拉，将可对涓生以及子君的抉择与心境，有更进一步的发现。《伤逝》中的男女主角，都彷徨于出走与出路的未知迷惘。当众人从妇女解放的角度切入，将注意力集中于"子君—女性—娜拉"的分析取向之际，实忽略鲁迅借涓生之口，于小说中数度提出的男性"那里去呢？"的迷惑。[131] 无数像涓生一样的新青年男性，对生命、对未来在社会上的发展，也有不亚于新女性的困顿与不安。当涓生知道子君因被他告知不再爱她、黯然复返父家并竟至死亡的消息后，顿时也不知何去何从。一连串"那里去呢？"的未知，萦绕他的心头，吐露出的是隐晦、不确定甚至黯淡的心声："'那里去呢？'新的生路自然还很多，我约略知道，也间或依稀看见，觉得就在我面前，然而我还没有知道跨进那里去的第一步的方法。"[132]

　　过去学界多因娜拉是女性角色，便先入为主将之定位为新女性形象。但当妇女问题被视为尽现旧礼教弊端的社会问题时，"论述妇女"的动机便不单纯只是出于为女性争取权益。以胡适为例，当他援引娜拉的自救与做人进行思想启蒙时，是在挪用娜拉，来彰显以男性为本位的普世"人性"意涵。当全中国青年男女都被期许效法娜拉精神之际，女性实被剥夺了形塑娜拉意象的主体性。罗家伦（1897—1969）在1919年发表于《新潮》之上的《妇女解放》一文，以"娜拉未觉悟以前的生活，也可以算是人吗？"的质问起头，继而力言"人道主义觉醒后的第一声，就应当是'妇女解放'！"[133]此种论调，同样带有"个人／男性"觉醒先于妇女解放的含义。

　　近数十年来，西方与继之而起的东方学界，在后学风潮引领下，具批判性地诠释与解读男性在近代中国妇女解放的发展过程中的角色。留美华裔学者王政曾指出，"五四"男性知识分子所以热切投身宣传女权，在于"他们想在此种他者危机的转变中再现自身"。[134]男性通过为女性代言，不仅成就了社会应负之责，也再次确认男性的文化优势。类似观点，可见诸学者刘人鹏探讨晚清男性文人的国族与女权论述，以及学者陈清桥（Ching-kiu Stephen Chan）分析鲁迅、郁达夫及茅盾的小说再现的"新女性"叙事。[135]本节举胡适与鲁迅为例，考察新文化健将拟想与论述娜拉的心态，也呼应这类观点。但我认为，这些男性知识分子除视女性为他者而企图以"（新女性）形象塑造者"自居外，实则亦尝试通过塑造新形象，来抒发其追寻现代人性典范的欲望与焦虑。

综合以上所论,可了解娜拉在"五四"早期被拟想的原始意象,及该形象的最初本质。胡适等初期介绍者,为了突出娜拉从旧环境觉醒,并决心独自奋斗的个人主义精神,而刻意忽略她抛弃儿女的行为,也不曾讨论她拒绝母职的问题。"五四"这些有别于欧美社会诠释娜拉的再现手法,表露出这些男性精英对娜拉"超越性别藩篱"的想象与创造。不止中国女性,而是全体新青年男女,都需要追寻新的现代人格典范,并发掘新的现代行为模式。从娜拉身上,"五四"时人欣喜地发现并诠释了两者。

2. 娜拉形象的"五四"式定位:"出走"及其迷思

在《娜拉》剧末,娜拉选择离家。实则,不论易卜生撰写该剧的深意,或胡适借塑造娜拉所宣扬的独立自主精神,皆不尽然与出走的举动有绝对联系。然而,娜拉在"五四"时代被树立起的形象,却与"出走"几至画上等号,也使中国论者对"娜拉"树立起刻板印象,决定后人对其认知与褒贬。究竟出走的概念如何从娜拉形象发展并随之衍生?这样的概念对当时乃至后世,产生何种影响?本部分尝试对此进行讨论。

娜拉是否非走不可?细究胡适之文,可发现他所尝试塑造的娜拉,与"五四"之后著称于世的娜拉形象之间,存在虽细微却重要的差异。胡适表明,娜拉之所以出走,在于其夫把她"当作'玩意儿'看待,既不许他有自由意志,又不许他担负家庭的责任,所以娜拉竟没有发展他自己个性的机会。所以娜拉一旦觉悟时,恨极他的丈夫,决意弃家远去,也正为这个原故"。[136] 在胡适对娜拉的诠

释与期许中，包括救自己与负责任两种层次。此一内对个人，一外
对社会的相互概念，交织成胡适对个人主义的全面理解。[137] 胡适借
娜拉言行发出的呼吁，并非倡议大家"走"到家庭外并抛弃原有责
任，而在于走出传统价值观，发展个人自觉与独立意识。他相信若
未真正了解出走之意，只盲目跟随潮流，逃离家庭以摆脱束缚，不
仅未能解决问题，还将产生许多难以预料的负面结果。[138]

　　因而，"走出家门"这个举动，并非胡适论述娜拉的唯一重点，
也非他对新女性的首要期许。[139] 此可证诸他在《易卜生主义》再举
易卜生的后期剧作《海上夫人》为例，阐明女主角哀梨姐不出走的
意义。哀梨姐原欲摆脱家庭与婚姻，向往海上世界。但她却在其夫
谅解并同意让她"有完全的自由，自己担干系"之后，顿觉"这么
一来，样样事都不同了"。从此，她"不想那海上的生活，决意不
跟人走了"。[140] 胡适汲引此剧，说明个人不论身处家庭或社会，都
须有自由意志，并能负责任，因为：

> 家庭是如此，社会国家也是如此。自治的社会，共和的国家，
> 只是要个人有自由选择之权，还要个人对于自己所行所为都负责
> 任。若不如此，决不能造出自己独立的人格。社会国家没有自由
> 独立的人格……那种社会国家决没有改良进步的希望。[141]

　　胡适的娜拉论述，尽现其个人主义思想的精髓。那其中所寓含
的自我觉醒、追求独立以及奉献社会的决心，是深思熟虑、为己也
同时为人的负责任表现，绝非走出家门这样简单的行为可概括。但
出走，不论是抽象意念或是具体行径，对饱受旧家族与家庭束缚的

青年男女而言,都无疑有着致命吸引力。可以说,"五四"时期的学者与青年,在精神上普遍经历脱离旧制的集体出走与集体行动过程。[142] 娜拉的形象,则适时发挥了最大的刺激效用。当代中国大陆作家林贤治这么追忆娜拉在中国的意义:

> 五四运动是一次集体出走事件。……在古老的语码中,找不到任何足以描述一个觉醒时代的对应物。闪电并非来自云层。那是普罗米修斯之火,是盗来的光耀—— 娜拉超越了伦理的意义而成为中国现代的象征。[143]

"集体出走"这个字眼,确能适切形容新文化运动健将的思想意境。留美华裔学者李欧梵亦曾言,"离家出走"是"五四"时人走向解放的第一步。它同时成为某种意识形态上的信条及行为上的模式。[144]娜拉之所以得以"超越伦理的意义而成为中国现代的象征",在于其带领中国人走出传统、走向现代的个人主义精神。对新文化知识分子而言,出走象征突破以往格局,培养向他人学习的心态,扩展思考与行动的空间,以创造新视野与文明。[145]

由上可知,由娜拉意象所衍生而来的"出走",在五四新文化运动思潮的发展过程中,原本兼具象征意义与实际作为双重含义。然而,反抗旧制度旧传统,对"五四"学子来说刻不容缓。他们迫切渴望以实际作为,来印证新思想与新文化,因而将原本含义深广的"走出传统"之象征精神,具象并僵化为离家出走。与吴虞、胡适、鲁迅等前辈不同,接受民初新文化思潮洗礼的五四青年,较不受传统包袱所拘束,多渴求言行一致,不仅说得出,更要做得到。[146]"出走"随即从胡适等精神导师原先强调的思想层面，转变为普遍受青年学子欢迎与向往的行动层面。舒衡哲曾指出，娜拉受中国青年接受与认同的程度，比同样身为胡适在《易卜生主义》中赞许为个人主义代表的斯铎曼医生来得快且高。[147] 个中原因，便在于当他们"寻找更具叛逆个性的榜样时，娜拉的最后动作——挑战般地猛关房门，成为他们反对家庭制度束缚的斗争的先声"。[148]

于是乎，娜拉之名在中国，几与出走画上等号。至于娜拉离家前的情形，如夫妻结婚八年和谐相处，娜拉也疼爱三个儿女等，皆不受中国论者注意。他们不像西方观众经常辩论"娜拉为何要出走？""娜拉有必要出走吗？"这类介于出走与不出走之间的问题。"五四"时期认同个人主义的知识分子，普遍赞扬出走的精神，青年男女更高举出走大旗，作为觉醒的有力象征。这些都反映传统的家族专制，是新青年生命中不能承受之轻，与首要企求解除的负担。面对盘根错节掌控个人发展的家族体制，年轻一辈相信若不出走，便只能与之妥协，很少有说服长辈接受新思潮的可能。因此五四青年不问"娜拉该不该出走"，只希望自己能有勇气与运气出走。

正是这股渴望摆脱束缚、追求自由的强烈冲动，使"五四"新生代有意无意忽略易卜生的娜拉走出的是"夫"家门，而一厢情愿把她的行为当作冲出"父"家门、抵抗代订婚姻的典范，群起效仿。[149] 此举不仅使出走几乎构成"五四"一代新青年的行为模式，更由此整整将娜拉出走的层次回溯一级。中国的未婚娜拉走出父家门之后，才可能进入易卜生的娜拉所处的起始位置，即婚姻家庭。[150] 走出婚姻家庭与离开生身家庭，其意义与后果差异皆大，却在"五四"一代人过分天真地对娜拉出走所进行的概念转换中，给轻易抹杀。

这种热情践行出走举动所必须付出的代价，是随即而来且愈演愈烈的"出路"问题。许多青年出走后险象环生，身为弱势族群的女性，更至沦为社会的傀儡，并再度成为男人的玩物。[151] 甚而有之，出走竟至成为解放、自主、独立的同义词。仿佛唯有走出父家门，个人才得自立；若不出走，便无任何希望可言。这样的迷思，实再度为新生代的行动与选择空间，套上另一个无形的枷锁。

"五四"时人将中国的娜拉形象定位为未婚出走，并由青年男性鼓舞女性共赴响应，却未深思女性更为弱势的处境，导致不少女性陷入无路可走的困境。由男性主导的女子解放运动，很容易引致（以男性为本位的）人性压倒女性的论述走向，淡化男女差异的重要性。民初中国身处军阀掌权，外力侵凌，经济受内外强权操控的局面。男性无法自外于社会动荡与失序带来的困境，但女性则除此以外，更须面对未消失的缠足、婆媳、生育等各种性别角色问题。妇女问题确实在此时，受到进步言论的高度重视；两性都同样，被期许应努力做人。但那些以天下为己任的知识分子，多将妇女问题视为人类问题或文化问题。此举反使妇女问题，沦为男性达其终极目标——全盘改造社会——的手段而已。[152] 这是近代中国"妇运"与西方"妇运"发展的重要差异之处：前者常由男性代言，后者则由女性主导。西方女性向男性中心社会提出种种性别问题，进而设法动员女性甚至男性共同解决。反观中国，虽自清末以来，少数女性已有觉醒意识与杰出表现，但直至"五四"初期对女子问题的关注，仍多由男子代庖。[153]

既然男性超越性别藩篱关怀女子处境，便有可能略过性别特殊性，直接强调当时男女青年共有的问题，借此替男性说话。因此

"五四"时有男性坦承："我们今天提倡女子解放，不是为女子解放提倡女子解放，也不是专为人道主义，对于女同胞的同情心，提倡女子解放。是从我们本身的利害打算，不能不提倡的。女子解放与我们本身的利害有莫大的关系，女子不解放我们本身不得了的。"[154] 甚至到 20 世纪 30 年代，有论者谈及女子的失恋、失业与失学问题时，仍表示"以上的'三失'也何尝不是男青年普遍的烦闷呢？这是由于国内军阀的为虐和资本家的作祟"。[155] 该名论者将女子问题归于帝国主义的肆虐，并以两性共同奋斗以"顾全大局"的解决方式，轻易抹杀了女性问题的独特本质："亲爱的姊妹们！现在不是男女争权利的时代，乃是两性分工合作的时代，又是双方共同奋斗的时代。家庭革命的时期已经过去了！社会革新的时机已经临头了！……维新的女青年们！快快起来努力创造社会意识和培养改良实力的工作吧！"[156]

　　近代中国的妇女运动或妇女解放遭遇的最大瓶颈，在于争取平等与自由的主导权，并非掌握在妇女本身。不论"五四"时期个人主义式的自我觉醒，或日后社会主义与民族主义式的全体解放，其主要焦点与诉求，都是以无性别之分的群体利益为重。娜拉在中国的第一个形象——"自救娜拉"——似乎已预示此种服务男性利益的新女性本质，无法尽由女性自身掌控。娜拉式的出走，树立了"五四"个性觉醒的典范，赋予中国女子冲决网罗的动力。但由于社会环境与经济结构无法配合，时人遂普遍产生"妇女解放要先办到经济独立"的想法。[157] 所以，20 世纪 20 年代很快便出现欲求妇女解放必先完成社会解放之类的论调。这类冠冕堂皇的论调，持续让妇女解放臣服于种种以男性本位的大我为重的大叙事。陈独秀在

1921 年便指出，"如果把女子问题分得零零碎碎，如教育、职业、交际等去讨论，是不行的，必要把社会主义作唯一的方针才好"。[158] 陈独秀的逻辑，是时局艰困导致个人难以突破，因此必须追求整体社会解放。这样的思考看似合理，却再度使妇女解放居于社会（或民族）解放之下。

"五四"的新文化思潮，驱使深受家庭桎梏的青年男女都渴望走出传统，却也使妇女解放的呼声与诉求，屡屡在"两性应共同奋斗"的前提下被男性绑架。陈独秀对个人不自由的慨叹，与鲁迅在《娜拉走后怎样》所抒发的男人女人互作傀儡的心情，有相通之处。当时中国的男男女女，都有无法卸下的重担，与难以逃脱的困境。纵观其时的客观情势，五四青年实在没有出走的条件，青年女性尤其缺乏出走后的经济自给能力。学者刘再复与李泽厚都强调过，"五四"时期的个性觉醒到后期，之所以再度为集体声音所取代，便因当时"没有相应的独立的经济前提和社会条件"。[159] 出走，成了诱人的陷阱。后代名小说家张爱玲，曾如此描写娜拉当年的影响："中国人从《娜拉》一剧中学会了出走。无疑地，这潇洒苍凉的手势给予一般中国青年极深的印象。"[160] 然而，这段话主要在反讽人们出走后的去处：

> 我编了一出戏，里面有个人拖儿带女去投亲，和亲戚闹翻了。他愤然跳起来道："我受不了这个。走！我们走！"他的妻哀恳道："走到哪儿去呢？"他把妻儿聚在一起，道："走！走到楼上去！"——开饭的时候，一声呼唤，他们就会下来的。[161]

张爱玲喟叹从《娜拉》学会出走的人，往往不过为自己的作为装腔作势罢了。[162] 真正有出走能力的青年，也就是鲁迅所谓提包里有钱的人，在那时的社会实不多见。不少家长掌控儿女的有力之道，就是断绝其经济来源。[163] 怀抱崇高理想的青年，诸如欲行共产的工读互助团，多因受无经济生产能力而宣告失败。[164] 诚然，"五四"是女学生与女工首度参与爱国运动、扬名中国史的重要阶段；也确有某些女性冲破难关，追求新生。[165] 然而，更多出现在报端社会新闻版某处的无名女性，始终无力战胜环境，竟至屈从或寻死。[166] 由新青年引领、新女性继之的"五四"出走风潮，于女性而言是否为正确之途？这个问题，恐怕并非当代多以赞扬之意，回看"五四"娜拉如此简单。

娜拉在中国最初的"自救"形象，固然多由男性知识分子诠释发挥为新人理型，却不妨碍她成为新女性典范。毕竟娜拉在原剧中，有其不容否认的女性身份。新文化健将从娜拉汲引的自救做人精神，也自然成为中国女性被期许的特质。娜拉的"新女性"面貌，便在时人充分运用与多方宣传，以及后人记述与追忆等多重再现论述中成形。

3. 新"女性"形象的确立：时人与后人的再现论述

本节上述，从个人主义的视角申论娜拉初入中国后，被诠释的原型实以"人性"为本位。不过，在中国，从"五四"之后乃至当今，娜拉都是被人以"新女性形象"来形容与记忆的。正是这些层层积累的新女性论述，持续再现了娜拉在众人印象中的样貌，使其深植人心。本节最后一部分，将说明娜拉如何与众人期许的"新女性"

接榫，乃至成为"五四"新女性形象的主要代言人。我将阐述五四新文化运动知识分子在诠释娜拉的新人性之际，旋即以"（新女性）形象塑造者"自居，将娜拉引导、定位为新女性形象。此后，娜拉即安身为中国女性效仿的典范。我将论证，"自救"形象为娜拉奠定的强大论述能量，恰为其日后被塑造为新女性形象的工程，提供了有力的前置作业。

从女性形象塑造的角度观之，胡适等早期引介者对娜拉的去性化论述，反而更加强她作为新女性形象的代表性。娜拉的言行体现出个人觉醒的特质，首为男性所认同。新文化男性使中国女性相信，唯有通过学习并认同娜拉，才可能达到与男性同样的，即"人"的层次。因此，娜拉成了中国女子学习如何做（以男性为原型的）新人的完美媒介。可以说，正因娜拉的特质同样受到男性认同，其新女性形象的面貌才得以被广为接受。娜拉在初期被认知为现代人性/男性的理型，使其顺利从较高的性别阶序，被投射到时人对新女性形象的建构上。

民初妇女运动因复古思潮崛起，沉寂一时。直到《新青年》揭橥反传统旗帜高倡个人主义后，妇女问题的讨论才如枯木逢春，益受瞩目。刘再复认为，"五四新文化运动，一开始就带着解放妇女和解放儿童的要求"。[167] 陈独秀、鲁迅与胡适等人召唤新"人"之时，便已呼吁妇女与儿童共同加入。刘再复进而解释《新青年》选择易卜生为首次专号主角之因，"一是易卜生个体意识最强；二是易卜生妇女意识非常强烈"。这样的双重意义，"使娜拉这一名字成为中国妇女觉醒的时代性符号"。[168] 精英男性借由对娜拉特质的多面诠释，将之成功从个体自救到女子觉醒，进行了微妙的形象转换与定位。娜拉在中国的新女性形象，从此深烙在当时与后代人的心中。

新女性是个与时俱进的概念。相较于民初以前中国社会对妇女的贤妻良母期许，"五四"新女性形象显然须具备更为全面、由内至外的种种条件。[169]上海务本女中教师在1919年创办的《新妇女》月刊，有篇文章将新妇女定义为"有完全人格，为社会上一个有用的人"。[170]这样的诠释，恰合娜拉的精神实质。娜拉形象在"五四"初期的适逢其会，与其主要引介者胡适同样可谓"暴得大名"。曾亲历五四新文化运动的阿英，如此形容当时的"娜拉"："易卜生的戏剧，特别是《娜拉》，在当时的妇女解放运动中，是起了决定性作用的。我们从当年的典籍中，也不难找到无数的篇章，证明这些影响和作用。"[171]

确如阿英所言，"五四"之后许多论者，开始宣扬娜拉在欧美社会的影响力，及其应为中国女子效法的新典范。曾琦（1892—1951）曾提及，《娜拉》与德国社会民主党领导人倍倍尔（August Bebel, 1840—1913）的《妇女与社会主义》（*Woman and Socialism*），同为欧洲关于妇女问题最畅销的著作。而"易卜生《娜拉》销行的册数，和翻译的国数，更是多于柏氏的《妇人与社会主义》。欧美的好剧家，没有一人不看过演《娜拉》名剧的"。由此可见《娜拉》的知名程度。曾琦认为易卜生写《娜拉》的用意，"是在嘲笑现时的家庭和夫妇关系，叫醒一般安于盲目的服从地位的妇人。娜拉即是易卜生所举来做模范的'觉醒的妇人'……可为世界妇女的经典"。[172]袁振英则谓"当娜拉之宣布独立，脱离此玩偶之家庭，开女界广大之生机，为革命之天使，为社会之警钟"。[173]娜拉追求新生的自我醒悟，使本间久雄也认为"当时的人，都以为妇人们接触了这作品，才从梦中醒来，这也不是无理的"。[174]

娜拉引起新文化人的共鸣，凸显五四青年与晚清前辈看待妇女问题的重要差异：前者开始从个人的自我需求出发，去争取女性的觉醒、自由与解放。[175] 娜拉答复其夫指责她未尽贤妻良母之职时，所说"我还有别的责任同这些一样的神圣——我对于我自己的责任"，被喻为"妇女解放独立宣言"。[176] 这种被唤醒的个性解放，堪谓"五四"新女性形象最突出的特色。"自救"以做人，成为时人阐发中国新女性特质的重要灵感泉源。欲求得解放，必须先摆脱枷锁；娜拉的果敢作为成了佳例。田汉在《吃了"智果"以后的话》一文中，便以"反抗心"，将娜拉与夏娃所代表的精神一以贯之："夏娃的灵质所遗传于她的后世子女者固多，尤以此种反抗心，此种勇气，为最可宝贵。……娜拉换了衣携着提包预备离开陌生人的家时的态度，实秉承她始祖母夏娃食智果时的态度。"[177] 夏娃在田汉笔下，是个为追求新知而食智果的勇敢女性。被田汉诠释为夏娃杰出后代的娜拉，承袭了前者宝贵的反抗心，毅然离家，勇于面对新生。由自觉所处的困境，而萌生突破现状的反抗意识，是国人从娜拉身上抽绎的重要新女性特质。

五四新青年除了发扬娜拉的个性觉醒与反抗传统精神外，也援用她来讨论当时备受瞩目的贞操问题。1918 年 5 月，《新青年》刊载周作人翻译日本作家与谢野晶子（1878—1942）的《贞操论》一文，揭开"五四"辩论贞操问题的序幕。片面贞操观只要求女子守节，数千年来虽时严时弛，但从未消失，甚至愈演愈烈。[178] 官府褒扬贞女烈妇的公开举动，延至民国时期而仍不辍。受过西方文化洗礼的知识分子，视此种传统行径为不人道，群起抨击父权专制的贞操论。

周作人、胡适与鲁迅等人在《新青年》批判传统贞操观，企图建立符合两性平等精神的新贞操道德观。[179]此时被译介到中国的《娜拉》，由于涉及夫妻间对感情与婚姻的不同看法，自然成为众人引证说明新贞操观的著例。1919 年，胡适与记者蓝志先曾就贞操问题，展开书信往返论辩。双方对贞操与爱情观点虽有别，却都援引《娜拉》的剧情申明其观点。蓝志先言两性爱情需以相互尊重对方人格为基础：

> 易卜生的傀儡之家剧本中，郝尔茂之爱娜拉不可不谓浓厚，却是感情的爱，没有人格的爱，一经事变，娜拉便恍然大悟，其夫平日之爱情，不过借他来满足自己的感情，把他当作一个傀儡看待，所以决然割绝傀儡的恩爱，遍世界去觅人格的爱情。易卜生这篇，把感情的爱和人格的爱，说得最为透澈。可以令人知道爱情若不经过道德的洗炼，那是把对手当作自己感情肉欲的奴隶罢了，有什么价值可言呢。[180]

蓝志先借娜拉与郝尔茂的婚姻，申明"爱情必须经过道德的洗练，使感情的爱，变为人格的爱，方能算得真爱"。[181]他借此驳斥胡适所谓"夫妇之间，是纯以爱情为主"的论调。胡适则说明他对"爱情"的定义，正是人格的爱（即道德制裁）与感情的爱之综合体。为求厘清蓝志先的误解，胡适也以《娜拉》为例加以解释："……即以此戏（按：即《娜拉》）看来，郝尔茂对于娜拉并不曾违背'贞操'的道德。娜拉弃家出门，并不是为了贞操问题，乃是为了人格问题。这就可见人格问题是超于贞操问题了。"[182]

胡适借由娜拉出走的举动，强调夫妇皆须恪守贞操，厘清"先做好个人，再论及贞操"的先后顺序，将贞操问题纳入人格问题的范畴。他注重自我人格的完成，尊重独立个体的自由选择，主张健全的贞操观须以此为前提。在这些方面，胡适与蓝志先的论点并无差异。[183] 这也是新文化人普遍对两性的新期许。1924 年，《妇女杂志》"我所希望于男子者"的征文中，许多女性读者的共同要求是"不再把女性当玩物"。[184] 其中一位署名"心珠"的女士，更以娜拉为例表明心迹：

> 这世界是男子的世界，政治是男权中心的政治，法律是男权中心的法律，道德是男权中心的道德，女子无非是男子的附属品，是男子的顽意儿。娜拉对郝尔茂说："我是你的顽意儿的妻子，正如我在家里是我爸爸的'顽意儿的孩子'一样。"这是女子一生的历史！全世界的女子听到这一句话，那一个不同声一哭！[185]

这种拒当玩物的决心，同样由论者通过对娜拉的再现，唤醒中国女性沉睡已久的独立意识。这些论者认为，女性唯有走出各种依赖男性的关系，才能真正做人。1926 年，由章锡琛（1889—1969）主编的《新女性》，曾以"我所认为新女子者"为题征文。无政府主义者张履谦写道："易卜生在他所写的《家庭玩偶》的剧本中，已经将好家庭的女子之非人地位暴露无余了。该剧中的女主人翁娜拉之出走，便是明白的告诉我们被家庭囚禁着的妇女应该从家庭奴隶制度解放出来。"他以此为例，说明新女子不应做"家庭、工场与恋爱"的奴隶。[186]

五四新文化运动以娜拉为主要形象而大力宣扬的个人觉醒、自救做人，被自然投射到对新女性特质的建构上。俄裔美国无政府主义者爱玛·高德曼（Emma Goldman, 1869—1940），将《娜拉》定义为易卜生"为妇人建设其解放之途径之作"。[187]茅盾甚至将娜拉冠以主义的封号："如果我们说：'五四'时代的妇女运动不外是'娜拉主义'，也不算是怎样夸张的。"[188]曾琦也表示过类似观点：

> 妇女运动的主义，就是所谓"妇人亦人"的"娜拉主义"。在家庭的妇人，只是玩具而非人类。男女应该平等，人类本来是平等的，妇女非可服从男子的，不可不自寻职业，服务社会……如易卜生的"娜拉主义"，那更是被束缚于家庭，为男女玩具的妇女的觉迷录。一般的妇女，既渐悟绝对服从男子之非。有了人权思想，自由思想，自不得不求恢复其天赋之人权，和社会平等之地位。由思想而现为事实，所以有妇女运动发生。[189]

当时，并非所有关于娜拉的言论，都认同其作为，民国时期传入中国的外国女性典范也不止娜拉；但娜拉确实是最具代表性的新女性形象。娜拉的批评者，主要抱持贤妻良母观，批评其抛弃子女的行为。1919 年的《妇女杂志》，有篇日本医学博士速水猛的译文，即为一例。速水猛以声称有科学根据的男女有别医学观出发，斥责娜拉为女性树立坏榜样，导致"新妇女主义"的诞生。[190]由于娜拉形象的反传统气味浓厚，因此每逢复古声浪高涨时，娜拉总成为保守阵营攻击的主要箭靶。[191]这种倾向，在 20 世纪 30 年代初至中期最为显著。此外，民国论者也曾拿其他外国女性形象来与娜拉比较讨论。俄国文豪托尔斯泰(Leo Tolstoy, 1828—1910)的小说《安娜·卡列尼娜》(1878)之女主角，是其中之一。[192] 该小说最早在 1917 年，由陈家麟与陈大镫译为中文，名为《婀娜小史》(四卷八册)，但反响不大。[193] 直到 20 世纪 40 年代，随着中国译介苏俄文学的规模渐具，《安娜·卡列尼娜》才出现多种中文译本。该小说女主角安娜最后卧轨自杀，其消极人生观较诸娜拉的冲出家门追求新生，自然无法受中国新青年青睐。[194] 20 世纪 30 年代起，另有人把萧伯纳剧作《华伦夫人的职业》中的第二代主人公薇薇，与娜拉相提并论（详见第四章）。但娜拉不只是在民国最早传入的，也是最受中国论者重视与宣扬的外国新女性形象。自"五四"时期迅速蹿红的娜拉，在当时及后代中国人心中的新女性样貌逐渐固定。在抗日战争前，有论者表示："独立、自由、平等的思想支配了每一个女性的心，娜拉成了她们的典型，'走出家庭'也就不算一回稀奇的事了。"[195]

以女性为指涉对象的"中国娜拉"，便在时人持续引用重述的论域现身，且为人熟知。当时与后代论者，都宣称中国娜拉诞生于"五四"。1934 年，署名"昌树"的作者便言："易卜生的《傀儡之家》，是在民八时候介绍到我国的，这《傀儡之家》的女主角娜拉，在当时是给予我国妇女以一个有力的启示；许多的妇女都以娜拉为榜样，所以中国的'娜拉'，可说是远在'五四'时代就出奔了。"[196] "旅冈"则在 1936 年《期望于中国娜拉者》一文中，视十多年前的"五四"为中国知识阶级与封建势力博战的具体展现，且"就在这一次战斗中，中国的'娜拉'开始被解放了出来"。[197] 阿英也写下他的时代见证："易卜生在当时的中国社会里，就引起了巨大的波澜，新的人没有一个不狂热地喜爱他，也几乎没有一种报刊不谈论他，在中国妇女中出现了不少的娜拉。"[198]曾身历"五四"爱国热潮与妇女解放运动的陈素，在1942年撰文忆述当年。陈素强调"妇女要求解救自己"，主张社交公开与婚姻自决，以冲决礼法的桎梏。"当时到处上演《娜拉》，高叫着'不做玩物'、'要人格'、'要自由'的呼声。她们从事宣传鼓动；许多前进的妇女，并以行动，勇敢地冲破了旧有的藩篱。"[199]在中国各地可见的《娜拉》剧场表演，不仅提升该剧知名度，也打响娜拉的名号。本章最后一部分，将说明当时《娜拉》的演出与剧评如何。

4.《娜拉》的剧场表演与剧评

本章曾提及，《新青年》选择易卜生为首次专刊主角的主要原因，在借重其为"文学底革命军进攻旧剧的城的鸣镝"。[200]"易卜生号"不负众望，打响了易卜生的名气。胡适的《易卜生主义》，被喻为中国话剧运动的理论宣言。《娜拉》则成了众所瞩目的话剧标本，及新生代剧作家的模仿对象。[201]自"五四"以降，《娜拉》的译本及《娜拉》戏剧的演出，陆续在各地出现。[202]

从当时人的忆述可知，在五四新文化运动与爱国运动联袂掀起反强权风潮的阶段里，《娜拉》成为广大青年学生与话剧团体关注的热门剧目。[203]新青年高扬反传统大旗，喊出解放口号，使许多卫道者格外抗拒西潮。女子解放，尤其被视为新旧文化间斗争最尖锐的问题。与此有关的各种演出，常被当局以"过激党"为由禁止。《娜拉》便曾被警察厅冠上类似罪名，导致演出被腰斩。[204]但该剧并未因此销声匿迹，反而乘新文化之势而愈演愈烈。1923年5月5日，"女高师"理化系学生，为纪念五四运动四周年，在新明剧院公演

《娜拉》。[205]考察《娜拉》在此时演出引发的观后感,有助于评估中国社会大众对于该剧所代表"五四"个性／妇女解放思想的接受之落差。

此次观众与剧评人发表感言的论述园地,主要集中在"提倡戏剧不遗余力"的《晨报副刊》。[206]署名"仁佗"的观众投书,开头便表示:"我以为中国现在最需要的新艺术是'人生的艺术'。戏剧之中,'问题剧'尤为需要。如伊卜生的《娜拉》,我天天希望有人来演它。"[207]对于"女高师"的演出,他认为"是成功的。成功的原因,就是对于剧本很忠实"。但"仁佗"对于看戏的观众,却有不胜感慨之叹:"他们听《娜拉》第一幕中娜拉和姬婷的长篇谈话的时候,颇多露出不耐烦的神气;看《娜拉》第二篇未完而陆陆续续退出的竟不乏其人!足见他们实在不配看这种有价值的戏。他们决不懂得《娜拉》是解决女子人格问题的名剧(他们的脑子里本来就没有'人格'两个字,尤其没有'女子人格'四个字)。他们从来不知道戏剧与人生的关系。"[208]

若"仁佗"的描述属实,则观众群中或有不少知识水平泛泛的一般大众。[209]若果真如此,则观众对此回公演的《娜拉》所讨论婚姻与自我觉醒等问题,似无太大共鸣。就读北京人艺戏剧专门学校的蔡方信(1902—1963),对此有感而发。他以笔名"芳信"撰文表示:"他们都说,在中国现在的观众之前,演《娜拉》这一类的戏,一定是失败的。这一次演的真是失败了么?是的!该咒诅的中国的庸俗的观众呀!可痛哭的中国的妇女呀!"[210]"芳信"从"观众无法认同并理解《娜拉》"的角度出发,断定这是一次失败的演出。当该剧演到第二幕,"芳信"的友人为尚未出走的娜拉感到难过时,他答谓："这不是舞台上的娜拉个人的可怜呀，这是全人类你们女子的可怜啊！女子不做到娜拉的地步，女子永远如现在这娜拉一样的可怜。"[211]"芳信"的长篇观后感，多半出于检讨提早离席的观众"走得这么快干么"而发，尤其针对妇女大众喊话：

> 在西方已成了过去时代的旧货，运来中国，还说太新了。唉！促醒妇女们觉醒的良药呀！破坏不自由意志，不双方负责的婚姻的慧剑呀！女子人格独立的宣言呀！男子积威的让步呀！牠（按：指《娜拉》）是社会中心思想讨论男女问题的问题剧，牠暗示给我们许多的教训。你们争参政权！争劳动权！为什么不先争人权？这是必待做的事！这是急待做的事！我以为这不但是女子从男子手里解放她们自己，同时消极的说，也是女子解放男子。全剧提出了不少的问题须待解决，不期大家未到那剧的终幕，就赶快回家去了！[212]

"芳信"全未掩饰对那些没有程度接受《娜拉》这出"问题剧"之人的失望。他还因此指出："有一次胡适之先生和我说，萧百纳的戏剧在英国的剧场中演，只容几百个看客。陈大悲先生也说，'就事实而论，太偏理智的戏剧，不宜给现在的普通观众看。'不错，我们与其演的不能使观众了解，不如不演。"[213]那么，如果不演这种问题剧，要演什么剧好呢？同为文艺青年的林如稷（1902—1976），则将《娜拉》与"女高师"随后演出的苦恋爱情故事《多情英雄》做比较。据"仁佗"的说明，《多情英雄》演的是波兰军官之女与另一军官的苦恋故事。女主角表兄欲横刀夺爱不成而加害男主角，

女主角最后决定对其爱情"以死勉君"。[214] 对比《娜拉》女主角出走
追求新生，《多情英雄》显露的是鸳鸯蝴蝶派崇尚专情贞节的风格。
林如稷写道："仁佗君已把《娜拉》和《多情英雄》两个剧本的优
劣和重要底理由说明，自然是《多情英雄》也是不能令我满意的。
但何以它反比《娜拉》更使多数看客满意呢？这确不能不使我对于
民众的艺术鉴赏程度怀疑了！"[215]

实则，即便观众表现出欣赏《多情英雄》胜过《娜拉》，也不
尽然表示《娜拉》的故事不被多数人接受。因为戏剧的舞台表演，
涉及范围很广。除了剧本内容以外，舞台设计、导演要求的表达方
式、演员各方面的表现等诸多因素，都可能决定一出戏受欢迎与否。
倒是从几位关注新剧发展的青年论者观赏此次《娜拉》表演后的议
论，可侧面推断娜拉形象在中国社会传播时可能遭遇的困境。亦即，
接受娜拉觉醒自救之人，多半是受过中等以上教育的知识阶层。若
欲推广反抗旧制、追求自由的新女性形象及于一般大众，或许仍须
仰赖地方戏曲（包括沪剧、京剧、越剧、淮剧等）等更贴近市井小
民的渠道来达成。[216]

上述论者，多肯定《娜拉》的艺术表现与思想，以此批评观众
水准无法跟上。另一方面，有人则反从"戏剧是否需反映人生"的
角度思考，并回应那些批评《娜拉》观众不够格的观后感。文学家
陈西滢（1896—1970）同样针对 1923 年 5 月的《娜拉》公演，发
言道："戏剧虽然可以表现世间种种深奥的问题，他的目的还是在
愉快。痛骂没看完《娜拉》的人不懂得问题，差不多是骂伊卜生不
是一个伟大艺术家——因为传布些主义，提出几个问题是非常容
易的，但是一个大艺术家方才能够融化这主义，这问题，成为一

个给人愉快的美术结晶品。"[217] 身为《晨报副刊》主编的诗人徐志摩（1897—1931），也现身呼应友人陈西滢的意见。徐志摩先自嘲："我很觉得惭愧，因为我自己和我的朋友那晚在新明瞻仰《娜拉》的，也是没有等戏完就'戴帽子披围巾走的看客'，所以，照仁佗、芳信两先生的见解，也是'不配看有价值戏'，不懂得艺术的名著，'脑筋里没有人格两个字'一类的可怜虫。"[218] 徐志摩接着表达与陈西滢类似的看法："易卜生那戏不朽的价值，不在他的道德观念，不在她解放不解放，人格不人格；《娜拉》之所以不朽是在他的艺术、主义等，只是一种风尚，一种时髦，发生容易，消灭也容易，只有艺术家在作品里实现的心灵才是不可或不容易磨灭的。"[219]

　　这回《娜拉》演出引起的争议，从当时的文学思想背景观之，实分别代表"为人生而艺术"及"为艺术而艺术"的文艺观。[220] 1921年，由陈大悲与郑振铎等成立的民众戏剧社，曾宣告"'当看戏是消闲'的时代，现在已经过去了"。[221] 若征诸此次"女高师"公演《娜拉》的观众表现，民众戏剧社的宣言，或许言过其实。这些讨论多少透露出易卜生主义与《娜拉》，如何被国人从戏剧、艺术与人生彼此关系等角度，进行诠释与讨论。从上述观后感可略知，当时一般戏剧观众，多半未脱离把看戏当作纯粹消遣的习惯。对于《娜拉》这类"问题剧"，许多看客或感沉闷，陆续"戴着帽子，披着围巾"离席。某些视"戏剧为改造人生之道"的智识观众，则喟叹民众难以教育，无法领会该剧深意。若以此例来对比《娜拉》在西方社会上演情况，可发现中西观众的反应，确有相当的落差。本书第一章第二节曾提及，西方观众对娜拉出走的结局，感到诧异并高度关切，剧后随即展开关于该剧内容的各种讨论。反观中国《娜拉》的观众，则打瞌睡，嬉笑，谈话，怒骂，不一而足。此种差距，令人不禁好奇胡适与傅斯年等人期许话剧所应达成的改良社会功用，在当年能发挥的程度究竟有多高。[222] 有论者直到 20 世纪 20 年代中期，仍苦口婆心劝告民众多培养看戏的修养，才"配享受那艺术的文化"，如此"这民族里面才会产生大艺术家，才会产生艺术的文化"。[223] 不过，虽然 1923 年"女高师"公演《娜拉》时的观众表现受论者批评，却不影响该剧持续在中国各地上演。

　　上述关于《娜拉》演出的讨论，还引出另一项也与妇女解放息息相关的课题，即演员的性别角色问题。用当时的话来说，为男女合演的问题。明清以来，官方明令禁止女子演戏，舞台上的女性角色，全由男性反串登场，甚至连男女观众都被区隔开来看戏。男女同台合演的问题，随着"五四"时期要求男女社交公开、妇女解放、职业开放与文艺界吹起的写实风潮，被搬上台面讨论。这其中牵涉的问题相当复杂，包括男演员对"反串"的嗜好，时人对女演员的非难和轻蔑，女性"反串"男性以宣示两性平等，社会的"男女授受不亲"成俗，及对性别表演的暧昧态度等。[224] 1921 年，汪仲贤（1888—1937）、欧阳予倩（1889—1962）等在上海成立戏剧协社；1923 年，洪深（1894—1955）从美国留学归来，加入该社担任排演主任（导演）。洪深是个立愿"做一个易卜生"的青年戏剧工作者，对中国的话剧发展前景有着相当的热忱与期许。[225] 他不认同该社原有男演员多喜扮演女角的现象。1923 年，洪深邀请就读于上海务本女学的钱剑秋与王毓清等，担任《终身大事》的女角，开启中国话剧舞台男女共同担纲演出的先例。[226]《娜拉》的演出，也曾受男女合演问题所扰。"芳信"在评价 1923 年"女高师"公演的《娜拉》时，便提及由女演员来演男性角色的弊端。[227] 清华学生何一公，也引用爱罗先珂（Vasili Eroshenko）的话表示，"男人模仿女人，女人模仿男人的演戏，从真的艺术眼光来看，简直是猴子于人的模仿"。[228] 甚而有之，当时的保守军阀多视男女合演伤风败俗，非禁之不可。

此外，《娜拉》也因被认定与思想激进者有联系而遭累。例如 1924 年年底，由北京二六剧社在青年会（YMCA）演出的《娜拉》，便被北京警察厅到场指控该剧受反军阀革命分子支持而禁演。有意思的是，警察在学生观众抗议下，命令《娜拉》只准演一幕。但事实上，《娜拉》虽有三幕，台上的道具背景却未改变；全剧便在中场不落幕的情况下，瞒天过海演完。[229] 翌日，《晨报副刊》刊载了署名"缤生"的观众投书。"缤生"用讥讽的口吻表示："警察厅所以禁止演娜拉者，据愚笨的我费了九牛二虎之力想来，大约不外下面两个原因：一、女子天生来是男人的玩意儿，易卜生，一个什么算命的，怎么会想起写出那些无法无天的话来！若是有了像娜拉这样'不守妇道'的妇人，那还了得！岂不是与我们老祖宗定的五伦中那'夫妇'一伦违背了吗！二、演娜拉已是'罪该万死'了，又是男女合演，真是'不胜荒谬之至'！"[230] 当时对男女合演持保守立场的执政者，比比皆是。1925 年，河北省教育厅厅长范鸿泰，对各校学生表演新剧颇为痛恶，特令各校校长严加禁阻。范鸿泰所持理由是："每次筹备，动需时日掷光阴而耗金钱，且演剧时刻，每在晚间，黑夜人众，男女杂沓，秩序凌乱，危险堪虑"。[231]

不过，自"五四"以来，由于两性关系（尤其从中高等教育学府）开始突破以往的严苛规范，开明人士主张打破职业与性别限制的呼声也日高。男演员反串女角，让人觉得扭扭捏捏；女演员反串男角，则让人觉得过于柔弱。越来越多人认为,不如回归演员的真实性别,落实文艺上写实主义"男扮男,女扮女"的合演主张,来得贴切而自然。20 世纪 20 年代初,在北京成立的人艺戏剧专门学校兼收男女学生,且提倡男女合演。1922 年,剧作家熊佛西(1900—1965)对该校表达认同,并疾呼:"我们必须牢牢记着:无论何时,无论何地——不管在舞台上舞台下,男女都应该珍重个人的人格,免得那些反对的先生们有话可说。"[232]

　　1925 年 5 月,上海戏剧协社在洪深的导演下,演出由欧阳予倩改编成较有中国味的《娜拉》。[233]两年前演过《终身大事》的王毓清,此次担纲演出娜拉一角。这出改译过的《娜拉》,"人名也都换过,原本上的圣诞,也改了过年,以期合于我国情形"。论者以此为立,说明应将西洋剧本中国化,以"引起国人兴味",进而达到唤起国人共鸣的功用。[234]依曹聚仁的评论,王毓清的娜拉表演甚佳,观众多深受感动,"每个人耳里都响着'奇事中的奇事'那一句话"。[235]1926 年 10 月 23 日、24 日两日,上海务本女学举办25 周年纪念会,由校友会演出《玩偶家庭》(即《娜拉》),颇受观众欢迎。《申报》于当月 26 日的团体消息报道中,摘要报道了该剧。[236]1925—1926 年间,南开新剧团也曾演出过《娜拉》。[237]

　　1928 年是易卜生诞辰百年纪念,包括《新月》杂志、《申报》与天津《大公报》,皆有专文向易卜生致意。[238]同年,国立劳动大学学生,包括许粤华、张素华与程昌镐等人,在游艺会演出《娜拉》,获得观众的正面评价。[239]10 月 17 日与 20 日两日,南开新剧团再度公演《娜拉》。[240]此次公演仍因袭男扮女的传统,由日后成为名剧作家的曹禺(1910—1996)反串担纲娜拉一角。曹禺清楚记得"当时《娜拉》的演出在天津是件很大的事，尤其在教育界引起很大的注意。演出后报纸上纷纷刊载评论，受到观众的热烈欢迎"。[241] 当时《庸报》对易卜生的生平、艺术与思想，及《娜拉》剧本都有所介绍。该名作者将易卜生写《娜拉》的本意，诠释为"描写男性之怎样压迫女性，并暗示女性该怎样抵抗"。[242]1934 年 3 月，上海光华大学学生组成的光华剧社，也曾公演《娜拉》。[243]

以上关于《娜拉》的舞台表演及相关报道虽不完整，却已可略见《娜拉》一剧从"五四"以来，在近代中国的展演过程。首先，该剧的演出地点，仍有偏重沿海及大城市的趋势，多集中北京、天津、上海、南京、济南与武汉等地。[244]地区上的局限性，仍未见突破。[245]其次，参与《娜拉》的演出者，绝大多数是中学以上的男女学生。可见该剧在中国的主要传播对象或肯定娜拉精神之人，多属知识青年，以及不断诠释与延续娜拉精神的文艺工作者。《娜拉》表演的剧评，广涉剧场设计、演出技巧、翻译西剧乃至观众表现等有关话剧运动的各类问题。这些剧评或观后感，也透露出当时的知识阶级与普罗阶级，对于接受新思潮、观赏话剧或看待妇女解放问题各种想法，有相当程度的落差。

娜拉作为被知识分子塑造以供国人效法的新女性形象，在当时女子受教育比例仍较低的中国社会，要为各阶层大众所知，并非易事。不过，娜拉的传播，确可见随时而移的进步表现。20 世纪 10年代与 20 年代，娜拉的形象宣传只以文字论述及舞台表演形式来进行。时至 20 世纪 30 年代，更增加了收音机、广播与报纸插画等方式。由此可知，娜拉形象持续受到中国社会的重视；人们也更能通过不同渠道，接受娜拉所传达的信息。总之，《娜拉》在中国的舞台演出，虽曾受剧本深奥、男女合演、保守派围剿、执政者禁演等问题困扰，却得以克服挑战，持续在各地上演。

本章阐明了《新青年》的"易卜生号"如何成功唤醒中国青年，使他们渴望自由与自主。他们进而召唤女性相偕而起，挣脱羁绊，追求独立的人格和生活。[246] 娜拉之名，迅速跃为知识青年的新宠；他们从她的自救做人言行中，抽绎出女同胞应具备的特质。易卜生笔下的娜拉之所以能蜕变为"中国娜拉"，主要有两项时代因素：一是青年对自由与爱情的追求，二是五四爱国运动赋予青年的广大活动与社交空间。王政在《中国启蒙时期的女性：口述与文本的历史》一书中访谈的"五四"知识女性，对娜拉在当年中国社会传达的信息与思想启迪，仍记忆犹新。[247] 娜拉形象的出现，印证当时知识分子的塑造功力与挪用心态。中国娜拉也因而通过一个个真实的离家事例，在下一代乃至于当代人的记忆与印象里，越来越具体而清晰。娜拉与新女性，在数代中国人的心目中，几乎成为同义词："从某个角度看，在娜拉的率领下，一批中国现代知识女性率先打出'幽灵塔'，曾经叱咤风云、名噪一时的'五四'新女性皆是中国的'娜拉'！"[248]

如后世学者所指出，新文化运动张扬的个人主义有别于西方自我中心的个人主义，其上仍高悬着集体大我的精神价值。[249] 因此，启蒙觉醒大叙事所打造的新人性或新女性，虽主张个人自主，却期许新青年应有所作为。所谓有所作为，即从传统专制礼教中救出自己，以有益于社会国家。而娜拉形象的自救做人含义及其觉醒离家的行径，或多或少影响时人对女子出走的观感。"五四"之后，为数渐增的年轻女性，违逆家长意愿向外追求新生。相较于以往报端多以私奔、潜逃来形容出走女子，这些女青年的举动，多被视为追求个人自由的表现。此种舆论渐变，有相当程度应归功于新文化知识分子对娜拉的宣传与认同。正是"自救娜拉"的现身，凝聚出新生代对出走与家庭革命的共识，引导社会观念的改变。五四青年出于追求新文化与改造社会的高度热情，确实在中国各大城市掀起娜拉式出走的旋风。[250] 下一章将缕述，在这旋风中，俨然出现自救娜拉的衍生意象，即抗婚娜拉。

第三章

抗婚娜拉：自由婚恋大叙事下的新女性

　　上一章剖析了初入中国的娜拉，如何在启蒙觉醒大叙事发展的过程中，以自救的样貌现身。我也说明，出走虽成为中国男女效法娜拉精神最直截了当之举，却回溯了一个层级，从原版娜拉走出夫家变成中国娜拉走出父家。本章将揭示，伴随"自救娜拉"现身"五四"中国的另一娜拉形象，即"抗婚娜拉"。此一形象，来自当时促成女性出走最大的动机，即反抗父母包办的婚约。

　　要求婚恋自主，是五四青年离开家庭的最主要动机与诉求。外来的自由婚恋思想，激发出新文化个人主义最重要的行为表现。1920 年前半叶，尤其是此一思想译介在中国的全盛期。上海商务印书馆发行的《妇女杂志》，在推动婚恋自由与新性道德思想上贡献良多。[1]1921 年，章锡琛临危受命接掌《妇女杂志》主编一职，揭开该刊引领中国自由婚恋大叙事的序幕。章锡琛与助理主编周建人（1888—1984）及"妇女问题研究会"的成员，组成《妇女杂志》主要作者群。[2]这些知识分子接受新文化的个人主义，并将之运用在向家族／家庭争取婚事自主上。章锡琛以《妇女杂志》改革阶段

（1921—1925）主编身份，多次为他大力提倡恋爱神圣、谈性说爱的态度自我辩护。他表明为求家庭圆满幸福，就应让家庭"建筑在爱情的基础上，使男女的地位，完全平等，才能有效"。[3] 此阶段的《妇女杂志》，大量翻译外国相关婚恋自由作品，并由主要作者群多方阐述宣扬。章锡琛更运用"通讯""读前号""读者俱乐部""自由论坛"与"谈话会"等栏目，与广大读者保持密切互动。通过译介阐述与读者舆论，《妇女杂志》构建出我所谓的自由婚恋大叙事。这类论述，凸显恋爱自由是健全两性关系与解放女性的关键，也是家庭和谐、种族优生与社会进步的重要基础。简言之，自由婚恋是裨益个人与社会利益的要素。

在《妇女杂志》等进步刊物于 20 世纪 20 年代开展的自由婚恋大叙事中，娜拉的意象被转化成抗婚出走，而广受青年男女拥戴。抗婚之所以成为娜拉初期驱动中国青年男女出走的最主要动机，在于中国向来剥夺当事人自由的婚俗。父母之命、媒妁之言的婚姻形态，自"五四"以来被批评为不自主的包办、安排婚姻。受到西方个人主义冲击的青年学子，在追求接受新式教育的机会之际，更渴望摆脱甚至出生之前就被代订好的婚事。解除婚约、自主择偶，成为民初新生代最切身的人生大事。因此，当娜拉以出走姿态来自救、做人的形象传播开后，中国青年男女有样学样的表现，是抗拒婚约，出走父家。

除《妇女杂志》之外，其他进步报刊，诸如上海《时事新报》副刊《学灯》（1918—1947）、《新潮》（1919—1922）、上海《民国日报》副刊《觉悟》（1919—1931）、北京《晨报副镌》（1916—1928）与北京《京报》副刊（1924—1926），开始充斥各种抗婚出走的社会新闻与时人评述。这些报刊出版品，在中国城市日渐汇聚成接受婚恋自由新思潮的氛围。章锡琛等人持续凸显建立正确恋爱观念对中国社会的重要性。他声明，《妇女杂志》有意"把恋爱当作一个重要的问题，正正当当的去指导青年"。[4] 该杂志也发扬娜拉为自己而生，"脱离旧束缚的自觉"。[5] 章锡琛特别强调，这样的自觉应该展现在掌握自己的恋爱与婚姻上。他认定建立正确的恋爱观念，是健全社会两性关系的基础。娜拉经历了虚伪的、被当作玩物的婚姻后觉醒重生，因此值得中国女子效法以革新婚姻与家庭。

本章以"抗婚"作为凸显"五四"以降，中国女性向原生家庭争取婚恋自主以获得新生的文化特色。本章将以 20 世纪 20 年代的中国社会新闻报道、时人论述与文艺创作为主，勾勒"五四"后期逐渐鲜明的"抗婚娜拉"面貌。中国社会传统的媒妁婚俗，导致青年男女落得须先解约——也可算离婚——才能开始恋爱结婚的特殊情境。我将举例说明，当时中国女性实践娜拉精神的各种抗婚举措，及这类出走造成的人生困境。由于中国的"抗婚娜拉"，绝大多数是在学女学生或毕业生，其中有经济能力者少之又少。她们抗婚，展现的是向父母家长争取择偶自主权的决心，却无益于其就学与在社会求立足之地。因为父母长辈多以断绝这些抗婚娜拉的经济，来威胁她们返家。职是之故，抗婚成为具有个人觉醒意识的女学生尝试多、成功少的反传统行为。此外，启发与鼓励"抗婚娜拉"的自由婚恋大叙事，虽带着两性平等的口号要女性走出传统，掌握自己的幸福，其思维仍属男性本位。这类叙事并未解决女性若经恋爱自由走入婚姻后，需面对的角色负担与冲突。以《妇女杂志》为例，章锡琛等主要作者群宣扬的女性解放观，可谓男性本位的母性主义。[6]亦即，他们基于性别本质主义，宣扬母权的价值更胜（强调男女相同的）女权。这些人虽不反对女子就业，也从未挑战家庭内的性别分工。而且，女人的性必须切合或服务于男权中心的异性恋优生道德，否则不论独身或同性恋，都将遭受批判。抗婚娜拉的前景，虽荆棘一片，却仍不乏有人闯出一条生路。

第一节　现代婚姻三部曲

自"五四"时代高扬个人主义以来，讨论恋爱与婚姻并批判旧制度的文章，几如汗牛充栋。[7]少年中国学会创始人王光祈（1892—1936）曾明言："分明是男女老幼之间，皆当以'爱'字为结合的基础。偏偏被和尚尼姑的禁欲主义，与旧式家庭的形式主义，束缚起来。还有什么旧式婚姻咧，旧式教育咧，都是摧残天机，束缚自由的利器。"[8]当时许多报刊杂志开辟专栏，提供给时人进行意见交流，或进行问卷调查研究，以供大众参考。[9]这股自由婚恋的风气在中国吹起，至20世纪30年代仍未减其势。[10]这些课题，如何通过对娜拉的阐述进行？那些被期许成为娜拉的新女性，又如何将文字与概念，转化为实际的行动，甚至改变了娜拉的原型？

1. 从抗婚出走到自由恋爱 [11]

传统的中国婚姻，是形成与维系家族的重要凭借；《礼记》有言，婚姻乃"将合二姓之好，上以事宗庙而下以继后世也"。男女当事人有无感情，并非父母之命，媒妁之言的聘娶制所考量之重点。可以说，以往的中国人多服膺"婚姻是感情的开始"，恰与现代人戏言"婚姻是爱情的坟墓"背道而驰。民初新文化思潮对于"人"的发现，首度使身为人类个性自然表达的爱情，被赋予崇高而神圣的意义。但当时鼓吹自救与做人的新文化健将，在爱情／婚姻之事上，多半只限纸上谈兵。陈独秀、鲁迅及胡适等"五四"师长级领袖，多深受父母代订婚姻与传统孝道所缚。他们虽或有另类恋情，却未反抗家长之意或解除婚事。真正不止坐而言且起而行者，主要是当时的学生辈。当时青年视爱情为挑战传统的举动，冀望通过释放热切的爱情能量，蜕变成真正完整、自由的人。[12]

"五四"以降对爱情的宣扬，与女子解放有着密切关联。茅盾曾表示："女子解放的意义，在中国，就是发现恋爱。"他还径言："现代女子的人生观就是求恋爱；'人是为恋爱而生存的！'这是伊们底人生观。"[13]此话虽被他自称为妄语，却颇能勾勒五四新文化运动给予青年女子的最主要刺激及启迪。追求爱情的驱动力，在要求变革传统、解放个人束缚的"五四"时代，拥有破旧立新的力道，引起青年们的热烈共鸣。1919年的《新诗年选》里，有篇新诗《自觉的女子》；署名"黄琬"的女作者真切道出要求自由的心声："我没见过他，怎么能爱他？我没有爱他，又怎么能嫁他？……这简直是一件买卖，拿人去当牛马罢了。我要保全我的人格，还怎么能承认什么礼教呢？爸爸！你一定要强迫我，我便只有自杀了！"[14]此篇新诗发出渴望自救做人的呼喊，却又暗示若无法保全人格，唯有自杀一途，而为"五四"以降的抗婚娜拉不稳定的前景埋下伏笔。

先不论此一伏笔，"黄琬"这种拒绝视自己为傀儡的觉醒呼声，确实展现娜拉——不论精神或实质——出走的勇气与决心。王光祈曾在《少年中国》答复读者来信时，言及"现在女子所受的痛苦极多。而婚姻不自由，亦为痛苦中极重要之一种，极应首先革命"。[15]当专制家庭扼杀了青年择配自由的可能时，走出家庭，成为最直接的革命办法。为着争取恋爱的机会而出走，是五四新文化运动为新女性塑造的主要时代象征之一。然橘逾淮而为枳，娜拉的原样到中国后，因应异于西方文化及婚制习俗的本土情境，从已婚之妇摇身变为未婚少女。真正从接受到实践娜拉出走精神的中国女性，多是未婚学生；而抗婚，则成为出走的主要手段。

当时女子出走的动机，不尽然只为争取自由恋爱与结婚的机会；但婚姻确是多数人最切身，也是最关注之事。婚姻作为个人终身大事，格外受原生家庭宰制。因此，抗婚最能展现反传统求解放的决心。而"五四"女性之所以有机会抗婚与出走，主要源于1919 年由反帝国主义而爆发的大规模学生与群众爱国运动。这波前所未见的爱国学潮，使学校女学生不落人后群出校门，参加示威游行，支援男学生的抗议活动。从反抗帝国主义强权，到抵抗不合理的社会制度，"五四"女子解放运动顺理成章从时代情势的发展中，获得充沛的活力与能量。诚如中共党员王一知（1901—1991）所言：

> 我被卷进新思潮的激流中。我的思想在急剧的变化，封建社会给与我的影响，加给我精神上的锁链，在此时已完全粉碎。我有了与封建伦理、纲常名教决裂的勇气，我在作文堂上写下"非孝"和"反对片面贞操"的文章，平常与同学议论，对封建道德则尽力揭露和抨击。[16]

这股向往新思潮的热情，不只限于北京、天津、上海等沿海都会，更蔓延至全国各地。包括所谓孔孟之邦的山东、深处内地的四川等处，都有女学生参加爱国示威运动。她们走上街头面对大庭广众，进行讲演宣传、募捐与演剧等活动，为女性开辟解放之途。[17]剪发、公开社交、自由恋爱等，都是青年女子接受新潮的具体表现。[18]抨击传统婚制与提倡婚姻自由的剧目，如《娜拉》《终身大事》《孔雀东南飞》《童女自由》等，不时在各地演出。[19]"在五四时代，易卜生的'娜拉'，本来就是启示妇女到社会去，脱离'傀儡家庭'和男子的奴隶的象征。"[20]1919年9月16日，周恩来、马骏、邓颖超与郭隆真等男女会员共20人，在天津成立觉悟社。该社刊物《觉悟》的创刊号，明言其宗旨在"因自己的'觉悟'，得寻着真人的生活"。[21]与娜拉精神相契合的思想，逐渐散布于思想前进的青年群中。

抗婚，只是反抗封建社会的第一步。好不容易获得自由身的新女性，宛如久困的鸟儿，一旦挣脱牢笼飞出后，难免受惑于自由恋爱的迷雾而丧失方向。此时，自由恋爱、自由结婚等西方思想，成为青年学子迅速认同的新价值观，并身体力行之。男女社交公开，随着学生组织的发达，迅速普遍发展。[22]1920年将要成为中共党员的许多青年男女，都信奉自由恋爱。其中著名者，如向警予与蔡和森、毛泽东与杨开慧、邓颖超与周恩来等。[23]这种观念渐变导致的社会风气移转，使得"前此女子只有所谓三从四德最要紧，现在乃有所谓男女平等。前此男女关系，由父母代定，现在乃有所谓自由恋爱"。[24]金仲华（1907—1968）曾言，近年来中国喧腾一时的妇女问题，差不多完全集中于恋爱这个课题上。[25]恋爱是两性有了自由交往的机会后，自然有所发展之事。中国社会长久压抑这种人类本能，以至于青年男女一朝获自由恋爱的机会，"便如怒潮奔放，不可遏阻"[26]。

因恋爱观念有误，而导致问题丛生；自由恋爱的负面危机，随之而至。[27]罗敦伟（1897—1964）认为个中原因，出在青年对新观念缺乏能力，去辨识何种言行才能真正落实独立自主及两性平等的真义。其结果，是许多人莽撞地与家庭大唱反调，与父母遽然决裂。[28]对自由恋爱真谛的一知半解，也使当时许多"糊涂青年"误把男女社交当作自由恋爱的手段。此种认知，导致"男女社交中的男女，非勉强走入恋爱一途不可"的怪逻辑。陈望道曾批评道："因而有一见面就成为恋爱的，一通信就成为恋爱的。这种恋爱，我们虽不排斥，却不敢满口说个赞成。"[29]陈望道从"五四"时期大力提倡的男女社交出发，一针见血指出若胡乱进行男女社交，其妨害两性自由交往的严重程度，实不下于传统礼教。因此，他主张排除"强制人不社交"的旧礼教，以及"强制人社交"的新谬见。[30]陈望道的意见确为中肯，但并未见发生多大影响。征诸当时报刊与小说，可知许多所谓新式女子，是在受限于社会的保守眼光与自身矜持的双重制约下，进行着知识男性笔下"新思想旧道德"模式的自由恋爱。[31]娜拉的出走，冲击的是青年的理智与意识，使他们醒悟自己应有独立人格，而奋起争取。但情感上，亲情、社会舆论、本身性格与环境限制各种因素，都阻碍着新女性践行新思想新道德的理想。

自由恋爱的婚恋模式，纵然屡遭传统家庭权威的强大阻力，仍持续在中国社会发展。自20世纪20年代以来，政党指导设立的妇女组织，以及中华基督教女青年会等宗教妇女团体，都曾协助女性反抗专制家庭，抗婚追求自由。[32]1928年秋成立的天津特别市妇女协会，便救济过不少企图逃出家庭黑幕的女性。一名芳龄 19 的天津女子刘淑英，为求解除父母代订的专制婚姻，向妇女协会申请援助。该女最后在父母与男方交涉同意下，签订了断绝婚约关系的字据，获得自由身。[33] 妇女协会接到这类请求解除婚约的案件很多，得以成功解决者亦不少。[34]1929 年，《妇女共鸣》有篇叙述一位"从恶婚姻里奋斗出来的少女"之真实故事。年方 16 的 P 女士，三年前被母亲代订给一位土豪劣绅 S 某的儿子。P 女士因常耳闻其未婚夫品行不好，想解除婚约却缺乏勇气。她写信给在外任职的亲戚 T 君，后者鼓励她"结婚要出乎自己愿意的，决不是任何人能强迫的！"并教她向县党部或县政府、法院等机关声请解约。"从来没有与社会上人士接触的 P 女士，这时也不得不常离深闺，亲自出马了。"S 某原先料定 P 女士是个弱女子好欺负，甚至恫吓 T 君别为她出馊主意。但后来县党部、商会等人士果真出面调停，S 某始知难而退。不过，他还是向 P 家索还聘订时的衣饰与解约损失费，这桩婚约才终告解除。文末作者有感而发道，像 P 女士这样未婚要解除婚约尚且如此不易，假使结婚后要离婚，必更为艰困。[35]

　　抗婚娜拉解除旧婚约很难，而展开自由恋爱也远不如青年男女想象中那么顺利。自从恋爱之声高唱于中国社会以来，有关如何真正落实健全的恋爱与婚姻观，始终是国人关注的重要课题。瑞典爱伦·凯（Ellen Key, 1849—1926）的《恋爱与结婚》，英国卡彭特（Edward Carpenter, 1844—1929）的《爱的成年》，与日本厨川白村（1880—1923）的《近代的恋爱观》等书，都是当时最常被译介并援用来指导国人"如何恋爱"的著作。倍倍尔与卡彭特都提出改革家庭与婚姻制度，主张改变男女共居生活的关系。他们也都认为女子应该享受与男人同样的自由，有绝对的身体、经济与政治各方面的独立权。[36] 爱伦·凯则视恋爱为使结婚神圣化的唯一要素，并指出"所谓理想式的结婚，就是男女十分的自由结合。他们欲借着相互的恋爱，提高彼此个人和民族的幸福"。[37] 厨川白村曾从自由恋爱的角度，批判娜拉的结婚："是最初没有自觉的功夫，不以恋爱为基础，所以一切都是违反自己的意志，结果都成了因袭的贤母良妻主义，和虚伪的结婚生活。"[38] 厨川白村并非否定娜拉后来的自我觉悟，而是往前溯及她与郝尔茂的婚姻未以真正自觉的恋爱为基础，才会种下日后出走的结果。该文中译者在文内曾附加一段感想，表示："我国妇女的结婚生活，还完全在原始时代的状态，想效娜拉的'人的觉悟'，跳出火坑的观念，多没有发芽，我译至此，惭愧无地，不知阅者作何感想。"[39] 由此可知，不论娜拉出走前的玩物生活，或出走后的自觉奋斗，都是国人援引来鼓励或刺激女性效法的范例。

西方自由恋爱的理论虽有启迪之效，但不少中国论者已发现自由恋爱自实行以来，弊端丛生。支持与反对自由婚恋的论点，彼此对峙。有人认定，男女结婚还是应由父母处于监察地位，"盖青年男女，于血气未定时，每因性欲冲动，而发生恋爱，由恋爱而欲偿其性欲主义，以达于结婚地步。为父母者，处于旁观的地位，以深远之眼光，烛见子女之所不及，而暗中监察之，规劝之，实为真自由恋爱主义上，得一大臂助也"。[40] 这类提倡结合新、旧式婚姻优点的折中之道，却仍为主张绝对自由恋爱论者所反驳。后者以时人谈的是不彻底的自由恋爱，来为真正的自由恋爱辩护。[41] 许多亟欲摆脱家族专制的新青年，把自由恋爱视为无上法宝来祭用。他们过度拔高爱情的崇高意义，甚至将爱情完全等同于个性解放。职是之故，日后的中国社会，必须承受青年男女过速与不当发展自由恋爱、结婚乃至离婚的深远影响。那些立志走出传统的新女性，则必须承担在还无法让自己健全生存的社会里奋斗或堕落的后果。

未加节制或不顾现实发展新思想的另一个副作用，是当其实践成果令人不尽满意时，容易导致主张回复旧秩序的复古逆潮一再回流。当时尝到自由恋爱苦果的女子，不在少数。有位投稿到天津《大公报》的女读者，是位曾就读于 K 城省立第一女子师范的知识女性，毕业后到社会服务，并结识后来成为她丈夫的同事。两人由恋爱、订婚而结婚，至今已两年半，并育有一小儿。但早在两年前，夫妻便冲突不断，继之则为丈夫打骂妻子。这位隐忍难当的女读者，哀痛地向《大公报》记者叹泣："先生！自由恋爱害了我的终身。"[42]

究其实，问题症结还在于中国抗婚娜拉尚未培养出完整的独立意识，与自主的经济能力。走出父家门，追求爱情，或许标志着新女性自我意识的苏醒。但她们的出路，却因经济无法独立，或旧道德观念作祟，使自由恋爱蒙上多层阴影，也使女性主体意识潜伏着再度失落的危机。[43]国民党人李峙山（1896—1939）曾主张，政府应重视女子出走问题，并予以协助指导：

> 政府方面对女子教育没有确定的方针，使得女子自身在受完一定阶段的教育以后茫茫不知所之；对于家庭，社会，国家应持一种若何处世的态度也没有一个确定的观念。旧社会的宗法思想是已经崩溃了，大家庭的组织也被破坏。于是社会上飘泊着的少女们虽感身无束缚的幸福，飘泊零丁却成了他们痛苦的源泉。为

向社会上寻找慰藉的要求所诱胁，多自发的急于求得异性的爱侣。而现世玩弄女性的社会最易满足这种初步的要求。"始乱终弃"又为男子们玩弄少女的一般的方策。[44]

的确，上文述及男子对少女的"始乱终弃"，正是 20 世纪 20 年代以来，在两性发展新关系过程中产生的重要问题。[45]天津《大公报》"妇女与家庭"栏的记者曾载及："吾国没有正当的男女社交，使女子不得多遇良善男子的机会，于是不正当的或暗中进行的男女交际反而肆其酷毒。"[46]同时，包括道德堕落、未明恋爱真义、男女教育不平等与法律的弛禁，都导致种种恋爱问题的产生。[47]由此可见，尽管当时社会已普遍流传男女社交与自由恋爱理念，然而当其真正落实之时，被扭曲的程度有多大。

1934 年，有位论者邹迟曾言："五四时代，易卜生的娜拉让太平洋的狂潮冲到东方，中国的娜拉受了这个影响，一个个相继从'玩偶的家庭'里走了出来。打破以前局限于家庭的生活，开始接触了社会每一角落。"[48]妇女出走的事件时有所闻，但真正吸引视听、激发众人讨论者，仍以未婚女子的抗婚事件为主。这其中，多少暴露出"五四"男性提倡新文化与新道德的局限性。亦即，在赞扬未婚女子因反封建反专制而出走之际，仍多将淫妇之名或道德谴责的眼光，加诸已婚妇女的出走之上。[49]娜拉出走的影响力，似乎无法抵抗中国社会长久以来对已婚妇女出走、离婚妇女或妇女再醮者的歧视与偏见。仿佛只有未婚男女有资格做人。已婚妇女尽管历经艰辛挣脱婚姻枷锁，企图再生，也很难获得新社会的认可。

中国新文化人借由认同娜拉这个经多文化洗礼的形象，拥抱当时以西方为中心传播的世界及婚恋观。但与此同时，他／她们将娜拉套进中国的社会、家庭结构与两性关系里，以未婚出走改变了这个形象在西方的面貌。从抗婚出走到自由恋爱，新女性以此举来实践个性解放，的确踏出了实现自我的第一步。问题出在，恋爱能当饭吃吗？恋爱是否真能找到幸福？这两个问题为中国新女性的未来，留下了巨大变数。

2. 从自由结婚到自由离婚

恋爱和婚姻，都直接攸关"五四"以来受人瞩目的家庭问题，是报章持续讨论的主题。[50]"五四"时人从外国引进的新式婚姻观，可粗分为无政府主义、马克思主义与自由主义三大类学说。娜拉的自觉与个人主义精神，可谓自由主义婚姻观的主要代表。[51]本间久雄曾形容，《娜拉》为"讨论结婚生活最初的作品，最真挚而且最有意义的"剧作。他表示该剧："从女性方面讲，是妇女个人性解放的宣战；从男女结婚生活上讲，这是真的结婚生活，理想的结婚生活根本条件的暗示。……易卜生用这作品以表示真的结婚生活，当以男女两人相互都是独立的'个人'为根本条件。"[52]

娜拉从她的傀儡家庭出走，并非因她八年来过得痛苦不堪，而是因她在关键时刻领悟拥有自我的重要性。她因此决心抛弃家庭，亲自去了解社会，也重新认识自己。事实上，本书第一章已说明，易卜生写《娜拉》，是为揭露问题，"而不是要强迫他们在此一特殊案例中采取这种特殊的解决之道"。[53]易卜生旨在呈现出围绕婚姻可能产生的宗教、道德、法律与爱情困境。他期望读者或观众，能各自从其剧作中有所领会，以解决自身面临的问题。然而，五四青年对娜拉的理解，及对该形象的塑造，却有本末倒置的倾向。他们并未细思娜拉究竟适不适合中国，只一厢情愿将出走认定为个人解放的不二之道。紧随女子抗婚出走而来的自由恋爱，一时间成为新女性通往结婚之途的主要方式。知识青年一知半解地，接受并实践"夫妇的关系系以恋爱为要素，从恋爱结合的男女关系是人格的夫妇；非从恋爱结合的夫妇，是不道德的男女关系"这样的概念。[54]他们也抱持此种理念，抨击传统片面贞操观，提倡建立新性道德。自由结婚的风气，逐渐盛行于都会，并随北伐革命所到之处，冲击部分农村的传统观念。[55]

于是乎，由自由恋爱通向自由结婚的成功例子，时有所闻。曾见诸报端者，如杨步伟与赵元任，《申报》报道的南京特别市市长刘纪文与许淑珍，《妇女杂志》曾介绍过的顾绮仲与张勉寅、周颂久与夏韫玉，在《民国日报·觉悟》登过结婚宣言的钱鸿伟与刘竞渡。《申报》曾于1922年刊载《改良婚制的先声》，作者介绍友人戴欲仁与其妻王渭滨从相识到结婚的经过。该文叙述两人因工作之缘结识，在互相考查对方的品德、学问与性情之后，由友谊进为恋爱，并与双方家长商议获得同意，举行摒弃旧式繁文缛节，以信义为凭的订婚仪式。[56]再如《申报》另有篇《新家庭建设记》，介绍一对新式结婚的知识分子夫妻，经友人介绍认识，自由恋爱，而后走进礼堂。[57]文章还缕述此结婚采用新仪式，友人如何闹洞房戏而不谑，洋溢热闹温馨之情。[58]许多自由结婚的佳偶，公开在报上登载结婚宣言或照片，接受众人祝福，见证两人的爱情。[59]这种新式结婚的仪式与礼俗，不只盛行于都会商埠，也在内陆城乡有一定程度的发展。[60]

此类称颂自由结婚的文章与报道，似乎带给读者无限希望；然而 20 世纪 20 年代的婚姻问题，绝未因解放与自由呼声随处可闻，便获解决。传统以礼教规范压抑个人需求的困境，仅因自由恋爱与自由结婚的实践，而有小部分改善。由于社会上民众自我解放与改变的速度缓急不一，遂产生所谓新式男子及新式女子，与旧式男子及旧式女子并陈杂处，互相配对组合的混乱局面。[61] 伴随自由结婚此一"开始"而来的，是更多各式各样的"结束"。这包括终结旧式媒妁婚姻以缔结新式婚姻，及因自由结婚后仍因诸多不合而分手。[62] 前者制造了许多"被退被离"的时代牺牲者，像鲁迅的原配朱安、徐志摩的发妻张幼仪等。这些女性或因无机会接受新思潮而受丈夫鄙夷，或因丈夫一味为求自由结婚而离婚。至于自由结婚后的离婚，则是婚姻中必然存在的分合可能。前述顾绮仲与张勉寅这对自由结婚伴侣，曾联名写下《我们的结婚》一文，有段属于过来人的感想：

> 现在男女社交还没有公开，难得实行相当的自由恋爱的机会，青年往往在短时间的接触里，简略的作一种表面的浮薄的观察，一时激于感情的冲动，便轻率成事，这种事在现在婚制过渡时代是很多的。所以社会上自由结婚的日多，而离婚的消息也日多。[63]

由于以自由结婚之名而缔结的姻缘，经过现实生活考验的结果不尽美好，舆论便开始出现各式批评。论者指出新式婚姻不见得全好，旧式婚姻则不尽然全坏。有人举身边旧式与新式婚姻为例，说明前者刚开始犹豫惶恐，后来则成功甜蜜，后者虽轰轰烈烈开始，却迅速以离婚收场，不过"现代的自由情罢了"。[64] 这类舆论，意图劝告已有旧婚约的新少年，"审之慎之，新思潮未必皆是，数千年诸圣贤所遗传之旧道德尤未可厚非也。思之思之，请重思之"。[65]

另有作者，揶揄"现在新式男女的自由结婚只有三个月的历史"：

（一）第一个月——求婚时期——携手——朋友；

（二）第二个月——结婚时期——同房——夫妻；

（三）第三个月——离婚时期——反目——仇敌。[66]

如以下的自由结婚小史，也不乏可见各报：

> 一个少年，在那跳舞场里，和一个女郎，跳了几次舞，他们两人因此相识起来，也就恋爱起来。他们两人，天天坐一辆汽车，吃大菜，看影戏，逛游戏场，一天到晚，简直没有相离的时节。瞧他们心理，顶好生着粘力，像米粉样儿，扭在一起才好呢……不上几时，他们两人假了一所旅馆，行正式结婚的礼节，他们两人，就从恋爱，变为夫妇，总算合着天下有情人终成眷属的一句话咧。不过他们结婚没多时，少年嫌女郎没有妆奁，不毂给他挥霍，女郎嫌少年没有出息，不毂供他挥霍，他们就登一段合意离婚的广告起来。计算他们两人，从相识到恋爱，从恋爱到结婚，从结婚到离婚，不到三个月的时间呢。唉，吾想一般自由结婚的少年男女，像这一对自由结合的，恐怕不是少数呢。[67]

这篇极尽嘲讽之能事的短文所批评者，包括肤浅的交往方式、不健康的相处模式、敷衍了事的结婚仪式、尽露真面目的现实婚姻生活，以及登报作废婚姻的草草结束。事实也证明，"五四"以来，婚姻问题跃居为中国重要的社会问题，亟待解决。当时北京与上海等大城市的报纸新闻，每天均可见至少两件有关婚姻问题的报道。[68] 罗敦伟与易家钺等人于 1920 年 2 月 1 日组成的家庭研究社，前后收过千件以上从各地寄来的信件，其内容十分之九都与婚姻问题有关。[69] 为解决新旧式婚姻的种种问题，除了不尽如人意的某些折中之道外，更多人企图提倡自由离婚来救济结婚。[70]1922 年，有位署名"崔溥"的作者，申论自由离婚是那些无爱情婚姻的唯一解决之道。因为当婚姻问题发生而无法解决时，若"不思设法分离，以使两全；反以为天命如斯，任其造化，致使反目惨剧，愈演愈烈"。因此，"为人道计，为人类计，为人生幸福计……唯一而最善不过的方法，就是'离婚'"。[71]

　　当时人宣扬自由离婚，总不忘引述西方思想加以阐述；而娜拉终结玩偶婚姻的形象，也再度浮现。[72] 爱伦·凯认为结婚之人在恋爱不再时实行离婚，虽是对婚姻的破坏，却是必须也是道德的。[73] 萧伯纳表示离婚不会破坏婚姻，反更能维护婚姻制度。[74] 卡彭特则尊重男女关系的神圣性，主张自由离婚才能真正维护自由恋爱与自由结婚。[75] 在这些引经据典的抽象学说中，娜拉堪属最鲜明具体的女性形象。1922 年 4 月，《妇女杂志》发行"离婚问题号"，旨在征求众人对婚姻与离婚问题的看法，提供读者进行意见交流。其中，易卜生的《娜拉》被译成白话文故事版，完整刊出。[76] 译者在前言表示该剧"包含人生问题，社会问题，家庭问题，妇女问题，婚姻问题等，而于本号所讨论的离婚问题，关系尤切"。[77]《妇女杂志》离婚问题专号除重译《娜拉》剧本以飨读者外，诸多作者皆不约而同推崇娜拉。茅盾首先指出，《新青年》当初的"易卜生号"唱出了中国妇女问题的第一声。该号首度译介的《娜拉》，更是"中国近年来常常听得到的离婚问题的第一声：这光景是大家共认的事实了"。[78] 章锡琛更以"痛快"来形容娜拉式的离婚，并对女读者喊话：

> 德富芦花的《不如归》，和易卜生的《娜拉》，可说是东西洋离婚问题的文学作品的代表。《不如归》式的离婚，何等残忍，何等凄惨！《娜拉》式的离婚，何等痛快，何等壮烈！我国的女子，今后还是学那娜拉的跳出家庭的樊笼取得人的生活呢？还是甘心像浪子的陷于不幸的惨境呢？这全在姊妹们的努力罢了！[79]

另由周作人所译现代戏剧谈离婚问题之文，同样表明"当娜拉在《玩物之家》的末场决心离开伊的丈夫的时候，伊宣布了妇女独立的模范的宣言"。[80] 这种以保持完整人格为精髓，主张"看轻女子人格个性的丈夫，其妻必该与其离婚"的自由离婚理念，在娜拉身上清楚呈现。[81] 当她决心离开家庭的最后一刻，其夫问究竟如何她才可能留下来，也就是，"奇事中的奇事"怎样才可能发生？娜拉的回答是："须要变到那步田地，要使我们同居的生活可以算得真正夫妻。"[82] 易卜生借由这句回答，表达他心目中的理想婚姻，简明扼要地体现爱伦·凯与萧伯纳等后辈思想家陆续揭橥的理念。此使本间久雄赞扬娜拉"一朝晓得了这种结婚生活的无意义，便离了丈夫而飘然出家了"。[83]

沈兹九（1898—1989）在1935年时，指出当时越来越多夫妻失睦、离婚，与"妇女人格的自觉"提高有关，而娜拉在此发挥了重要的启发与影响。她表示："易卜生的傀儡家庭中的娜拉的出走，在地球上文明国家的知识妇女，多少会受到他一些暗示的。她们认清了自己是人，为争得自己的人格，不愿再做人的玩物而出走的，已是现代文明国家常见的事。"[84] 沈文旨在说明，传统社会离婚率较低，不是由于父母代订的婚姻比较牢靠。过去对妇女的种种压制与法律的不公，使她们无能力也缺乏自觉，去争取夫妻间的平等对待，更遑论有本事争取离婚。20 世纪 20 年代后的中国社会，随着自由离婚学说传播，经济形态与社会价值观变迁，离婚案件数量逐步上升。根据统计，1921 年到 1925 年间，由女方提出的离婚案数量在山西占 8.4%，在上海有 14.14%。[85] 不过，离婚之举仍屡受军阀政府所阻。1922 年，浙江高等审判厅有鉴于"各地近来离婚之案，层见迭出，若不设法消弥，殊为世道人心之害"，通令下级审判厅，受理离婚案时，应格外慎重，"非备具民律草案第一千一百六十二条所列各款之一，并有确实证据者，不得判准离异，以示限制而挽颓风"。[86] 北京的司法部，也曾于 1924 年发布类似的公文，要求司法机关对于离婚案件一律从严审判，所持理由不外乎为了"维法律而正风化"。[87]1925 年爆发的"五卅惨案"，被许多人视为继"五四"之后另一新时代的开始。以往局限于少数阶层与精英分子的文化与政治运动，已渐席卷全国各阶层，成为集体性的全面社会运动。[88] 当时的革命声浪甚嚣尘上，传统的社会秩序面临比"五四"时期层面更广的挑战。革命军所到之处，都曾协助解放受婚姻所困的妇女。[89]

　　值得注意的是，随着北伐期间社会变革空气日浓，以及国共两党妇女组织的协助，越来越多女性主动提出离婚要求。随着国民革命的逐步完成，国民政府颁布以两性平等为原则的民法总则。在法律一定程度的保障下，不堪丈夫虐待的女性，纷纷向法院诉请离

婚。[90]1928 年 8 月，上海特别市政府社会局统计，离婚件数共 82
起，其中因意见不合离婚者占 57 起，多数为女子主动。[91]天津市
自 1926 年起，3 年间共处理 92 件离婚案，其中由女子发动者，高
达 72 起之多。[92]时至 20 世纪 30 年代，从 1933 年 7 月到翌年 6 月
的离婚案件，经司法行政部统计，以江苏省 90 起，浙江省 69 起，
分居首位与次位。其中，由女方提出的离婚诉讼案，几乎占 8 成以上。[93]

　　离婚率节节攀升，并不必然表示社会相应提升对自由离婚的
接受程度，尤其不代表妇女地位随之提高。离婚妇女的窘境，直到
20 世纪 30 年代仍未见多大改善。曾留法的陈学昭（1906—1991），
对于当时中国都会一片婚恋自由风，有出于女性主体意识的敏锐观
察："现代中国妇女，多或少，完全成了自由恋爱及自由结婚中的
牺牲物：我攻击契约式的结婚制度，然而我也攻击以男性为主体的
中国妇女的自由恋爱及自由结婚，因为在以中国男性为主体的自由
恋爱与自由结婚里，中国女子完全做了被动的牺牲者。"[94]陈学昭的
感言，触及这些新思潮在近代中国发展时易衍生的重要问题。亦即，
少数男性与更少数女性的自由恋爱、结婚与离婚之举，直接间接损
及多数男性与更多数女性的利益。而最大的时代牺牲者，还是广大
的旧式妇女群众。且尽管新女性获得社交公开的机会，但不表示男
女必然得以平等交往。诚如陈学昭所强调，当时中国的自由恋爱与
自由结婚，是以男性为中心与主体而进行。对于为求解放自我而抗
婚出走的中国娜拉而言，理想与现实之间有着巨大落差。她们不仅
缺少适当的新式恋爱教育，更没有健全的环境与稳定的社会，供她
们渐进摸索。论者王钥东曾表示，置身新潮流的妇女，往往不明了
自由的真谛。她们谈的都是丧失人格的感情，如此"非特女权未曾

提高，反因而摧残堕落，倒行逆施，良堪忧惧！"[95] 此外，随着社会形态的演变，婚恋纠纷的形式也有所不同：

> 数年前，它（按：指婚恋纠纷）是指西方的婚姻自由说初次冲入我国封建社会的时候，婚姻纠纷的中心乃是道德标准的问题，纠纷的两对方代表着一种自由的主张与一个礼教的标准。但在最近几年来，我国社会的发展已经把从前这种为新旧道德的冲突而起的婚姻纠纷完全推过去。新发生的婚姻纠纷渐渐转移到经济的中心题材上，而纠纷的两对方常常是代表着一个以金钱力量骗取或购买爱情的男性和一个以爱情换取给养的女性。淡淡地蒙上一层资本主义的色彩的我国社会，却追踪着真正的资本主义国家，扮演着一幕幕"遗弃"与"不顾赡养"的离婚悲剧了。[96]

中国新女性效法娜拉实践的自由离婚，至少到 20 世纪 30 年代中叶，未能发展出那些推崇娜拉形象或相关西方学说的论述所预期的光明前途。与此相反，为数日增的离婚事例，正严峻考验着新女性在社会上的应变与生存能力。女性一旦被人离弃，便很难在社会上自存，或再嫁。但男子在觅职或再娶方面，却没有受到与女性一样的限制。此种不公义的社会风气，迫使许多妇女因陷入绝境而以自杀了断。1930 年，有位署名"清晖"的女读者投书《大公报》"摩登"栏，自称为"世界上不幸的女人"，饱尝痛苦，夫婿又要求离婚。但她拒绝离婚，并指出离婚后的难处："（一）生过小孩的人，体质上和不曾生过的人有区别的。世界上有多少男子，把女子的贞操视为寻常的呢？（二）我不嫁吧？既离婚，何必守这无名义的活寡呢？嫁吧？社会要卑鄙我的行为，说我没有节操可言，受他们讥刺声和白眼。（三）人选问题：能够说刚刚就巧有一个人和我表同情的等着我吗？"[97]

　　不论因不能离婚而痛苦，或因离了婚而痛苦，20世纪20年代以来的中国社会，确实出现了一个值得重视的社会伴生现象，即女子自杀的事件频传。考察当时自杀与婚恋的关系，也可侧面检验新女性对娜拉精神的实践成果。自杀是个人走投无路的结果，是对周遭人事与环境的消极反抗，也是最无可挽回的人生悲剧。"五四"以降，已有学者注意到不少学生以自杀解决问题的现象。[98]尤其是，许多自杀事件都因家庭或婚恋问题而起。[99]1922年4月，《妇女杂志》出版"离婚问题号"，其中不少读者现身说法，或举身旁友邻的亲身遭遇，陈述离婚的情形及后果。论者指出许多离婚妇女在经济上无法自给，虽经离婚摆脱婚姻的枷锁与痛苦，却缺乏技能而生活无着，且须承受社会严苛的舆论压力。这些女性不乏在走出夫家门后，步上自杀绝路。[100]

　　在娜拉效应下，抗婚、出走、自由婚恋与自由离婚，这一连串新文化新思潮赐予中国女性的思想资产，是否真为她们开辟了追求新生的契机？当鲁迅论及娜拉出走可能面临堕落与回家之间的抉择时，他并未提及自杀的问题。不过他说得对，"可惜中国太难改变了……不是很大的鞭子打在背上，中国自己是不肯动弹的"。[101]"五四"新女性企图走出家庭，走出传统，其结果是困处于社会不平等的对待，与包装着自由糖衣的婚姻里。20世纪20年代中期，群众因受帝国主义强权侵略与民生凋敝之苦，革命激情一发不可收拾。以至于当时出现"中国国民，今日只有两条路，一是革命，一是反革命"的极端说词。[102] 新女性置身于当时大环境中，不断游移于革命与恋爱之间。[103] 我们从茅盾的《蚀》三部曲与《虹》这些小说中，看到了新女性逐革命之浪而载浮载沉。她们时而积极奋斗，时而"发狂颓废，悲观消沉"。[104] 尤有甚者，则自杀以了结所有问题。

北伐结束后，国民政府统一全国，展开训政，但自杀之风丝毫未因此稍减。时至 20 世纪 30 年代中期，女子自杀问题更为恶化，成为舆论高度关注的社会问题。[105]1933 年开始，"内政部以近年来各地人民因失业或其他问题，自杀者时有所闻，为明了自杀原因，及社会病态，以资改善起见……开始调查，以资设法防止"。在统计中，自杀者年龄以 30 岁以下的女性，与 30 岁以上男性为最多。其中，在所有自杀原因里，女性因家庭纠纷而自杀者，共 308 人，居所有原因之冠。[106] 又如金石音引上海社会局报道的自杀统计里，"往往一大部分是妇女"。其中，光是 1930 年 1 月至 7 月的妇女自杀半年统计，便高达 674 人。[107] 署名"宸"的论者指出："这些青年女性的厌世自戕，其原因有的是为历尽人生艰苦，痛感经济压迫；有的憧憬着'恋爱至上'的象牙之宫，倏遭幻灭的失望；有的是倾慕可使女子自骄的虚荣，寻求不得；有的是饱经人世的阅历，毕竟逃不出社会人心的险峻奸诈。""宸"进而表示："现时之所谓'妇女解放，男女平等，婚姻自由'的新口号，在社会内部人与人间尚自不能'平等自由解放'之时，正掩藏着不少玩弄女子奴役女子之'自由'的实质。"[108] 此一言论，道破在各类自由口号下，所隐藏的各种玩弄乃至奴役女性的真实局面。

除了自杀的社会现象外，另有两类女性的处境，同样能凸显中国女性在社会转型的过渡期间，所面临的问题。此一为所谓"新思想旧道德"的新女性，二为前已提及"被退被离"的时代牺牲者。
章锡琛对前者有清楚的定义：

> 我们平常所看到的新女子，少有不是新思想旧道德的；这样
> 的新女子，正是现代一般女子的唯一的模范！新是在思想上的；
> 她们会剪发，会穿旗袍，会着长统丝袜和高跟皮鞋，她们也会谈
> 妇女解放，男女平权，乃至最时髦的国民革命。然而你如果一考
> 察她们的道德观念，她们却依旧崇拜孝亲敬长之风，勤俭贞淑之德，
> 夫唱妇随之乐。[109]

事实上，新思想旧道德这类矛盾行为，绝不止发生在女性身上。相
当多言论激进的男性知识分子，私生活仍充满礼教气息。他们公开
力倡进步，打破传统，私下却瞻前顾后、缚手缚脚甚至不改男性中
心的思考方式。在20世纪20年代以"性博士"著称的张竞生，对
爱情、性道德与男女关系的观点，常引人注目。然而，他处理感情
私生活方面的智慧，则与其在公共领域锐利的辩才与前卫言论，存
在相当的落差。1923年，张竞生与曾逃避官僚丈夫并出走去教小学
的新女性褚松雪（1896—1993）结婚，张竞生还称誉其妻为中国
娜拉。但当褚女与过去恋人旧情复燃，使婚姻破裂后，张竞生利用
公器大肆批判褚女，两人因而决裂。[110]

　　不少新文化倡导人畏于家长亲情与社会舆论，且难以遮脱传统
礼教，多半只在文字上倡其妇女解放的理想，自身却始终谨守传统
礼俗，遵依母命娶妻。男性尚且如此，遑论处境更艰辛的女性。不
少案例都表明，女子在与某男子相恋后，因遭男子始乱终弃而悲愤

自杀。论者据此批评这类有恋爱"新思想"的女子，仍受困于自己与社会加诸的从一而终等"旧道德"，导致悲剧的发生。[111] 离婚之所以会逼死女子，必因女子前无生路，后无退路。究其原因，还在于社会观念积习过深，对女子始终用有色眼光看待。早在 1920 年 2 月长沙女子李欣淑出走抗婚的事件发生后，便有论者感喟道："我们中国的人心目中，生殖器观念太深，无论何事，总与他老先生脱不了关系。这次李女士的出走，人人都猜他与某人相好，与某人有情。……这是我们中国人的大毛病，我们青年总得改掉呵。"[112] 回溯赵五贞轿中自杀事件发生后，也有论者假设她未轻生而决定活下去反抗家庭专制，也大概无路可走。因为"社会上必不得把他再看做人类，说他是荡妇是奔女"。[113] 此二例，多少反映了一般舆论如何看待或联想抗婚出走的女子在社会上的发展。女性生活在这种社会氛围里，若意志不够坚定或性格不够坚强，并面临无法改善且令人绝望的处境时，也许就会选择以结束生命的方式，作为最后出路。

至于第二类女性，多属被新式男子或弃或离的妇女。曾有论者直指，旧式婚姻的离婚，只遂了（多半在外读书或工作的）男子另遇新娇娘的意，却苦了在夫家枯等他们、独守空闺之妻。这类离婚，被视为不但无益于女子，反把她们推入更黑暗的深渊。[114] 一位署名"曳白"的作者对此提出的补救之道，包括"打倒束缚妇女的旧制度假礼教的腐化势力；扩大妇女教育和职业，并厉行男女平等的强迫教育"。[115] 这是尝试从制度层面来求解决。事实上，某些自称为新女性者或被骗，或沉浸于爱情游戏无法自拔，以致与有妇之夫恋爱。她们的自由恋爱是以牺牲其他妇女为代价，也成为促成庐隐（1898—1934）笔下"时代牺牲者"的帮凶。[116]

许多中国抗婚娜拉出走前后，似乎并未真正改变以婚姻与家庭为女性全部的传统事实。诚然，"五四"以降，新女性受自救做人的浪潮推动，走出家门与学校，开始向社会前进。但新女性既已从梦中苏醒，便如鲁迅所言，除了觉醒的心外，还须有钱，才能生存。[117]于是事情绕了一圈，仿佛又走回原点。以往父母主持的聘娶婚姻，多考量对方家庭经济，来替女儿定亲事。[118]未料"五四"抗婚女性高喊打倒家庭专制而出走，争取到一时的自由，最后还是得向钱低头。就连冠上自由之名的新式恋爱与结婚，也缺钱不可。[119]新文化运动时期与自由婚恋诉求相呼应的，是以独立夫妻与子女为主体构成的小家庭制度。[120]在这种家庭结构中，夫妻的收入基本上决定了家庭的经济来源。换句话说，追求父母不介入的感情自主，实包含经济上也须独立的前提。征诸当时的实际情形，不少新女性却把恋爱当饭吃，把结婚当职业。她们打着自由的旗帜去谈恋爱与结婚，却仍把婚恋视为生命的全部；其结果，与传统妇女只有五十步与百步之差而已。[121]

这样的抗婚娜拉从父家门冲出，又进入夫家门，依违于家庭与家庭之间，似未达到新文化运动对她们应"有完全人格，为社会上一个有用的人"的期许。[122]当自由恋爱在新生代之间形成风尚后，不知不觉容易产生钳制人心的影响力。仿佛青年若不跟着谈自由恋爱，结自由的婚，就是落后保守。然而在整体社会与经济困境尚未解决之际，自由恋爱对新女性实可谓危机重重。[123]很多在学校被视为天之骄女或受封"皇后"的女学生，在出社会前常自视甚高且具虚荣心。她们多不情愿出社会后要为了工作而压低姿态，只求温饱。这些发展，遂造成日后新女性再度沦为玩物的局面。到头来，鲁迅所预言的女子堕落与回家二者，竟也没有差异；新女性与旧女性，同样成了男人的俘虏。[124]

　　从"五四"到"五卅"，再到国民政府训政阶段，随着新女性走出家庭进入社会，妇女问题已与社会问题无法遽分。以往局限于两个家庭之间的婚姻事，如今放大到社会上，供男女公开自由社交，选择对象。恋爱是否真能找到幸福？金仲华曾语重心长表示："以恋爱作为婚姻的基础并不是怎样容易的事情：这也要看当事的男女是否认清恋爱的本质，要看他们的恋爱是否由于健全的动机，还要看社会环境是否会干涉他们的恋爱的自由。"[125] 由当时发展观之，恋爱宛然成了无数女子生命中不能承受之轻。

　　"五四"以来的女青年从效法娜拉出走、展开公开社交，并实践恋爱、结婚与离婚的现代婚姻三部曲，遵循的多半竟是娜拉觉醒前的老路。[126] 她们似乎须经过自父家与夫家的二度出走，才能真正体会到娜拉真正想做一个人的心境。不过，走得出家庭，走不出社会；当女性在社会碰壁时，只得选择继续独自奋斗，或回家认错。她们当中不愿走这两条路的，只能了结生命。中国新女性在部分男性的协助下，将自己从传统婚制中解放，却也使自己必须独自面对异性、婚恋与生活出路这些以往皆由家族处理的问题。这是中国新女性为自身创造出的最大转变，也是她们所面临最艰巨的挑战。

第二节　女性"抗婚出走"的真实与再现

　　上一节，大致阐述抗婚娜拉作为新女性形象的社会论述及其含义。除了由知识男性主导、女青年呼应的文字或精神形象外，真实娜拉大有人在。早在娜拉精神弥漫"五四"新文化界之前，已曾有女性因各种原因出逃或被逐出家庭。但这类出走，与娜拉为了追求自立新生而离家的志气，则不可同日而语。当代大陆学者孟悦与戴锦华，在其合著的《浮出历史地表：中国现代女性文学研究》（1993）一书中，曾如此论述"五四"时代的娜拉形象及其影响力："娜拉对中国五四新女性的影响是一个值得注意的文化现象。不论是在文学还是在现实中，新的女性恐怕都是在娜拉式的精神、娜拉式的思索的示范下，迈出她们区别于旧女性的第一步，离开父亲及丈夫的家的。"[127]"五四"时期的未婚女子出走，可谓实践娜拉精神之大宗，且最受舆论高度赞扬。此乃因"五四"新文化界主要呼吁实践娜拉精神的对象，是抵抗包办婚姻、突破父家门的未婚男女。至于已婚女子离开丈夫者，只有部分宣传自由离婚的论者，会从学理层面予以肯定。当时受娜拉及自由婚恋思想影响，出现许多光明正大抛弃糟糠之妻的新男性。与此相应，有些不顾爱人家乡有婚配之妻而愿委身的女性，也现身社会。这些女性不乏知识青年，有些也被称为娜拉。

本节将介绍"五四"至 20 世纪 20 年代受报章媒体注意的抗婚娜拉，及围绕此类出走表现而生的戏剧表演与文艺创作。我将说明，当时社会所能允许的反传统层次，以及新女性能"新"到何种程度的论述思想，都由男性掌控。哪些中国女性可以被宣扬为娜拉，也多半由男性中心的社会舆论所引导。

1."抗婚娜拉"真实现身

由于传统媒妁婚制普遍盛行于中国各地与不同社会阶层，因此抗婚确实可谓娜拉精神最被广泛实践的举措。中国的抗婚娜拉来自不同身份地位的人家，此可由当时的真人真事得到印证。出身于没落官宦世家的女作家庐隐，以及出身贫寒、后成为上海商界女强人的董竹君（1900—1997）等人，都曾被论者比喻为中国娜拉。

"抗婚娜拉"现身中国后，最初吸引舆论并引发广泛讨论者，当数1919年以了结生命作为终极抵抗手段的赵五贞轿中自杀事件。赵五贞年芳22岁，长沙人，曾读过书，经父母安排嫁给在长沙柑子园开古董店的吴凤林为妻。关于她为何拒绝这桩婚事，据报载有以下几种原因：一为新娘嫌新郎31岁年纪过大；二为新娘之前曾许配某姓，后因父母嫌婿贫而悔婚改适吴氏，赵五贞不愿；三为传说她不肯当填房；四为她听说其姑"夙有恶名，恐过门后受其虐待"；五为传闻新郎之母异常凶恶。[128]11月14日结婚当天，就在花轿快到男方家前时，有人发觉轿中有血滴出。当轿至夫家，媒人一掀开轿帘，赫然发现新娘"仰面而卧，颈项割有刀痕，宽约寸余，血如泉涌，奄奄一息"。[129]最后新娘被送到医院时，已抢救无效，回天乏术。此一惨剧甫经报纸刊载，立即在长沙吹起一片要求改革婚制与自决婚姻的讨论旋风。知识青年激动抨击旧制度与环境的罪恶，使赵五贞做了"不自由婚的牺牲者""惊动婚制改革的牺牲者"。[130]

青年毛泽东（1893—1976）对赵五贞事件，发表多篇文章。他归结，此事件暴露中国婚姻制度的腐败，社会制度的黑暗，思想的不能独立，恋爱不能自由。[131]不容否认，当时女子如想独力抵抗家庭专制与环境压迫，实比青年男子困难许多。与毛泽东同为新民学会成员的陶毅（1890—1927），在《关于赵女士自刎以后的言论》一文中，表达她对身为女子大不易的慨叹：

咳！难道不是这种万恶的婚姻制度吗？万恶的婚姻制度也不知坑死了多少的女青年。但是我为什么单指女青年，因为男青年对于他父母所定的未婚妻尚有商量的余地，所以《时事新报》上提出"现在青年对于他父母所定的未婚妻应该怎么样？"一个问题就引起了许多的答案。或合或离，他们都有完全自主权。女青年的自主权恐怕除掉不自由，"毋宁死"六个字外没有别的答案了。因为煌煌的礼教，赫赫的父命，凭你什么力量，都不能抵抗的，若是提出抗议，马上就加上一个不贞不孝的罪名，天地间还有斯人的立足地吗……[132]

从争取恋爱自由的角度来看，抗婚的动机可分两种，一为尚未有属意对象，先反抗父母已代订之婚约；二为已遇恋爱对象，为求结合而抗拒原先家长安排的婚约。若以女性主体意识审视之，前者举动所显现的独立性，要高于后者；因为前者的出走，完全由自己决定，并非倚赖另一个男人的鼓励，出走后也不把结婚当长期饭票来看。当时以出走举动闻名的新女性，较属前者，但数量不多。且值得注意的是，"五四"及其后的"抗婚娜拉"，绝大多数是学生；其抗婚与就学的动机常互相强化，促成她们的出走行径。抗婚与求学在许多中国女性的出走实践下，几乎融为一体。

有些受新思潮刺激的女学生，作风大胆，不只向生身父母抗议代订婚事，更亲赴未婚夫家，当面表达解除婚约的意愿与决定。中共党员郭隆真（1894—1931，原名郭淑善）便是著例。她自小由父母做主订下婚事，为了躲婚，不惜长期留宿学校。1917年暑假，家中以"母病危"骗她回家成婚。她想方设法，决定采取令人大出意外的反传统姿态，来迎接这场婚礼。"出嫁那天，她穿了一套学生装，坐花轿时，一路上卷起轿帘，到了男家，下轿不用人扶，大大方方地走进去，向新郎和客人发表演讲，揭露封建婚姻葬送青年幸福的罪恶，宣传自由婚姻的好处，然后理直气壮地离开男家，坐船到天津上学去了。"[133] 日后的第一任中央妇女部部长向警予（1895—1928），出身湖南省溆浦县，是首位该县到外地求学的女子。[134]1918 年年底，湘西镇守副使兼第五区司令周则范，派人到向家说媒，要娶向警予为妻。向警予的后母傅氏，也想逼她去做将军夫人。向警予为明示其坚拒之意，竟只身闯周公馆，当面向周则范表示："以身许国，终身不婚。"[135] 之后，她辞去自办的溆浦女校校长职务，到长沙与蔡畅共同筹备女子赴法勤工俭学运动，并于1919 年加入新民学会。她于该年底，与蔡和森（蔡畅之兄）、葛建豪（蔡畅之母）等 30 多人乘船赴法留学。[136] 向警予与蔡和森因共有的革命热情与志趣，自由恋爱而结合成的"向蔡同盟"，堪谓名噪一时，在中共知识青年圈中传为美谈。[137] 诚然，向警予并未履行当时对周则范许下的"终身不婚"承诺，向蔡婚姻也无善终。但向警予勇于冲出封建礼教的藩篱，依自身独立意志与蔡和森结合，仍充分展现娜拉精神。

北伐期间，同样出现女子大方到未婚夫家拒婚再出走的案例。松江城中就读第四中山大学的某名媛，从小被许配给同城某富绅子。就在结婚前一日，该女突然坚持要求备轿前往夫家。那时夫家正开华宴，众亲友喜气洋洋预祝这场门当户对之婚事，得知女方来访，都惊疑莫名。因为照习俗，似乎婚前不宜让男女当事人相见，是谓有伤大雅。满堂嘉宾，因好奇而争看未出嫁的新娘。这位女士

"足登高跟鸾靴，鼻架金镜，昂然径入，向众宾一一点首致敬"，并请翁姑出来相见。之后她更在众人面前，历述男女婚嫁应绝对自由的真谛。说完后她声请新郎演说，却见"新郎含羞畏怯不敢出，相持良久"，女士便改请他出来见面就好。在得知新郎竟只在某中学一年级就读后，这位女士诧异之际，向其未婚夫表示：

> 我自顾大学未卒业，知未届婚期，君中学尚未毕业，岂可成
> 婚哉？今来我有二言语君，君欲娶我者，请奋起精神，笃志向学，
> 学成后，吾必归君。不则另行高聘则耳，君独不视吾国国势危若
> 累卵，覆亡在旦夕，正赖吾辈青年，服膺孙总理之遗训，出而奋
> 志励学。冀克深造，以学术救国……[138]

隔天，这位让未婚夫呆若木鸡、其众亲友当场鸦雀无声的女大学生，立即返回学校。一场喜事，就此中断。[139] 这个例子，透露出在女子教育逐渐普遍的 20 世纪 20 年代，不止新式男子会嫌弃由父母代订的未婚妻。[140] 新女性也越来越有资格，去要求她们未来的另一半，应具有时代男性须有的学识或社会地位。这是中国新女性逐渐发展出的本色与特质，其义正词严，一如娜拉在剧末对其夫。[141] 官府方面，则有鉴于这类女子"临嫁潜逃"的不良风气日炽，为"端正风化"起见，司法部于 1924 年发布取缔离婚的训示："兹查各处女士，每受不当之学说煽惑，以至临嫁潜逃，如遇类似此案之发生，应以奸非罪论，倘当事人无从获案，亦应究办女生之父母，藉正风化。"[142]

　　不过，女子抗婚出走的风气既开，临嫁潜逃之举实难以禁绝。不论以自杀相逼或积极抵抗亲长代订的婚姻，这类抗婚出走以追求

新生的女性,不胜枚举。罗敦伟曾在其《中国家庭问题》一书中,提及当时脱离家庭私自逃走的人很多,"如敦伟的朋辈中的易群先、李欣淑、彭世英、王汉光女士、赵一民、吕伯初君等等,就我知道的已不下十余人"。[143] 罗氏所提之出走青年,男女皆有,再度印证响应娜拉出走精神的国人,包括男女两性。许多深具反传统意识与变革社会意向的左翼(包括中共)青年男女,都曾是抗婚娜拉。这些人中较著名者,包括为争取自由身而奋力逃离父亲魔掌、东渡日本追求新生的剧作家白薇(1894—1987,本名黄彰),20 世纪 30年代崛起的作家萧红,曾任国民党南京市党部妇女部部长的共产党成员陈君起,日后成为鲁迅终身伴侣的许广平,当过女兵后又教过书的谢冰莹,及中共党员王一知与康克清等。[144] 更有不少女性抗婚出走,加入红军与中共的行列,如邓六金、危秀英、李坚真、钱希均、廖似光、肖月华、危拱之、甘棠、李桂英、周越华、王泉媛、吴富莲。[145] 当时还有位湖郡女学的毛彦文(1898—1999),由于不满既定婚约,设法摆脱了家庭的束缚。她通过表兄朱君毅的协助,到湖州念书,并曾公开演说抨击封建制度的罪恶。[146] 微妙的是,毛彦文到了 20 世纪 30 年代,还因与大她数十岁的前国务总理熊希龄结婚,而成为舆论报道与时人评论的焦点。

除了知识女性外,中下阶层的贫苦女性,也多有为争取婚姻自由,不惜反抗父母,逃出家庭之事例。[147]1928 年,21 岁的沪西人孙小妹,在内外棉第四厂做工,与王书义发生恋爱,并出走以抗拒父母代订的与陈某的婚事。她父母状告王书义诱拐其女,孙小妹反而出面起诉"乃父顽固,不合潮流所趋,请求维持其自由恋爱之婚姻"。此案最后双方仍各执一词,庭外也和解不成。[148] 不过由此可见,当时不同阶层的青年女性都曾出现为争取恋爱自由，不惜与父母决裂，并诉诸法律以求解决的事例。

事实证明，新女性的改变范围，除了自身的觉醒与决心外，显然须顺应社会的变迁，方能逐步扩大。"五四"时期的未婚女子，也许只有私自出走一途，才能获争取自由的机会。到了20世纪20年代，尤其是国民党自北伐时期开始，不断制定较符合男女平权的法律，则为女性提供不少权益方面的保障。[149]抗婚出走一事，便有机会从纠葛不清的私下解决，演变为对簿公堂的法院裁断。当时报端随处可见父母与子女互告的案件，主因子女为争自由恋爱，要求废除父母代订婚姻。1927年，上海地方检察厅有件女子控告母舅阻止其婚姻自由的案子。浦东人徐月仙，因其母舅张以楷从中作梗，不许她与恋人张志田自由结婚，而具状上海地检厅，要求官庭"维持其神圣不可侵犯之爱情，以达有情人终成眷属之目的"。上海地检厅判决被告张以楷不得干涉，"从此有情人遂成眷属矣"。[150]

上海丝厂大王黄楚卿之孙女黄慧如，在1928年也做了抗婚娜拉；她与家仆私奔之事，成为轰动上海的自由恋爱事件。[151]黄慧如原先婚事遭哥哥破坏，愤恨婚姻不自由。家人恐她想不开轻生，派男仆陆根荣加以劝说。未料黄慧如与奉命安慰她的陆根荣发生恋爱，偷尝禁果后竟暗结珠胎。两人为恐不能成好事，不得已卷取饰物双双潜逃苏州。此举后为侦探队所知，事败被捕。陆根荣不服吴县地方法院处他奸科罪四年徒刑的一审判决，上诉到最高法院，并于1930年7月二审获判无罪。[152]黄慧如则在1929年春，产下两人爱的结晶。[153]未料，她在分娩后十余日，因母亲强行欲带其返家而体力不支，逝于舟上。[154]这件新闻之所以引发舆论竞相报道，广受瞩目，在于黄慧如贵为千金小姐，竟愿为爱情不惜委身仆役。一时间，关切他俩的追踪报道接踵而至；论者称黄慧如为"叛道的女性""伟大的女性"。[155] 坊间还大加渲染，将此事编成剧本与戏曲搬上舞台，或写成小说，大肆炒作以谋生财之道。[156]

论者还就黄陆的爱情基础以及陆在乡下已娶妻两事，展开讨论。[157] 上海《民国日报》"觉悟"与"社会闲话"专栏，以及《申报》《青年妇女》与天津《大公报》等媒体，提供数十位作者对黄陆情事发表意见、进行辩论。站在认同黄慧如立场的论者，多赞扬她是"懂恋爱配谈恋爱的新女士"，"真正能彻底的明了恋爱的真义的人"，"有勇气的女子"。[158] 他们同情黄慧如的遭遇，并支持她与陆根荣的自由恋爱。[159] 但另一方面，有不少论者质疑黄陆恋是否为真正的恋爱。有人认为黄慧如因陆根荣"良心好"便遽然以身相许，恐有识人不明之嫌。[160] 也有论者批评黄陆恋枉顾陆根荣在乡下的糟糠妻，以牺牲别人幸福来成全自己，故不值得嘉许与宣扬。[161] 从自由恋爱在中国发展的角度来看此事，其牵扯出的重点在于，究竟怎样才是值得称许的自由恋爱？新式的自由恋爱，可否建立在牺牲旧式婚姻的基础上？

那些赞美黄慧如的论者，主要借此发挥反礼教的整体概念，包括男尊女卑、代订婚姻、家庭专制、压抑爱情等。所以有论者言："是然真的爱情是可以牺牲一切的；不过我们对于青天白日时代的旧礼教旧案法——断不容他有些微存在，因为我们晓得陆根荣君他已经有黄脸婆。慧如女士已经亲自察看属实的。不料当他对簿公庭时，仍然不管旧礼教旧法制订下以为低一等'妾'的名称，而有所迟疑。可见他们的挚爱情形特殊了；这种真情挚爱是多应值得我们敬仰呀！"[162] 在倡导自由恋爱的过程中，是否所有新式男子早先由父母安排的结婚对象，都是糟糠妻、黄脸婆，是新人类自由恋爱的绊脚石？此间涉及的道德伦理与情爱冲突，相当难断是非。主张自由恋爱者，尤其男性，多抱持"与其三个人不幸福，不如一个人不幸福"的理念，主张若有真爱，便应摆脱既有束缚。所以他们对黄陆事件会产生"陆根荣虽已有妻，黄慧如当然也可以爱他；就是万一黄慧如有夫，陆根荣也未始不可以爱黄女士"这类的说法。[163]

此类恋爱私逃事件，不禁让人联想到女作家庐隐作为抗婚娜拉的故事。庐隐重情重义，却一生情路坎坷。她的早年抗婚经验颇不同于其他女性。庐隐早年曾抵抗母亲之意，坚持与表亲林鸿俊订婚。换言之，她的抗婚之举是抗拒母亲对亲事的反对，因此有别于多数"五四"女性抵抗父母所订亲事。庐隐考取"女高师"并成为"五四"弄潮儿后，未婚夫要求结婚。见识经验皆较前更广的庐隐，发现未婚夫思想平庸，性别观尤其落后，因而断然退婚。[164] 此后，庐隐与"使君有妇"的北大毕业生郭梦良（1898—1925）志趣相投，陷入情网。热恋中的庐隐，不顾自己是郭梦良婚姻中的第三者，郭梦良则不管家乡妻子的处境。两人于 1923 年在上海结婚，庐隐还为郭梦良诞下一女。这段恋情颇受舆论非议，但庐隐仍持续写作，并在与郭氏结合的两年中，出版代表作《海滨故人》（1923）。1925 年郭梦良病逝，庐隐扶棺回到他的故乡福建，并与其原配与母亲共同艰苦生活，半年后才再回到北京。1928 年，庐隐结识对她仰慕已久的清华学生李唯建。两年后，庐隐再次不顾舆论哗然，与李唯建东渡日本成婚。[165] 庐隐与黄慧如，都无视礼教对女子的道德伦理规范，为了爱情勇往直前。诚如庐隐所言，"应当有为了爱而牺牲个人利益的精神，这种牺牲是绝对优美的，伟大的。如果两个真相爱的人，其中若没有这种精神，那爱便不真诚了"。[166]

刘大杰日后曾记述庐隐与郭梦良之间的情事。根据刘大杰所说，庐隐对郭有着"只要我们有爱情，你有妻子也不要紧"的一往情深与坚决意志。对此，刘大杰形容庐隐："她这种独断独行的自信的态度，同易卜生笔下的娜拉，是有几分相像的。"[167] 曾为五四青年学子的刘大杰，并未注意被郭梦良冷落在家乡福建的原配，只在意作为新女性的庐隐。刘大杰认为庐隐的娜拉精神相当难能可贵，堪为一种新时代个人理念的有力表现。在旧礼教与新思潮纠结不清的近代中国社会，自由恋爱并非只是男女双方因真爱而牺牲个人利益，而是为了双方相爱，不得不牺牲他（她）人的利益。此不得不谓时代的悲哀。

至于董竹君，一位被后世誉为"沪上传奇女子"的新女性，更以其从婚姻中出走而奋斗成功的故事，为中国娜拉的精神与奋斗，做出别具时代意义的示范。董竹君，江苏省苏州市人，幼年因家贫而被迫到酒家卖唱，后结识当时的四川副都督夏之时。董竹君接受夏之时求婚，两人于1915年相偕逃往日本，展开求学与革命之旅。回国后，她与丈夫在思想上渐行渐远，夫家的封建家风与丈夫的暴躁性格，尤令她吃足苦头。1929年，在结婚近15年，育有四女一男的情况下，董竹君与丈夫分居，独自带着四个女儿在上海过日子。五年分居期满后，董竹君正式与夏之时离婚；她"在挣脱了家庭的束缚后，就一心一意投入社会活动和培养孩子"。[168] 董竹君未离婚前，已开始尝试各种创业。她自1922年到1936年间，先后创办四川黄包车公司、女子织袜厂、上海群益纱管工厂、锦江川菜馆和锦江茶室。在她刚离婚不久之际，曾在上海结识两位共产党员郑德音与蒲振声。她们对董竹君表示："你像娜拉一样，由家庭出，这是很不容易的。不过，要有毅力、要发奋图强，自力更生。娜拉出走后没有下文。至于你，就看你怎样选择将来的道路了。……你能出夏家门，这是你争取自由的第一步。你为争取自由两次跳出火坑，真是中国的好女性。"[169]

在董竹君与两位共产党员的对话中，她告知对方自己曾在四川前夫家看过些文艺书籍，包括易卜生著的《娜拉》。[170] 而日后与董竹君有相当情谊的作家白薇，同样将董氏誉为出奔的"娜拉"。白薇在《想、焦、狂》（1947）一文中，简要介绍了董竹君："董竹君……是易卜生著的'娜拉'，而有力地回答了出走后的'娜拉'，是怎样奋斗的。她反抗那缺德的丈夫，带着四个小女儿逃出家庭。……看着她几年工夫，一手起家，教育了四个女儿，在大学毕业后留美去了，还搭救了许多穷苦的朋友，帮忙了不少公益事业，还在刻苦工作，毅然前进。这种有伟大魄力的女性，我怎么交不得？"[171]

将董竹君的出走视为展现中国娜拉精神的，尚不止其好友白薇。早在 1929 年，论者"谦弟"便从她与丈夫分居、离开家庭，远渡南洋至菲律宾招股以创办工厂之事，引申评论其行径所呼应的娜拉精神：

> 虽然董女士不是如娜拉样不满意彼的丈夫脱离家庭，然而伊与娜拉之同一憎恶家庭生活却是一而二，二而一的，我们看董女士的启事中有如下语："因为感觉到家庭对我的压迫，和贵族式的生活之无聊，和女性之被贱视，及一切现代中国女子所受的痛苦，

所以毅然决然离开我的家庭。"由此，我们知道董女士是憎恶家庭
生活，只知道如娜拉样做人去，而不愿为父的女儿。董女士……
到社会不是寻找一个所谓爱人，过性的依赖的经济生活，而是向
社会要求工作，准备往广东和南洋去，远离伊的家庭那座象牙之塔。
我们试看伊在信中所说：

　　……此去在粤已寻得一个位置，半年后，或者由那里到南洋去。

　　……谁说我为了恋爱出走，我否认……走了，走了，走出象
牙之塔。[172]

1935 年的《妇女生活》第 1 卷第 2 期，曾邀请 7 位在实业上
奋斗的女士与该刊社员 5 人，出席一场座谈会，讲述个人切身的
宝贵经验。其中第一个标题"出走后的娜拉"，描述某位 A 女士千
里远到南洋去募款以回上海打拼的故事。观其内容，可推断这位 A
女士便是董竹君。她在自述中娓娓道来：

　　我在民国 18 年就与家庭破裂，当时带着四个女儿（大的 14
岁，小的还只 7 岁）逃到上海，对方对我们母女五人，不但没有
一文的津贴，反尽力力各方面造谣，想欲破坏断绝我们的生路。
在这种情形之下，为了求生，更为了四个女儿的教育与前途以及
我自己的出路，我是下了与死决斗之力，才奋斗过来的。因为我
先前在家庭里，对于实业与商业上，稍有些经验，所以朋友们都
劝我仍干这一套，于是我便设计办了一个制造纱绽的工厂，股本
共二万八千元，一万余元是我去南洋募集来的，其余都是朋友们
的助股……[173]

董竹君虽经历重重困难，以及社会上男性不信任、轻蔑甚至侮辱的对待，仍成功创办了该工厂。不幸在"一·二八"事变后，工厂被摧毁，其心血再度付之一炬。坚强的她，仍抱持乐观勇敢的态度，继续奋斗。董竹君度过了戏剧性的一生，在1997年12月6日走向人生尽头之前，她不仅完成了长篇回忆录，为其生平留下珍贵的记录，更受到电视台的青睐。她的故事，被拍成长达31集的电视连续剧《世纪人生——董竹君传奇》，并于2001年年初播毕（参见图四）。《新民晚报》于2023年5月30日，用一整版介绍作为锦江饭店创始人的董竹君。该文副标便以"被称为'中国娜拉'"来形容董竹君（参见图五）。

图四（左）：《世纪人生——董竹君传奇》电视剧海报；图五（右）：《新民晚报》关于董竹君的报道介绍 174

董竹君以一介贫苦女子，因缘际会与其夫赴日就读，从此开启她的个人与民族自觉。但她并未因此谨遵夫唱妇随，反而坚持走自己的道路，不惜与丈夫决裂乃至仳离。经过多重挑战与考验，董竹君终至事业奋斗有成，子女也都有优秀成就。她的故事，的确为"五四"初期新文化运动者所宣扬的娜拉精神，做了最佳注解。

20世纪20年代，军阀统治、北伐革命的战乱频仍，外来势力的经济剥削所造成的各种困境，以及两性仍不平等的严格生活磨炼，确使部分出走的中国娜拉越挫越勇。[175] 当时渐有不少"出走娜拉"的成功事例，来自或自愿或被迫与丈夫离异的妇女。著名者除董竹君以外，尚包括离开丈夫努力于"妇运"的沈兹九，与被徐志摩逼迫离婚、发奋创出一番事业的张幼仪等。[176] 杨之华形容曾任《妇女生活》主编的沈兹九，因"终过不惯官太太的生活，便学'娜拉'出走"，而离开丈夫徐庆育。[177]

综观当时中国娜拉的发展与表现，可发现几个值得思索的现象。首先，至20世纪20年代早期，涉及娜拉的论述，多将其意象等同于未婚女子的离家抗婚；已婚妇女走出夫家的事例，相对较少。要到20世纪20年代后期以降，始渐有将走出婚姻的妇女与娜拉做精神联系的言论。其次，"五四"时人笔下的"娜拉"，多为复数的、集体的。其中的女性声音，多半是模糊而缺乏个人特质与主体性的。尽管当时有许多申论娜拉、证明其影响力的史料留存至今，其中却似乎少见被冠以娜拉之名的某位特定女子。待至20世纪20年代中期以后，包括庐隐与丁玲等单身知识女性，或董竹君与沈兹九这些离婚出走的女性，才被论者以个人的身份与作为，自认或被冠以中国娜拉之名。

这些以娜拉面貌的更迭所做的观察，有助于进一步了解近代中国社会与文化的变迁。从"五四"、北伐发展到训政阶段，"娜拉"随着时代与思潮的改变，已从原先多为未婚女子效仿的对象，扩大为包括走出父家与夫家门的所有女性。这是由实际行为，引导论述改变的例证。"五四"阶段的娜拉论述，多半以男性声音来代表女性需求，以集体反传统的意向，来唤醒个人出走的自觉。凡是溢出由男性所掌握的伦理革命进度的女性主体需求，例如已婚妇女的抛夫弃子、离家出走——易卜生的娜拉之真正作为——在当时则较少有发声的余地。须待抗婚娜拉真正踏入社会有所表现，且中国社会的性别与婚恋观逐渐调整后，中国娜拉才得以发出自己的声音，而非永远只是男性所期望的她们的声音，或是论者抽象地以"娜拉们"来概括的"她们"的声音而已。

民国社会经过五四新文化运动与自救娜拉思潮的洗礼，至 20 世纪 20 年代，已有较多反传统论者同样视已婚的出走女性为娜拉。从城市与智识阶层开始，人们逐渐接受挑战传统的西方婚嫁思想，并提高个人自主与恋爱自由在婚姻中的比重。诚然，少数离开丈夫、奋斗创业的成功妇女个案，无法掩盖更多因走投无路而自杀，或困顿寂寥一生的多数妇女惨境。[178] 但至少应予肯定的是，越来越多妇女不再受婚姻与家庭摆布，努力追求人身乃至经济自主权。本节下一部分，将介绍"五四"至 20 世纪 20 年代受《娜拉》启发而以抗婚为主题的文艺创作。这些将娜拉本土化的早期作品，透露抗婚乃中国发扬娜拉精神的基调。而随着时代迁移，某些作家也开始挪用娜拉意象，从抗婚举动衍生出求职或爱国等新诉求。

2. 发扬抗婚娜拉精神的文艺创作

自《新青年》将易卜生主义与《娜拉》介绍给国人之后，便有作家"不仅沿袭易卜生剧中的思想，甚至连其故事的架构与表达形式，都一起模仿了"。[179] 这其中，当以发挥《娜拉》抗婚出走精神的文艺创造为最甚。由于中国传统安排婚姻的特色，使抗婚实蕴含自救自立的核心精神。娜拉的个性觉醒意识，被认同为新青年应努力发扬的现代性坐标。1918 年，周作人提出："我们现在应该提倡的新文学，简单的说一句，是'人的文学'。"[180] 他认为描述两性之爱的文学作品应有两大主张，即男女两本位的平等与恋爱结婚。《娜拉》被周作人归为主张男女平等之作。[181] 事实上，《娜拉》同样深刻影响了中国作家关于恋爱结婚之类的创作。甚至可以说，"五四"时期最能表现个人追求自由与热爱生命的题材，即为自由婚恋。[182] 当时的进步报刊，充斥着叙述抗婚女性争取恋爱自由与婚姻自主的文艺作品，因其最能体现五四的反抗与觉醒精神。[183] 出走，成了新文学的主旋律；而娜拉，则成为刺激作家思考新出路的起始点。[184] 参与过 20 世纪 30 年代"中国左翼作家联盟"的周扬（1907—1989），曾在 1936 年论及鲁迅为人熟知的《阿 Q 正传》时，对所谓的典型，做出以下的诠释："典型不是模特儿的摹绘，不是空想的影子，而是作者用丰富的想象力把实际上已经存在的或正在萌芽的某一社会群共同的性格，综合，夸大，给予最具真实的表现的东西。"[185]

娜拉即中国作家运用想象力与写实功力，塑造出各类新女性典型的重要原型。两性作家共同从《娜拉》寻求灵感，呈现一系列娜拉型的中国新女性。此使当时文艺发展，在两性关系的主题上蔚为一股当代学者所谓的"娜拉现象"。[186]娜拉的出走、日后的命运、发展的道路及再生，堪为"五四"以来数十年新文学创作的重要母题。[187]当代学者杨义在探讨20世纪华人家庭小说的模式与变迁时，将"五四"界定为"娜拉出走阶段"。那时，"以《新青年》易卜生专号和《新潮》的伦理革命为标志，新文学创作开始描写旧家庭悲剧和新一代人接受个性主义思潮走出'家庭狭笼'的历史变动"。[188]孟悦与戴锦华则认为，"娜拉对男性大师们的女性观有着更为绝对、更为重大的影响，甚至起着限定作用。在'五四'十年中，娜拉几乎是他们衡量和思索女性出路的唯一原型"。[189]姑不论娜拉对20世纪10年代至20年代的中国文学创作发挥正面启发作用，或产生限制作用，或两者兼有，其广泛的影响力与可延伸性都毋庸置疑。

胡适自称为"游戏喜剧"的短剧《终身大事》（1919），是最早被时人立即与《娜拉》做联想，创作时间也最接近《娜拉》来华的国人作品。[190]鲁迅日后回顾"五四"新文学的发展，曾揭露当时新旧爱情文学模式与思维的差异。旧式小说重在描绘才子佳人、风花雪月，新式小说则强调个性觉醒并宣扬出走精神。鲁迅评道："这时有伊孛生的剧本的绍介和胡适之先生的《终身大事》的别一形式的出现，虽然并不是故意的，然而鸳鸯蝴蝶派作为命根的那婚姻问题，却也因此而诺拉（Nora）似的跑掉了。"[191]

娜拉的出走，不是古代小说里的女主角与爱人私奔，或抛下丈夫跟新欢出奔，而是清楚明了其婚姻背后的虚伪，及对她人格尊严的玩弄。《终身大事》的女主角田亚梅最后离家出走的决定，呼应了娜拉的行动。不容否认，田亚梅的出走是随爱人而弃家人，并未十足展现女性自觉。[192] 但《终身大事》在"五四"及其后，仍扮演承《娜拉》而启后的重要地位。《终身大事》被后世誉为中国首部具有现代意义的文学剧本，也是中国话剧史上的首部名篇。田亚梅更被冠上"中国第一个娜拉"的封号。[193] 洪深在1935年《中国新文学大系·戏剧集》的导言中表示，"五四"新文艺思潮发展初期，"理论非常丰富，创作却十分贫乏，只有胡适底《终身大事》一部剧本，是值得称道的"。洪深如此评价田亚梅角色的时代含义："田亚梅是那时代的现实的人物，而'终身大事'这个问题在当时确又是一个亟待解决的问题，所以也可以说是一出反映生活的社会剧。"不过"在封建势力仍然强盛的中国，是没有女子敢'做'娜拉的！但这正说明了这出戏的意义"。[194]

确实，像田亚梅这样饱受封建家长控制婚恋与人身自由的青年女性，在当时非常之多；但真正像她这样走出家庭的例子，仍屈指可数。胡适在《终身大事》末写下跋文，略带自嘲表示该剧"竟没有人敢演，可见得一定不是写实的"。[195] 当时女学生不敢演这出未婚女子出走之剧，凸显新文艺与真实人生，乃至新知识分子与广大民众之间的差距。"五四"时期高扬的个性解放思想，使知识分子正视个体的重要性。但他们也因此，加深对自己应为社会与国家做贡献的高度期许。这种强烈的时代责任感，驱使不少作家对自身的文艺创作，赋予超越纯文学价值的社会教育意义。欧阳予倩曾言："艺术家处在指导社会，唤醒人类的地位，本着不断的革命精神，参加社会的斗争，每一个作品，都有他普遍的精神和永久的生命。"[196] 因此，在他／她们笔下，除了描绘新女性作为的实然面之外，还多了对新女性应有何所为的预示或指导。由此观之，胡适等人所提倡的"写实主义"新文学,多少仍表达作家改革社会的理想与策略。[197]
那些号称写实主义的作品,由于急欲对现实问题"开药方",容易
流于观念化或理想化,甚至出现类似的模式以图解决问题。[198] 提倡
写实主义的胡适,创作《终身大事》这出他自称"不合写实"的剧
本,表达的是他理想中的写实。陈漱渝曾评论道:"这个戏在当时
具有普遍的社会意义,仅从无人敢扮演田女士这件事,就反映出剧
本反封建反迷信的积极意义。"[199] 言下之意,若《终身大事》写的女
子出走在中国已司空见惯,那这些文学"新女性"的出现,也就没
什么好稀奇的了。就是因为这还是一种理想,所以才值得书写与期
待。写实主义与浪漫主义,在"五四"时期也许并非如此泾渭分明!

《终身大事》以其反抗家庭与封建专制的理念,形塑抗婚娜拉
的形象,获得众人青睐。当"五四"爱国学潮席卷全国时,山东
等地曾公演《终身大事》[200]。鲁迅在 1919 年 6 月 19 日的日记中记
录过他当晚观看《终身大事》。[201]1921 年前后,清华新剧社演出
过《终身大事》。[202] 天津女权请愿团则曾于 1923 年,在北马路国
货售品所后院搭戏台演出《终身大事》,以为平民义校筹款义演。[203]
上海中国公学与武汉地区的各校剧校,也在同年演过该剧。[204] 甚至
连当时的中国台湾地区,都曾有不少剧社,包括台北的星光演剧研
究会,与草屯的彰成新剧社演出《终身大事》。[205]1926 年 6 月中旬,
上海神州女学游艺会公演《终身大事》。[206] 由此可见娜拉的出走精
神,在国人承袭创造的作品里,逐渐融入中国社会,并散播到全国
各地。"在五四运动时代,一切妇女解放的口号,莫如易卜生的《娜
拉》和胡适之的《终身大事》的上演之能号召人了。"[207]

1923 年,郭沫若发表"三个叛逆的女性"戏剧系列[208],以借古

谏今的方式，表达他对女性反传统行径的认同与鼓励，并提倡"三不从"的新性道德。[209]其中，《卓文君》着实展现了古代抗婚娜拉的姿态。主人公卓文君为了真爱，不惜与父、舅翻脸，直言"我自认我的行为是为天下后世提倡风教的。你们男子们制下的旧礼制，你们老人们维持着的旧礼教制，是范围我们觉悟了的青年不得，范围我们觉悟了的女子不得！"[210]当她欲出走而与舅父（亦她已逝丈夫之父）程郑对峙时，两人的对白，与娜拉觉醒后对郝尔茂所言，几乎如出一辙：

> 程　郑　你做女儿的责任呢？
>
> 卓文君　便是我自己做人的责任！盲从你们老人，绝不是甚么孝道！
>
> 程　郑　你就不怕世人议论了吗？
>
> 卓文君　我的行为，我相信，后代的人会来讴歌我。
>
> 程　郑　你守着现成的富贵也不要了吗？
>
> 卓文君　不要说那些话来污秽我！——红萧，走吧！我们走吧！[211]

郭沫若通过书写卓文君不从父的出奔行为，塑造了叛逆的新女性形象。至于他尝试写出却始终未完成的蔡文姬，在他看来，"我的蔡文姬完全是一个古代的'诺拉'"。[212]《终身大事》与《卓文君》，一现代一古装，高潮都在结尾，女主角都选择背离她们的亲人与家庭，走向虽不确定却可摆脱过去的未来。这些作品的结局，与《娜拉》接近，都将女主角的出路交付开放的未知。欧阳予倩发表于1928年的《潘金莲》，类似郭沫若"再书写"古代女性的创作手法。[213]剧中潘金莲对于失配的不满，杀夫以追求新生的决心，及对小叔付出真爱的勇气,在在体现了"五四"所歌颂的个性解放。[214]这类以出走的言与行来反映"五四"精神的剧作,蔚为一股时代风尚。诸如欧阳予倩的《泼妇》、余上沅的《兵变》、丁西林的《压迫》、张闻天的《青春的梦》、郭沫若的《卓文君》或《蔡文姬》、熊佛西的《青春的悲哀》、陈大悲的《是人吗》、侯曜的《复活的玫瑰》与《刀痕》、濮舜卿的《爱神的玩偶》与《到光明之路》、徐葆炎的《受戒》、徐公美的《飞》等,都以主人公与封建家庭的冲突与最后的出走,象征其追求婚姻与个人自主的决心。这些作品,都被当代学者视为延伸了娜拉出走的精神。[215]

偶尔,也有作家以反向方式来处理"五四"新文化氛围中女子出走的主题,如欧阳予倩于1924年发表的剧本《回家以后》。该剧女主角吴自芳处理其破碎婚姻的手法,曾引起论者将之与《娜拉》做联想的讨论。[216]《回家以后》写男主角陆治平因留美而染欧气,虽原在家乡已有媒妁之言安排的原配吴自芳,却又假托未婚而与留学生刘玛利再婚。回家后陆治平本欲与原配离婚,孰料又目睹妻子的不少好处。正当他犹豫之际,刘玛利前来兴师问罪,而吴自芳却挺身自愿把丈夫让给刘玛利。此举反让陆治平更体会吴自芳的优点而无法下定决心。刘玛利气愤离去,陆治平自责并希望不辜负自芳,但吴自芳反力促他与刘玛利解决此事,陆治平只得万般无奈地再度离家而去。数位剧评人不约而同从娜拉视角出发,评论剧中的吴自芳角色,但得出不同见解。有论者认为,《回家以后》与《娜拉》处理的都是男女婚姻问题,精神相当接近,吴自芳更承袭了娜拉的理性与自觉。因此,虽然吴自芳最后未离家,却有着娜拉精神的影子。[217]

另有论者提出不同看法，批评吴自芳的"新思想旧道德"，实未展现新文化人乐见与提倡的娜拉反传统精神。当时的《妇女杂志》编辑章锡琛与周建人，都持此观点。章锡琛在看过戏剧协社公演《回家以后》后，撰文表示吴自芳并非"现代的见识高超的女子"。对章锡琛而言，吴自芳展现出与易卜生《群鬼》中的阿尔文夫人同样不可取的"自己牺牲主义的，因袭主义的"精神。章锡琛转而高扬娜拉所代表的"个人主义的，自由主义的"精神："总而言之：吴自芳只是一个所谓'深明大义'的旧式女子，决不是一个现代社会要求自我发展的新女子。我们宁可使现代的女子，成为像作者所竭力贬抑的刘玛利那样的新女子，但决不需要像吴自芳那样完全牺牲自我的旧女子。换一句话，我们现在所需要的，是娜拉，不是阿尔文夫人。所以描写这种牺牲自我生活为幸福生活的剧本，也不是我们所需要的剧本。"[218]鲁迅之弟周建人，也曾针对《回家以后》，提出他对理想女性形象的看法。他认为时代在变，以往尊崇《女诫》为理想女性典范的价值观也要彻底改造才行。"宁可以易卜生的'傀儡家庭'中的娜拉，爱伦的'敢为之女'中的海尔满亚巴顿，和诺尔陶的'爱之权利'中的倍太尔文典型，使女性基于彻底的新的个人主义之上。"[219]他对所谓新的个人主义的定义，是"非自私自利专为个人"的思想，他甚至认为"社会主义便是立于新的个人主义上面的"。[220]

章锡琛与周建人在1926年创办的《新女性》所认同的新女性，是富有解放与反抗意识，能支配自己并对家庭与社会有贡献者。[221]这样的新女性形象，显然继承"五四"自救与抗婚娜拉精神并有所延伸。自救与抗婚娜拉积极进取的行动力，持续受人肯定。一位署名"调孚"的作者，在 1925 年写下观赏电影《弃妇》的影评。此乃上海长城画片公司将侯曜所著改拍的电影。该片讲述因丈夫另有所恋而遭弃的女性吴芷芳，在同学杨素贞的鼓励引导下，觉悟出走。吴芷芳先在杨素贞的介绍下，到书局做书记，不料深受同事嫉妒与上司调戏所苦。吴芷芳后来参加同学组织的女子参政协会，并成为会长。丈夫与新欢不合分手后，又找上吴芷芳，被她拒绝后恼羞成怒，勾结劣绅破坏她的事业。女子参政协会被诬为过激党机关而遭解散，吴芷芳更被冠上"逃妇"之名。心生失望的她，遁逃山中隐居，谁知又遇盗劫，房屋遭毁。吴芷芳穷途落难之际，避于白云庵中，贫病交迫而亡。"调孚"应当时《妇女周报》记者周建人之邀所写的影评，对比女主角的被动离家与娜拉的主动出走："吴芷芳既能从事职业，又能从事女权运动，则伊确是一个有思想的女子。当伊被压在夫权特盛的大家庭制度底下，日受丈夫与姑嫜的凌辱，过奴隶的生活，早该做'娜拉'，早该喊'我与其做万恶家庭的奴隶，不如做黑暗社会的明灯！'了，更何必要等他们的驱逐，要待杨素贞的鼓励呢？"[222]

　　"调孚"批评《弃妇》这部被视为实验"娜拉出走后会怎样"的剧本，仅描绘女主角的诸多不幸，未正面鼓励女性积极抵抗社会的黑暗并坚持到底。[223]但"调孚"似乎仍秉信，出走后的娜拉必能生存，或必应努力生存的乐观信仰。出走，对女性而言，其实是把双刃剑。《娜拉》结局仅止于娜拉的飘然离去，"五四"早期一片解放声所洋溢的乐观气息，过于理想地看待娜拉出走后的结局。到个人主义逐渐退潮的 1923 年，鲁迅对"娜拉走后怎样"做出不甚乐观的预示。这也标示出新女性的出路，不再属于个人问题，也非个人解放所能轻易解决。

1925 年，鲁迅写下小说《伤逝》，女主角子君被认为是近代中国女性解放失败的重要文学典型，象征着"回到家庭中的娜拉"。[224]《伤逝》的内容，透露男性出于自身利益而对"娜拉"的双重运用。当男主角涓生想与子君在一起时，与她谈易卜生，谈娜拉，鼓舞她走出家门与他同居。当他眼见现实环境改变了子君，想摆脱她时，又与她谈娜拉，暗示她再度出走离他而去。[225]于是，出走可能赋予女性新生，却也可能置她于死地。"娜拉"在《伤逝》里，具有帮助女性与伤害女性的双重意象。第一次出走前的子君，发出"我是我自己的，他们谁也没有干涉我的权利"[226]这句豪语。但走出父家门的她，雄心顿时消弭。原先以自我为中心以追求爱情的幸福前景，很快演变为仍须依附他人以至于无路可走的悲剧。[227]

好不容易走出旧式婚制的抗婚娜拉，其争取与追求的新婚恋模式，仍无法消除初尝短暂自由后所感到的空虚与苦闷。一如庐隐在小说《胜利以后》（1925）借书中女主人翁所言：

> 我们真正都是傻子，当我们和家庭奋斗，一定要为爱情牺牲一切的时候，是何等气概？而今总算都得了胜利，而胜利以后原来依旧是苦的多乐的少，而且可希冀的事情更少了，可藉以自慰的念头一打消，人生还有什么趣味？从前以为只要得一个有爱情的伴侣，便可以废我们理想生活，现在尝试的结果，一切都不能避免事实的支配，超越人间的乐趣……[228]

类似的感慨，出现在陈学昭的《寸草心》（1927）中。作者描述其求学时代的挚友蕙姊，结婚三年育有一子后，已几乎全无闲暇与心思在写作或读书上，并表示其生活可谓"苦闷到无以复加"。此使作者在追忆以往学校生活的种种快乐之余，不禁怀疑女性"难道竟做了牺牲吗？这是谁的罪恶？社会制度的不良，没有女子适当而开放的职业，没有儿童公育，谈不到母性拥护……这些，将你的才能，将你的壮志，将你一生的时间竟如此般轻轻地断送了吗？岂是爱神独加害于中国的女子吗？"[229]

"五卅"以后，政治与社会局势的发展，驱使一般知识分子的注意力，逐渐由家庭改革转移到社会与政治革命。作家的关怀与叙述层面更为广阔；原先多着墨于个人的婚恋自主题材，如今更具时代色彩。对工农大众等社会下层生活的文学勾勒，也日渐增多。但这种转变，并非顺畅坦途。学者王爱松便曾形容，从北伐到抗战前夕，知识分子的心态通常为"对新兴的革命既感到兴奋，又感到失意和不满，对刚刚过去的'五四'既感到幻灭和失望，又怀着依恋和流连"。[230] 20世纪20年代，个人或集体，革命或恋爱，出走或回家之间，轻重取舍的两难，构成知识青年普遍关注与解决的主调。当时，封建大家族体制逐渐崩解，小资产阶级家庭则面临新矛盾和困境。从旧家庭中叛逃出来，又不愿钻进新式家庭"围城"的青年男女，在革命的宣传声与实践中，仿佛找到某种安身立命的所在。尽管他们不尽然都明了革命真义所在，却纷纷"投身革命以为家"。[231]

国民革命北伐结束后，国民党进入训政阶段，中共则自1927年大革命的挫败后，转进农村发展。20世纪20年代随政党革命浪潮而兴的妇女运动，在国民党治下被收编转型为妇女工作，激进思想较无发展空间。[232] 大革命前后的动荡政局与社会情势，刺激不少作家写下反映时代冲突与愁闷心情的代表作。重要者如茅盾的《蚀》三部曲（1927—1928）与丁玲的《莎菲女士的日记》（1928）。[233]这两部作品陈述的背景与手法差异颇大，但都刻画了有娜拉影子的新女性，面对社会变迁时的自处问题。《蚀》旨在铺陈革命洪流的大格局，对时人的冲击与影响。《莎菲女士的日记》则着重刻画复杂的心理，呈现都会新女性在性爱苦闷情境的叛逆与呐喊。[234]这两部小说的主人翁，都被视为娜拉，亦即走出父家门，在社会上流浪与奋斗。[235]

茅盾自1927年执笔写小说以来，创作出许多被视为具娜拉精神的时代女性形象。除《蚀》三部曲的章静、章秋柳外，尚有《创造》（1928）的娴娴与《虹》（1929）的梅（行素）女士。[236]尤其《虹》，将《娜拉》剧中的离婚妇人林敦夫人介绍给国人。在梅女士口中，林敦夫人是位"不受恋爱支配的女子。她第一次抛开了柯士达去和林敦结婚，就因为林敦有钱，可以养活她的母亲和妹妹；她是为了母亲和妹妹的缘故牺牲了自己。她第二次再嫁给柯士达，又是为了要救娜拉。她就是这样一个勇敢而有决断的人！"[237]茅盾借由描绘梅女士对林敦夫人的认同，表达了他的新性道德观。梅女士发现自己钦慕林敦夫人"两次为了别人将'性'作为交换条件，毫不感到困难，是忘了自己是'女性'的女人"，甚至更胜"全心灵意地意识到自己是'女性'，虽然为了救人，还是不能将'性'作为交换条件"的娜拉。[238]《虹》在阐扬易卜生思想上的特色，在于跳脱"五四"以来聚焦娜拉的写作模式，通过林敦夫人来对照娜拉。事实上，西方相关研究便曾拿柯士达与林敦夫人作为娜拉与郝尔茂的对照组，前者彼此历经风霜，最后终能相爱结合，后者婚姻顺遂，最后却感情破裂。[239]茅盾配合中国情势的改变,创造出"欲成大事不拘小节"的梅女士。她走出"五四"封建家庭,献身属于群众的"五卅运动",同时也将妇女解放完全融入社会解放的大目标中,以革命为先,恋爱次之。这类女性之"新",并非展露在亮丽外表与八面玲珑上,而是体现在致力于改造社会的人生信念与革命精神上。[240]

身为第二代女作家的丁玲,本身就是个"从'大家庭'里跑出来,抛弃了深闺小姐的生活,到'新思想'发源的大都市内找求她们理想的生活"的娜拉。[241]她的处女作《梦珂》(1927)、成名作《莎菲女士的日记》,乃至 1942 年在延安时期所写的《三八节有感》,都洋溢着娜拉的自立觉醒精神,但结果有成有败。学者王章陵曾如此形容丁及其作品:"'五四'浪潮培育了丁玲的性格,使她成为一位'个人主义者',成为'旧礼教的叛逆者',但是,这位'娜拉'不是生长在资本主义发达的西方社会,而是生长在经济落后,政治思潮却极端复杂的'五四'浪潮滚滚来袭的中国,结果,娜拉走出家庭没有享受她所追求的个人主义甜蜜的果实,而她的创作,从'梦珂'、'莎菲'、'贞贞'到'陆萍',为她,也为历史写下了中国'娜拉'的悲剧。"[242]丁玲在《梦珂》中,塑造了一位离乡寻梦的出走新女性。梦珂目睹人世险恶与社会的黑暗后,仍然选择承受男人的轻视目光,在社会流浪。"以后,依样是隐忍的,继续着到这种纯肉感的社会里去,自然,那奇怪的情景,见惯了,慢慢地可以不怕,可以从容,但究竟是使她的隐忍力更强烈,更加伟大,至于能使她忍受到非常的无礼的侮辱了。"[243]

《梦珂》可谓"描写'五四'时期的女青年效法娜拉走出家庭的悲剧"。[244]至于丁玲以第一人称记述的《莎菲女士的日记》,则生动刻画莎菲在堕落于异性外表与肉欲的吸引，与保有自身独立意识的寂寥之间，挣扎也痛苦着。最后，莎菲选择"悄悄地活下来，悄悄地死去"。梦珂与莎菲都选择了隐忍，不同的是，梦珂隐忍于随波逐流，而莎菲隐忍于孤寂一生。[245] 这两部作品都从女性的视角出发，探讨在都市中不甘沉沦或落于平庸的女性，其理想破灭的精神与出路困境。[246] 丁玲通过刻画梦珂与莎菲等娜拉衍型，揭露在北伐后的中国社会，一个自觉、自主并企图自立的女性，势必与孤独奋战不歇。[247]

　　另一位历经沧桑、大器晚成的女作家白薇，也是个活脱脱的抗婚娜拉。她凭借质朴的女性自觉与切身经验，以纯粹女性笔触展现独特的时代感，在戏剧创作领域占有一席之地。白薇早年曾有过悲惨的安排婚姻生活，惨遭婆婆与丈夫折磨。后几经周折，她进了衡阳湖南省立第三女子师范学校读书，父亲却连同校长要将她赶回婆家。她告诉妹妹，"为着我们的前途，我们只好逃婚。逃了之后，写封信给当地的绅士们，说明我们的逃走，和爹妈无关，全是自己主动，自己觉得非逃走不可"。在同学的帮助下，她从厕所挖洞逃出去，最后到日本横滨读书。[248]

　　白薇的三幕诗剧《琳丽》(1925)，及1928年陆续刊登于《奔流》杂志的三幕话剧《打出幽灵塔》，都试图剖析两性关系与社会问题之间的错综纠葛。当白薇在日本求学时，曾接受剧作家田汉的指导，阅读过易卜生的《娜拉》与众多西方文学戏剧。[249] 从《琳丽》的内容，可窥见白薇所受易卜生的影响。[250]《打出幽灵塔》写作时间较晚，内涵也超出集中抒发恋爱与人生的《琳丽》。《打出幽灵塔》开篇题为《社会悲剧》，"幽灵塔"指涉的是压制中国女性数千年的男性父权体制；"打出"幽灵塔的，是女主角萧月梅。她正是秉持着娜拉的决心，力求冲出层层封建束缚。即使她最后丧失生命，也因能寻回至亲与自我而高呼"啊！我打出了幽灵塔，有了我的母妈！"而安详阖眼死去。[251]《打出幽灵塔》，可谓白薇向千万受禁锢并忍受苦难的中国姊妹发出的呐喊。它就"像易卜生的《娜拉》一样，正是一种叫醒那些沉睡在家庭中作傀儡的不幸妇女们的声音"。[252]秉持娜拉精神进行创作的女作家，贴切而深刻地写出她们自己与周遭女性的真实经验与心酸血泪。[253]在女作家的创作中，时可见在亲情与爱情间犹豫不决的娜拉形象，如冯沅君的《隔绝》(1924)。至于谢冰莹的《女兵自传》与庐隐的《海滨故人》，则描绘冲出父家门后的娜拉面对社会的困境。庐隐的《时代的牺牲者》(1928)这类创作，则展现高唱自由恋爱的中国娜拉嫁为人妇后，仍感受到悲哀与苦闷的心境。

直到20世纪20年代后期，才逐渐出现真正如同易卜生剧作中娜拉所为的"已婚出走"之作品。孙侠夫在1928年出版的小说《叛逆》，女主角兰芬，描摹了经历两度出走的中国抗婚娜拉。兰芬先发动家庭革命，与一男子雪卿自由结合。她心想："我这样不惜抛别家庭，牺牲处女贞操，忍受社会的指摘跟了他，想来他一定不会背了他的誓言不爱我罢？我只得他深切的爱我，我还有什么意外的希求呢？"[254]未料这般纯情的希望，随着雪卿逐渐露出的狐狸真面目而幻灭。当在兰芬撞见雪卿与别的女人勾肩搭背，雪卿反用极其不堪的言语与暴行辱骂她时，她终于"觉醒"地撕毁他们的婚约，并对他说：

　　我不能怪你！我不能怪你？你本然是现社会里必然的产物。假使没有现在的社会，一定产生不出你这样的封建余孽，"书香人家"的流荡子。假使没有现在的社会组织，也一定不会有像我这家那种破落户的"书香人家"，我更不会当了"书香人家"的肉体出卖者。我明白了，我很彻底的明白了，现在的社会，只有虚伪，自私，残暴，说不上真诚，和爱，光明，无论是父母、兄弟、夫妇……总之，现在的一切罪恶，都是现代社会所造成，要想铲除你们这种人面兽心的毒物，便得要根本推翻社会奴隶了，我要另寻到我应走的出路，毁灭这旧有社会上一切矛盾，黑暗的组织，创造光明和乐的新社会。[255]

小说结局，兰芬放弃了刚出生不久的女儿，决心离去。此时雪卿两个前妻所生的六个小孩，一齐求她不要走，她却坚决地表示："好孩子们！放了我吧！我又要去了。我不能再当这旧社会的奴隶，做封建余孽的奴隶，我要作冲破黑暗社会的前驱，作新时代的创作者！好孩子们……愿你们不要受你们父亲那种卑鄙下流的遗传，愿你们都成为新时代的健者。我是去了，我更愿你们那可怜的小妹妹，不要步我的后尘，作'书香人家'的牺牲品。"[256]

　　《叛逆》中的情节，安排女主角二度出走，在精神与剧情安排上，比前述其他创作更接近易卜生的《娜拉》。与娜拉相同，兰芬也是自由选择了结婚的对象，发觉所遇非人后，放弃儿女而出走。娜拉形象在中国社会的传播，至此时终于反映现实人生的复杂发展，呈现较"五四"时期更为多元的面貌。本书后半部分将继续说明，娜拉形象因应民国社会情势的变迁，经历的其他转变。

抗婚（或自救）娜拉的形象，即使到 20 世纪 30 年代也未完全消失。巴金（1904—2005）在当时影响广泛的长篇小说《家》，便为一例。[257] 本名李尧棠的巴金，在近代中国文坛占有重要的一席之地。《家》为"激流三部曲"（《家》《春》《秋》）当中的第一部，堪谓当时最为风行的家庭小说之一。巴金以四川成都为背景，通过一个大家庭的没落和分化，来书写封建宗法制度的崩溃和革命潮流在青年一代心中的激荡。他以抗议大于忏悔的浓烈感情色彩，展现大家庭的种种发展，包括祖辈的顽梗、叔辈的荒唐、女性的辛酸与新生代的觉醒。[258] 小说中的新女性"琴"，在向母亲要求出外读书未果而感到沮丧之际，瞥见书桌上的《新青年》。她随手翻了几页，无意间看到了下面几句话：

> "……我想最要紧的，我是一个人，同你一样的人……或者至少我要努力做一个人……我不能相信大多数人所说的……一切的事情都应该由我自己去想，由我自己努力去解决……"原来她正翻到易卜生的剧本《娜拉》。这几句话对她简直成了一个启示，眼前顿时明亮了。她明白她的事情并没有绝望，能不能成功还是要靠她自己努力。总之希望还是有的，希望在自己，并不在别人。[259]

巴金此处，意思至显；娜拉靠自己"努力做一个人"的精神，在 20 世纪 30 年代仍可激发青年男女的意志。

归结新文化运动以来，以女性抗婚出走为主题进行创作的文艺作品，有几点特色：一、20 世纪 10 年代到 20 年代初期，多着重于凸显未婚新女性出走的动机与行径，较少顾及出走后果，整体气氛看来较为乐观；二、20 世纪 20 年代初期到中期，女子出走后的出路问题，逐渐浮现，促使作家反省并思索出路的发展问题，女性与社会的互动成为描述重点；三、"五卅惨案"发生后，社会解放与民族革命的声浪高过一切，作家的关怀点，开始从个人转移到群体，产生感情与革命的纠结，塑造出许多色彩鲜明的时代女性形象。此时侧重的是个人面对感情、家庭与社会，如何于置身革命浪潮所激化的诸多冲突中，做出取舍。

综观本章所述，显然，恋爱不能当饭吃，也无法支撑或确保抗婚娜拉的出路。自由婚恋大叙事虽启迪鼓舞抗婚娜拉的言行，却未能提供真正解放她们的社会条件与物质基础。此类大叙事的"两性平等"原则，徒然是中看不中用的空话。虽然当时不乏男性论者抱怨在恋爱中为女性所骗、利用或抛弃，但更多无自立能力的女性在婚恋市场上的劣势，却是不争的事实。在新女性的成长与实践下，只有相当少数人的恋爱，能达到独立于结婚的真自由意境。绝大多数人的恋爱，仍与结婚紧密相合；结婚，依旧深刻主导众多新女性的人生。要获得真正的独立自主，也许须如署名"世范"的作者所言："在目前的社会上，有个像娜拉那样的女人，逃出了她那傀儡的家庭；恐怕她只要想活着，虽暂时逃出了傀儡的地位，可是她终于还得走入某种傀儡的生活，除非她自己是真有某种谋生的能力。"[260] 进入社会的新女性，不论逃出父亲或丈夫的傀儡家庭，都须有职业方能维生，并进一步求经济独立与真正自主。甚至随着政治社会情势的发展，娜拉被加诸超越实践自我的意象，以大我为重。本书第四章，将介绍这类不以婚姻为人生唯一或最主要大事的中国娜拉，如何为自己、中国女性乃至中国社会走出新路。

第四章

志业娜拉：平权解放大叙事下的新女性

　　经历"五四"个人主义新思潮洗礼的中国社会，妇女解放的层次与诉求更为多元。女子职业运动虽迟至民初即已出现，但相较之下，求学与争取婚恋自主更受到五四新青年学生的重视。[1]毕竟，女子欲于社会立足，获得除了女工等下层工作以外的职业机会，便须先求学。中国的高等教育，自20世纪10年代末起，开始陆续开放给女性。当时在中国逐渐受瞩目的社会主义与马克思主义，也驱使新青年除了高举自由婚恋的旗帜之外，同样正视社会解放对妇女解放的重要性。对这些论者而言，没有经济独立乃至社会整体变革的妇女解放，都是徒然。

　　本章将主张女性在公共领域与男性平等发展，共同促进社会进步与国族强盛的论调，称之为平权解放大叙事。这类叙事融合了欧美自由主义与社会主义女性主义的思想，不只强调女性在政治法律上与男性同权，且旨在终结女性在经济与文化层面遭受的压迫。自20世纪20年代初，（联）省自治运动复苏了妇女参政热潮，南北各地精英妇女纷纷成立跨省女权组织。女界领袖从主张参政到修法，构建两性全面平权、社会政治义务平等的大叙事。[2] 原则上，同时期开始动员群众的国共两党，也采取这类叙事。这些由男性主导号召女性相从的政党运动，多强调唯有社会／民族解放，才能真正成就妇女解放。两党通过党纲、妇女组织、妇女刊物与法令等多重渠道，表现推展女权的意向。此外，国共阵营之外的男女论者，也多发挥平权解放大叙事，来期许女性追求婚姻家庭之外的发展，贡献社会国家。娜拉出走以追求自立的形象，同样在阐述这类叙事的著述中发挥鼓舞作用。

本章将以"志业娜拉"来勾勒平权解放大叙事援引娜拉意象打造的新女性样貌。"志业娜拉"在此统摄"就学娜拉""职业娜拉""公益娜拉"与"爱国娜拉"几大新女性衍型，以凸显其不同于较早期自救与抗婚娜拉的特质。"五四"初期以自救做人为主的娜拉形象，重点在反抗压抑个人主体性的家庭专制。抗婚娜拉则为解除代订婚约、争取恋爱自主而离开原生家庭。这两种新女性的觉醒意识，主要展现在抵拒传统钳制；对于出走后的前景，若非思虑不周密，就是因未涉世事而不切实际。志业娜拉多半曾为自救与抗婚娜拉，但更加重视婚姻家庭之外的自我实现与社会／国家贡献。激励这些新女性出走的动力，在于参与学校、职场、社会或政党各种公共活动的成就感与奉献心。志业娜拉的论述，从 20 世纪 20 年代一路发展到 40 年代，充分反映中国知识分子如何发挥娜拉精神，来呼吁新女性投入社会改造与建设行列。"五四"以降的中国社会，为数渐增的女性力求经济与人身自主权，期望在职场上发展一己才能。这些进展虽速度有限，却可见中国新女性更具企图心与多元化的社会表现。

　　本章将论证，这些自我驱策或受人激励而出走的志业娜拉，虽有更广阔的活动发展空间，却仍受困于多重阻力而鲜能遂己所欲。平权解放大叙事的加持，确实促进志业娜拉拥有胜过以家庭为主要生活空间的女性自我表现渠道。尤其当卫道者以旧瓶装新酒的贤良论述，要求中国娜拉回家时，平权解放的叙事论述相当程度捍卫了职业娜拉的立场。但这类强调男女平权的大叙事，并未挑战家庭的性别分工与男性本位的社会政治体制。换言之，男性原有的国家统治权力、社会经济优势与文化论述权威都一如既往，女性只是（被）期许上升到男性那样做社会／政治人的高度。志业娜拉或许能努力做一个人，但这个"人"却仍是男性本位。

第一节　从学校到职场：职业娜拉的社会表现与争议

　　职业娜拉追求自立的精神与实践表现，自 20 世纪 20 年代以降不时可见诸报端。"五四"时虽曾发生赵五贞那般以结束生命反抗家庭的出走悲剧，却也出现为青年男女带来一丝光明希望的李欣淑出走事件。李女与赵五贞同为长沙人，父亲为前清湖北候补道，思想传统且早年帮她订下亲事，孰料未婚夫早亡。她双亲起先碍于礼教规范，要女儿守望门寡。后来父母又觉经济不划算，硬是帮她重配家中有钱却大字不识几个的纨绔哥儿彭牙子。李欣淑在自治学校念过书，非常不满于家庭专制守旧的安排。她向父母提出要求彭牙子读书与缓婚两项，后一项却遭父亲严拒。适逢 1920 年 2 月，北京传出组织工读互助团的消息，她得知后，便决心出走。[3] 署名"热"

的作者指出，造成李欣淑出走的原因，包括家庭的顽固，婚姻的黑暗与社会的麻木。[4]李女本人则在长沙《大公报》刊登启事，表明意志："……我于今决计尊重我个人的人格，积极的和环境奋斗，向光明的人的大路前进……"[5]署名"香苏"的论者，撰文赞扬李欣淑这种积极反抗传统旧俗的态度。香苏认为李欣淑的出走事件给青年的最大启迪，就是"实行奋斗"四个字。[6]这种奋斗的积极态度，正是"五四"精神的重要象征。

不过，从20世纪20年代到20世纪30年代中期，多数职业娜拉的表现，可用"内外危机重重"来形容。所谓内部危机，在于新女性仍饱受旧道德制约，旧思积习难尽除。外在危机，则包括男性的敌视、歧视、诽谤、竞争，以及社会发展过缓，经济不景气，工作职位供过于求，女子就业项目有限，失业问题严重等。在层层障碍下，唯一堪慰的，是偶尔可见新女性奋斗成功的消息。[7]自"五四"时期以降，社会逐步对女性开放工作机会。报章杂志不乏关于女子就业，或自组团体提倡女子职业之新闻。[8]北伐前军阀乱政，全国经济市场失调，缺乏统一政策加以指导扶助，实有碍妇女职业发展。[9]但到20世纪30年代，确可见女性涉足律师、医生、作家、记者、主编、演员、教育家等专业领域。其中有人表现杰出，而受舆论肯定。[10]此外，除工商业的女子创业外，向来被归为男性工作领域的警察与军职，也在时局的转变与需求下向女性开放。[11]

北伐后，国民党名义上统一全国，但内忧外患仍不断，尤其无法抵挡1929年爆发的全球性经济大恐慌。20世纪30年代以来，世界各国因经济萧条，造成庞大的失业危机。据论者估计，到1934年，有"金元王国"之称的美国失业人口数高达1600万，日本 200 万，意大利 300 万。即使是号称工业最发达的德意志，据统计也有 377 万 6 千人登记失业。[12] 中国因无此种统计，没有具体数字可比较，不过几可肯定，失业人数必也非常可观。[13] 妇女职业在这样的困境下，勉力求生路。在少数新女性自身努力，及政府于法律与开放职业方面的协助下，各地各类女职员也有稳步的发展。但除了有机会接受高等教育、具专业学识的少数女性以外，其余女性职业的工作环境或薪资待遇，仍多处于与生存奋斗的边缘。[14] 即便各地在市政府社会局的指导下，成立不少妇女职业介绍所，却也只是选择性协助女性就业。[15] 这些得来不易的女子职业成果，若与男子职业相较，又只能谓沧海一粟而已。[16]

本节将综述中国职业娜拉进入社会后的表现与时人评价。一方面，拥有专业技能的中国女性仍相当有限，其职务表现多有待加强。另一方面，当时职场整体环境皆未相应调整。不论缺乏在职训练或面对心态可议的男上司／同事，乃至于更难以抵挡的时代复古思潮，都使职业娜拉面临诸多艰巨挑战。

1. "花瓶"封号的出现

妇女解放，随着新文化运动的发展而勃兴，女子教育与女子经济独立，被许多人视为解决女子问题的首要之道。[17] 自清末维新派提出贤妻良母主义以来，中国的女子教育观虽有阶段性调整，大体仍围绕妻职与母职进行阐述。[18] "五四"时期对于"个人"的发现，则扩大了女子教育的范围与视野。娜拉"先教育自己，做好一个人"的宣言，鼓舞不少主张男女平等教育之人："普天下的男子听着！普天下的男子想教育女子的听着！这是距今四十五年前，娜拉出世时女子人格独立的宣言书，是易卜生对于女子教育的意见。"[19] 论者援用娜拉，批判以往"女学生因为一般社会的心理，学校的暗示，都以'良妻贤母'为女性最高人格的表现，无形的被支配于'傀儡家庭'（Doll's house）的下面，中国女子教育办了许多年，仍是不见十分进步"。[20] 娜拉觉醒后的言行，显露女子做人的责任与权利，不应全让渡给当贤妻良母的义务：

> 固然，我们并不是主张"恶母坏妻"运动，不过一个女子专以做到"贤母"或"良妻"为目的，为人生最高的价值，则大错特错。因为男子也是"人"，女子也是"人"，人有"人"的工作，决不能以为人作一个贤母作一个良妻为人生的极致。所以娜拉当听见海尔麦对她说"无论怎样，第一你是妻，你是母"一句话之后，便大声叫道："这件事我已经不信了！无论怎样，第一，我是人，是和你一样的。"[21]

概言之，上述观点都以"人"为出发点，而非妻母角色来看待女子教育。[22] 这类叙事，发扬妇女不做分利者的维新派理念，要求女子做个社会人，争取经济独立。[23] 因为唯有如此，她们才能真正脱离对男子的依赖，争取独立自主。[24] 妇女与职业，自此被众人联结起来讨论，成为妇女解放的重要课题之一。[25] 有人从社会整体利益来申论女子职业，认为"女子经济不能独立的关系，并不只是在女子，实在是社会全体生产分配的大问题"。[26] 另有人从女子自身出发，指出职业对其人格、教育、社交、婚姻与政治参与各方面，都有正面影响。[27]

　　娜拉争取自立的形象，对民国女子职业的开展，有一定程度的推动作用。娜拉的离家，是以她要努力自给自足的决心为基础。有论者因此认为，《娜拉》唤醒了一般妇女的迷梦，使妇女正视经济独立的重要性。[28] 署名"君珊"的论者认为，娜拉走后的问题，"便是要求她们经济的生活独立，而创造她们和社会所需要的新家庭"。[29] 如鲁迅所言，当时的中国已不止个案式的娜拉出走，而是千万个娜拉都集体出走。社会的同情是非常有限的，尤其是时值帝国主义持续与军阀勾结瓜分中国各项资源与利益的 20 世纪 20 年代。中国娜拉首需面对的，即读完书后的就业问题。女子受教育是日后就业的基础，而若想寻得待遇较优的工作，至少需要中学毕业。首先，从为数最少的高等教育观之。自 1919 年北京成立"女高师"、北大开放女子入学及各大学陆续跟进之后，女子高等教育终于有发展的契机。据中华教育改进社调查显示，1922 年度全国受高等教育的女学生共有 887 人，占全体学生数 2.54%。1929 年度的全国大学女生总数为 3283 人，则占全体学生 10.81%。[30] 至于大学女教授在全体教授中的比例，1929 年为 5.02%，1930 年为 5.31%。[31] 仅凭以上这类数据，也许无法对女子教育的发展有具体概念。试观俞庆棠从 1931 年教育部编印的《二十年度全国高等教育统计》里归结出的数字，也许可提供另一个角度的认识：

　　　　就全国总平均每百万人口中，仅有专科以上学生九十三人，即每一〇、七五二人中，才有专科以上学生一人，每九一、六五八人口中，才有专科以上女生一人。约略言之，我国几每一万人中只有大学生一人，每十万人中，只有女子大学生一人，女子之受高等教育者，也可以说"凤毛麟角"了！[32]

把这些女学生数目，与中国四亿多人口相较，便可明显看出当时中国女子教育的不发达。同样，与其他国家做对照，也能得出类似的结论："美国人口以一万万二千万人计，每三百三十人中即有受高等教育的女子一人，比了中国十万人中女子大学生一人，真不可以道里计了。"[33] 除却这些数千名的女性精英，在普通中学方面，1930 年度共有女子初高中学生 56851 人，占全体中学生 14.94%，比 1922年度多出 11.8%。[34] 至于与女子职业有密切关系的师范与职业教育，前者的学生总数，在 20 世纪 20 年代迅速爬升。但到了国民党训政时期，反有停滞的趋势。[35] 女学生在职业教育的情况，也相当雷同。[36]以上所述显示，尽管女子教育从 20 世纪 20 年代以来有所发展，却仍局限于极小比例的女性。其余绝大多数，"常常因为家长的鄙啬，早婚的风俗，经济的压迫，或是学校的风潮而失掉了求学的机会"。[37]这种失学危机，不断潜伏在当时的中国社会。根据教育部的调查统计，1929 年度全国接受教育的女子，总数不足 200 万人，竟然连当时全国妇女总数的百分之一都不到。[38] 而那些几如凤毛麟角般的新女性，是否都很争气，在职场上占有一席之地呢？

答案不容乐观。"五四"之后，诚然有许多职业娜拉有心到社会求职以谋生计，但许多因素不断阻挠她们的发展。早先开放给女子的职业，如女招待、女店员等，许多与"性"有直接间接的关系。[39]纵然越来越多女性走入社会，她们的地位与处境却未因此改善，反更成为"社会的傀儡，男性的玩具，商店的活招牌"。[40] 外国资本势力不断渗入中国，一方面打击本国工商业，另一方面却以各种广告与宣传方式，吸引并扩大了民众的物质需求。使用洋货，重视消费，成为都会百姓自然的民生选择。爱美原是人的天性，有时更成为生存手段。走出家庭的中国女性，在充满物质诱惑的社会，逐渐产生以外表与金钱衡量人事的心态。[41]因此有论者批评："许多意志薄弱的娜拉在社会上混过一回之后，便即回到家庭中了；就是一般随波逐流的娜拉，也都以家庭为最后的寄生处，而把社会看为暂时过渡的娱乐场所。"[42]

在两性必须共争职业饭碗之际，初出社会、不晓世事的女子，自然易居下风。[43]社会多数人对女性缺乏能力、依赖心强的刻板印象，难以尽除。不少男性更对职业妇女产生不良心态，有的鄙视或嫉妒女子才能，有的则对女子抱持轻浮可调戏的态度。署名"陈子"的作者，曾撰文讽刺社会无所不用其极地利用妇女："为了想要学校多收几个学生，常常把女学生的相片在报纸杂志上登载出来，还加上什么'校花''皇后'一类的头衔，这是效用的一种。为了要调剂职员们的枯燥的生活，各种机关添聘了女办事员；为了要招徕顾客，各公司商店也大批的雇用女招待，这又是效用的一种。此外，专靠女子来赚钱的地方，那更不消说了。"[44]在该文中，被形容为"调剂职员们的枯燥生活"而存在的各机关女办事员，有个著名的封号，叫作"花瓶"。

花瓶，就是仅在职场发挥装饰功能的职业女性。在当时，花瓶被指涉为没有实力，光靠脸蛋与打扮来获得工作的女子。这个名词，首先从国民政府所在地南京传出，后来泛指商店职员、女书记、女事务员与女秘书等。[45]北伐时期，的确有很多机关都容纳女职员。然而：

只很短的一个时期,女职员的名称就被人改作"花瓶"了。这一时代"花瓶"的影响,使妇女在社会上将提高的地位,又倏的降低下来。这就是源于被人称作"花瓶"的人们仍然不曾了解她自己在现社会里所处的地位与应负的责任,把职务错认为荣誉。不能在职务上努力负责,因之,便失去了信仰,被人视作公事房里的点缀品——花瓶。[46]

不少论者抱持上述观点,来看待那些女职员,指她们因本身能力不足,所以被称为"花瓶"。而"所谓'花瓶'者,又因为怕自己不称职而向上司卖色卖笑,这也是极普遍的事情"。[47]李峙山也痛心地指责从南京传出的"花瓶"现象:

国民党提倡的男女平等,在革命军北伐时,已达到最高点。北伐成功,就日渐低落下来。到现在可以说江河日下了。一般人的心坎里,充满了蔑视女子的心理,随时随地的流露出来。有使人不能忍受者,例如称各机关的女职员为花瓶,为点缀品,对于年少无识,而装束摩登,性情浪漫的少女,在表面上极为欢迎,但骨子里却时常流露着嘲笑,玩弄与蔑视。各机关有用人之权的男子,多愿拉拢此等角色点缀其办公室,以满足其玩弄女性之欲望。一般无知妇女,误认此等妇女为时代之典型妇女,群起效尤,以致造成今日之怪现象……[48]

照理说,被人唤为中看不中用的"花瓶",应不是件光荣的事;孰知当时还有不少女子"自认花瓶,恬不为怪"。一名作者叙述其曾往访预备辍学去当公司洋行女职员的表妹，并告诉她："女职员没有什么意思，还是多求些学问好。况且你现在的智识恐怕还不足当一个干练的女职员。"她表妹却笑说："那末就做花瓶也好。"这样缺乏进取只求做装饰品的心态，使这位作者慨叹："可见现在一班女子，还如'娜拉'未出走时代，呼伊，为小猫儿小雀儿，还甘之如饴呢！"[49]

由此可知，不少中国职业娜拉徒具出走娜拉的虚名，却缺乏娜拉出走的觉醒意识。工作对她们而言，只是暂时的，最重要的人生目标，是要找到如意郎君，嫁为人妇，享受物质生活。女权运动前辈林宗素（1878—1944），曾痛陈当时不少女子"服务之诚，不敌求偶之热，一入社交，追求异性，恋爱成熟之日，即为生活解决之时"。[50]不少甘做花瓶的职业女性，多不以独立自主为目的，只以先做"花瓶"来赚钱打扮，以等待将来有机会成为少奶奶。此种心态，在当时社会产生不良的恶性循环。她们越是靠外表取得职业，越带动女性竞尚时髦、争用洋货的肤浅风气。这相应更加深男性原先对她们的花瓶成见，也越使"一般人的心坎里，充满了蔑视女子的心理，随时随地的流露出来"。[51]如此看来，许多空有职业娜拉名义的新女性，似乎正在走回头路，再度当起玩物来：

> 从古代一直到现代，这么一个长远的时间下的女性，无疑是必然会觉悟，因此就有发生妇女解放运动，于是娜拉走出她的家庭，但是出走后的娜拉怎样了呢？
> 事实报告着，娜拉做了"花瓶"！我们看罢，一切近代的知识女性，一样地涂脂抹粉，一样准备做男性玩物而装饰着。我们

找不出裹脚和脚趾擦"蔻丹"二者实际上的不同，所谓知识，不过是抬高价格的一种装饰罢了。这些近代的知识女性，每天在办公室里点缀着，不是娜拉的出路吗？！

从前的女性只是一个男人的玩物，近代的女性从家里搬到办公室供大家玩赏。这，或者就是古代和近代女性的差别吧。[52]

值得注意的是，在各机关当"花瓶"被摆着好看的，有不少也是接受过大学高等教育的女性。[53] 而究竟是环境使然，造成这类"花瓶"女性？或是女性固有的玩物特质，导致她们的"花瓶"属性？此一类似鸡与蛋孰先孰后的问题，与长期以来男主女辅的性别观，以及职业女性主客观条件的限制皆有关。尽管有某些女子自甘为办公室的点缀品，但大环境整体的不良风气与心态，却必然影响或引导职业妇女的表现。[54]

男人历来把女人当玩物的心态，在各机关以貌取人的招考模式，并要求女职员大肆打扮以装点公司"门面"这两方面，展露无遗。有论者叙述自己有个混出高中文凭的女同学，擅于装扮。她参加某机关女书记员招考时，竟击败当年同校时素称"女状元"但衣着朴素的女同学，进入该机关当了"花瓶"。[55] 像这类因长官贪好美色的私心，才得以进入政府机关当职员的女性，自不可能在工作上受男同事的尊重，只会被视为花瓶般赏玩而已。[56] 这种以貌取人的雇用观，自女子踏入社会工作后，始终存在。就连工作环境异常恶劣的女工，也有此困扰。"年少女工，姿色较好者，听说在厂中所受的待遇亦较好"，由此"可见他们（按：指工头）以女性为玩物的居心"。[57] 担任公司售货员的女性，工资虽不高，但因担任"充门面"

的职务，事关公司整体营业额，所以不管自愿或被动，都须讲究服饰不可。因此，许多女职员养成了竞尚时髦的风气。[58] 作者姚冷君便感叹不论乡间或都市，其所看过自称新女性的高学历女子，只新在打扮，而不在内涵。她们终日谈的是鞋子、头发、衣服的样式，与电影的内容。更有甚之，其他女性若不与这类时髦女子成群结队，还会受她们排挤。[59]

爱美是人的天性，一旦社会风气隐然对姣好外表形成高度认同时，女性也纷纷选择先从外貌"新"起。此风既长，其他不同流合众的女职员们，实不胜唏嘘。论者"白石"感叹："女职员一般是被人敬重和处处受优待的，到底女子是一个弱质者，在此我希望女职员要尊重自己的社会地位，并且女职员要在自己纯净的高尚的行为中，取得社会的同情，摈弃了社会待我们不正确的印象。"[60] 这种社会看待女职员的刻板印象，对那些真正有心在工作上奋斗，或在学问上求进步的新女性，造成许多困扰。[61]

除了社会上以貌取人的浓烈气息，困扰着有心求进步的新女性外，政府机关任用女职员的心态，也有可议之处。律师金石音曾叙述 1927 年 4 月国民政府奠都南京，至 1928 年各机关第二次改组前，女职员盛极一时的局面："在那时，上从中央党部，下至县市机关，无一没有女职员的踪迹，像总政治部里，简直有三十多个女职员，其他机关里女职员数目，虽然没有确实的统计，可是从见闻得知，终算是开从来未有之纪录。"[62] 但当机关改组后，不论名为改变组织或更换人马，都以女职员为最先开刀或裁撤的对象。为何拒用女职员？当金石音探索原因时，除了"女子学识能力、品行与责任心的不足"这类的官方理由，她还发现一个现象："首都有一个很著名的学校里，不用一个女职员，叩其用意，则说女职员要分散学员的致学的注意力及男职员办事的精神，像这种说法，女职员似更是不但本身不称其职不堪在职与不肯负责，简直还有累男职员的危险。"[63] 照此看来，女性本身的存在，似乎就足以对男性构成威胁。换言之，不论是能力不足或能力太强，女子从事社会职业，都在不同方面影响男性。总之，职业娜拉加入原由男性专擅的社会职场，便须面对男性中心的上司、同侪及舆论的品评。

从传统社会观与两性观出发，女性加入职场不仅有违男外女内的性别分工，且形同与男性争夺他们的生利者身份。加上男性多喜貌美女子，以及女性长期扮演服侍男性的辅助角色，都说明"花瓶"现象盛行之故。女性真正因工作表现杰出而被拔擢者虽有，却属极少数。[64] 当时中国职场男性仍难脱上述传统社会与两性观，因此即使女性进入职场，也无法让一般男性严肃平等相待。论者杨懿熙延伸《娜拉》的含义，慨叹"以前的女子是家庭中的'小鸟儿'，现在已移到办公室和商店里的'花瓶'"。[65] 但"花瓶"在职场丛生的现象，并非全因职业娜拉自甘堕落所致。纵使她们成了"花瓶"，也有相当程度为社会经济制度不健全所迫。[66]

中国女性从"五四"时代以来，尝试走出传统生活模式。无奈由男性主导的社会舆论与职场走向，始终是少数杰出新女性难以抗衡的强大势力。[67] 男女平等的呼声与口号，多半限于纸上谈兵。在实际的职场运作中，随处可见对女性的轻视，与同工不同酬的薪资差异。[68] 这些都凸显当时社会自身及两性互动间的种种问题：女子教育内容，是否能与就业需求衔接？[69] 家庭内的性别分工，是否允许妇女从容出外就业？社会或政府是否有再教育两性的健全心态，既帮助女性做真正独立的社会人，更纠正男性贬视或排斥女性同事的偏见？这些问题，皆非妇女单打独斗所能解决。甚而有之，职业娜拉除了要与女性长久以来的束缚奋斗外，常须背负高度的舆论压力。[70] 曾有论者，把娜拉出走后的堕落、回家甚或自杀等结果，归咎于女子自身，甚至据之反对女子走向社会。然而，在社会环境不健全、两性教育有待加强的情况下，提出"一个机关里的'花瓶'实在不见得比一个贤主妇体面些"的观点，实无异因噎废食。[71]

1934 年 12 月 23 日的《申报》上，有篇以《娜拉出走后在社会的一角》为题的记载。署名"先"的作者缕述她从家庭到学校，踏入不幸婚姻，从婚姻逃出而走进社会后，又因不谙社会人世险恶，以致一再跌跤。"我在社会失败回来；明知不是我缺乏能力，不是我缺乏勇气；只是我缺乏社会意识，不知道怎样把自己恰当地安置在每一个社会环境里。此后，我仍在社会上挣扎着困苦万状的生活。我所遇到的事情，是每一个环境给我一个意想不到的新刺激。我奇怪，我怀疑：难道我真有什么错误吗？"面对这些困境，"先"发出感慨并呐喊："女人啊，女人！走进社会似走进囚狱。可是我并不甘心退却。我要进取，我希望改造囚狱为容纳人的天堂！"[72] "先"能观察到自己缺乏社会意识，且仍有越战越勇的决心，实难能可贵；唯在当时，她却屡因社会无处容身而被挫退。

萧伯纳曾于 1928 年的著作中，道出西方许多苦闷的家庭妇女未像娜拉般走出家门，并非因缺乏意愿，而是担心出走后没工作而挨饿受冻。若能免于生存匮乏的恐惧，她们会走出家门。[73] 许广平则以过来人立场，表明女性缺乏事业野心，并非他们不长进，而是"社会构成的病态现象，是社会组织落后的国家必然的现象"。她认为要解决这些问题，不能仅要求女性本身的改变。[74] 不可否认，当时有少数杰出夫妇，两人都是社会精英分子。[75] 但多数中等阶层为人夫者，很少将妻子的职业视为她实践自我或争取经济独立之道。

平心而论，民国时期女子职业的发展，已为后代女性开启做社会人的重要先机。至少，部分新女性曾借由个人奋斗、团体协助或政府鼓励等各种途径，突破长久以来内外性别分工的成见，开辟女性得以发展职业的领域。这些职业娜拉努力在一代代女性建立的基础上，争取做人的尊严与社会的尊重。"花瓶"这一类职业妇女虽非新女性典范，但确为女性因应新时代发展而诞生的形象。什么样的时代，便可能催生出什么样反应环境条件、思想风潮或限制特色的女性。中国抗婚娜拉演进为职业娜拉后，在社会的变质表现，除了具有不事生产特质的"花瓶"之外，还有被视为家庭玩物延伸的摩登女子。以下我将说明摩登女子作为时代产物的现身经过，并阐述其行径遭社会各界围剿的时代含义。摩登女子广受批判的情状，也显露在平权解放大叙事领衔下，女性只被允许在男性诠释的顾全大局前提下，展现自我意识或主体性。

2. 家庭玩物的变相延伸：摩登女子的普及

20世纪20年代的中国社会，虽经历"五四"以来新青年对传统与旧俗的宣战，仍因积习久远，新制未定，而拉扯出一幅思想前卫而道德守旧的矛盾画面。广传于青年间的两性关系新思想，包括社交公开、自由婚恋、自由离婚、新性道德等。难以挥之即去的旧道德，则可见于女子贞操观的衍型，如一女不谈二恋、人们忌娶离婚妇或寡妇（白包头）[76]，及凡事以夫为贵、女子以嫁人为职业等。[77]

在新旧杂陈的时代，很容易产生某些特殊或极端的现象，摩登女子便为其一。

1930 年年底，天津《大公报》有篇匿名作者写的《易卜生之功罪》短文，将娜拉与新兴的摩登女子做了联结。作者讽刺易卜生"只会放火，不会收火"的本事；一出《娜拉》激励了许多妇女出走，但是：

> 那些女子们虽然脱离了家庭的羁绊，并未解除了傀儡生涯。不是跳荡于 Club 之间，便是沉湎于 Hall 之内。忽而抗在 Mr. A 的肩上，忽而钻在 Mr. B 的臂中……自然，家庭傀儡，决非正道。开笼放鸽，理所当然。易老先生解除痛苦，提倡自由，有先锋开路之功，有万夫不当之勇，真乃出乎其类，天下第一英雄，难得呀难得！可是假如解放以后的好现象都写在易兄的功劳簿上，那末提起这些狼狈情形，只恐易老先生也"大大小小有个牵连在内"了。[78]

文中所谓的"狼狈情形"，指的就是 20 世纪 20 年代以降逐渐蔚为风潮的摩登现象。摩登二字在 20 世纪 20 年代与 30 年代的中国，堪谓最富争议性的新词汇之一。几乎所有舆论都同意，摩登乃英文"Modern"的音译，一如"毛断"是"Modern"的日文音译名。[79]多数中国民众对摩登的理解，倾向"Modern"的表面之义，即追求外表的时尚品位，显示自己走在流行前端，以此象征自己的"新"与时髦。但也有论者企图掌握"Modern"意指进步的现代性内涵，以为该词汇正名。摩登风潮的出现，与中国社会日益西化直接相关。清末民初以降产生的"西俗东渐"现象，到"五四"阶段更被普遍实践与传播。[80]过于不加拣选地引进西方文明，容易引起东施效颦的弊病。自 20 世纪 10 年代军阀混战时代开始，西方军事、经济与文化势力，便源源不绝渗入中国各处。随之同来者，包括西方的生活与娱乐模式，此可见诸当时报刊上的各类广告。从 20 世纪 20 年代开始，"女性被视为文明的象征，时髦消费的先导"，因而备受广告商宠爱。[81] 为数渐增、展现健美体格与矫捷身手的女运动员，在引导与塑造时下新女性的风潮中，也扮演举足轻重的角色。[82] 不可讳言，当时的女运动员虽各具体育本事，仍难免被大众从赏玩角度看待。男性公开消费与娱乐女体的心态与行径，使得从球员到招待各种不同层级的女性，在都市世俗化、现代化与商业化的过程里，扮演着比以往更为复杂的角色。[83] 此发展改变了女子以往封闭的生活方式，并扩大女子的社会活动空间，唯不必然提升女子地位。因为"外国金融资本主义侵入中国的结果，在中国创造了一种新游闲阶级"[84]，新式摩登女子，便是伴随新游闲阶级的需求而出现。[85] 这些需求，则与近代中国都市消费文化的萌芽相伴生。

　　传统中国社会，基本上以"黜奢崇俭"的理念主导消费思想的走向。此一理念的主要消费表现，包括以实用为消费品制造原则，温饱为社会消费目标，吃穿为消费主要结构，节制为消费需要之戒尺，原始消费为理想，及以等级为消费依据。[86] 上述六点特色，可据之来衡量对照近代中国都市的消费文化。以最早开埠的商业大城上海为例，当外人建立租界时，西方的娱乐习惯、价值观与日用品随之传入。[87] 西方崇尚个人自由、尊重个人意愿的行事风格、流行多变的服饰风尚，与奇技淫巧等娱乐装饰用品，都影响当地社会。此使言行举止向来受限于传统礼俗与节俭风尚的中国人心生向往，意图模仿西方的生活方式。素来提倡俭朴、断绝奢靡的传统消费观念，开始动摇。[88]当中央政权统治力趋弱之际，某些人会以追求物质消费欲望的满足，来弥补政治或社会地位的不稳定。上海堪当其首，接受帝国主义、资本主义与西方文化三者洗礼，更率先展现现代消费主义的挥霍、享受、需求、个人实践、快感与富足特色。[89]都市工商业与休闲娱乐的发展与诱惑，带动步出家庭的女子追逐享乐。[90]

此外，当时全国女学生高度集中于大都会，造成相对求学易就业难的情况；这也种下年轻无业女性竞逐时髦的因子。民国时期全国女学生的区域分布，相当不均。以女子职业教育为例，1929年度无女子职业学校的省市，几占全国二分之一。[91]其余多数女学生，集中在少数城市。这种分布悬殊的情形，对女子的就业发展，只有害无益。以上海为例，便明显发生女子就业市场僧多粥少的激烈竞争现象。1930学年度，该市有女子职业学校11所，占全市职校73.33%，居全国之冠。同年，上海女子师范学校学生总数有1192人，居全市师范学生总数62.54%，在比例上仅次于甘肃，数量却远超过只有119人的甘肃。[92]在高等教育方面，到1931年，上海高等教育机构达10余所，至少占当时全国有女学生的高等教育机构的13%以上，不可谓不高。[93]相较于不断成立以容纳女学生的教育机构，上海所能提供中高等教育毕业女性的就业市场，极为有限。确实，上海中下层女性职业选项颇多，如女工、女招待、女佣、看护妇等劳力或服务业。该市提供给高学历女性的职业，种类虽也不少，工作机会却相对稀少。[94]当这些家境优渥、在校园受新潮熏陶的女学生，走出社会却发现无适当职业可高就时，便容易沉溺于学生时代便开始的自由恋爱与物质享受中。[95]有论者指责不少女学生抱着求学、求爱、求舒服的"三求主义"价值观。[96]这种"只求不做"的心态，助长虚荣而浮夸的社会风气。不少家长受此风影响，虽抛下强调女子无才便是德的传统观，却抱持让女儿的毕业证书当好嫁妆的心态。有论者指出，这种重学历等外在条件盛过实质内涵的趋势，颇风靡于当时女学生群。[97]

这群受过教育，有本事与时间沉醉于恋爱游戏与享乐的新女性，虽然与受生计所迫而沦落的青楼女子生活处境差异极大，其言行却同样被世人目为堕落。连高学历的大学殿堂，也难逃肤浅的爱美享乐。"皇后""校花"一类的头衔，于校园随处可见，女学生还趋之若鹜。[98]署名"恨侬"的作者，在1923年指出"女子堕落的原因，确有好奢厌劳，爱吃爱穿，喜插带，想出风头等种种，有以造成之"。[99]"恨侬"所言，可谓近代中国"摩登女子"或谓"摩登狗儿"的主要特质。[100]"摩登"自此，成为青年男女追逐的时尚象征，舆论竞相登载的热门话题，以及忧心之士的批判对象。1924年的《妇女杂志》，曾针对男性征求"我所希望于女子者"投稿。多数投书者认为，现代的女子"太讲究装饰，虚荣心太盛"。[101]其中，有人表示女子的责任虽不止于当贤妻良母，但当时可被称为贤妻良母的女子，实在太少。[102]

当职业娜拉无职业可就时，便衍生出缺乏经济自立的偏差表现；摩登女子便属众人眼中的新女性堕落变形。摩登女子虽不尽然就是出走的娜拉，但对某些舆论而言，走出家门的娜拉却很可能变成徒具新女性空名的"摩登狗儿"。作者张丹孜便提及："在易卜生戏中最足以感动妇女的，便是'傀儡家庭'。其力量足以唤醒一般妇女，不做男子的玩物。尤其一般求学的女子，几乎个个大声直呼，说是不愿做男子的玩物。照此说来，似乎新式的妇女，都不肯做男子的玩物了；然而从事实上看来，却又不然。妇女们依旧打扮的妖妖娆娆，依旧不愿工作，只愿冶游。"[103] 摩登女子，成了无职业（或不以职业为重）的中国娜拉。

本书第一章曾提及民初社会的女学生群，已普遍存在重打扮、爱虚荣、好逸恶劳的心态。娜拉形象的出现，使青年女性的出走有了冠冕堂皇的借口，不论她们是为追求独立与经济自主生活，还是想追逐无拘无束的放浪生活。好高骛远又追求享受，堪谓当时不少自命为新女性者的通病。电影院、跳舞场、大餐厅、赌博场，随处可见新女性的芳踪。[104] 署名"绍光"的作者，在 1932 年《申报》上，描绘一位自称"现代潮流激荡中一位代表摩登而又艺术化"的女子：

> 她住的是洋楼，穿的是花样翻新的舶来品，吃的是海味珍馐，她每天的工作，除了画眉，擦粉，点唇，烫发，散香水，修指甲……外，便是伴情人在公园里谈天玩笑……或跳舞场里搂抱拥舞，或电影院里狂吻陶醉……或在大马路上行汽车兜风，显着着那摩登十足的神气……至于她读书的目的，为的是便于写情书，读性史，看化妆品的广告，影戏的说明书……其实在上海那些醉生梦死自命为摩登的女子，谁又不是像王小姐一样拆烂污呢？我不知上海女子爱虚荣的心理将伊胡底呀！[105]

此文堪谓 20 世纪 30 年代一般对摩登女子的典型认识。这股竞尚时髦的摩登潮流席卷的女性阶层，不只优渥阔绰的太太小姐，还包括在工厂任职的女工。记者徐世光曾记述他于 20 世纪 30 年代初住在上海闸北时，对面有位月薪不满十元的中年袜厂女工，某日被他发现做了十足的摩登入时打扮。后来他问隔壁邻居，才知道"她服装是负债制备的，手表等物向同厂女工借来的，包车临时唤坐的"。[106]徐世光感慨工厂林立的上海浦东地区，"因摩登化之浸润，农工妇女也以装束相炫耀"。[107]置身五光十色、十里洋场的上海，极易令人眩惑而迷失自己，尤其是初到沪的乡间女子。[108]1932年，有女名吴爱琳，15岁做了童养媳，丈夫因继承父业出外操舟，将她寄居姨母家。没想到吴爱琳经人诱惑，到上海当了舞女，且再也不想回乡。后来丈夫回家，惊觉此事，便到上海第一特区地方法院请求调解，但吴爱琳始终规避，使调解无成。吴女丈夫虽已提出诉讼，要求确定他俩的婚姻为合法，"惟爱琳现已变为一纯粹之摩登女郎，毫无村姑状态，且耳濡目染，莫非奢华，断不愿与舟子为偶，事极显然"。[109]这桩新闻，透露出物质环境对人的影响之大。

综观那些批判摩登女子是新女性之耻的男女论者，大致举出她们的四大罪状：对社会无益；抛弃贤妻良母角色；国难当头仍逸乐；不爱用国货。在20世纪30年代以前，舆论多集中注意力批评时髦无助社会发展，并着重从女学生的行为表现来讨论。如论者姜异生，曾列举不经济、不卫生、有关人格、含着虚伪性、妨害学业、违背生理等原因，说明其反对时髦的理由。[110]另有人批评许多上海女子"有奢侈观念无俭朴观念，有赌博观念无作事观念，有看戏观念无看书观念，有用钱观念无储蓄观念，有游戏观念无职业观念"等不良特质。[111]更有人以"娼妓化"的装饰，形容那些打扮得妖娆娇艳的女学生们，并从"摹仿的，虚荣的，矜美的"三种因素出发，分析那些艳装女学生的心理及其弊端。[112]奢侈虚华的消费空气，原多限于东南方大城市,如上海、广州、南京。到 20 世纪 20 年代中后期,此风也吹到北方。[113]

　　当时充斥于青年女子群的摩登活动,包括恋爱、电影、歌舞及享乐,被视为当时"中国整个民族和社会陷于死巷的一种反映"。[114]这种不求长进的玩乐趋势,使一位自称入过洋学堂,骂过旧社会,谈论过革命,研究过普罗文学的"冉子"女士,忍不住跳出来表示,宁愿妇女当贤妻良母。她说明写这篇文章,是有感于日前天津《大公报》刊载德国记者批评中国"黑化",即指中国人已丧失固有精神与文化,仅学了皮毛的欧化。她因此格外觉得,这些摩登女子应自加检讨。"冉子"批评那些时髦"密斯"反对贤妻良母:"真是舍本逐末,大错特错! 忽略了作女子的本分。"她极力主张:"贤妻良母是女子——特别是今日中国的女子——作人的第一要义!"[115]摩登女子的大行其道,让那些卫道妇女如芒在背,生怕这些新女性中的捣蛋分子,破坏了她们塑造出的正面形象。这些女性因而纷纷敦促摩登女子回头是岸,做贤妻良母。[116]有位署名"石忱"的作者,甚至做了首《附劝摩登女子歌》的打油诗,洋溢怀念以往妇德的气息:

　　　　……我昨闻之老太太,从前妇女实在好,煮饭洗衣家庭事,自己动手勤操劳,淡素衣裳布鞋袜,施朱擦粉真很少。闲来纺织补家计,功在社会亦非少。反观如今摩登女,几个能守此妇道,满口平等与自由,解放解放胡乱叫……须知国家与家庭,其间关系至紧要,男女责任界限清,谁都不应该打倒……[117]

摩登女子的不良表现，使仍居正统的贤妻良母思想更上一层楼，连带加强了 20 世纪 30 年代复古风潮的势力（详后）。自 1931 年日军发动"九·一八事变"后，舆论对摩登的批评，与前期稍有重点上的差异。那时国势日危，加上经济萧条，入超益多，不少论者皆以国难当头警惕民众，吁其共赴国难。有危机意识的知识妇女，更是积极号召女同胞奋起，以行动证明女子是国家的中坚分子。[118] 摩登女子的存在，对那些爱国妇女而言，简直如打自己女界一巴掌。从女界发出批判摩登女子"只会消费，不懂生产"的炮声，因而不绝于耳。[119] 摩登至此，几已被视为与爱国背道而驰。[120] 较为保守的卫道人士，更叹息"摩登足以亡国"。[121]

这类从体认国难当头的危机意识出发，将摩登与爱国对立的非难声，在有"妇女国货年"之称的 1934 年，达到高峰。该年继 1933 年"国货年"之后出现，显示各界冀望女性能共体国艰，爱用国货。[122] 但妇女普遍的时髦表现，对当时政府与民间大力提倡的国货运动，产生严重的反挫作用。1934 年年底，国际贸易局统计报告指出，从 1 月到 11 月包括香水脂粉、真假首饰、花边衣饰的进口总值，高 2155347 元。[123] 费用之高，令人咋舌。有人以"一顾倾人城，再顾倾人国"这句原形容佳人绝世美貌之诗句，拿来套用在摩登女子爱用洋货到快要国库亏空的惨境。[124] 不论从国内进口外货（尤其是妇女用品）的统计资料，或是当时批判"摩登误国"之声甚嚣尘上来观察，国货运动的成果都有雷声大雨点小的倾向。[125] 时人对摩登之反感，也因而攀至顶点。同年，在杭州出现某"摩登破坏铁血团"，专门"用镪水在各游戏场所，密洒男子西装，女子艳服"，并宣言谓自身作为是在"提倡国货，破坏摩登"。[126] 此事虽已伤及人身，被舆论批为过分之举，却也有人大喊过瘾。[127]

值得注意的是，尽管摩登与摩登女子之名，在中国如此恶名昭彰，许多人却不放弃此名词，反致力于恢复其英文原意，并趁机再塑健全的时代女性形象。署名"云裳"的作者，撰文分析摩登女郎实具有两种极不同的定义。一般世俗负面说法，指的是衣着光鲜，极尽时髦之能事，并大玩恋爱游戏的女性。但其正面意义，则为具有"充分的科学常识，合乎现代革命潮流的思想，改革旧制度建设新事业的行动方面的毅力和勇气，健全的身体，勤俭而能耐劳的习惯和气质，慈爱为怀的母性"。[128]这些力图为摩登辩护的论者，强调其意为近代、现世，蕴含"新"义；必须彻底摩登，才能免于被不断进步的世界所淘汰。[129]在同一时空，摩登被赋予两极化的含义，令人不禁要问：若如此多人厌恶摩登，为何不干脆弃而不用，反有不少人致力于平反之？

可能的解释，应是论者企图为摩登正名者"以子之矛，攻子之盾"的心态使然。既然摩登女子知名度如此之高，与其弃摩登不用，不如取之为己所用，予其正面而进取的含义。这些人希望以此再度召唤有志女青年共襄盛举，做个兼具生产、刻苦与求知等要素的摩登时代女性。[130]连汪精卫都曾在1934年一场"国民政府纪念周"演讲上，把富有进步意味的摩登，与当时由国民政府大力提倡的新生活运动相联结，以矫正大众对摩登的误解。[131]有论者强调，由摩登女子引领的是挂羊头卖狗肉式的冒牌摩登，并主张"彻头彻尾，货真价实"的真摩登。[132]当时，甚至出现"救人先救己！摩登要彻底！"[133]的口号。有人将矛头指向当时的女子教育，指其自由放任的教育政策，使中国女性走向畸形的摩登化。[134]更有人认为这类"金玉其外,败絮其内"的摩登女子,根本就是变相的旧女子。[135]为了替"真"摩登女子正名,天津《大公报》"摩登"专栏转载天津基督教女青年会会务季刊内的一篇文章,为其再塑新形象。[136]

在此,娜拉再度成为某些人塑造新女性形象的典范。有论者劝"时髦妇女之专以物质要求为许婚条件,以奢侈娱乐为人生满足者",不可不读《娜拉》。中国剧作家也被期许应效法易卜生,另编更符合中国情境的戏剧,例如主张一夫一妻、再醮与再娶平等、打破片面贞操等,如此将裨益中国社会。[137]此倡议受到他人呼应,表示《娜拉》对以豪奢放纵为时髦的中国妇女,有警醒作用:

> (第一)可使伊等觉悟,以妇人为玩物,并非只中国妇女为然。文明先进国家之玩物——如娜拉之流——乃有十倍不堪者。(第二)可使伊等觉悟,不是摆脱旧式,力学西方女子之奢华放纵跳跳唱唱,游游逛逛,穿些一天一换新衣裳,并能使男子多多为物质供给者,就可以算是程度已高呼吸文明之妇女,盖如此只是加料换样的玩物。不能谓"洋囡囡"身价高于"泥人"而地位不高于"泥人"也。[138]

《娜拉》在此处被凸显的部分,在于娜拉出走前所过的玩物生活,有多么不堪。那些鼓吹娜拉形象者的用意,在借其唤醒成为就学娜拉后,竟仍甘于当男人玩物的摩登女子,使她们觉悟不要在拒当家庭傀儡之后,又沦为社会傀儡。[139]1932年,电影《三个摩登女性》上映,进一步将摩登的正面含义传播开来。影评有言:"真正的摩登女性,是有理智的,英勇的。"该片女主角之一的周淑贞,以其小资产阶级出身并具有十足革命气味的条件,被视为该片中最摩登的一个。[140] 娜拉在时人对抗形式摩登的歪风之际，再被援用并赋予的精神，在于提示女性不只要走出传统家庭，更要摒弃传统的生活模式。否则，她们只是在做（父亲或丈夫）一个男人的玩偶与（情人、上司、社会）众多男人的玩偶间打转，实不足以自称为新女性。

讨论摩登女子的问题，除了呈现当时众人如何批判其言行，或企图捍卫摩登真义外，似乎还应细思在这股摩登风潮中，何独以女性最受非难？这一连串反摩登女子的论述过程，对女性在社会的发展，又产生何种影响？

当时这股摩登潮流席卷中国社会，其对象实不分性别、年龄与阶级。摩登男子的欧化程度，并不下于摩登女子。[141] 校园里，社会上，除了漂亮小姐外，同样充斥着漂亮少爷。[142] 此外，在20世纪30年代的上海街头，同样可见剪发抹粉，戴眼镜穿旗袍，却发丝灰白、满脸皱纹且三寸金莲的摩登阿嬷。[143] 至于受环境所惑，人事所诱，而大肆摩登乃至堕落的中下层劳动女性，更不计其数。[144] 简言之，摩登时尚绝不限于年轻女郎。但因青年女性装扮最易引人注目，最耗费金钱，且人数相对较多，因而总比摩登男子恶名昭彰得多。

究其实，摩登女子成为众人抨击的箭靶，除因其行径招人非议外，还透露男性本位的中国社会对女性一贯的压迫与歧视意识。李欧梵与罗苏文等学者，都曾深入剖析女性与女体，在近代中国都市文化发展商品经济并迈向现代化的过程中，被赋予的角色、功用与含义。[145] 美女月份牌作为商品广告大受欢迎，充分反映商家如何发挥女性"魅力"以刺激销售。妇女同时扮演消费者与商品两种角色，展现了近代中国社会的转型及蜕变。[146] 创刊于1926年的综合性刊物《良友画报》（1926—1945），以大幅彩色照片，使女体一览无余地呈现在读者面前。尺寸袖珍的《玲珑》杂志（1931—1937），也图文并茂以各类女性写真及言行论述，再现摩登女子姿态。这两份刊物为北伐到抗战的中国都市文化、流行趋势与摩登都会女子的发展，留下珍贵的影像记录。[147]

观诸整体时代条件，促成摩登女子诞生的元素众多。中国国内问题，包括城乡发展落差严重、女子教育地域分布失衡且内容失调、女子难以就业，及社会歧视女性职业表现。此外，青年男女普遍与过度实践男女社交、自由婚恋与消费主义等西方新思潮及物质文化。这些实践，又导致中国民族资本经济欲振乏力。20世纪30年代后，各地农村因外来势力入侵与剥削，而宣告破产，农村妇女多群趋都市寻求生路。[148]但都市职业妇女也受迫于经济不景气的裁员压力，纷纷失业。[149]另一方面，西方经济势力在中国扩张，培植了都市的物质文明，却也助长高消费、慕虚荣、好逸乐与贱劳力等不良风气。社会用洋货的倾向日盛，使中国自身民族经济发展不顺，年年入超。连官方推动的国货运动，也难挡其势。[150]新女性置身"国帑如洗，而骄奢淫逸之风日恣，国民之生产力几等于零，而西洋化摹仿无微不至，国家多难"[151]的社会，似亦难逃其害。当时日本评论家新居格氏，曾剖析日本摩登青年出现之因。1923年的关东大地震，给日本社会经济与人心带来巨大冲击。地震后续引发许多人心理突变，使青年男女突生及时行乐的心态，而酿成崇尚消费与摩登的风潮。[152]新居格氏的观点，有助于了解中国摩登女子为何出现。由上可知，中国社会各种困境，使初入社会的新女性，在感情、婚姻、工作与家庭方面都面临严重考验。不少女性为求能在社会生存，其思维日益现实化与物质化。向钱看齐的风气渐盛，"在家里是依赖父母作消费者。出了嫁，还是一个依赖性的消费者"。[153]
此一结果，使摩登女子"至多不过是易卜生《傀儡的家庭》中的娜
拉罢了——被视为无人格的玩物豢养着玩弄着！"[154]

在相当程度上，摩登女子成为广遭舆论围剿以开脱社会责任的
代罪羔羊。许多加诸摩登女子的指责，也暴露男性欲为自己开脱，
以及其他女性想与之划清界限的自保心态。[155]从当时中国社会看待
摩登女子的心态，可挖掘出不少值得深思的问题。若非众多男性迷
恋摩登女子，或非摩登男子也视摩登女子为时代女性典型，则摩登
女子将无由普遍存在。[156]摩登女子追求外表新潮时尚，或许确有肤
浅浪费之处。但那些有意无意将自身应同担之责，全数倾泻于这些
社会玩物之上的某些男女论者，其行径同样可议。更有甚者，有关
批判摩登女子的议论，徒予保守阵营发展契机，散播不少开倒车的
思想。包括贤妻良母主义的再生，新生活运动时期的种种限制妇女
人身自由的法令，各式复古花样百出。当时甚至传出有路人因分心
观看着高跟鞋、短旗袍与肉色丝袜的摩登女子，未规避来车而酿成
交通事故，导致摩登女子的穿着遭到批评。[157]这般牵强附会，实可
谓欲加之罪，何患无辞。

这些指责女性在社会表现偏差的强烈抨击，暴露中国男性本位
价值观的性别偏见。否则，为何若男性职场表现差，也不见舆论出
现要男子回家只当贤夫良父的论调？男性独霸社会实甚久远，当女
性出现在社会时，总被视为外来者。因此当社会一旦发生某些问题，
牵连到两性发展的空间与机会时，女性永远是被召唤离开社会，回
到家庭的一方。女性时常须为求民族团结、国家强大、社会和谐等
大我至上的堂皇理由，被迫放弃选择权或在有限的选择里做抉择。

若从女性本位思维观之，问题并非"在家庭或在社会做事，哪个对社会比较有贡献"，而在于女性总比男性易被剥夺选择的自由。民国女性若非被迫配合主流需求行事，便只得做鲁迅笔下的战士，敢于牺牲以努力开创自己的天地。

从当时社会对摩登女子的批判浪潮，可见舆论、男性与其他女性对其求全责备的表现，更可见女性在社会上的处境之艰辛。爱美是人之天性，正如有论者坦言，要求妇女不爱美未免矫枉过正。[158] 柳亚子（1887—1958）也曾为摩登女性的表现做点辩解：

> ……海关进口化妆品的激增，女性的甘以玩物商品自居，哪里是她们的罪恶，只是世纪末的病症，已溃烂到不可收拾的征象罢了。男性在苦闷不堪的时候，以醇酒妇人来陶遣，难道女性便不能够采取同一的态度吗？所以提倡新女德，提倡新的贤母良妻主义，用心非不良苦，恐怕还是药不对症吧！[159]

曾有学者指出，20世纪20年代（尤其是上海）许多年轻女性心目中的典范仍是娜拉，一个拒做丈夫玩偶而决心到未知世界奋斗的女性。如此看来，职业娜拉确可谓那时女青年的某种理想。但除了在女校担任教职或到工厂当女工外，当时提供给女性的体面工作，实在少之又少。想求经济独立的女性，只能寻找女演员、娱乐业、家务劳动，以及多少与性（吸引力）有关的服务业。[160] 并非所有女性都甘心成为社会牺牲者，因此有人开始运用自身性吸引力，取得经济自足地位。此时逐渐现身的摩登女子，确有不少好逸恶劳与不事生产者。她们多半是女学生，怀着"专望为军阀官僚做妾，出门坐轿车，带护兵"的心态，期望不劳而获。[161] 抱持此种心态的女性固难辞其咎，但她们不应单独扛下大环境不利女性就业的重担。她们也无须为歧视或打压职业女性的性别文化负责。

在当时，摩登女性即使可能以时尚表象与浪漫表现，在社会立足或满足物质需求，也多半无法得获真正的经济独立，且代价多是失去身体自主权。论者"瑜声"讨论"摩登妇女的势力"时表示，"这一种妇女的经济'势力'，其实是匍匐于经济下的势力"。所以，"与其说它能使女子达到男女平等，倒不如说是增进女子被玩弄的性质"。[162] 因此，拥有"某种谋生的能力"如摩登女性者，仍难逃做社会玩物的处境。

中国新女性，从理想的娜拉自立形象到现实社会玩物的表现，其间的落差显示"五四"以来大量援引西方思想，并未在中国社会发挥足够普遍的影响与改变。[163] 这样的历史发展，暴露出新文化运动者为女性规划的出路，具有不切实际的偏差性。然而，"五四"精神对后代人心的强大影响力，却又驱使论者不断上溯"五四"娜拉典范，来评判目前新女性的实际表现，而产生以下见解：

> 娜拉脱离了鸟笼的家庭，带着期望和新生，赶她真实的光明的前途了。这不过作者有力的结尾；在现实的氛围里，那是成了理想的梦，我们展开眼来，处于娜拉境地的自觉女子也很多，但真能有可贵的前程表现么？在阴酸刻薄的社会上，她们生活的依靠，无非受到了欺骗诱惑的结局，职员，店员，需要她们的姿态美来维持，于是遭到了"花瓶""衣架"的讥诮，那是娜拉的意志么……一分因生活的鞭鞑，使她们意志趋于没落，堕颓，结果更

下的就陷入了姨太太，舞女，娼妓的搂抱和媚诱的苦笑生涯。[164]

此处值得深思的是，为何中国社会总以被时论塑造出的理想新女性，来要求女性，并以此审核且批评女性的实际言行？相较于西方社会多由女性本身言行汇聚出时代新女性特质，中国明显由知识男性掌控新女性形象的塑造权。[165]近代中国的新女性形象，不过是男性企图解决自身或社会问题的理想人格投射，而非真正基于了解或符合女性需求所塑造的典型。具娜拉精神的新女性特质，不断通过知识分子的论述描摹，被抽象化与理想化。仿佛只要男性（或少数女性）说得出，全体女性就做得到。

事实上，除了极少数风光于媒体与真实人生的新女性外，大半中国出走娜拉不仅婚恋之路跟跄，职业之途也载浮载沉。1938年时，茅盾回顾"五四"以来中国娜拉的出路，总结道："娜拉并没有成功。中国的'娜拉型'的女性演过多少悲剧，我们是亲眼看见的。十五年前中国的'娜拉型'的女性，现在到哪里去了？我们也是亲眼看见的。还不是回进家庭，消沉了后半生？"中国娜拉失败的原因，究竟何在？茅盾尝试公允评论："这绝不是中国的女性太弱，而是因为中国的社会还没替出走后的娜拉准备好了'做一个堂堂的人'的环境。但自然，娜拉空有反抗的热情而没有正确的政治社会思想，也是一个颇大的原因。"[166]这段评论虽短，却点出两个重点：一，中国社会须为新女性的失败或堕落负责；二，"娜拉"若要继续在中国有所发展，必须转型。亦即，她们不应再求个人自由或享乐，而应加入社会革命的阵营。

整体观之，中国娜拉自"五四"后到抗战前的求职与社会出路，可谓荆棘密布。从缺乏技能训练与配套措施等体制问题，到男性本位的职场观念心态，都构成她们发展的阻力。女子有职业，并不等同于经济独立；而女子经济独立，又与真正独立于男子权力之外生存，有相当距离。因为当时的新女性，尽管努力走出家庭，摆脱父权统治，仍须面对社会上资本家与各种职场的男权宰制。[167] 此外，20 世纪 30 年代前半期，国内外更出现有碍女性社会发展的保守浪潮。欧美东渐的复兴母性思想，与国内执政者主导的复兴传统运动，联袂酝酿出复古风气。下一部分将概述这些复古浪潮出现的始末，以清楚掌握中国职业娜拉面临的困境。

3. 国内外复古浪潮激荡

在近代中国认同西方本位的国际社会、走向世界的过程中，欧美文明始终扮演着重要的催化剂角色。外来文化从技艺、政制、思想与习俗各层次，逐渐渗入中国社会，带动"五四"反传统思潮，增强解放妇女的能量，使国人塑造出娜拉这样的"五四"新女性形象，并持续提供中国以新学理与新思想。中西文化交流与近代中国社会的变迁，其关系之密切，不言而喻。西方各国妇女自"一战"后陆续取得参政权，且在就业方面的发展，经常见诸中国报刊。[168] 不少接受西潮的中国人，相信西方妇女在社会上的表现，从学理到行动各方面都超前中国。实则，许多困扰当时中国妇女的问题，同样发生在西方女性身上。

史无前例的"一战"，确将西方妇女大量推向公共活动领域，从事各类以往被视为男性的工作。战争带来的非常经验，让她们培养出独立尊严，与自主能力。以美国为例，其于战后迅速崛起为列强之一，社会经济扩张，在 20 世纪 10 年代到 20 年代达到高峰。当时美国发明"分期付款"（installment plan）的消费方式，带动民众购买欲望，成功刺激经济。[169] 随着各种生活科技与社会科学的发展，美国妇女的生活获得相当的改善。但许多社会科学家的研究结果，却经常指向生理决定论，表示由于男女先天生理不同，应各司其职，以展所长。这种理论影响所及，导致美国女大学生人数虽逐年增长，职业妇女亦不乏其人，但一旦结婚后便退居家庭。换言之，已婚女性被社会期许做以科学方法治家为荣的家庭主妇，以及能成功育儿养女的优秀母亲。[170] 尤其在 20 世纪 30 年代的经济大恐慌阶段，已婚妇女更被大批召唤回家。[171]

不止美国如此，英、法等民主国家亦然；它们都曾在 20 世纪 20 年代出现各有特色的摩登女子形象，但到 30 年代社会氛围都逐渐转趋保守。例如，法国作家维克托·玛格丽特（Victor Margueritte, 1866—1942）的畅销小说《假小子》（*La Garçonne*, 1922），当中女主角便展现那种短发、男子气概十足的外表与性格。这种摩登女性，在英文世界以"the Bachelor Girl"著称。当时美国也曾出现"飞波儿"（the Flapper）之类的新世代女性典型。这些新女性多以不同于母亲辈的外表装束，展现其从身体到思想的解放，而备受瞩目与评论。[172] 不过一般舆论与主流双重道德观，依旧未受这些相对少数新女性的前卫言行所撼动。自 20 世纪 20 年代末以来，由于经济危机渐生、失业问题日益严重，各政府复大力鼓吹家庭主妇形象。[173] 且欧洲多国因战争严重损失男丁，陆续制定鼓励妇女生育与奖励婚姻的法律。各国动机虽不尽相同，却都营造出要求妇女做贤妻良母的气氛。[174] 概言之，尽管欧美妇女的法律地位与社会参与，与前世纪相较进步甚大，但社会既有的性别分工观念，却未真正受挑战。妇女的出路，始终受国家政策、社会规范、经济需求的影响与引导。

民主国家已然如此，以个人独裁统治国家的法西斯意大利与德国，对妇女薪资、社会参与乃至于性事，更加倍管束限制。[175] 法西斯主义，源出于意大利墨索里尼（Benito Mussolini, 1883—1945）。法西斯政权，一言以蔽之，即"深具民族本位色彩的现代式独裁政权"。法西斯思想精髓包括鼓吹集权领袖的一党专政统治，极端发扬民族精神，复兴传统文化不遗余力，崇拜暴力与恐怖，并将个人意志臣服于集体的国家统一意志。[176] 此思想延伸性极强，欧洲、南美与亚洲都陆续出现纲领及性质类似的运动，并在若干国家成功掌握政权。[177] 到20世纪30年代初，法西斯思想更由德国"国社党"（后转为纳粹党）领袖希特勒（Adolf Hitler, 1889—1945）发扬光大。法西斯政权行使统制措施以振兴国家生产力、消除失业的信息，逐渐传入中国社会，并受到某些人士的认同。关切"妇运"发展与妇女出路的知识分子，皆时刻注意并讨论德、意领袖针对妇女所发之演说与命令，以引申评论中国自身情况。

意大利与德国的妇女政策虽不尽相同，两国领袖却不约而同抱持性别分工与贤妻良母的观念，并主张妇女应回到家庭去。[178] 墨索里尼不赞成妇女在社会活动，他认为家庭与儿童就是妇女的世界。[179] 意大利妇女被赋予的公民权，及被期许发挥的光荣角色，是以否定她们的女性自主与解放精神所换取的。[180] 墨索里尼曾谓："妇女应该守在家里，做一个好主妇，好妻子，好母亲。如果她在这方面尽了责，那就是等于对国家尽了责了，如果她有余暇，那她不妨在互助协会中出点力，不过必须在不疏忽她本责的条件之下去做。"[181] 牺牲与服务的信条，几乎驾驭意大利妇女的全部生活。她们的自我、人格与职业选择权，在法西斯政权纯粹以男性为自我认知（self-perception）的主观意识主宰下，无发展空间。[182] 德国方面，纳粹的性别意识形态，坚守"男女有别"的原则。纳粹哲学家阿尔弗雷德·罗森堡（Alfred Rosenberg, 1893—1946）在其《二十世纪的神话》（Der Mythus des 20. Jahrhunderts）一书中，将这种概念发挥得淋漓尽致。[183] 希特勒也曾在妇女大会上，明确表示社会与国家是属于男人的世界。女人的世界则是其丈夫、家属、孩子与家庭。男女世界的区隔，被认定是"合乎自然的"。[184]1933 年，希特勒掌权后，为求增殖人口，解决经济恐慌与失业问题，开始大力鼓吹"结婚是女子唯一的真正职业""家庭为妇女的乐园"。纳粹的妇女思想，认为妇女应珍惜并传承优良德国传统，做男性的同伴而非竞争者。教养健全儿童，团结家庭，营造和谐的居家气氛，应对丈夫得体、维护道德，并掌管家务及经济，被视为纳粹妇女的天职。[185]

德国政府不只用尽各种措施，诱导妇女自动回家，更制定阻止妇女就业的规定。如 35 岁以下的妇女，其丈夫或父亲若有某种最低限度的薪给，可供她维持生活，她便被禁止从事任何职业。[186] 不少德国妇女受此政策所限，只得领取结婚津贴，将职业让位给男子并回到家中。[187] 世人以"三 K 运动"（Kinder, Kuchen, Kirche）——德语中的孩子、厨房、教堂三词的第一个字母——来诠释纳粹的妇女政策。另有人称之为"五 K"的口号，即德文中的厨房、贮藏室、育婴室、病室和教堂五个词的头一字母。[188] 法西斯政权打造的理想女性，是能做育优良后代并完善治家的贤妻良母，为国家做贡献与牺牲的伟大女性。[189]

中国社会自清末起，逐步被欧美民主资本主义文化影响，到俄国大革命之后，也开始受苏联社会主义共产模式的广泛冲击。[190] 国人从俄国经验中抽绎出包括"把妇女从厨房里解放出来，建设社会主义""使每个劳动妇女能接近于政治"，以及"劳动为妇人地位的晴雨表"这些主张妇女在社会上有所表现的重要概念。[191] 但进入20世纪30年代的中国，随着世界经济的持续萧条，一步步被卷入经济恐慌的旋涡中。[192] 当时物价、贸易与商情数据等各种指标，都暴露不景气的严重程度。[193]1931年暴发蔓延16省的空前水灾，使中国农业更受摧残，粮食原料更须仰赖国外的供给，整体经济危机益发严重。[194] 这些全球性的经济困境，促使包括中国在内的许多社会，企图以简化的方式，来处理复杂的问题。"妇女回家"的口号，被不少人视为处理妇女出路的最佳选择。中外社会，都有软硬兼施以召唤或诱骗妇女回家的策略。主政者都相信，当世界情势恶化之际，两性应谨守传统性别分工原则，在各自岗位谋国家与自身的福祉。所以美国出现限制已婚妇女就业的情形，英国也发生排斥女教员的运动。[195]

由此可知，民主社会不尽然能保障女性与男性平等的发展机会。这种以忽略妇女选择权，并刻意说服她们尽好家庭天职的论调，对女权运动是一大反挫。全球不少已觉醒了的妇女与"妇运"工作者，亟须破除这个延续传统父权观的迷思。国内论者多半借由批判德、意政权的妇女政策，来反对妇女回家的思想。[196] 他们尤其非难这两个国家是为了备战，而要求妇女多产，以应国家征召。[197] 不过，自然也有认同德、意所主张贤妻良母主义之人。[198] 论者李赋京便认为"无论如何女子总是女子";他称许德国行贤妻良母制以充分发挥女子天分与长才。[199] 仿佛有心于社会职业的女性,都不应结婚,以免面对家庭事业无法兼顾的难局。当时西方社会四处弥漫的复兴母性风潮,使中国卫道者产生"有为者,亦若是"的追随心态。不过,国外复兴母性的风气,至多起了带动与示范作用。国内社会如何乘势发挥并加以运作,才真正决定中国妇女的出路。

自20世纪20年代末北伐结束后,民国史进入新阶段。由蒋介石(1887—1975)领导成立的国民党政府,名义上统一全国,展开训政建设阶段。[200] 此期间,国民政府确曾教育民众行使权利并恪尽义务,以预备日后步入真正民主的宪政时代。不过,为求稳定政局与减少社会问题,国民党的统治模式,基本上限制多过自由。这包括政府对妇女问题的态度。

自南京国民党政府成立以来,在与妇女有关的政策及立法方面,至少已达成下述几项成果。(一)国民政府基于国民党党纲对内政策,确立女子在法律、经济、社会与教育上,与男子绝对平等的政策方向。[201](二)女子财产继承权,于1930年经立法院正式修正通过,于1931年5月5日起施行。(三)职业开放,各政治机关陆续录用女职员。南京立法院有少数女性被选为委员。(四)20世纪30年代开始,有关婚姻、纳妾、夫妻关系、亲子关系财产权等问题,在立法院通过的民法亲属篇上有明白规定。虽然细节上仍多限制妇女之处,名义上却已达"一夫一妻""婚姻自由""男女平等"的目标。[202](五)从首都南京开始,实行废除娼妓的措施。(六)颁布保护女工法。(七)刑法根据男女平等规则,加以修改。[203] 整体看来,国民政府在政策制定方面,确实努力提升与保障妇女权益。

不过，妇女权益及其地位改善，除通过立法规范并矫正旧制之外，更需要自由的言论空间与平等的社会价值观，才真正有所保障。当时中国处于国共意识形态对立的情势，国民政府唯恐共产党散播不利其执政的思想，严控人民言论与出版自由。[204] 训政阶段文艺界与舆论界，面对国民党的言论管控以及日本相逼等内外处境，显得较"五四"时期的百家争鸣与活泼热情更为局限而沉重。国民政府为稳定政局并领导群众上下一心，企图在更广泛的基础上，改变民众的思想与生活。此即新生活运动的由来。

1934 年 2 月 19 日，蒋介石在江西省"南昌行营"扩大纪念周上，宣布发起新生活运动。[205] 这是个由在上位者倡导，以中国传统优良文化为本位而改造人民生活习性，使之适合现代生活的群众运动。在《新生活运动纲要》中，蒋介石如此定义此运动主旨："新生活运动者，我全体国民之生活革命也，以最简易而最急切之方法，涤除我国民不合时代不适环境之习性，使趋向于适合时代与环境之生活。质言之，即求国民之生活合理化，而以中华民族固有之德性——'礼义廉耻'为基准也。"[206]

20 世纪 30 年代的中国社会，在论者描绘下，是一幅"官吏则虚伪贪污，人民则散漫麻木，青年则堕落放纵，成人则腐败昏庸，富者繁琐浮华，贫者则卑污混乱"的不堪画面。青年男女竞逐西方浮夸虚华的物质文化，尤被视为导致社会问题丛生之源。对国家领导者来说，当国家因内忧外患而亟待复兴与自强之际，还是必须回向自身优良传统，才是确切合宜的应变之道。[207] 此亦执政者有意向世界宣示中国不须依赖西方文明，也能展现自身为泱泱大国的企图。新生活运动，号称"以非常手段，谋社会之更新"，也就是"除去不合理之生活,代之以合理之生活"。[208] 如何更新人民生活?"凡民族之生活,当其蕲求适合时代与环境时,必须补偏救弊,一变其旧有生活之趋向,此即谓之'新'的生活。"[209] 依蒋介石之意,新生活运动就是要使全国国民的精神和行动现代化,以达到科学化、组织化与纪律化。[210]

从上述新生活运动揭橥的概念与主张来看,其所蕴含的复兴传统精神,似无可厚非。放眼国际,如新生活运动指导长宋美龄所言,当时中国身处世界经济衰落之际,眼见欧美乃至俄国各有对策,中国也须思索应变之道。宋美龄将新生活运动提倡礼义廉耻,作为"复兴民族的良药","因为从前中国实行这美德的时候,确确实实是个伟大的国家呢"。[211] 新生活运动倡导一年多以来,全国成立省新生活运动委员会的有19省,成立县新生活运动委员会的有700多县。该运动传播幅员广阔,影响力可谓不小。[212] 新生活运动委员会在妇女工作方面的运作,也相当积极。[213]

新生活运动,企图动员全社会各阶层民众共襄盛举。当时有各种从新生活运动的角度出发,论述其与青年、店员、宪兵、县长、军官、警士、文艺家、音乐家各类人士之关系的书刊,自然也包括"新生活与妇女"这样的言论与著作。[214] 新生活运动对妇女有着怎样的期许?它到底是不是复古运动?在新生活运动意图恢复的固有传统美德的过程中,是不是连带使某些限制个人自由的礼教旧观念一并复活?在这个号称要"革新私人生活,改造社会"的全民运动里,会不会干扰到国人的人身与行动自由?[215]

新生活运动甫开始,中国妇女界随即在宋美龄的领导下,成立"新生活运动妇女指导委员会"。[216] 宋美龄指出,新生活运动"无疑有许多工作，等待着女性的效力，保持家庭清洁，赞助社会改革等等，都是妇女责无旁贷的任务。所以也可以说，复兴民族的工作，女性是基本方面的切实服务者"。[217] 提倡新生活运动的国民党党员，多半将前期的五四新文化运动定义为旧文化破坏运动，指其"虽然给中国妇女思想界起狠大变动，但其结果，仅能使妇女鄙夷旧社会生活，而不能指示她们新生活的途径"。[218] 新生活运动，则被提倡者推崇为新文化建设运动，主张妇女应该锁定几项目标来实行新生活。这些目标，包括促进自我的觉悟、锻炼健全的体格、培养料理家务的能力、培养教育儿童的智能，以及富有服务社会的精神。[219] 该年的三八国际妇女节，江西省妇女会主席闵彬如在纪念会上，向群众宣讲妇女对于国家建设与社会发展所应扮演的重要角色。[220] 闵主席还要求妇女身体力行新生活运动，从家庭改良做起，依次将该运动的精神推及于社会与国家，使之普及，以配称为一个现代妇女。[221]

新生活运动推行初始，某些知识女性肯定其对新女性的期许；但随着该运动开始限制妇女言行，其引发的批评也接踵而至。《女子月刊》主编黄心勉（1903—1935），呼吁妇女响应新生活运动，并展开新妇女运动，共同从衣食住行方面，落实整齐、清洁、简单、朴素、迅速、确实六项标准。如此一来，"妇运"便能与新生活运动达到相辅相成的推动成效。[222] 陈衡哲（1890—1976）著有《新生活与妇女解放》（1934）一书，将解放了的女子定义为"至少要有自立的能力，自尊的人格，和新时代的常识的"。[223] 她相信新生活的实行及妇女解放与否，其准绳都在于是否合理。[224] 令人玩味的是，时隔一年，陈衡哲在《独立评论》上发表文章，强烈讥讽国民政府对女性的诸多人身限制。她以某个梦境里的故事为寓言，影射新生活运动实行一年后，当局开倒车的诸多行径，无异于让妇女走回头路，重拾男女授受不亲，只做贤妻良母等传统教条。连《独立评论》编辑后记，也呼应道："我们读了陈衡哲女士的《新中国女子的五年计划》，大约都会与作者抱同样的感慨。政府的命令，干涉到女子的头发，'真足以证明天下太平，无事可做了！'"[225]

有关执政者干涉妇女外表与言行之举，并非训政时期才有。早在 20 世纪 20 年代，便有军阀或教育当局，以有违礼教或有失良家妇女身份等理由，发布限制妇女衣着、发式与言行的禁令。[226] 到国民党训政阶段，更大规模从维护礼教出发，规范全体市民。1931 年，江苏省教育厅曾以歌舞"易起狎念，滋生虚荣心"为由，严禁各小学表演歌舞。[227] 1933 年，广州市社会局局长张远峰，以当地妇女短裙薄纱等时髦装扮，容易引发血气方刚的青年诸多绮想为由，而禁止这类服装的穿着，借之"整肃风化，挽救颓俗"。[228] 有关风化的问题牵涉广泛，各地当局借此大肆限制两性行为，以求眼不见为净。1934 年，北平市政府命令公安与社会两局规定整顿风化的实施办法。这包括取缔女店员与客人戏谑，取缔海淫戏剧，严禁报刊登载海淫小说，取缔女澡堂雇用男人修脚，及男澡堂浴客高唱淫调，禁止男女在路旁及其他公共场所挽手行走或相互戏谑，严禁在娱乐场所怪声叫好，严禁公寓、旅店容留来历不明的男女，禁售有伤风化的照片或玩具。[229] 南京市政府不甘示弱，于 1935 年年初下令，取缔有任何香艳肉感或淫秽的男女跳舞片、广告、文字，并取缔妇女奇装异服。[230] 湖南省政府，并规定男女不得在戏院同坐。[231] 北平有市民深觉此举值得效法，呈请公安局取缔一般女子在各公共场所做"诱惑青年"的伎俩。北平公安局也顺应这些民情，"合行令仰各区署遵照办理……以严男女之防"。[232]1936 年秋，北平社会局复以"混合沐浴，有伤风化，应习改善，而重礼教"为由，禁止该市中南海游泳池男女同浴。[233]

在这些层出不穷的禁令中，以实行新生活运动为前提而颁布者，所在多有。1934 年夏，广东当局开始借新生活运动之名，禁止男女同行、同住与同食。[234]江西省制定取缔妇女奇装异服的办法，理由是应配合新生活运动所倡的朴素穿着原则。[235]1935 年，几乎遍及全国各地的社会局、公安局与新生活运动促进会，陆续颁令取缔男女奇装异服、限用国货衣料、禁止妇女散发与烫发、禁售淫相淫画与一切"诱惑青年或妨碍风化者"的出版物。[236]诸多禁令，明确限制女性从头到脚的各式装扮，以及两性之间的各类互动，而逐渐引发民众不满与议论。以取缔妇女烫发一事为例，指导长宋美龄曾多次针对此事发表意见，希望澄清外界对新生活运动一味禁止妇女剪发烫发的误解。但仍有许多论者，不满于该运动只专注于小处，乃至于沦于"间不容发"的地步。[237]仿佛只要搞定女人的头发，女人就会做好贤妻良母，社会就能安定，国家就能得救一般。[238]某些维护女性自主权的论者表示，当局以女子裸腿有伤风化而下禁令，实妨碍女性自由。[239]另有论者指出"社会上奢侈的风气，决不是以取缔奇装异服为手段所能阻抑的"。无奈各级党部和政府，却很起劲在干，"好像服装统一了以后，民族就会马上复兴一样"。[240]

国民政府除通过新生活运动更新人民生活方式之外，更推动文化建设运动，以革新人民生活概念。[241]1934 年新生活运动开始时，国民政府便决定订每月 8 月 27 日孔子诞辰日为国定纪念日，通令全国各机关学校举行纪念活动。同年11月，"国民党中常会"又通过"尊孔祀圣"的决议。[242] 此外，小学读经、复古读经、文言复兴等口号与措施，也接连于各地传出。[243] 这些带有强烈中国本位色彩的举措所带动的社会发展，许多人直以"复古"名之。一位《新生》周刊的读者周志澄，曾以"无奇不有"为题，讽刺广州当局不把心思放在为民建设，却搞了全套复古新把戏，从提倡读经祭孔，到禁止男女同泳，花招百出。[244] 另有论者分别就实际情形，批判当局"男女有别""复古救国"与"三从复古"种种措施。[245] 不过，反对者虽众，还是有卫道人士对于"以俭朴为宗旨"的新生活运动能普及于全国，表示嘉许。[246] 叶楚伧（1887—1946）曾在1935年欣慰表示，当时书店的出版物，已从数年前充斥颓唐恋爱一类的书籍，转为以中国旧道德的古书为多。[247]

假如"复古"泛指恢复以往传统的思想与习俗，则国民政府推行新生活运动后的种种发展，确实难逃复古之嫌。论者李子魁便指出，当时中国亟待解决的问题繁多，国民政府却偏偏"舍正路而不由，专门干些不相干的把戏，哀哉！"[248] 当学界发起中西文化论战之际，当局更发起以"拥护本国固有文化"为首的文化建设运动。[249] 1935年1月10日，上海十位教授联名，发表了《中国本位的文化建设宣言》（在当时被称为《一十宣言》）。宣言中明言："要使中国能在文化的领域中抬头，要使中国的政治、社会和思想都具有中国的特征，必须从事于中国本位的文化建设。……必须把过去的一切，加以检讨，存其所当存，去其所当去……吸收欧美的文化是必要而且应该的，但须吸收其所当吸收，而不应以全盘承受的态度，连渣滓都吸收过来，吸收的标准，当决定于现代中国的需要。"[250] 此宣言一出，立即引发学术文化人士热烈讨论。[251] 赞同者，纷纷传播该宣言所倡的"不守旧，不盲从"两大建设中国本位文化的原则。[252] 更有从三民主义思想出发，肯定此宣言者。[253] 时任上海社会局局长的吴醒亚（1892—1936），便认为《一十宣言》把握了当前中国的时代性，不应将之视为单纯的复古思想。[254] 个人性的发言支持时而可见，集体性的响应也陆续出现。[255]

在中西文化论战方兴未艾之际，主张西化者讽刺提倡中国本位的文化建设理念，堪谓"今日一般反动空气的一种最时髦的表现"。[256] 这些论者，多将文化建设运动等同于复古运动。[257] 胡适对于国民政府企图标榜具有科学精神的"中国本位"标准，来规范人民的新生活以创造新文化之举，曾发出语重心长的提醒。他表示："政府无论如何圣明，终是不配做文化的裁判官的，因为文化的淘汰选择是没有'科学方法'能做标准的。"[258] 依他之见，执政者"必须明白什么是它能做的，什么是它不能做的。……若靠一班生活习惯早已固定的官僚政客来开会提倡新生活，那只可以引起种种揣摩风气，虚应故事的恶习惯，只可以增加虚伪而已"。[259] 对胡适等抱持自由主义立场的知识分子而言，当局与其从精神与习惯着手，来更新人民的生活，还不如提供给人民得以过新生活的基本物质条件。[260] 这些注重社会基本物质需求的话，出自于不是马克思主义信徒的胡适，别有一番意味。

20 世纪 30 年代吹起的复兴传统与母性的风潮，是世界性的。国民党政府用意与法西斯国家相似，都致力于发扬民族传统来追求国家现代性。[261] 新生活运动，显露当时中国部分人士欲"淬厉其所本有而新之"以成就新中国现代性的意图。但对于个人自由与民主政治的支持者而言，此一应属教育人民的指导性运动，却滚雪球般扩大成规范性活动，甚至演变为控管言行的妨害自由运动。

回过头来看这股从"中国本位"出发演变成的复古风潮对妇女的影响。社会舆论公认，母性是最具代表的优良妇女传统；其很自然成为每次复兴传统呼声高扬之际，最受重视与表扬的妇女要素。职是之故，所有与母性可能相冲突的妇女表现，都是卫道者欲去之而后快的重点。这些表现，从剪发烫发、"奇装异服"、裸腿裸足，到与男性自由交往、摩登浪漫等行为，不一而足。本章上节曾论，摩登女子的西化消费，是导致卫道者反扑、复古思潮崛兴的背景因素。一时之间，确有不少人认为置身这种新旧伦理交替的道德无政府状态，不妨仍"以旧替乱"。[262] 但若因此便诸多管束，禁令四起，实无异于因噎废食。难怪有人讽刺世人因社会日乱，人心不古，"唯一的办法只好复古"[263]。新生活运动企图塑造反摩登，甚至反西化的新女性形象，以至于对女性的社会活动与表现，造成全面性反挫。固然，国民政府在训政时期对言论、出版、集会与人身自由的诸多控制，不只限于妇女。[264] 但新生活运动时期的众多禁令，确是针对妇女而发。国民政府确实在训政阶段，授予妇女法律上的平等权，且"在（国民）党指导下的各地妇女会渐次成立"。[265] 不过，这是以压抑女性人身行动自由，乃至性自主为代价换取的。更遑论各地妇女会深受国民党操控，鲜少可能有独立的"妇运"言论。[266]

北伐后"妇运"的推展，与妇女离家后的表现，皆不得离社会国家的发展而行。诚如陈衡哲所言，"社会上所能给予我们的帮助，还有那精神上的褒贬，以及因此褒贬而促进或制止妇女前进的道德力量"，影响妇女极深。此乃因"社会在道德力量上所能给予他们努力的鼓励或妨害，是比法律或教育的都更为深刻与巨大"。[267] 有论者感叹新生活运动仅重枝节，致使一般舆论，多把罪过推向女子身上。一时间，奢华、浪漫，乃至于剪发、"妇运"，都成了女子的罪恶；要求妇女回家的论调，不断出现。[268] 原则上，新生活运动对妇女抱持的是"实行新生活，才是新女性"的精神。但以矫正妇女"恶习"出发的各种禁令，却演变为求疵运动与复古运动。与此同时，复古思潮的兴盛，也说明"五四"时代高扬的个人自主意识，已几被民族主义消弭殆尽。礼教传统思维更经常以新瓶旧酒的面貌，阴魂不散阻碍职业娜拉的出路。上述思想文化背景，催生出要求"妇女回家"的浪潮。

4. 介于出走与回家之间的争议

平权解放大叙事虽为职业娜拉走出家门在社会追求自立，提供理直气壮的思想能量与行动依据，却不能保障她们的发展前景。本章前两个部分所论的主客观因素，既使众多职业娜拉无法完全胜任工作，也未改变男性对她们的观感。尤有甚者，抱持两性差异观之人，对于职业娜拉忽略妻母天职的批评，殆为对她们最不利的舆论。特别在社会复古风潮较胜、或国家社会（因内忧外患而）情势紧张之时，舆论容易倾向男女维持既有性别分工的社会角色。从"五四"到20世纪30年代，中国新女性走过万事起头难的十数载。在这个阶段出现的许多问题，后代在不同时空又反复上演；"妇女回家"的争论，即为一例。[269]1933年秋，上海《时事新报》以"婚嫁与女子职业"为题，刊出林语堂3年前在上海中西女塾的演讲稿。林语堂指出："出嫁是女子最好、最相宜、最称心的职业。"他继续表示:"唯一没有男子竞争的职业,就是婚姻。在婚姻内,女子处处占了便宜,在婚姻外,男子处处占了便宜。这是现行的经济制度。"[270]

林语堂在 1930 年表达的想法,到南京政府推行的新生活运动开始热烈进行的 1934 年,被具体化为要求女子回家的声浪。论者"力行"有云:"最近的中国论坛,忽然因贤妻良母主义起了小小的波动! 云南《民国日报》,扬州《省报》,上海《大晚报》,都曾经为了这问题引起对立的争辩。杭州《妇女旬刊》提出中国妇女应向那儿跑的问题,有许多人主张要妇女回到家庭做贤妻良母。"[271] 一时间,高举(新)贤妻良母主义要求妇女回家的口号,在全国各地蔓延开来。[272] 署名"昌树"的论者,便直言 20 世纪30 年代"疯狂般的复古运动"导致"关于'娜拉的出奔'问题,又重新的被人加以讨论。许多报纸杂志,都用了大量的篇幅,来登载关于这个问题的讨论文字,确是个够热闹的一桩事情了"。作者"传琛"在 1935 年,挖苦当时中国"正是在娜拉出走不能善后的恐怖时期"。[273] 言下之意,无怪乎众人群起,要中国娜拉回家安身立命。

当时,娜拉被不满(新)贤妻良母主义的论者视为与之抗衡的形象,而重新受到瞩目。[274] 娜拉成了走出家门就业的职业女性代表。有关妇女回家这场论战,基本上便围绕肯定娜拉出走与主张贤妻良母论二者展开。[275] 综观当时表达意见的论者所持立场,可大分为三类。那些不赞成妇女出外与男子争工作,要求其恪尽贤妻良母之职者,在此名之为保守派。[276] 认为妇女有权选择出走或回家,但至少对于家庭,应做好贤妻良母之责者,本书借用当时记者黄寄萍的话,称之为折中派。[277] 至于坚决主张妇女应出走就业，并拒绝社会加诸妇女身上的贤妻良母义务者，本书称其为激进派。就各派发表言论的园地来看，保守与折中两派的意见较散落各类时论报刊。激进派的主要阵营，则为左倾的《妇女生活》与《女声》等刊物。

客观而言，保守派强调维持既有男女有别的性别观，主张将之落实于从两性生理、心理、装扮到分工等各方面。应注意，这类保守人士并非皆固守传统的卫道者。她／他们的立论亦多依据现代医学、科学各种理论基础，或援引欧美等国实行奖励生育、提倡母性复兴等实例。[278] 此派的保守程度或所持理由或许有异，但阐扬"男女有别，各司其职"的理念则无二。可想见，此阵营者认为女子既然生性有别于男子，便应在她较专长的家庭领域发展贤妻良母的职责。出外与男子竞争求职，既有违其本职，更与男子天职相争，是为双输。[279] 贤妻良母概念，始终因其具有的特殊性别含义，而具高度争议性。[280] 以为人妻母的生理功能，作为界定女性社会角色之依据，确实局限了她们在社会的发展空间。李赋京将养育孩子视为女子首要之责，并认定女性生育下一代，就是为社会服务尽责任，"其他的都是次一等的"。[281] 保守派相信，若妇女弃此重责而出外做"与妇女本能不相干的职业"，绝非（男性本位的）社会所期望于妇女的。[282]

1935 年 1 月，《妇女旬刊》以"中国妇女应上那儿跑"为主题，向全国知名之士寄发邀稿函，声明"征得大众的高见，决定我们此后言论应走的方向"。[283] 在 40 余位回函者的意见中，黄华节、郑午昌、程瀚章、刘宇等男性知识分子，都以内忧外患的时势为前提，认为妇女"不如直接丢掉职业，回到家庭为痛快！"[284] 担任《现代父母》

月刊卫生顾问的小儿科医生苏曾祥，也主张"男子以事业为重，而女子应以家庭为重"。[285] 保守派强调妇女在家庭所（应）能发挥的影响与贡献，因而颇看不惯那些到社会去"出风头"的新女性。这些人将职业娜拉归罪为"不仅不能得到真正的归宿，反而成为浪费的，堕落的，社会的罪恶者"[286]，认为职业娜拉应"忍辱悔过，好好地重回老家"的议论，陆续现身。[287] 保守派倒果为因，指出既然娜拉不能忍受社会生产劳动的磨炼，不如嫁人返回家庭。[288] 这些人运用新贤妻良母主义，申明"娜拉底离弃傀儡的家庭而出走的行为，只是她个人底生活问题的解决方法，绝对不是整个妇女问题的解决方法"。[289] 在妇女回家之风潮弥漫全球之际，保守派的观点获得不少时人认同，却也随即激发其他反对人士的危机意识，围剿声浪四起。[290]

主张娜拉不应就此回家的论者，包括折中与激进两派；前者所持态度较具弹性，却也最能反映当时社会情势与妇女运动之间的复杂性。折中派基本上肯定贤妻良母思想，其中也有人反驳"新女子不必尽母职"的见解。[291] 论者郑锡瑜便认定："新贤妻良母主义就是女子用科学的精神，帮助丈夫的事业，用合乎卫生方法处理家政，用新教育法抚育教育儿女，这主义现在正风行全国，在我国著名的女学校都以贤妻良母为教育的目标。"[292]

当时不少教育界、政治界等杰出妇女，对于妇女出路问题多半抱持折中路线。从黄寄萍访问当时妇女界先进人物所编纂的《新女性讲话》（1937），可窥其端倪。以张默君（1884—1965）为例，她认为所谓贤妻良母，"诚为古今中外社会中不可缺少之主张"。因此，她主张将此思想广义视之，扩充母爱的意义，"以保赤子之心而待全民族，则世界可跻于大同"。[293] 身为中华妇女节制会会长的刘王立明，也明确表示自己身体力行为妻为母的责任。[294] 她曾在当时被誉为时代妇女的典型，"一方面热心于社会事业，一方面并不放弃家政的管理，对于女界的福利，对于丈夫和儿女的幸福，同时能够兼顾"。[295] 陈衡哲则主张应平衡发展女人的"女性"与"人性"。[296] 她不赞成女子都出走，也不主张女子都回家，而应让她们自由选择，适性发展。[297]

以上几位都是职业妇女，也都尽力贡献社会，不因认同贤妻良母思想，便走回家庭；她们属于有能力兼顾婚姻事业的志业娜拉。私立中国女子中学校校长王孝英（1899—1990），曾分析要求妇女回家者所持理由，不外乎：（一）中国失业的人口太多、（二）要注意儿童的教养、（三）指摘过去妇女运动的失败、（四）减去男子内顾之忧。她一一反驳这些保守派论点，主张"女子不但为家庭尽天职，尤须为人类尽义务，要集合男女的心力，共同增加民族奋斗的力量"。[298] 对这些职业妇女而言，做贤妻良母是本分，到社会服务则是责任，两者应得而兼顾之。妇女协进会成员金光楣，曾如此答复"左联"成员杜君慧（1904—1981）对新贤良主义所做的批判：

我们为了要和过去的要不得的贤妻良母的观念形态有所区别，所以我们就提出了这个新的贤妻良母的主张，给贤妻良母以一个新的内容，我们不特不主张"妇女们回到家庭里去"，我们反倒要把妇女们从家庭里拉到社会里来。我们为了民族国家的生存和幸福，都望妇女们能尽量发挥其贤和良的责任和美德，我们同样的希望妇女们能更深进地把握住时代的巨轮，接触到社会上的实际工作上去！[299]

金光楣的见解，基本上阐明折中派的立场。上述《妇女旬刊》征求的意见，多数人倾向折中之见，认为家庭与职业并不冲突。[300]折中派阵营不乏资深女权运动者，其认为女性权益需由政府保障。在理论与政策方面，这些折中派女权者与政府倾向互为所用，共同推展时代妇女形象。

一般而言，政府与折中派皆期许女子同时建设家庭与社会生活；然当面临在家庭与职业之间做取舍的关头时，政府的态度，往往转趋保守。1931 年 12 月 22 日，国民党第五届中央执行委员会第九次全体会议，通过了《奖励母教发扬母德以宏家庭教育培养优秀国民奠定建国基础案》。[301]在女子教育方面，政府也屡于公开会议与宣言中，强调培养女子的健全母性，以为救国救民、优生强种之基础。[302]新生活运动之后，政府乃至某些女界领袖，不论在批判摩登女子或宣扬妻母职责等方面，对"妇女回家"课题的态度都益发保守。在 1935 年的上海纪念三八国际妇女节大会上，国民党女界领袖公然呼吁与会妇女回家做贤妻良母。[303]南昌妇女界的三八节纪念会，指出过去妇女运动之错误，包括"娜拉式之抛弃家庭"。[304]在 1936 年南京纪念三八妇女节的会场上，市党部常委袁野秋致辞："请太太小姐们都回到家庭，负起主妇的责任，不要做家庭里的客人，减少一切不正当消费。"市政府代表杨恩礼也主张："不但太太小姐们回到家庭去，还要实行男女'合作'的家庭，大家负责分工合作的维持。"[305]为解决失业、家庭、经济种种问题，当局做出"娜拉回家是妇女应尽之责"的结论。[306] 南京国民政府提倡的新生活运动与文化建设运动，并非妇女回家运动。但其营造的"恢复传统"气氛，确实加深一般民众对妇女应做贤妻良母的印象。[307]

就在新生活运动实行月余后，《国闻周报》展开为期双月、近十期关于"娜拉走后究竟怎样"的论战。揭开论战序幕的文章，由署名"鋗冰"的作者所写。"鋗冰"先溯及鲁迅当年关于娜拉之出路的提问，并将妇女问题界定为"男女间相互的问题"。"鋗冰"进而从两性共求幸福的重要性出发，柔性劝说娜拉"离开了家庭，应该为了责任而回到家庭来。这并不是说回到家庭来做良妻贤母，而乃是说回家来与丈夫相爱以终，共策进行"。[308]《国闻周报》编者在"鋗冰"文末的按语，表示可以理解作者之意，但强调在当时仍以男性为中心的社会里，"要使两性关系达到相当美满的境地，却需要男子方面的牺牲多一些"。[309]"鋗冰"之文引发数位论者的回应与批评，呈现出折中派与激进派观念的相互攻防。署名"高磊"的论者，呼应"鋗冰"之文意，对娜拉明褒暗贬。高磊肯定娜拉反抗的革命精神与卓越的独立人格，却认为娜拉出走对（男性中心的）社会整体，有些得不偿失。[310] 高磊用意虽不在倡导娜拉回家，却已显露对娜拉出走的质疑："社会固然需要一些奋勇的娜拉，作革命的先驱，来杀一以警众，惟怕其太多，和我们的国耻国难殊途同归，弄得人们麻木不仁！"[311]

高磊所言，与那些企图以新贤妻良母主义来教化摩登女子的论述，不谋而合。原则上，保守派基于男女有别的原则，主张娜拉心甘情愿回家做贤妻良母。某些折中派则出于时势所迫，要求娜拉稍微牺牲以回家来贡献社会。这些在激进派眼中，都是托形于新贤妻良母主义而重生的复古假象，非待戳破不可。[312] 激进派的立场简单明了，即反对任何将女子再拖回家庭去的理由与借口。不论保守派宣扬的旧道德，或折中派阐释的新责任，凡主张妇女回家的论述，一律被激进派批为"开倒车"。[313]

对主要由女性知识分子构成的激进派阵营来说，娜拉成了抵御贤妻良母思想的王牌。如论者张真所言："要打破由三从四德变相而成的贤妻良母观念，只要是看过易卜生的傀儡家庭的人，总会知道贤妻良母是怎样一种骗人的圈套。"[314] 上官公仆则批评"妇女回家"论者：

> 他们想出歪曲的理论，来劝诱出走后的娜拉，重新回到郝尔茂的怀抱中去，做生育的机器，做可爱的小雀儿。故意夸张女子为母的天职，连和男性共同生活时候的"妻"的名义，也说是女子应有的天职，身为女性而不能不为"妻"，为"妻"而不能不为"母"，结论就是该叫女子做到"贤妻良母"，以尽女子的天职。[315]

激进派立场一致视贤妻良母主义，为"男子利用来拘缚女子成为家庭奴隶的狡猾手段""男子们加给女子一种新的桎梏"。[316] 对该阵营而言，贤良主义不论新旧，其本质皆无异于"拿'三从四德'的法宝来奴化一切的妇女"。[317] 论者何景元将新贤妻良母主义定义为"合乎时代的潮流，适应环境的需要，是民族社会中应有的道德"。[318] 论者陈荫萱表示："贤妻良母主义是要妇女在家庭服侍丈夫，养育子女，而'新'贤妻良母主义也是把许多出走后的娜拉驱回家庭再去做丈夫及家庭的奴隶，所以我们反对用贤妻良母主义的反常理论来压迫，欺骗，弹压，束缚妇女。"[319] 具左倾色彩的《妇女生活》与《申报》的"妇女园地"（1934—1935），是当时激进派发表意见的主要阵地。[320]《妇女生活》最初 6 期，曾连续以座谈会记录及专论形式，抨击"妇女回家"与"三从四德"等论调。[321] 署名"齐连"的论者，在"妇女园地"中明言："站在为社会服务和在政治上经济上根本平等的观点来讲，我肯定的说女子是应该从育儿与家庭的琐事中解放出来，和男子一样的站一社会的地位，为社会服务，使社会前进。"[322]《女子月刊》的主编黄心勉，强调女子经济独立与人格自主的重要性，若家庭与职业二者非择一不可时，"与其丢掉职业，那还不如离开家庭好些"。[323]

事实上，激进派与其他两派对娜拉出走的意见分歧处，在其针对现状而对妇女提供因应策略的不同思考。面对国内外各方面局势日益恶化的情况，中国娜拉的出路，确实困难重重。[324] 多数已出走的职业娜拉，在社会的表现也的确乏善可陈。[325] 保守派从男性中心的角度出发，企图说服女子走当下看似最合理的回家老路；如此，女子重回家庭怀抱，社会重归男子手中。部分折中派则认为，娜拉出走无法解决当时社会国家诸多问题，"这种只是觉悟了，而一走了事的办法，总不能算作很适合的办法"。[326] 甚至有论者质疑："易卜生的《玩偶家庭》，娜拉发现自己只是一只供人爱护的小鸟，便离家出走了。这'出走'难道说就解决了她的一切？倘使每个妇女，都'出来'便是解决了妇女问题吗？妇女运动，便从此成功了吗？"[327] 这些人认为娜拉与其在社会上被玩弄鄙视，不如暂做妥协，退居家庭。她／他们将此举形容为"保留反抗的意识，并且把这意识教育子女，因为她们没有封建毒素的遗留，就决不会像现代娜拉们的迁就现实"。[328]《妇女共鸣》的作者蜀龙，则批评那些以出走行径为荣、在社会上却仍依赖男性的"名义"娜拉，对社会与妇女自身的解放都无助益。[329]

反观激进派，虽承认不少妇女在社会"当花瓶，虚荣心，思想幼稚，行为浮浅，缺乏办事的能力"，却强调这般现状，乃因教育不良之环境使然。[330]这群论者将妇女的社会表现不佳，视为妇女解放运动过渡时期的必然现象。同时，她们不断告诫出走了的职业娜拉，若因此气馁返回家中，无异于放弃要求两性社会与经济平等的理想。[331]庐隐便指出，回家继续做傀儡的女子，不仅失掉独立人格，丧失社会地位，更埋没了个性。[332]这些期望女性能获得与男性相同发展机会的论者，认为结婚与家事，都不应是妇女就业的阻力。反之，若以结婚代替职业，将造成妇女地位的低落。[333]对激进派来说，不论家庭妇女多么贤与良，她能尽的只有妻母之职，实不足为做一个真正的人对社会应有的责任。所以，"娜拉走出了家庭，就应该避开幻想与迷梦，肩负起妇女解放艰苦的工作。回到家庭的娜拉，要赶快再走出家庭。未走出家庭的娜拉，要把她们唤醒"。[334]面对一波波呼唤与诱惑娜拉回家的洪流，激进派充满信心地表示："时代的轮子，永远是前进的……卫道者们喊着'妇女回往家庭去'，至多只有喊回了他们自己那一群里的太太，也只有她们那一群，才肯回到郝尔曼［按：即郝尔茂］的怀抱中去。时代的妇女们只有继续不断地走出家庭去。"[335]激进派希望发挥娜拉形象一直以来激励女性的觉悟与反抗心，使她们持续在社会与男子并肩奋斗，从以前的"家庭人"真正蜕变为"社会人"。[336]

值得注意的是，娜拉之所以在此时，为激进派援用来反对妇女回家并受某些舆论认同，在于其出走意象契合着民族解放与社会变革。[337] 换言之，20世纪30年代被宣扬的娜拉形象，主要以"志业娜拉"的面貌现身。当时社会舆论对时代妇女的期许，驱使她们把注意力从个人自由与权利，转移到对国族生存的关怀与付出。[338] 由此，我们在同一时空中，看到了都以国家强盛或争取民族生存为前提，而分别要求"妇女回家"或"娜拉出走"的议论。娜拉的形象，到20世纪30年代，已不复为自救或抗婚娜拉，而成为争取职业或爱国求解放的理想性指标。不论赞成娜拉回家或主张娜拉冲入社会者，都逐渐扬弃"五四"时代自救出走的模式，转而认同群体目标。

20世纪30年代的"妇女回家"论战，是一种将妇女纳入建国工程的政府运作与社会各方舆论之角力场域。国民党通过新生活运动、文化建设运动以及各项禁令，援用新贤妻良母的优良传统美德，塑造国家所需的时代妇女形象。社会则有反对与赞同的声浪出现。从当时言论观之，做新贤妻良母，不表示一定要回家，但当家庭与职业不得兼顾时，妇女多半被要求以家庭为重。保守派与部分折中派的言论，加深了社会既有的妇女观与两性分工秩序。经济衰颓与就业市场不景气，使不少中等阶级妇女选择结婚回到家庭，以逃避就业问题。[339] 然而，同时却有更多无产阶级妇女，受生活驱迫而出外寻求谋生之职。不论主动或被动，职业娜拉确实普遍存在于20世纪30年代的中国。此外，在时局日紧的情势下，女性的社会表现不再只被认定为就业而努力，更被期许为社会、国族付出。以公益或爱国等大我志业为重的新娜拉形象，由此开始涌现。

第二节　从小我到大我的蜕变：
告别"五四"的娜拉新论述

　　"五四"时代的自由主义浪潮，与"五卅事件"激起的要求民族独立的解放运动，都曾激励许多中国娜拉出走，并使妇女问题更深入社会各个层面。[340] 女性走出家门，改变了原先以男性为主体的社会运作，使两性互动的方式产生变化，衍生新的社会问题。与此同时，社会政治乃至国际情势的演变，也催生出不同的新女性形象。

　　1935 年，上海《大晚报》的三八节社论写道："踏入危急关头的中华民族在呼召着它二万万的女孩儿赶快跳出樊笼挽救它的生命哩！妇女们，你们的使命是做一个斗员，决不能再自甘做一个玩物了！"[341] 这篇社论，显然有意召唤不同于"五四"时期以自救为核心的中国娜拉，而期许新女性追求不局限于一己小我的社会志业。

　　当时涉及娜拉的社会论述、戏剧表演与文艺创作，汇聚成有别于"五四"特色的新娜拉面目。这种走出家门、有所作为的中国新女性，与之前出现的各类娜拉的最大差异，在于不以自我的需求渴望为重，而以献身群众、公益或国族大业为主。自"五四"以来，驱策女子效法娜拉精神而出走的动机，包括反父权、抗婚约、就学或求职。但这些表现，仍以个性解放、独立自主或自我实现为核心。北伐后到抗战期间的中国社会，倡议女性投入服务公众行列的呼声日高。娜拉的形象，并未随小我意识减弱而消失，反倒被转型强化成了为社会大我出走的新意象。本节将说明，这般爱国、为民、服务群众的娜拉，具现民国新女性的公益样貌，也扩大女性的社会参与。但这些扩大社会参与的女性发展空间，却又是以"去（女）性化"的特质为代价。

1. 抵拒回家呼声的娜拉新论

北伐后到抗战前近十年的中国社会，经常回顾与反省民国以降的演进，以思索中国日后的发展。当时对娜拉的讨论，是为著例。20 世纪 30 年代涉及娜拉的社会论述，几难避免回溯至该形象入华之初的"五四"时期，以综合评估中国娜拉的实际表现。20 世纪 10 年代末到 20 年代初的中国社会，主张新文化的知识分子具高度共识，赞同自救或抗婚娜拉的离家行径。但此后这些中国女性的各种社会表现，却使娜拉论述的见解逐渐出现分歧。当年鲁迅"娜拉走后怎样"的提问，持续萦绕在仍援引娜拉意象思考中国女性前途的男女作者心中。北伐之后的中国，仍存在复杂而严重的政治、社会与经济问题。国共冲突及日本侵逼，都加深社会冲突与民心焦虑，且导致政府开展言论钳制与思想管控。全球经济萧条，又冲击国内市场；城乡发展失衡，农村破产，失业问题严重。[342] 时人便曾评论，那时社会"经济愈濒于破产，贫民大众日益穷困化，愈以沉没于水深火热深渊而未由自拔"。[343] 这些情势，使 20 世纪 30 年代的中国社会弥漫着一股不安定而虚浮的气氛。

另从妇女方面观之，受过教育、实行自由结婚且在社会就业的女性，人数都比"五四"阶段多。然而，由于男性中心的社会与性别秩序基本未变，且职业娜拉因上节已述的主客观因素表现欠佳，使女性的社会活动及其地位并不稳固。女性与男性相较之下，就业率低、收入低，连同社会对女性工作能力期许也低。此使不少女性在无法兼顾工作与家庭时，常选择退回家中。[344] 论者黄少先曾在 1929 年，指出"妇运"失败的原因之一，在于其目标"只求婚姻上的自由，不注重经济上的独立"。[345] 换言之，当时多数女性，仍以家庭为重为先。不论女子教育方针、社会舆论观点或就业市场走向，都仍倾向于维持妇女应"以家庭与婚姻为主要生活空间"的价值观。[346] 在不安定的心态中，有人欲突破现状，冲破难关继续向前；有人却开始缅怀过去，渴望寻回以往的生活。训政时期的复古思潮，就两性关系而言，即希望回归男外女内的传统状态，以纠正十多年来因女权运动的兴起而搅乱社会生息的局面。这种对女权的反动，在不安定的 20 世纪 30 年代，是全球性的，并非中国特别保守或落后。

此时论者对中国娜拉社会表现的评价，开始出某种论述趋势，即把表现不佳的既有娜拉形象及其（花瓶或摩登女子）变形，统归为"旧型"娜拉。新文化运动者塑造娜拉形象，旨在唤醒长久受缚于封建家族体制的个人，争取自主与自立。这个形象，在当时激励许多女青年成为自救与抗婚娜拉。[347] 自"五四"到"五卅"，中国的社会政治形势出现转变；娜拉出走面对的环境及其展现的面貌，也随之调整。从妇女解放的阶级演进来看，"五四"的自由主义思想，"使一部份妇女（中上层）从旧礼教旧道德的牢笼中警觉"。到"五卅"阶段，则因中国民族独立运动与社会解放思想的激起，使"大多数的妇女（中下层）卷入于整个的社会斗争"。[348] 伴随变革思潮的勃兴，妇女解放与阶级解放思想日渐融汇。李大钊与陈望道在 1920 年前后，提出中产（第三）与无产（第四）阶级"妇运"的差异；此类论述，持续在中国社会发酵。[349] 时人逐渐把中产阶级的出走女性，视为过时的娜拉表现。职业娜拉在社会的发展与变形，使时人认知到"妇女解放决不能脱离社会而单独发展，它是随社会变化而变化的"。[350] 妇女问题，因之融入社会问题；妇女解放，从此寄生在社会与民族解放之中。国民党如此，共产党方面亦然。[351]
论者界定所谓的旧型娜拉，"完全是出身于中等以上的社会阶级，
而且具有意志薄弱的特性"。她们即所谓"女学生，阔小姐，姨太太"
那类拥有一定物质享受基础的女性。[352]旧型娜拉多半作为抗婚娜拉
离开原生家庭，要求遂行脱离父母羁绊的自由。但她们并未真正领
悟胡适等人加诸娜拉形象的负责任意念，使其出走既不彻底也不切
实际。其结果，多从抗婚娜拉朝摩登女子转型，徒然造成其自身与
社会的问题。

　　20世纪20年代的革命浪潮与社会动荡，既簇拥各种娜拉出走，
也目睹她们历经艰难险阻，危机四伏的出路结果。革命的时代，能
激发爱国斗志与革命情操；不稳定的社会，却也容易滋生游戏人间、
不管明天的消极心态。不论是出外求职或是参与革命的娜拉，都亲
身经历了中国社会的变动。严格的生活磨炼，确使部分娜拉越挫越
勇。[353]妇女也在国民革命的过程中，获得不少法律及教育上的保障。
然而，"同时社会上的男子，对于女子也就大施攻击，发出冷讥热
嘲口吻，如'女同志金钱化'，'新女性娼妓化'，种种侮蔑女子的
片面的批评"。在1929年指出此恶风的《妇女共鸣》主编李辉群认为，
中国"妇运"有两大危机，一是外力压迫与欺骗；一为妇女自身的
缺陷与堕落。[354]社会经济的畸形发展，使城乡发展贫富差距虽大，
消费娱乐文化却在都会生机盎然。商业广告与物质诱惑鼓励女子追
求奢艳的力道，远大过舆论期许的女子在职场发挥才能。结果是，
"娜拉的出路自然被社会制度抑塞了"。[355]到国民党训政阶段，执政
者更选择以恢复优良妇德传统，来重塑时代妇女形象。当权者以强
调妻母角色神圣崇高且为女性贡献社会最佳之道，来剥夺女性在出

走与回家之间做抉择的自由。

　　娜拉论述在民国社会的新一波高潮，正是在抵拒由执政当局鼓动的妇女回家声浪中被掀起的。"五四"初期的娜拉论述，主在激励青年反抗家庭而出走。20世纪30年代初期的娜拉论述，则重在要求出走娜拉坚守阵地，不屈不挠。复古气息越浓厚，反传统者就越祭出娜拉作为反抗的思想武器。黄碧遥曾贴切地诠释：

> 　　占据了人心深处的娜拉，她不是一个固定的形态，而是一团理想；随时随地，她都是立在时代的最前线，当着向旧势力挑战的急先锋……她不但反抗丈夫对妻子的不平等，而将反抗世间一切不平等的现象。她不但要谋个人的解放，而将要谋社会人类的解放。大家理想中的娜拉，必定是这么一个女性。在帮助社会谋解放的途上，当然是有说不尽的荆棘。最显著的有生活的压迫，男权的压迫，甚至像中国一样处的是次殖民地的地位，更有帝国主义的压迫；然而娜拉决不会畏惧，决不会中途半端退了回来。[356]

　　对黄碧遥而言，在现下提倡娜拉精神，是"不满于民族社会的一天天沉沦下去，而希望有一种改革，希望'娜拉'出家来加入这种改革运动。所以大家应该明白，现在需要的'娜拉'已不是易卜生所提出的'娜拉'，而是另一种'娜拉'，也可说第二世的'娜拉'"。[357]

　　在黄碧遥笔下，告别"五四"的娜拉意象呼之欲出。依黄碧遥之见，覆巢之下无完卵，新女性仍应效法娜拉出走，但不再是为自己，而是为国家与社会。对信仰娜拉精神者而言，娜拉之所以为娜拉，在于她有"觉悟的思想，反抗的行动"，这种精神不应只限于追求自身幸福。[358] 何况中国的妇女问题，显然无法单独依靠提倡女性主义来独立解决。于立忱（1912—1937）即言，"现社会制度原不承认女子有独立健全的人格，娜拉虽有非常的天才，如何能把人格单独的完成起来？"[359] 有鉴于现实情势的发展，主张妇女出走的论者，开始进行重塑娜拉形象的工程。

时人赋予新型娜拉不同于"五四"旧型的主要特质，在于扩大其阶级性与集体性。下一部分将讨论的 1935 年上海"新女性"电影，清楚地展现舆论指向众人理想的新型娜拉，"产生在劳苦的大众"之中。[360] 走出家庭的，依旧是娜拉，但已不再只是学生、太太或小姐，而是为求生存的无产大众："在资本主义的生产代替了封建的家庭手工业，生活的鞭子，驱着几千万的'娜拉'走出了家庭，公婆和丈夫的牛马，变为有产阶级机器的牛马。这种妇女'解放'，全是客观的历史环境决定下的产物，决不是自由主义的妇女解放论者所想象的英雄事业。"[361] 在此，可看出平权解放大叙事从自由主义朝社会主义思想演变的趋势。论者"雨桩"在 1935 年，清楚区隔了新旧娜拉的目标差异："假使说，'五四'时代的娜拉的离家是为了争人权，那么现今的娜拉的离家已经是为了争生活！"[362] "雨桩"表示，许多男子已无法独自担起"任扶养"职责，妇女也应随时代而移，共同与男性肩负起建设社会的任务。"争生活"三个字看似平淡无奇，却相当真实而迫切。需注意，"争生活"不止于求职业，更蕴含改变社会环境以求改善众人生活品质的寓意。1936 年，《妇女生活》刊出"娜拉座谈"专稿，包括作家、编辑与该刊特约撰稿人共 6 人应邀与会，分享为生存挣扎、为生活奋斗的经历。[363] 此 6 人为伊凡、罗琼、杜君慧、沈兹九、白薇与黄碧遥。越来越多人发现并承认，职业娜拉即使勉强获得经济独立，在社会上还是难脱傀儡身份。[364] 这些有识之士勉励有心做娜拉之人，在这个"集体化的时代"，必须走向人群。新女性开始被期许首先致力于中国整体社会问题的解决，从而解决自身问题。[365] 要言之，新式娜拉，亦即本章所诠释的志业娜拉，是以解放社会作为解放自身的主要前提。[366]

论者在阐扬新型娜拉之时，也曾援引其他外国女性形象，来强化乃至发扬娜拉抛弃旧貌的新精神。萧伯纳的《华伦夫人的职业》中的薇薇，为一著例。此剧描写华伦夫人及其女儿薇薇这对新旧女性，如何发展相异的自我认同与人生观的故事。华伦夫人以性吸引力换取男子金钱维生，薇薇则凭自己能力换取社会报酬。母女因生活不同与价值观差异，难以调和，最终分道扬镳。黄碧遥认为，薇薇正是萧伯纳承袭易卜生思想，为《娜拉》而写出的续集女主角。她写道："娜拉的前半生的影子是华伦夫人，而华伦夫人的女儿薇薇，则是娜拉的后身。""娜拉的后身薇薇，时代已后了十余年，社会已有了十余年的剧烈的变化，妇女已能认识甚么是她们自强的武器，并知道身手使那武器运转自如，这就是薇薇所以能得个人人格独立的成功。"[367] 换言之，薇薇可谓职业娜拉的成功写照。[368] 几乎所有论及《娜拉》与《华伦夫人的职业》两剧的相关中文文章，都把薇薇视为落实并进一步发扬娜拉形象的成功例子。[369] 另一个延续娜拉精神的外国女性形象，是詹姆斯·巴里（James Barrie, 1860—1937）所著的《秦公使的身价》（*The Twelve-Pound Look*，又译为《十二金镑的模样》，1910）。剧中女主角开达（Katherine）放弃当公使夫人的机会，宁愿担任打字员自食其力。开达独立自主的生活，也赢得公使夫人的羡慕及钦佩。论者杨振声评道："两戏的距离31

年，社会的进步与妇女运动的成绩，终至为一般娜拉确定了一条结结实实的大道，那就是妇女经济的独立与职业的平等。"[370] 署名"汾芬"的作者，更从开达这位娜拉的替身，看到了希望。汾芬写道："我觉得，一个女子只要她有勇气，没有错误的观念，她走出家庭以后，一定不致于失败。即使不能得到最美满的生活，但是，那一种独立的人格，以及精神上的自由可以给她一种无穷尽的愉快和光荣。也总比一天到晚顺从着丈夫的意志，看着丈夫的脸嘴舒服些。"[371]

那么，是否有宏图做志业娜拉的女性，竟至要如薇薇或开达般保持独身，以维持独立自主呢？其实不然。不少民国新女性，虽辛苦却成功兼顾家庭与事业。《娜拉》最后对其夫所提"奇事中的奇事"，并非不可能发生。[372] 新型的志业娜拉，必须挣脱各种新思想旧责任制造出的复古旋涡，坚持出走精神。所谓新思想旧责任，即虽带有新的时代意识乃至表象的两性平等思想，却仍强调女性的妻母角色为其最能贡献社会家国的天职。樊仲云（1901—1990）便认为，"今日的娜拉"应以"人类社会为前提，认识国家民族的危机，而担负起生理上所特赋的母与妻的使命"。[373] 这类仍然要求女性以"旧责任"来担负新时代使命的论调，并不为回家论战中的激进派所认同。论者"雨桩"在《妇女生活》上发文，质疑樊仲云所谓"女子事生育，男子任抚养"的两性分工观。"雨桩"语重心长表示，男女之间"没有对等的平权，就没有真诚的协力"。在"雨桩"看来，那种维持既有男性中心的社会运作，并主张女性在家中"事生育"就是尽社会国家义务的论调，是打压女权的。[374]

面对1934年汹涌的妇女回家浪潮，激进派不断向职业娜拉喊话：不仅不要回头，且要加入无私的大我行列。论者邹迟直言："整个妇女运动的历史，残酷地映出娜拉昨天的不健康的姿态，真正觉悟的娜拉们，只有从整个社会制度的改变，去追偿她们的损失。今天是明天的前夜，女人应该怎样的决定自己，第二五四转变的时代到来，全体娜拉们的枷锁，是跟着整个不合理制度的崩溃，同时会毁灭的。然而，这不单是女人的力量。"[375] 论者林梧还喊出："把娜拉的反抗底血液，注射到广大的中国女青年身上去！"[376]

至此，志业娜拉扩大了演变自"五四"早期娜拉的身份、特质与目标。最初的自救、求学与抗婚娜拉，多出身有能力供女儿求学的中上阶层家庭。但自 20 世纪 20 年代起，为数渐增的中下阶层女性，不论为自身及家人经济所迫，或受时代趋势、政党动员与革命浪潮鼓动，也群趋出走。"五四"娜拉，多表现出具理想与浪漫色彩的个人意识觉醒。相形之下，北伐前后逐渐诞生的志业娜拉，主要展露现实考验与历练激发的社会意识觉醒。时人笔下的旧型娜拉，是为追求个人自由、恋爱、读书而出走。新型娜拉，则为追求群体解放、复兴民族、社会革命而出走。但具备真觉醒精神的娜拉，不论新旧，都抱持反传统抗权威的精神与奋勇向前的态度，面对各种考验。

许多 20 世纪 30 年代的志业娜拉，置身国内外涌现的妇女回家浪潮，仍坚守各自岗位，持续参与各种社会、公共与爱国活动。[377]1934 年，署名"苏菲亚"的女性作者质问："中国妇女是站在民族危机以外的吗？"苏菲亚在标题为《告出走十五年后"娜拉"们》的论文中，大声疾呼："我们女子若不及时地从上而说的封建的—宗教迷信的，乃至资本主义末期的颓废的迷梦里醒转来，同时也克服把整个问题来部分解决的'女权主义''职业主义'的幻想，把一切力量一切注意集中在民族自卫，为我们民族生存与独立自由而战,我们是必然要陷入与朝鲜,乃至今日东北民众同一悲运的。"[378]
苏菲亚显然不认同娜拉只为抗婚乃至职业出走,而力主女性须为民
族生存而在社会上奋斗。当时,也有不少知识男性对志业娜拉的表
现有所期待。娜拉的出走,对这些坚持两性应共同贡献社会之人而
言,仍象征着与过去的脱离,及对未来的想象与憧憬。

2. 1935 "娜拉年"

本节上一部分,已勾勒"五四"至抗战前发挥娜拉精神的中
国新女性论述的演变趋势。以下,将聚焦被时人称为"娜拉年"的
1935 年间,各种涉及真实或再现娜拉的表演、评论与争议,以清
楚揭示该形象在 20 世纪 30 年代的中国效应。其时,新生活运动
与文化建设运动正热烈展开,各地针对妇女的人身禁令陆续颁行。
1934 "妇女国货年"与之前国货运动的实践成果,看来似乎都不
敌妇女对洋货的热爱。[379] 在持续西化与回归传统,民主与独裁思潮
对峙的过程中,1935 年发生的诸多事件,为这些矛盾与冲突做出
鲜明的见证。该年为何被众人称为"娜拉年",其具有何种象征意义,
且凸显出什么样的娜拉意象?

1935 年年初的中国,出现几桩成为众人话题的社会新闻,包
括"南京娜拉事件",黎元洪(1864—1928)遗妾黎本危再嫁受斥,
熊希龄(1870—1937)以 66 岁高龄再娶受贺,浙江省政府(以下
简称"浙府")主席鲁涤平(1887—1935)遗妾沙氏殉节受表扬,
施剑翘(1906—1979)为父报仇被特赦,以及围绕电影《新女性》
的相关风波。这些新闻,皆关乎社会的刻板两性观,且牵涉范围广
及教育、影剧、婚姻、贞操与道德。我将锁定这些较受舆论瞩目的

人物及事件，阐述它们交相显露中国社会对展现娜拉特质之女性的态度。借此，我们可更清楚地掌握当时社会风气及舆论走向对娜拉型妇女的观感，及该形象在中国的处境。

1935 年的"娜拉年"事件，在国民政府所在地南京掀开序幕。该年 1 月 1 日到 3 日，南京磨风艺社演出《娜拉》，颇获好评（参见图六、图七、图八）。[380] 剧评人指出："我们应该佩服'磨风艺社'竟能以最大的决心和毅力，而冒险地把这四小时才能演完的三幕剧'娜拉'搬上舞台。……无疑的，觉悟后出走的娜拉，目的在要求经济独立，至于娜拉出走以后，怎样达到这个目的，那就不是一个娜拉的力量所办得到的——然而，现代的'摩登'女性，除了幽默大师林语堂说的'嫁人是她们的出路'外，究竟有多少觉悟出走的娜拉？所以，'磨风'在一九三五年的元旦出演'娜拉'，是有相当的意义。"[381] 未料此次演出，竟引发该剧女主角因扮演娜拉而遭其任职学校解聘一事。此事为保守的南京教育界，投下一颗巨石，余波延至全国其余各地。

图六、七：南京磨风艺社公演《娜拉》剧照 [382]

图八：南京磨风艺社公演《娜拉》剧照[383]

　　饰演娜拉的业余女演员王光珍，是南京兴中门小学的教师。就在《娜拉》公演前夕，王光珍接到被辞退教职的通知，理由是教学成绩丙等与不努力。[384] 无独有偶，在《娜拉》舞台剧饰演林敦夫人的周芬，遭其所工作的东方中学开除。扮演乳娘的南京汇文女子中学学生李世坤，受到校方斥责，可能丧失学分。扮演娜拉女儿爱兰的 14 岁的常绍珍，被其就读的汇文女子中学，以"行为浪漫"的名目，予以开除。[385] 1 月 28 日，卜少夫（1909—2000）以"夏莱"的笔名，在《朝报》上发表《娜拉被革职了》一文，随即引起南京新闻界、文艺界与话剧界的重视。[386] 王光珍本人在 2 月 3 日投书南京《新民报》，公开向读者大众解释事件的来龙去脉（详后）。承受舆论压力的兴中门小学，从校长马式武到该校教员，也接连投书辩称该校解聘王光珍，与其演剧无关。[387] 然而，上述出演《娜拉》的其他女演员陆续传出受开除或斥责等处罚的消息，令人感觉疑点重重。《大晚报》记者形容此事件为"此数校反对剧运的一种联合表示，不辩自明"。[388] 王光珍自身投书时，以"娜拉"自称；当时论者也都称她为娜拉。此一王光珍公演娜拉而被解聘的风波，遂被称为"南京娜拉事件"。

王光珍是安徽曲阳人，两个姐姐也是老师，她则刚进入兴中门小学教书不久。对于这份她踏入社会的第一份工作，她自认总是"尽我所有的力量，来忠心我的职务。所有的课本，从来是按时批改，一向没有请过假，这些事实是同事们所知道的"。[389]1934年年底，磨风艺社要筹备演出《娜拉》，她是社员，被派演娜拉一角。她对该角色兴趣极高，但也向剧社郑重提出不旷课与不请假的条件，以免耽误教职。当时学校知悉此事，已有同事私下告诫她别再演，否则如被校长知道，也许饭碗不保。但她仍相信只要尽心做好教职，对得住良心，就不会被遭职。未料12月29日，马校长忽然发表辞退她的话，使王光珍顿时"好像跌入万丈的深渊里"：

> 我失望我仿徨，我悲哀我哭了……但这样实在还是个人的小问题，因为我家里的经济状况还可以容许我暂时的失业，所以失业决不是我悲哀的大原因，我所以悲哀的是为甚么干教育的人，头脑会这样的浅薄残酷？为甚么社会会这样的守旧，还把戏剧当为无聊的下流的事情？在国民政府三民主义治理下的小学校长为什么这样的无知？教育和戏剧有甚么冲突？为甚么小学教员不能演戏？为什么教育家要摧残薄弱的中国戏剧运动……我还想，也许校长会说，开除我并不为了演戏，以一个堂堂教育家决不会做这种糊涂事的。而且校长给社会局的报告，是指出我教学成绩在丙等的考语，再加上"不努力"三个字。但是我再想，我那一点不努力呢？不请假，按时改考卷，一切教务从来没有荒废过，要怎样才算是努力呢？我想，这种含糊的考语，所谓"欲加之罪何

患无辞"罢了，于是我更悲哀更苦闷，我简直感到这社会的无情，
社会的毒害，我期待着真理，期待着同情……关于这次的事件，
我并不希望仅仅在我个人方面的扶助……我所希望的，是从这次
事件，可以唤起社会人士的注意，引起有意义的论争，来推进整
个的戏剧运动，文化运动。[390]

在这段交代详细的"娜拉"自白经南京媒体披露后，当地与
外地报刊纷纷以王光珍被解雇始末为中心，衍生出对娜拉的新一波
讨论高潮。[391] 参与者的发言重点，主要围绕教育界的迂腐守旧，及
保守人士排挤话剧活动与压迫妇女。[392] 交通部次长张道藩（1897—
1968），在 2 月 4 日的南京《新民报》发表逾千言的《光荣的娜拉》，
为王光珍鸣不平。张道藩把此事件，称为"新都教育界的耻辱"，
嘲讽"已经救了全世界无权的女子"的娜拉，偏与中国男女无缘，
竟使出演她的王光珍遭任职学校开除。不过，张道藩仍怀抱希望地
指出："'娜拉'在中国也许是不幸，但她不希罕在中国幸运，'娜
拉'在现在的中国或者不幸，在将来的中国一定大幸。因此演'娜
拉'的某女士，现在不免含冤受屈，但是她无形中已经为中国新剧
史上添了极可宝贵的一页。"[393]

张道藩显然满腔义愤，又另撰两篇文章，分别列举二十大项
问题，质疑那些分别开除或警告演出《娜拉》数位女演员的各校
校长。[394] 提供上述各方公开自白辩解与评论的南京《新民报》，于
2 月 5 日开辟长达两版的"关于娜拉"特辑。各界在该特辑，对此
事件进行热烈讨论，时间长达数日。国民党中央党部文艺科科长孙
德中，从戏剧改革与社会演进的角度出发，将此事件诠释为旧社会

与新思潮短刀相接的一幕。孙德中诘问学校当局限制校生教员参加新剧演出的理由，并同意张道藩主张教育当局重新考核王光珍的教学表现。[395] 论者苏芊荪也就话剧与教育问题，对照以往女校师生表演戏剧未受罚之例，指责此次各校蓄意辞退"娜拉"演员。[396] 卜少夫则勉励王光珍等"光荣的不幸者"，继续为中国话剧运动而奋斗。[397] 南京教育当局也因媒体大肆报道，而重视此事。社会局局长李德心具函邀王光珍赴局谒谈，以询问被辞始末一事。[398] 南京妇女文化促进会由该会理事邓季惺等为代表，在市社会局接见王光珍的同一天（2月5日），前往其寓所亲致慰问。[399] 妇女文化促进会还准备针对此次数位女性遭撤职的事件，召开大会筹商具体援助办法。[400]

"南京娜拉事件"起先几日的报道评论，较基于提倡新剧与改革教育的立场出发。不多时，论者开始从妇女问题的角度，阐述此事件的含义。论者石江接续张道藩对诸校长提出的二十条疑问，再加一条："国民党提倡妇女解放的今日，男子能否无故的摧残她们？这又说到妇女问题上来了！但我以为这才是'娜拉'的根本问题。"[401]署名"双用"的论者，以讥讽的口吻，要新女性洁身自爱：

> 这个年头儿，还容许娜拉存在于社会吗？女子们的一切自由，都被所谓"风化"的美名剥夺完了，他们的心目中看得惯娜拉，会容许娜拉存在于社会——尤其是学校吗？你看她（演娜拉照片）头发烫得蓬松松地，穿着袖子不掩半臂的西装，走起路来一定会扭扭捏捏地显出"臀波乳浪"来，现在三令五申不许小学女教员和姨太太一样装扮的年头儿，公然出现于舞台，这是何等地不"风化"啊。我奉劝妇女们，快学娜拉的前半生如小鸽般的依着"滔

佛"，切勿走上娜拉的末路，以便与英雄们结婚，即使剧中的假娜拉，也不必去做，因为她若是做小学教员，先意承旨的校长先生们一定会开除她，除了新闻界文艺界空洞的同情以外，谁来替她伸冤呢？我更奉劝新闻界文艺界以及张道藩先生勿再唱高调！你们的高调，已使许多的妇女们走上了娜拉的末路，违反"妇道"，妨碍"风化"被滔佛不欢喜，甚至连假娜拉也被开除了。要是你们再唱下去，真娜拉的出走，一定会被滔佛诬为爱上了别的男人卷逃，假娜拉也一定被校长在"成绩丙等""不努力"等的开除声中，造出别的更不名誉的罪名来，你们要伸冤，适足以造冤，少造些冤罢——在这个年头儿！[402]

"双用"的讥讽描述，反向映照当时盛行的复古思维。在以维持风化为先的年头，娜拉的西洋装扮，被批为不合时下"爱用国货"的口号。娜拉的抛夫弃子，更与重新粉墨登场的贤妻良母形象相抵触。要求娜拉顺应时势回到家里的呼声，随着礼义廉耻高唱入云的曲调，大有升高趋势。[403]论者"旅冈"认为，"南京娜拉事件"充分显露封建势力摧残中国妇女，即使至20世纪30年代仍无歇。[404]"碧梧"则讽刺道，若王光珍演的是刘三娘教子，或秦雪梅吊孝，当不至于被校长革职。[405]

　　这些逆着复古潮流同情支持南京娜拉者，充分利用报章媒体发出抗议之声。根据记者深入访家调查，王光珍出身穆斯林家庭，父母对她因演剧而失业感到相当愤怒，并不愿多谈。论者担忧王光珍失业之余，恐将失家。[406]到2月中旬，经记者追踪报道，王光珍的确是因演剧引起马校长不满而被辞退。此事蔓延开后，竟有不少学校争相聘任她任教职。王光珍则因厌倦都市生活,决定应旧友之邀,到江宁县黄土镇小学担任音乐科教师。[407]而《娜拉》一剧,因这次事件更广为人知。有5名戏剧爱好者,曾具名致《新民报》,请其代为转达要求磨风艺社重演《娜拉》一剧。[408]

应观众热烈要求,磨风艺社特别预定于3月8日起,在光华大戏院再度公演《娜拉》三日。[409]该社并发表《再演"娜拉"献词》,其中有言:"我们现在又要演'娜拉'了。这一次的演期,是在3月8日国际妇女节,这是全世界妇女大声要求解放的节日;这一次'娜拉',是曾经受到极度创痛的'娜拉';在这样的一个节日,我们极诚恳地把这妇女觉悟的名剧献给全国的被锁的女子,作为一九三五年妇女节的宝贵礼物。"[410]当时还有人为《娜拉》的即将重演,做了新诗咏赞:

> 春光明媚的恼人天色,
> 我想是娜拉的一切,
> 谁叫你在社会中去说教?
> 遭了那老古董的开革。
> 啊!你是时代的娇娃,
> 再来扮演一回罢!
> 点缀国际妇女节,
> 唤醒女界千万百。
> 傀儡家庭休久恋,
> 跑入社会求自决。
> 舞台上你享盛名,

　　　　社会中你称俊杰。

　　　　娜拉，我望你永远为人类牺牲相色！[411]

这次演出的所有演员，都与上回在陶陶大戏院相同。[412]3月8日当天，《新民报》特辟"磨风艺社再度公演娜拉特刊"。论者屈轶坦承，其自"五四"听闻娜拉至1935年时想法的转变。屈轶表示，自己通过《新青年》认识娜拉时，不尽认同资产娜拉"发现自己"的优越姿态；如今却因封建复古势力抬头，反而肯定娜拉精神。[413]

　　未料此次公演阵前喊停，其原因则与政治有关。开演前夕，光华大戏院突然接到磨风艺社负责人蒋树强的电话，表示该社发生意外，将停演《娜拉》。光华大戏院便改播了《渔光曲》影片。[414]停演原因，原先传出似与社员个人问题有关。[415]但根据记者持续探索之结果，人们始知磨风艺社负责社员8人"向中央诚恳自首，并联名发表脱离共党之自首宣言"。该宣言内容陈述，当前中国"惟有三民主义所领导的国民革命，为中国革命之唯一正确途径也"。此8人自批当初因"基于救国热诚，未审国情，受其蛊惑"，加入共产党阵营，如今"蒙中央不咎既往，允以自新……而今以后，任叔等誓当出其所学，秉其忠贞，在中国国民党领导之下，努力于三民主义之国民革命及民族文化建设运动，虽才谫识浅，然志切国家，竭智尽能，深愿努力工作，为复兴民族之伟业，幸中央及社会人事有以教之"。[416]这篇宣言，透露《娜拉》重演失败的过程背后，尚有复杂的政治意识形态在运作。此事可能出于执政当局认为该剧思想过激，不符新生活运动对妇女的期许；《娜拉》的演出，因此遭腰斩。[417]

对支持妇女解放人士而言，此次"南京娜拉事件"充分暴露礼教传统积重难返。论者"旅冈"如是说："近年来，随着急遽的经济恐慌的影响，旧的社会制度已经发生动摇，于是，未死的封建势力又复苏生了，复古运动的声浪高唱入云霄，而第一个为封建势力所逆袭的，正就是在'五四'时代作为有力的进军底'中国的娜拉'！"[418] 塞翁失马，焉知非福；娜拉因这次复古势力的逆袭，反得以在中国开出其形象发展的另一春。论者"灵武"宣称："在这样的时代上演'娜拉'，仍然还有着战斗的意义的。从这一次各学校当局的联合压迫行动可以看出来。我们依然需要着有娜拉一般勇气的女性，但不要是个人的，而是集体的，以我们集体的妇女的力量，来和旧恶势力拼斗。"[419] 1935 年，也就因这桩"南京娜拉事件"，再度打响了《娜拉》一剧的名气，致使该年各地公演《娜拉》的次数相当频繁。妇女问题，也因之倍受重视，"所以，今年无形中倒被定为中国的'娜拉年'了"。[420]

1935 年饱受复古思潮侵袭打击者，远非南京娜拉。以下三桩见诸报端的名人报道，皆反映当时社会对妇女的不公平待遇与传统贞操观仍深植人心。此三事，乃民初总统黎元洪的遗妾黎本危（后改名危文绣）因再嫁而遭诸多责难，"浙府"主席鲁涤平遗妾沙氏因夫死殉节受赞扬，以及曾任国务总理的熊希龄因再娶而受称道。该年 1 月 9 日，黎本危在青岛市与即墨商人王葵轩举行结婚典礼。孰料青岛市市长沈鸿烈，竟以此婚事"有玷黎氏名誉"为由，特令公安局将两人驱逐出市。[421] 黎本危去函恳请亲属在北平代为寻找住处，复遭亲属拒绝。[422] 此事旋即成为各大报章竞载的热门话题，连带引发时人讨论女子再婚、妾的地位与处境等问题。论者"金粉"

表示，危文绣所提再醮理由（即"生活的困难"），令人难以接受，并主观认定她贵为黎元洪之遗妾，不致发生物质困难。[423]"金粉"之文，还将危文绣再婚之举对照另一新闻，即鲁涤平遗妾沙氏自杀殉夫之事。鲁涤平卸下"浙府"主席职务后，原将赴任国民党中央候补执行委员兼军事参议院副院长，却因脑溢血于 1935 年 1 月 31日过世。当天下午其遗妾沙氏便跳楼殉节以殁，享年 27 岁，并怀有 3 个月身孕。[424]此事经报载披露，赞扬者颇众。"金粉"赞扬沙氏对其遗夫的"忠实性"，以此贬抑再醮的危文绣，指她不如沙氏。[425]当时甚至有旅青同乡数人组织义愤团，发表宣言声讨危文绣。该团批评她再醮一事攸关"国际体面"，有损黎元洪的名声，并请求地方当局加以严厉处分。论者谢元范闻之，慨叹国家危急多难之际，这些人的"义愤"却独独发泄在一名弱女子身上。[426]谢元范以威尔逊夫人于威尔逊逝后再嫁其顾问医生为例，说明她再醮既"未遭美国人的非议"，也"未贻笑邻邦"，威尔逊的身价更未因此丝毫受损。[427]反观中国，却严苛批评缺乏法律保障的妾之再嫁，其双重道德观，可想而知。[428]金秉英（1909—1996）指出，从此事可窥见中国法律不仅不承认妾室地位，社会舆论更歧视这类女性，实有违人道。[429]

女子再醮，困难重重；男子再婚，情况迥异。1935 年 2 月 9 日，熊希龄以 66 岁之高龄，再娶年纪仅其一半的大学教授毛彦文。各大报的报道内容充分显示，男子再娶几乎毫无舆论阻力，反受众人祝贺。时人誉此婚事，为"白发红颜人间佳话"。[430]同月还有老翰林张海若与杨嗣贤女士在北平举行婚礼；一时间，有人戏称本年可谓道地的"老人新婚年"。[431]时人对于危文绣再醮与熊希龄再娶之事，曾做过如下揶揄比较："一个是寡妇，一个是鳏夫，一个是卸职国务总理，一个是下堂总统夫人，一个半斤，一个八两，拿秤来秤一秤，谁也不比谁轻，谁也不比谁重。假使危文绣不嫁给一个藐乎小矣的商人，而嫁给一个大老，或者也可以妻以夫为贵的而见重于时罢？"[432]

"妻以夫为贵"这句话，确实点出历来女性身价总随其夫水涨船高的事实。[433] 在当时，王会悟、高君曼与向警予等皆如此。[434] 宋美龄堪谓最著名代表。同理可证，像危文绣这类做妾的无权女子，在总统老爷过世后欲再嫁，自无靠山可抵挡舆论的指责。危氏，遭当权者驱逐，并孤立无援。相形之下，与熊希龄结为白首的毛彦文，则被祝福围绕，两人境遇悬殊。[435] 另有论者拿再嫁的危文绣之处境，与再嫁蒋孟麟的陶曾谷相较，指出两者境遇同样有天壤之别。胡适为蒋、陶结婚做证婚人时，还赞誉此婚事具有革命精神。但如陶曾谷这般守寡得以再嫁良人的女子，当时并不多见。离婚而欲再婚之女子，则更为难得。[436] 20 世纪 30 年代，中国女子再嫁的处境，可以"法不禁，礼禁"来概括之。尤其像遗妾，在当时的景况下，似乎只有三条路可行：一、像危文绣一样大胆再醮；二、像沙氏一样殉节；三、像当年的赛金花那样，步上飘零之路。[437]

1935 年 2 月 13 日，南京《新民报》"新妇女"专栏有三篇文章，共同呈现 1935 前半年最受关注的妇女问题。此即声援王光珍的《休谈"娜拉问题"》《从危文绣的再婚谈到鲁夫人的殉节》，以及《论女子再婚告某记者》。论者何实图呼吁大众，在旧礼教与宗法思想复加猖獗的当前，应对"两位娜拉"，即危文绣与王光珍，致以高度敬意。[438] 茅盾也曾对"南京娜拉事件"，及当时沸沸扬扬的复古风潮，提出看法。他认为，娜拉到 1935 年还能"惹祸"，似乎不可思议。但正因她胆敢反对传统的妻母之责，所以也还是个危险分子：

> 十多年的时光，似乎已经使得妇女的社会地位大不相同。然而这是表面的变化。这不过是传统地要靠男子养活的妇女现在也能够自己养自己，或者反过来倒能养活男子而已。在这范围之内，"娜拉"是决不会闯祸的。如果想跨出这范围一步，妇女们想在家庭关系中建立起"独立的地位"，一想使得自己是一个"独立的人"而不是附属于男子的女人，那她就被视为危险分子了。这是十多年来始终如一的"真实"，并不是今年特别"复古"。
>
> 从前妇女问题初初喧腾于口头的时候……有些"新女子"……她们大抵是太太小姐，她们那时好像并没知道有些——而且许多够不上太太小姐身份的妇女不但自食其力而且还要养活丈夫，然而她们何尝有"地位"。现在似乎更加弄得明白些了，单单是不靠男子来养活，还不够提高妇女的地位，还有比纯粹的经济问题更中心的问题在那边呢！[439]

茅盾之语，呼应上一部分论者提倡志业娜拉形象的见解。固然，仅鼓励女性成为职业娜拉，仍无济于真正改善女子的社会地位与处境。但娜拉无论如何都要出走的坚持，却超越职业娜拉的意象，得以鼓舞王光珍或危文绣这两位境遇有别，却同受社会压迫的中国女性。

"南京娜拉事件"，连同"危文绣再醮""熊希龄再娶"与"沙氏殉夫"三事件，在 1935 年开春的中国社会，交织出一幅"新女性受害，旧女性被褒"的画面。毛彦文曾为"抗婚娜拉"的过往，在与熊希龄结婚之际，并未被多数舆论提及。[440] 她受到众人祝贺，并非因其知识新女性的身份，而是因结婚对象是前国务总理。至于扮演娜拉的王光珍，与具娜拉勇气的危文绣，则受不同形式的迫害。纵然妇女界与部分进步人士，曾表示支持与同情，却无法掩盖王光珍被解雇与危文绣遭驱逐的事实。而 1935 年年底，天津的孙传芳被刺案，则是另一件在复古风潮中值得注意的新闻。11 月 13 日，施剑翘在天津一间佛寺中，对前军阀孙传芳（1885—1935）连开三枪，使孙当场死亡。施女此举是为报当年孙传芳杀父之仇。此事发生后，随即成为报纸头条。国民党最后在民众的强烈声援下，于翌年 10 月 14 日宣布特赦施剑翘。这个引发舆论热烈讨论的新闻，涉及公德与私仇、情与法、以及女子在其中被再现的特质。[441] 当时赞扬施女行径的评论者，都着重于强调她具有"孝"的传统美德。[442] 然而她的被赦，对反传统者而言，根本就是"玩的一个'孝'字的把戏"，是"现在的领袖们，看到'人心不古'不能不开倒车，借施女士被赦这个题目，来做广告宣传的幌子，以图延续行将正寝的残生"。[443] 施剑翘被形容为有德女子，其真情挚性与女性英雄主义，则被视为能充分发挥以转化为民族主义的爱国情操。[444]

由此可见，女性在当时无法真正做自己。女性若非如施剑翘般被去性化，以中性姿态达到两性共同救国的目标，就是如危文绣那般，被舆论用有色眼光歧视。当危文绣得知被青岛市市长下逐客令时，曾书一告白：

人之爱情，受命于天，其进行亦无止境，当兹文明世界，新
道德盛兴之际，孀者再嫁理所不禁。居孀守节，苦度岁月，乃愚
妇之所为，君责我不应再作为冯妇，此正智者见智，仁者见仁，
吾亦深谢君之隆情。黎公待我虽厚，二十年来尽心奉侍，虽不敢
谓答厚恩，亦无亏于妇道，乃黎公尸骨未寒，既不能相容于其后
人，再不自谋相依，焉能图存，君达人鉴我环境之艰难，或亦相安，
更曷所顾乎。[445]

危文绣此文，实属肺腑之言。难能可贵的是，她不仅道尽孀妇再嫁
之情，也道出"居孀守节，苦度岁月，乃愚妇之所为"这种不见容
于卫道者的新女性自白。同时期熊希龄、毛彦文的"白发红颜人间
佳话"，更凸显危文绣身为再醮妇女的孤苦无援。沙氏以身怀3个
月之孕而执意殉夫，其恐惧其夫死后将来无依的心态，应是促其自
杀的重要催化剂。

这些历史发展，在在呈现当时中国社会仍恣意遂行对女性的
宰控。而娜拉形象，正以其要求"做一个人"的坚定立场，对抗排
山倒海的复古逆流，成为各界进步分子抵抗卫道者的重要防线。猛
亚借由"南京娜拉事件"的发生，期许"一般出走了的和许多未出
走的娜拉，应该认识这是什么时代，不要迷醉在那享乐的圈子里
面……你们应该把意志坚强起来，集中力量，反抗到底，努力建造
女性最高的人格，完成社会的基础，时代的巨轮就在等着你们呢"。[446]
整体看来，娜拉在反传统分子的心中，仍是进步的象征，可援用之
以捍卫女性持续前进、走出旧有限制的重要形象。沈兹九便发挥"南
京娜拉事件"的社会含义，省思"整个妇女界被践踏的问题"。她

呼吁中国妇女：

> 中国已出走的娜拉，以及尚未出走的娜拉，醒来吧！你们应
> 该认识这是什么时代，你们不应该再莫名其妙地做着"小松鼠，
> 不懂事的孩子……"，而该认识自己是人，更应该有坚强的意志，
> 不怕苦难，集中力量，来与重压抗争。这才是新中国所需要的
> 娜拉。[447]

沈兹九期许中国娜拉应培养"与重压抗争"的毅力，基本呼应本节
上一部分勾勒志业娜拉的论述。本节最后一部分，将以 20 世纪 30
年代有关告别"五四"娜拉的文艺创作及影剧表演，勾勒新中国所
需以大我为重的娜拉面貌。

3. 大爱娜拉的文艺宣传

从北伐后到抗战前，关于娜拉的文艺创作或戏剧表演，大致呼
应当时的社会论述，出现发扬新型娜拉的倾向。这些作品，描摹志
在为社会、为民族、为国家奋斗而出走的女性。可以说，她们都是
为了大爱、而非仅自爱或自救而离家。

1931 年，《妇女共鸣》刊有短篇小说《胜利》，讲一对男女薇
和君，在两情相悦之际，不顾男方为有妇之夫而结合。两人"偷偷
的别离了这繁华的故乡。他们的走是不要给人知道的，所以也没有
留下一个字条"。在这样的出走后，他们过了一段甜蜜的时光，但
是数月之后，他们间的感情开始出现裂痕。当薇得知君仍心挂前妻
时，决心离去，留下一封信："……一切的一切都过往了，为了将

来的肚里一块肉，我决不再走上恋爱的迷途，要为社会作着事业，只为妇女作解放的运动，这是可以告慰于你的。……总之，我这次的走，坦然而又快乐，因为我爱的人，他是心安了。……请自由地选择你自己所要走的路罢！"[448] 在这个故事里，有两次"出走"。第一次，是男女主角共同背着男主角的原配，偕逃到别的地方同居。第二次是女主角眼见两人同居生活日现裂痕，觉醒于不应陷入感情的泥沼让两人都痛苦，便留信飘然离去。从薇写给君的告别信内容看来，她似乎已怀有君的小孩。但怀孕之事，不仅未阻挡，反更推动薇再度出走的决心。作者之意，应想表达母亲身份对薇的正面激励作用；为了肚里的小孩，她更立志不在爱的旋涡里打转，而希冀投身公益志业。

1933 年秋，《女子月刊》有篇独幕剧本《滚！》，则描写为争取自立的中国娜拉，如何感动父亲、改变人生，且共同为国贡献。女主角田毅因父亲田元极度不满她读书后产生的自由思想，决心离家。田毅向天喊道："天呀！你该为我祝贺呀，我自由了，我脱离了黑暗的牢狱了，我踏上光明的路了，我活跃的新生命开始了，我需要革命，我将上革命的战线，努力奋斗。"[449] 后来，田元顿悟于自身偷贩日货的失当，始将两个妾赶走，并欲寻回出走的女儿。田毅知悉后，间接要人传话给她父亲，说她已加入义勇军，"要为中华民族奋斗，从事革命"。她要求父亲"应该拿钱捐助义勇军，和应该回乡去看她的母亲"。[450] 该剧很明显援用娜拉的意象，将之融入抗日氛围日渐浓厚的时代脉动。觉悟的女儿走出家庭，去加入义勇军；后来被感悟的父亲，不再做卖国的偷贩日货行径，并走出三妻四妾的荒唐生活，甚至资助义勇军。

　　自 1934 年以来，不少激进知识分子出于抵拒妇女回家浪潮的动机，着意宣扬新型娜拉为了公益与大我而出走的意象。该年 6 月 30 日，上海麦伦中学游艺会公演《出走后的娜拉》。该剧第一幕描写一位具有革命意识的女性娜拉，因无法认同堕落为汉奸的丈夫之作为，决心抛弃丈夫离去。第二幕以讽刺的笔法，暴露礼教吃人的遗毒。最后一幕，则描写娜拉在医院里遇到罢工的领袖女工，而更彻底了解了自己的出路。此剧颇引发观众共鸣。白薇记述她观赏此剧公演的心得："它，告诉你帝国主义不但是吞灭了东北四省的山河，并且吞去了东北前进又激烈的青年的心；它，告诉了你旧礼教的吃人，由母亲的手里，吃掉了活泼有为的爱儿—青年；它，也告诉了你女子不能依靠男人，丈夫，女子唯一的出路是找职业，而最靠得住的是被压迫者团结的力量。"[451] 署名"丹枫"的作者也评论此剧："易卜生的娜拉，她离开了家庭将走向何处去呢？这在五四时代乃是大家所注意的问题。现在，这一问题在这'出走后的娜拉'中有了解答了。她们在这旧的社会中，在半殖民地的中国，在旧礼教的残杀之下，她们唯一的出路，便是和劳苦大众合流而走向争斗的前途。"[452]《出走后的娜拉》这出剧，明确揭示了娜拉必须与群众结合的新出路。1934 年除夕夜，上海智仁勇女校在湖社画会也演出《娜拉》与《出走后的娜拉》舞台剧。[453] 署名"文干"的作者，从此二剧引申比较新旧娜拉："我们知道娜拉的出走，决不是有了经济权就能解决，只有妇女们觉悟，一贯反抗的精神，从整个社会制度问题着想，才可以获得真正的解放。……'出走后的娜拉'一剧，劝妇女们一贯反抗的精神，从事社会制度的改革，和五四时代的'娜拉出走后怎样？'相较，明显地反映出两个时代，两种精神。"[454]

两个时代，两种精神；但娜拉及其展现的反抗精神，则一以贯之。20 世纪 30 年代中期积极发挥娜拉精神的言论，不再以自救、抗婚甚至就业为驱动力，而是呼吁女性为公众大我而走向社会。1935 年年初，《女子月刊》刊载了独幕剧本《大学皇后》。该剧叙述受过大学教育的女子王蕙华，嫁给某巨商后代的花花公子金福荣的故事。全剧呼应着当时喧腾的"妇女回家"问题。例如金在剧中对王说："因为我是男人，自由是属于男人的，女人只可留在家里看家，你不是听见现在在提倡贤妻良母主义么，所以你，就应该坐在家里做贤妻。"[455] 在剧中最能代表作者思想者，数王蕙华的大学同学田青萍。她在剧中许多义正词严的对白，批驳限制女性发展的种种观念："贤妻良母，这是男人拿来束缚女人的一条索练，在过去的旧社会中，这也许是一种压迫女人的工具，可是到现在时代是变过了，现在女人也不是像过去那样愚蠢，要用这种老古董再搬来在现代是不适用的，现在是需要男女合作，需要女子自觉起来，来分担男子的辛劳，负起复兴民族的责任。"女子若不以贤妻良母为理想自期，要如何在社会觅得出路呢？田青萍自有其见解："经济问题么？这就是要我们在未踏入社会以前，先修养好了求生的工具，我们手头上有了求生的技能，那就比较容易解决了。"[456]

换言之，对 20 世纪 30 年代仍高扬娜拉精神之人，求学是就业的必要前提，但就业却非新女性出走的终极目标。日本自"九·一八事变"后展现蚕食侵吞中国的野心，普遍激发青年男女的爱国热忱。南京国民党政府以恢复传统美德，来稳定社会秩序、重塑中国本位文化之举，却引发思想激进者的反弹。这些时代情势，驱使不少主张平权解放大叙事者，开始形构志业娜拉的大我面貌。前述《大学皇后》中田青萍的豪语，唤醒了本来贪享受而嫁给金福荣的王蕙华。王氏也喊出自己的独立宣言："一个人她自己发觉过去是错误的，难道她不能矫正以往吗？她不能从新站起来做人吗？过去的就让它死去吧，现在，从今天起，我要创造我的新生。"当另一位同学陈静云问王蕙华今后该如何时，她答道："那不要紧，我现在决定先回家去，一面和那狗东西解除婚约，一面另外找职业，只要能够维持我的生活，无论怎样痛苦我都愿意忍受的。"表明已经觉悟了的王蕙华，高喊"我从此要创造我们新生，我从此站起来做人！"[457]在战争阴影笼罩、复古空气浓烈的20世纪30年代，这类无甚新意的创作，却仍有存在的意义。如论者"畬一"为当时层出不穷的娜拉论述所做的辩护："实在'娜拉'再现在所提出的问题，决不是一个女人对于她底丈夫所处的地位的问题，而是一个女人对于她所处的社会的问题。这个问题直到现在还没有圆满的解答，所以这次'娜拉'的演出完全并不是多余的；同样，在这个问题没有解决以前，'娜拉'是决不会成为过去的陈旧的东西，而易卜生的思想也决不会成为陈旧的思想。"[458]

1935年春的上海，与首都南京一样，喧腾着有关娜拉的新闻。不同的是，南京被唤为娜拉的确有其人，上海则是涉及电影《新女性》呈现的新女性形象。本节以下，将通过此电影引发的公众热议，呈现时人对新旧娜拉的认知与评价。

《新女性》这部影片，取材于1934年2月自杀的电影明星艾霞（1912—1934）的生平与遭遇。[459]该片由联华影片公司拍摄配音，蔡楚生（1906—1968）导演，孙师毅（1904—1966）编剧，在 1935 年 2 月初于上海首映。片中描述三种不同类型的女性，而以阮玲玉（1910—1935）所饰的中学音乐女教师韦明为主线，叙述这位年轻时逃婚，企图出外寻求自立生活的新女性，最后却被社会现实与男权至上的封建势力所击溃，在绝望困顿之际，自杀轻生。[460] 另一位"被时代遗下的旧型女性"张秀贞，虽与韦明曾为大学同学，却缺乏健全的思想与知识，在嫁给买办王博士后，便过着不事生产的少奶奶生活。[461] 第三位女性类型，是工人知识分子李阿英。她半工半教，将生命奉献给工人群众，具有积极进取的性格。[462] 该片从内容到演员，都引发舆论热烈的讨论。由于"新女性"片中有描绘记者失德之处，受到上海市新闻记者公会的强烈抗议，甚至要求立即剪去侮辱记者的片段。[463] 南京各报刊编辑也在《新女性》还未在南京上演前，已举行"电影座谈会"讨论此问题。[464] 此外，《新女性》还曾因被认为提倡自杀，而在北平遭禁映。[465] 该片的丰富话题，使其知名度随之水涨船高。放映月余，上海还有四影院同时开映《新女性》；到 5 月中下旬仍可见该片上映之广告，由此可见其轰动程度。[466]

无巧不巧，《新女性》上映月余，领衔演员阮玲玉竟在 3 月 8 日凌晨，于自家寓所吞食安眠药自杀，被送往医院急救后。她于当天下午六点半许不治身亡，享年仅 26 岁。阮玲玉身世坎坷，十年前投身电影界，后与太古公司买办张达民同居，旋因感情不睦，又与茶叶巨商唐季珊同居，同时始终持续其演艺事业。[467] 在她自杀前，还有与张达民的官司纠纷缠身。[468] 她遗下两封遗书，一谓："我现在一死，人们一定以为我是畏罪，其实我何罪可畏，因为我对于张达民没有一样有对他不住的地方。别的姑且勿论，就拿我和他临脱离同居的时候，还每月给他一百元。这不是空口说的话，是有凭据和收条的。可是他恩将仇报，以冤来报德，更加以外界不明，还以为我对他不住。唉！那有什么法子想呢？想之又想，惟有一死了之罢！唉！我一死何足惜，不过还是怕人言可畏，人言可畏罢了！"另一谓："我不死不能明我冤，我现在死了，总可以如他心愿。你虽不杀伯仁，伯仁由你而死，张达民我看你怎样逃得过这个舆论。你现在总可以不能再诬害唐季珊，因为你已害死了我啊！"[469]阮玲玉逝后，于3月11日大殓，趋前凭吊者，综计约在6万人以上，其中包括许多专从外地来沪瞻视者。[470]3月14日，阮玲玉之遗体出殡，沿途夹道凭吊者，不下30万人，记者谓其"死后哀荣，可称空前"。[471]影评人咸认她的逝世，是"中国影坛极大损失"。[472]

　　阮玲玉以其一代艺人的身份自杀身亡，确实震撼全国视听，被喻为当时中国严重的社会问题，也连带引发关于娜拉的讨论。3月13日，上海《中华日报》以"谁杀了阮玲玉"为主题，征求读者发表意见。综观各方投书，归结阮玲玉之死因，包括为张达民所杀，为封建社会与不当舆论所杀，为唐季珊所杀，为以上三者所杀，或为她自身不正确的意识所杀，及以上全部原因。[473]阮玲玉选择在三八国际妇女节当天自尽，被论者视为"不能不说是给一些妇女运动家们一些幽默的暗示"。[474]有人认为这是个很好的机会，来检视妇女处境与社会的关系。[475]阮玲玉与她在《新女性》中饰演的韦明，同样以自杀结束生命。这番巧合，进一步使"谁杀了阮玲玉？"与"谁杀了韦明？"结合，成为具有双重含义的热门话题，掀起论者对该片的广泛讨论。[476]其中主题，包括中国娜拉的出路，以及谁是真正的新女性代表。

从相关讨论可发现，论者对娜拉的批判，不仅带有进化辩证的味道，也出现阶级意识笼罩新女性形象的思想倾向。在《新女性》片中，韦明早年抗婚离家，及买给女儿的"不倒女性"娃娃，引导影评人将该片与《娜拉》做联想，称韦明为"离家出走的中国娜拉"。[477] 问题在于，作为中国娜拉代表的韦明，最后竟走上自杀之路。有些论者，指该片呈现像韦明这类女子的自我挣扎，自我生活与自我解放，对她表达同情和理解。[478] 影评人唐纳指出，"'新女性'是描写一个转型期的中国的出走后的娜拉，怎样的在她和社会的矛盾，她本身的思想和生活的矛盾，'昨日的我'和'今日的我'的矛盾中灭亡的'时代的悲剧'"。[479] 他认为韦明以作为出走后的娜拉在片中现身，就反对旧封建传统这点来看，实属新女性行径。亦有论者表示，这类女子确具有新理想，无奈环境阻挠其前途，毁灭其发展可能。[480] 对当时多数人而言，效法娜拉出走的韦明，其自立值得肯定，受层层社会压迫也令人同情。但她最终无法冲出难关，以死求解脱，因而被不少影评人认为不足代表《新女性》影片中的真正新女性。[481] 若套用鲁迅十余年前对娜拉出路的提问逻辑，韦明不愿回家也无意堕落，且有一技之长。但作为单亲母亲的她独木难支，为救病女，无法抵抗男性主宰的社会经济大局与情色罗网。因此，她死前的选择，也可为濒于"堕落"边缘。论者姚璋回到《娜拉》原剧，指出娜拉曾因担心真相被揭发而动念自尽，却终选择自力更生之路。姚璋因此强调："娜拉所走的反抗的支路是积极的——奋斗。或许她最初有自杀之意；但终究转过头来，挺着身子直向反抗的积极的支路上迈进。我们女同胞，切莫误以为出走的娜拉是自杀的啊！"[482] 从这些娜拉论述观之，韦明即属旧型娜拉。

物换星移，20世纪30年代的中国时局与思想环境，已不同于"五四"及其后；有志之士对新女性特质的期许，也随时而变。该片编剧孙师毅，曾著《〈新女性〉作意》一文，点明新女性的蜕变面貌。据他描述，《新女性》影片"这一故事所展开之一主要人物的生活，是向着新型性格走，而摆脱不了遗传心理障碍的女性的悲剧。虽然她的结果是失败了的，但我们从这失败之中，从这转换期女性之痛楚的面影上，虽在小资产阶级知识分子的女性之中，却也正不难发现出'新的女性（型）'之临盆的预兆；而这在别一阶级，却并不是如此难产的。在剧中曾经触及而掠过的另一工人女性；便略略可以看出是已经成长了的新型的一幅剪影"。[483]

在孙师毅诠释下，《新女性》影片所拟塑造的真正新女性，已呼之欲出；此即"有健全的体格，理智的判断，又有决心去实行"的李阿英。[484] 时势所趋，多数影评人都承认唯有走入群众，和男子共同负起一切生活艰巨责任的李阿英，才是20世纪30年代中国社会所需的新女性。[485] 孙师毅更为该片创作主题曲，由他做词，聂耳谱曲。不论主题曲或电影，都通过身为作词者李阿英的言行，具现时代女性的新面貌。该主题曲"新的女性"一节，歌词内容即为："新的女性，是生产的女性大众。新的女性，是社会的劳工。新的女性，是建设新社会的前锋。新的女性，要和男子们一同，翻卷起时代的暴风。暴风，我们要将它唤醒民族的迷梦！暴风，我们要将它造成女性的光荣！不做奴隶，天下为公！无分男女，世界大同！新的女性，勇敢向前冲，新的女性，勇敢向前冲！"[486]

"勇敢向前冲"，隐然展现娜拉走出家门的气势；此时舆论，则已凝聚出"新型娜拉"不止应为自己，更要为群众出走的论调。美国学者克莉斯汀·哈里斯（Kristine Harris）指出，"五卅"后中国新女性的论述重点，渐从性别转移到阶级。[487] 美籍华裔学者张英进，曾深入剖析 20 世纪 20 年代到 30 年代上海多部关于描摹与塑造新女性或摩登女性的电影。他指出那时的男性电影话语中，新女性"并不是一个依照自己意愿行事的新主体，而是一个需要不断'控制监督'和惩诫的知识对象"。[488] 张英进申论《新女性》电影中，为李阿英所谱的那首《新女性时代新歌》歌词内容透露的新女性含义："在李的定义中，'新女性'与其他普泛化、无性别的术语（诸如'大众'、'劳工'和新社会的'先驱'）可互换使用，那儿不再存在男性与女性间的差别，占永久统治地位的将是一种乌托邦的'大同'。除了摒弃她们的性别差异这一隐含的要求之外，新女性还被敦促不要沉溺于爱或其他私人感情之中。"[489]

由此观之，中国新女性论述，与其如哈里斯所谓从侧重性别觉醒转为强调阶级意识，不如说其从未真以"女性"特质或需求为重。时局情势的迁移，只使"五四"时期从个人出发主张个性觉醒的反传统论述，到北伐前后蜕变为以动员群众、强调阶级斗争或民族独立的社会解放论述。女性的性别主体意识在其中，并未能享有其应得的地位与能动性。《新女性》中的韦明最后的自杀，使她生前反封建的努力奋斗，在多数影评人眼中化为乌有。[490] 而她所代表的娜拉形象，一时间，被诠释为悲剧性的"英雌"。[491] 但韦明乃至阮玲玉已死，娜拉形象仍得存续。因为娜拉可被各种男性本位大叙事，赋予符合男性界定的时代需求之特质。

1935 年夏，上海业余剧人协会联合公演《娜拉》一剧。该剧团是一群热心戏剧的左翼文化人在中共地下组织的领导下,成立起来的(参见图九)。其中成员包括上海某些知名人士、艺术家、民族主义者、共产党员与信仰共产主义者。论者上官公仆认为,在复古空气浓厚的中国,《娜拉》的上演,并未失其时代性:

> 它对于今日的中国妇女,实在是一个有力的重要的启示,虽然易卜生的娜拉的思想,到了一九三五年,不能算是十分成熟的了。但是在中国,却依然还是新鲜的。我们瞧,觉悟后的娜拉,是多么坚决,多么勇敢,毅然决然地走出了这玩偶的家庭,没有一点留恋,没有一点顾虑,她要去教育自己,要尽她对于自己的责任,要努力做一个人在这里,我想中国的妇女,总可以看得出来,应该怎样去解放她们自己了吧! [492]

此次的"娜拉"公演,再度炒热了娜拉的知名度。该年6月21日的《申报》曾有记载,表示"娜拉大走鸿运":"今年可以说是娜拉年,各处上演该剧的纪录六千数十起,现在许多剧界和影界名角亦决定要演这剧本,听说他们已经秘密排演了两个多月,将在本月底在金城公演。"此次演出"娜拉"的工作人员,皆为一时之选。根据《申报》"戏剧通讯":"这次'娜拉'公演,非但演员全是影界及剧界的明星宿将,即舞台工作人员,亦全是上海舞台工作的第一流人物……可为集影剧最优秀之工作人员于一堂云。"[493]演员方面,更有如赵丹、金山、魏鹤龄、蓝苹等当时剧界影界受观众欢迎的人物。[494]

图九：上海业余剧人协会联合公演《娜拉》剧照：娜拉（左）与柯士达（右）[495]

　　此次长达两个月的公演，使《娜拉》再度广受瞩目；扮演娜拉的蓝苹，更因精湛演技，一举打出高知名度。[496] 蓝苹日后，曾写过《从〈娜拉〉到〈大雷雨〉》（1937）及《我与娜拉》（1939）二文，连结自己与娜拉意象。她认为自己就是娜拉般"叛逆的女性"："当我初读《娜拉》的时候，我还是一个不知道天多高地多厚的孩子。但是无形中娜拉却成了我心目中的英雄，我热烈的崇拜着她，我愿意全世界被玩弄着的妇女都变成娜拉。"[497] 蓝苹自述她曾为抗婚娜拉，自期"要照着娜拉所说'做一个真正的人！'"当她进入社会成为职业娜拉后，做过书记与教师，也曾被冠上"花瓶"封号，深感就业不易。面对20世纪30年代益发高昂的妇女回家呼声,蓝苹高呼："不，我们决不能畏缩的退了回去，无声无息地被毁灭了。我们应该更加努力！但是必须认清努力的目标：这不是一个个人问题，而是一个严重的社会问题！我们要本着娜拉出走时的精神，挺起胸膛去争取社会上确切不移的地位。"[498]

　　蓝苹从剧中到剧外，都认同了娜拉的精神。[499]剧评人咸认蓝苹所扮"娜拉"，演技自然、对白流利，且展现娜拉的坚强意志，令观众印象深刻与感动。[500]除剧场公演之外，《申报》自1935年9月20日起，持续数日刊载《娜拉》剧本的广播演出消息。从1936年2月24日开始到4月，《申报》更连载了《娜拉》的图文故事。这些信息，都说明娜拉形象在1935年前后的中国，仍广受重视并持续传播。个中原因，便在于同年不断在妇女刊物与报章中展开的"妇女回家"争议，促使作为妇女出走最佳代言人的娜拉，跃升为反对妇女回家的不二法宝。论者林梧便指出，在要求妇女回到厨房的呼声震天之际，将易卜生所创造的娜拉精神再现于中国舞台，"不能说是多余的事，而是有着非常重大的意义的"。[501]诚然，20世纪20年代以来，便有人开始批评娜拉的出走已过时，或不再适用于中国社会。但反对国内外妇女回家风潮的论者，仍不放弃希望再三援用娜拉，并在复古风潮弥漫之时，强调公演《娜拉》的深刻时代含义。[502]署名"冰"的作者，便写道："差不多稍具头脑的人，都懂得'娜拉'一剧为妇女运动之先声，是应该将'娜拉'作为新时代之女性的典型，因此'娜拉'应该竭力提倡和公演，才会使妇女们对于她们本身的出路有所警觉。"[503]

1935 年夏由电通影片公司出品，司徒慧敏编导的电影《自由神》，在剧中主角喊出"回到农村去"的口号，被诠释为"洋溢着娜拉的精神"。[504] 片中女主角陈行素，先在"五四"时期做了抗婚娜拉，之后与自由恋爱且志同道合的丈夫，参加反对军阀、鼓吹革命的宣传工作。当丈夫因参与群众抗争运动受伤而逝后，行素带着幼儿经过一连串奋斗，差点又掉入已婚男的感情陷阱。幸而她认清现实，成为小学教员，并编辑妇女刊物，且教导照顾孤儿。论者方岩明确将《自由神》视为娜拉新出路的明灯。方岩表示："现在舞台娜拉演过，我们再来看一看银幕上的娜拉——'自由神'，这两个剧本的意义，也截然地分做两个时期。中国需要实践生活的成群的娜拉，更需要指示'出走后的娜拉'该向哪儿去。这一点，'自由神'已解答了正在恐怖，颤栗，彷徨，畏怯中的妇女们。"[505]《申报》记者附和道："娜拉，并不是一个现阶段的问题剧；但在请全世界的妇女们回到厨房，回到傀儡家庭的当儿，它还有着特殊的意义。……至于电通司徒慧敏编导的'自由神'，对于这一点更积极地正确地指示了出走后的娜拉，不是在歧路徘徊，训练自己，是做一个独立的堂堂的人，是为社会去服务。"[506]

上海业余剧人协会公演《娜拉》时，导演团曾于上海几份报纸上刊登《我们对于〈娜拉〉的认识》，表明其立场。该文说明，当代欧洲人或已遗忘娜拉，那是因现实社会早已有超越娜拉人格的新女性。相形之下，"在中国呢，虽说听起娜拉这名字来很不新鲜，但真能做到娜拉这一步的人却也并不多。所以我们敢于公演一次'娜拉'，当作对于我国妇女的一个备忘录"。[507]

时至 1939 年秋，对日战火方殷之际，沪江大学的团契剧团和文学会剧团，联合为青年会劳工部义演《娜拉》，以替劳工部筹款，作为平民夜校的基金。导演易乔将该剧剧本中国化，改名为《女性的解放》。易乔撰文说明修改《娜拉》的缘由，与该剧仍存在的时代意义，并将公演该剧与1935年上海业余剧人协会那场，遥相呼应。"在今日，中国已经展开了民族解放战事，无数的人们都是为着争取人类大众的自由幸福而牺牲目前个人的自由幸福，那么在现在来演出'娜拉'，无疑地不能采取只提备忘录的态度，而应当是作为一个指南针了。"易乔还表示，改编的《女性的解放》，旨在"指出中国娜拉的正确出路，只有一条，即是去参加民族解放的斗争"。[508] 志业娜拉的方向很确定，但阻力仍多。1940年，中华民国交通部邮政总局等公家机关，陆续出现限用女职员等情事，引发女界不满。[509] 娜拉的职业与社会之路，总是崎岖不平。但也因此，宣扬娜拉精神者，始终不曾真正消失。

结 论

多面的中国娜拉

即使与清末到民国颇负声望的欧美女杰或文学女主角相比，娜拉仍是近代中国知名度最高的外国新女性形象。以往的中国历史，从未见在某个时期，对哪位外国女性形象，产生对娜拉这般如此热烈的讨论与回响。娜拉形象，通过文字演绎（译作、专文、时论、演讲、作品创作）、影像呈现（电影与舞台表演）及声音传递（电台广播）等渠道传播，始终与民国的社会变迁或重要性别议题结合。

"娜拉"到底在中国代表什么？是新女性？新女性形象？或新男性的理想人格投射？本书的研究指出，"娜拉"在中国，兼具以上所有含义。西方社会对《娜拉》剧作的整体结构、象征含义与个别人物思想，曾有诸多议论省思。中国社会，却高度集中于娜拉最后的出走举动。[1]《玩偶之家》在中国，被压缩成娜拉一个人。胡适所诠释的娜拉，说明了"五四"初期娜拉论述在中国的本质。是新男性先做了现代人，才召唤女子一齐来做人。他们秉持"女人是上帝用男人的肋骨所造"的这般信念，从娜拉的新"人性"中析出新

"女性"的成分，使其随之稳坐"五四"新女性形象的宝座。20 世纪 30 年代有论者回顾，凡是"由家庭冲入社会"的中国女性，都被称为娜拉型妇女。[2] 作为新女性形象，娜拉为教育自己而离家的精神，启发无数女性以行动呼应之。由于娜拉承载华人与时俱移的现代性想象与新女性认同，其形象也随之推陈出新。

本书展示中国娜拉自"五四"到抗战前被形塑与实践的多种面貌，并借此揭露这些多面娜拉形象的大叙事，所带给中国女性解放的助力及阻力。近代中国的女性解放，从空间向度出发，大致呈现从家庭走向学校、进入职场再参与社会政治活动的推进过程。清末由国族自强大叙事主导（外加无政府主义思想）催生的女权运动，已目睹少数女性经历过这些空间经验。在清末面临存亡危机之时，一些有志女子更经历跨国的留学结社等活动历练。但辛亥革命后，妇女解放的发展颇受民初复古氛围阻遏。女子的政治与社会活动空间，受到严重压缩。直到《新青年》再开解放风气，五四爱国运动提供女青年集会活动等公开表现机会，女权终获较丰沛且得以持续的发展能量。娜拉现身"五四"中国，主要基于有国际视野的男性意图发展新文化与改造社会的心态。启蒙觉醒大叙事，催生出娜拉在中国的原型；此后，反抗自立与"做一个人"，成为娜拉的核心标志。以求学为主的"自救娜拉"，卷起"五四"时期的出走风。大批青年男女，以走出父家门来表达拯救自己、挣脱家庭威权的决心。

出走与做自己之间，在易卜生甚至胡适的诠释下，并无绝对必然的因果关联。易卜生在《海上夫人》一剧中，已说明女性在家庭与婚姻中，同样有可能做自己、担责任。胡适也较多着墨于娜拉自我觉醒的意志，而非离家出走的行为。然而，在"五四"新文化新思想与爱国浪潮的激荡及洗礼下，新青年已无法按捺于光说不练。时代的特殊性与环境的开放性，允许他们尝试工读互助团、新村运动与勤工俭学等群体实验。这些机会提振他们的勇气，进行离家独立、自由社交与婚恋等个人尝试。热情四射、反抗传统的时代，通常很难同时是个沉潜思考、深刻反省的时代。"五四"阶段的男女知识青年，越想用行动来证明新思潮，就越容易简化新思潮的深刻性与复杂面。当时多数人对娜拉的认识，就隐含着这样的问题与危机。他们认为最具体的"做人"表现，就是走出家庭、反抗传统。

除求学之外，抗婚更是男女知识青年重新掌控自己人生大事的首要之道。由于中国婚制习俗基本剥夺了当事人的伴侣选择权，使娜拉的"反抗婚姻"，到中国演变成未婚男女的"反抗婚约"。在自由婚恋大叙事的引导推动下，20世纪20年代前后的中国，出现抗婚热潮。自由恋爱、自由结婚与自由离婚的论述，开始冲击中国婚姻文化与两性关系。这股以反抗婚姻为主要实践的出走行径，逐渐也扩及从婚姻中出走的行为。

但娜拉在中国，远不只带来围绕婚姻而出走的启发。本书阐明，从20世纪20年代到30年代，解放平权大叙事超越婚姻家庭范畴，打造志业娜拉的面貌。娜拉在易卜生剧中要"做一个人"的宣示，在中国被赋予丰富的异质含义。为追求经济独立而出走，或许切合娜拉在原剧中的意向。但应时势而生的解放平权大叙事，却为娜拉的出走敞开广阔的新世界。北伐后到抗战前，为追求大我福祉而出走的女性，成为时人笔下的"新型娜拉"，以有别于"五四"及其后为自我而离家的"旧型娜拉"。

娜拉在中国留下的印记，与其说展现了"妇运"的发展起落，不如谓呈现出反传统知识分子对中国现代性的阶段性想象，与不断转变的理想新女性的表现。从"五四"一路到抗战后，自救娜拉、抗婚娜拉与志业娜拉的表现此起彼落，交错存在。[3]娜拉成就了"五四"新文化人的现代理想人格，并赋予女性反抗旧制的勇气。这种思想影响，确实多半集中于城市知识青年，但乡村地区也逐渐可见"娜拉出走"之事。[4]民国几类大叙事发扬娜拉精神，激励两性追求自我觉醒、努力做人，对中国在思想文化层面从传统迈向现代，贡献确实良多。

大叙事内的娜拉型新女性

本书也表明，不论娜拉型新女性或其他新女性形象，都是大叙事力图动员与掌控的对象。女性在传统中国，只被认定为"家庭人"而非"社会人"。因此，近代中国的妇女解放与新女性表现，皆以参与社会活动为主要诉求，也与社会改革密切相关。男性精英主导大叙事，通过界定、塑造并规范新女性的言行及道德特质，强化其论述权威与社会／性别优势。[5]不容讳言，许多知识女性也积极呼应各种宣扬女权的大叙事，以为女性争取在公共领域的发展机会。拜大叙事以新文化或新中国等为宏远理想之赐，民国女性顿时被赋予不少重责大任与活动空间。国共等政党为革命建国等大业，仿效苏维埃俄国通过法律促成男女平等。自救娜拉、抗婚娜拉、职业娜拉与爱国娜拉等形象及个人表现，充分展露民国大叙事赋权女性的充沛异质能量。

然而，大叙事对女性解放，始终是把双面刃。本书检视的多面娜拉论述与实践，清晰映照出女性通过大叙事寻求解放的盲点。首先，大叙事之于女性解放，如水之于舟；水能载舟，亦能覆舟。"五四"男性新文化人，不论将娜拉投射为新人性理型，或由此派生的新女性衍型，都重在反抗传统，且执着于出走。在旧家庭中寻求体制内改革的温和方式，已不为抱持反传统思想的"五四"知识青年所认同。唯有采取激烈的断然出走，才能符合时人不满现状与有心求变的热情。因此五四青年，不问娜拉为何出走，也不管娜拉走后如何，总之先走再说。由义无反顾的个人主义激发的启蒙觉醒大叙事，将出走打造成新女性"必须履行的任务"（imperative）；但出路的后果，却只有女性自己承担。

其次，大叙事之于女性解放，如全知视角之于作品人物；中国新女性总被"老大哥在看着你"之类的无形压力监控并约束。[6]几类大叙事接连为中国娜拉开辟名正言顺出走的道路之余，却也限制她们只能在这些道路上求发展。不论主张或反对娜拉出走，男性论者总是企图为女性发声。因为娜拉这个形象的塑造，必须在男性中心的政党与舆论控制下，他们才会觉得安心。一如茅盾所言："如果想跨出这范围一步，妇女们想在家庭关系中建立起'独立的地位'，一想使得自己是一个'独立的人'而不是附属于男子的女人，那她就被视为危险分子了。"[7]这段话透露出，男性并未有心让女性在家庭关系中，与他们建立起对等的独立地位，亦无意让女性成为独立的社会人。因此，娜拉的出走，对中国女性而言，成了一种虚幻的冒险。走出家庭与留在家庭，同样必须依附于男性，并在其许可的范围内活动。[8]

20世纪20年代后，政党组织的动员运作，舆论报刊的宣传引导、文艺创作的反映／指导以及商业媒体的暴露女体，共同制约新女性的表现。投入政党、参与革命，曾一度是当时新女性自期的出路。[9]剪短发、穿军服，能为国家贡献的自信与喜悦展现在她们的行动上。[10]未料，许多新女性的拟男表现，很快因国共意识形态的对立，在1927年的大革命时代，遭到无情的镇压与摧残。[11]至于不符国家、社会或政党需求的女性形象与举措，如喜用洋货的摩登女子、好逸恶劳的机关花瓶，一律遭到排挤非难。

国民党的训政，暴露出政党在法律上承认两性基本平等之际，女性必须让渡出具有性别特征的种种人身自由，以做为妥协。[12]新生活运动期间，当局不断以有伤风化、妨碍卫生等名目，干涉或取缔女性的行为举止。举凡女性的外表，包括剪发、烫发、裸足、奇装异服，以及男女间的互动，包括同行、同住、同车、同食、同坐或同泳，都在其中。妇女从人身言行到生涯发展，都成为国家机器动员各种力量来干预与指导的客体。民国空有超前的法律，却无相应改变的就业环境、健全心态、性别分工与价值观配套，使两性平等如镜花水月。当政治经济情势不变、复古风潮再兴之际，女性被理所当然认定为，为顾全大局应该回家。20世纪30年代主张娜拉出走与要求娜拉回家者，为妇女设计的出路虽不同，却都以民族国家为前提，要求妇女放弃个人选择权，以成全国家的集体解放。时至20世纪40年代，中国娜拉仍继续或更深沉地，被笼罩在解放建国大叙事的集体奋斗迷雾中。

再者，大叙事的男性本位之于妇女解放，宛如有种族歧视的白人之于其他人种。男性／白人以理想人类的原型自居，女性和其他"有色人种"都是衍型与他者。近代中国新女性的最大难题，在于走着一条男性提供与指导的路，同时还须面对男性本位的舆论种种不公平的苛责。民国大叙事通过娜拉意象，将"出走"理想化，相对贬抑留在家中的女性。换言之，娜拉形象在中国的发展，导致时人以"出走与否"为标准来衡量女性"新旧"与否。这不仅加深中国女性彼此间的差异分化，也窄化了新女性可以有的选择。

最后，大叙事并未改变家庭内的性别分工，或以男性气质为依归的社会性别价值观；而这正是男女无法真正平等的关键。民国大叙事塑造的娜拉形象，只将时人的注意力导向妇女出走及其后在社会上的发展。当时不少论者关心中国的家庭改造问题，却不见援引《玩偶之家》来延伸思索或讨论女性将来与家庭（父家、夫家或子家）的关系。[13] 家庭中的两性性别分工与权力阶序，鲜少被触及，也因而不可能被挑战或改变。"五四"以降的男性知识分子，因势利导召唤一代代新女性加入其阵营，认同并实践娜拉的自立与出走。他们主导的大叙事，却规避自古至今由男性掌控的国家机器对两性秩序应负之责。男性群体，从来不是近代中国妇女解放运动的批判或控诉对象。[14] 男女平等在近现代中国的实践，是将女性的女人特质抽离，使女人变成和男人一样的人。

当代学者李小江一句"不仅不能做主人，而且不能做女人"，更生动而沉重地勾勒出中国女性的处境。[15] 李小江指出，近代中国女性及其形象，不断在革命的语境中被塑造。她们既是代表落后传统而欲被革命的对象，又是重建民族国家需动员的革命武器。女性在革命的背景下，一下子完成了两个跳跃："一是跳出了封建家庭，进入社会；二是跳出了封建社会，进入现代意义上的民族—国家。"[16] 可惜的是，这般光荣成绩，是以消融性别意识为代价的。女性始终无法以自己为主要关怀点，来争取真正"做一个（女）人"的自主权。[17] 同样，迁台后的国民党，不时鼓吹贤妻良母、齐家报国。国民党指导以外的"妇运"或妇女论述，在"解严"以前，仍多受压抑与排挤。[18] 直到 20 世纪 70 年代，中国台湾地区的国民党外知识分子，才再次为抵抗贤妻良母思想，而喊出"先做人，再做男人或女人"的"新女性主义"。[19]20 世纪 80 年代的中国大陆，更因两性就业陷入困境而再度浮现妇女回家问题。[20]

值得注意的是，大叙事对娜拉型新女性造成的影响，并不限于中国。虽然近代欧美与中国的妇女解放路线有别，却都难逃男性本位大叙事的势力范围。欧美的女性主义与妇女解放论述，主要由女性自身主导；但这并不表示她们能随心所欲。19 世纪末叶，欧美社会诞生所谓"新女性"（New Woman），包括各类文艺创作者、社会改革者及女性主义者。[21] 她们出现并自我归类为新女性，威胁了以男性为中心的社会现状，因而饱受舆论批判与讥讽。[22]《娜拉》一剧，因鼓吹女性为自己负责、争取独立自由的思想，受到众多西方新女性的认同。美国自由主义女性主义者贝蒂·弗里丹（Betty Friedan, 1921—2006），曾赞扬《娜拉》为 20 世纪之交启发女性至深的重要剧作："在维多利亚时代里，欧美数以千计的中产阶级妇女，都在娜拉身上看见自己。"[23] 第一次世界大战期间，西方女性首次大规模走出家门、进入职场。此番发展机会，其前提是男性上战场后，有大批工作待女性填补。她们是为维生而非为挣脱家庭束缚而走出家门，所以不会彷徨无所适从。第二次世界大战亦然。但大批职业女性的存在，并不代表性别分工真正受到挑战。女性的生育生理功能，总是笼罩乃至被等同于她们的社会角色。

值得玩味的是，西方的女权论述虽主控在女人手上，却仍未能真正逃脱自由主义等各种男性本位大叙事的框架。拿美国为例，以民主政治与资本主义经济为基础阐发的个人平权大叙事，继续以女人的妻母天职来壮大中产阶级文化。职是之故，直到 20 世纪 60 年代，仍有大批美国女性结束高等学业后，骄傲地戴上结婚戒指，走进中产阶级家庭，扮演被赋予高尚含义的家庭主妇角色。她们没有出走的群体意识，却有隐隐"无以名之的难题"。这个被弗里丹名之为"女性迷思"（feminine mystique）的问题，即"除了丈夫、孩子与家庭外，我还别有所求"。[24] 20 世纪前半叶绕了一大圈，欧美女性的个人觉醒，再度揭开新一波"妇运"的序幕。娜拉的醒悟，对她们仍有启示作用。她们不尽然抛下婚姻走出家门，却比过去更意识到自立的意义与价值，努力在家庭与工作间求平衡。至于 1917 年大革命后成为无产阶级专政的苏联，通过立法由上而下，推动全面的男女平等与妇女就业。苏联女权的进展，明显依附于苏维埃政党政治与国家建设。但诚如中国农业专家程兆熊（1906—2001）在 1942 年所言，"苏联的女性，苏联的娜拉，却依然有其很深的隐痛"。法律先行的妇女解放，并未解决迟滞缓变的性别价值观与家庭观带给苏联妇女的种种负担。"此后妇运在苏联的进展及所取的方向，还在不可知之数，娜拉究竟要到何处去呢？"[25] 苏联的无产阶级专政大叙事，并未解决男女实际上的不平等，女性既无社会优势又摆脱不了家庭负担的困境。诚然，欧美有女性本位的激进女性主义（radical feminism），奋力抵拒父权体制及各种男性本位的女性主义大叙事。[26] 但铺天盖地的男性本位论述，仍主导 20 世纪以降的社会。

回过头来看中国社会中的娜拉型女性。综观 20 世纪华人对娜拉形象的援用，似未能真正帮助新女性，获得"做人也做女人"的自由与选择权。[27] 民国不同时代的各类娜拉，明确抵抗父权体制、挑战性别分工者，几如凤毛麟角。然而，受娜拉精神启发的新女性，却不必然尽依大叙事建构的娜拉形象行事。我们确实可见一代代中国娜拉前仆后继，与逆境抗争，以求自立生活。如鲁迅在《娜拉走后怎样》所说："假使她很特别，自己情愿闯出去做牺牲，那就又另是一回事。我们无权去劝诱人做牺牲，也无权去阻止人做牺牲。况且世上也尽有乐于牺牲，乐于受苦的人物。"[28]

一旦中国娜拉的名号受到新女性认同，其精神便会逐渐植入她们的思想中，唤醒女性真正"做一个人"的渴望与行动。近代中国女子教育的发展，造就为数渐多的知识女性。这些青涩不晓世事的女学生，在男性师长与同学的鼓励下，做了"五四"第一代娜拉。部分女学生，经历"学运"与难觅出路等挑战后，在 20 世纪 20 年代蜕变为实事求是的新女性。如董竹君等真切实践娜拉精神的中国已婚女性，也自 20 世纪 20 年代中期以后陆续出现、发声。各类中国娜拉面对困难越挫越勇，不断通过亲身经历的深刻教训，换来沉稳与务实。为求适应现状并争取发展，她们或自愿或被迫选择首先认同大叙事，进而策略性寻求扩张女权的机会。有些新女性加入政党组织，从参与政策运作或推动立法等途径着手，使妇女解放尽可能逐步实现。另有人选择从事自由出版业及其他专门职业，教育女性大众，传播妇女解放思想。步入 20 世纪 30 年代，这些事业有成的知识妇女，已意识到自身是抗拒一波波复古浪潮的中流砥柱。在"妇女回家"的论战中，主张妇女解放与娜拉出走的论述者，多半已非"五四"当年的男性学人,而是货真价实的中国娜拉自身。[29]
为数渐增的女性论者,以不亚于男性的学养与文笔表达见解,并以
自身实际作为,共同创造出告别"五四"娜拉的新面目。[30] 由此可见,
中国娜拉在各大叙事的视阈下,尽力扩展自身及其他女性的权益与
活动。如此,即使既有性别分工仍无法被改变,女性须面对家务职
业双重负担,但至少女性追求自我表现的选项,较前更丰富多元。

跨世纪的娜拉展望

2023 年,不同版本形态的话剧《玩偶之家》陆续公演。北京
国家大剧院戏剧演员队的公演,乃延续自 2014 年纪念该剧在中国
首演一百年的演出。[31] 中国台湾地区的《玩偶之家》,则以肢体舞
结合现代偶戏的形式,在小剧场及户外剧场"打造虚实交错的舞台
空间"。[32] 美国百老汇从 3 月到 6 月上演的改编版《玩偶之家》,由
知名演员杰西卡·查斯坦(Jessica Chastain)担纲,以极简抽象派
艺术风格呈现。[33] 无论哪一种表演类型,娜拉都是舞台、观众(读者)
及媒体最关注的核心焦点。百老汇版本的预告,即以饰演娜拉的查
斯坦一句"我跟你一样是个人,或者至少我正努力成为一个人"(I
am a human being, just like you are, or at least I am trying to become
one),概括全剧核心。[34]

"至少我正努力成为一个人",或可总结近现代中国娜拉型女
性的奋斗写照。娜拉形象在中国的发展,象征着两性追求现代性的
心态,并具现了两性为求做人而展开竞争的双重变奏。综观 20 世
纪至今的中国社会的发展,说明妇女问题的症结,并非资本主义或
社会主义,而是男性本位的体制与思维。美国汉学家林培瑞(Eugene

Perry Link, Jr.）在 2023 年一篇论述中国现代女权运动之文中，概述了"由上往下"及"从下往上"两类女权主义。从本书讨论不难窥见，"由上往下"的"妇运"总是受限于大叙事框架。男女平权法律，能被迅速给予，也可被轻易拿走。林培瑞表示："中国 1950 年婚姻法的社会效应类似于美国最高法庭 1954 年有关'隔离而平等'的教育违宪的决定：把高尚的理想陈列出来，让社会慢慢地，潜移默化地向理想发展。"[35] 2022 年 4 月，记者贾素之在一篇专论中表示："可以粗暴地概括中国舆论场上的两股力量，一边是女性越来越强的性别意识，另一边是男性愈演愈烈的厌女情绪，二者构成中国舆论场上最激烈的冲突。"[36] 这些不断蔓延猖獗的当代厌女意识，暴露出各种大叙事（权威、体制）虽是男性本位，却使一般男性优势反而萎缩，而造成男权反扑。

娜拉形象与实践在中国的发展，其实反向开示了一个重要教训。亦即，从象征意义上来说，光要女性出走并不够，还得要男性回家。这个意思，是通过政策法律与教育，改变性别分工概念，让男性担负家务劳动及养育之责。一代代中国娜拉遇到的最大阻力，就是"家庭"被视为女人最基本与合宜的处所。偏偏大叙事主导的娜拉论述，只把目光放在出走与社会表现，忽略性别权力关系的源头，在于家庭的性别分工及其衍生的社会身份认同。20 世纪 30 年代以降，开始有新女性认知到欲真正解决中国妇女问题，除争取社会发展外，仍须从家庭改革做起。1936 年，蜀龙在《妇女共鸣》中便呼吁："娜拉该在家庭中同丈夫争平等地位，打死活都要争到，这是真革命。"[37] 种种男性本位大叙事已然显明，若只要求女性的社会表现而未改变家务及养育的性别分工，男女终究无法平等。

即使马克思／社会主义女性主义者，主张通过公食公育等措施减少女性的家庭工作，仍未能彻底改变人们认定家务及母职属于女性的价值观。所以，不论哪种国家，主要家务劳动者仍为女性，不论她们是否在社会上有工作。因此，娜拉的出走是一个重要的开始；但男女平等，绝非女性走出社会便可达成。男性的工作／劳动范围及程度，也必须与家庭有关，一如女性。

娜拉带给我的省思，是唯有训练男性培养出女性的性别特质，否则社会永远是男性占优势。女人能生育，但不应因此而认定只有女人能养孩子。改变既有性别分工之所以重要，在于必须解开社会以生理功能来决定女性身份的定见。若女性能推动法律，制定女人生完小孩后，由男人回家开始照养小孩几年，或能逐渐松动目前仍僵化的性别角色与性别气质认同。男人在养育小孩或从事家务劳动之际，或能培养如温柔、慈爱、慷慨等向来被归类为母性的良好特质。也唯有通过家庭、学校与社会教育，解构两极化的性别气质，让男女都适（个人）性发展社会角色，才能解开男人经常失去男子气概的焦虑与恐惧。因为，正是这些焦虑与恐惧，驱使许多中国男性，以打压与污名化女性，来巩固自身的性别与社会文化优势。

"'娜拉走后怎样'是一个跨世纪的问题：她到底是改变自己以及整个世界，还是在现代社会变革的洪流中消失无踪？"[38]这个学者王青亦在《制造性别》（2016）书中的提问，对有志"做一个人"的女性来说，答案显然是前者。娜拉这种"我要看看究竟是我错了，还是世界错了"的志气，对时至21世纪初的中国女性而言，仍具启发与警醒作用。[39]《玩偶之家》剧末"奇事中的奇事"，是否会出现在真实人生，也唯有待两性互信互谅，以共同成就。

注释

绪论

1　《永远不要低估一个女人的力量》，搜狐网，2022 年 10 月 20 日，撷取日期：2023 年 7 月 18 日，https://www.sohu.com/a/594105402_121124744。

2　作者兼精神科医师王浩威指出，近百年来中国社会结构与家庭功能的改变，使得女性的出路也相应出现不同的指标："一百年前的娜拉想要离家，横在眼前的却是千方百计的阻挠。一百年后，同样是娜拉，已经三十岁或更多了，还每天小心翼翼地防着家人，唯恐稍一疏忽就会遭家人以'独立'的圣名踢出家庭。……除非死亡或重病，公元两千年的娜拉是没有理由赖在家里不走的。"见王浩威，《娜拉不想离家》，台北《联合报》，"世纪思索之三：关于家庭功能与社会结构的体察"，2000 年 9 月 16 日，版 37。诚然，近百年来中国的家庭功能与社会结构转变甚巨，自非此一简单故事所能以偏概全；而百年前与百年后的"娜拉"在中国大陆（与中国台湾）的形象，也随时俱移。但此处征引上文之意，正在于点出即便有转变与差异，"娜拉"这个形象仍为国人所津津乐道并引以为论。

3　郭沫若，《〈娜拉〉的答案》，《郭沫若全集》文学编第 19 卷（北京：人民文学出版社，1992 年），页 215—221。

4　王浩威，《娜拉不想离家》。

5　此剧原名为 *Et Dukkehjem*，译为英文后，多以 *A Doll's House* 或 *Nora* 的剧名出现。该剧传入中国后，其译名包括《娜拉》、《玩物之家》与《傀儡家庭》。

6　"娜拉"此一形象确有个真实原型存在，是位名叫劳拉·彼得森（Laura Petersen, 1849—1932 年）的挪威女作家。她素仰易卜生之大名，曾创作《布兰德的女儿》（*Brand's Daughters*）以呼应易卜生的剧作《布兰德》（*Brand*, 1866 年）。1870 年易卜生开始与她通信，并于翌年与她会面。他们过从甚密，易卜生似曾昵称劳拉为他的"云雀"（skylark）。之后劳拉与丹麦教师维克托·基勒（Victor Kieler）共结连理，不久维克托感染肺结核，医生建议病人宜往气候较暖和的地区静养。劳拉为此暗中借贷一笔款项，使他俩得以赴意大利旅行，并治愈维克托的疾病。1878 年借贷之期已届，劳拉被迫还钱，她请易卜生帮忙出版自己创作的小说。但易卜生认为此小说写得不好，无法出版，便去信催促劳拉将事情全盘告知其夫；劳拉不肯，竟开空头支票以应付债务。此伪造文件被揭发后，劳拉始向其夫告白。遽料其夫丝毫不顾念她所为之动机，反而大发雷霆，怒斥她没有资格再为人母。劳拉因此濒临精神崩溃边缘。维克托将她送到公共收容所，并申请离婚以杜绝她再与孩子有所接触。劳拉在收容所被拘禁一个月后，恳求其夫让她回家，他才非常勉强地答应。这个悲惨的真实故事，是刺激易卜生写出《娜拉》的原始动机。见 Sally Ledger, *Henrik Ibsen* (London: Northcote House, 1999），pp. 5-6.

7　Nada Zeineddine, *Because It Is My Name: Problems of Identity experienced by women, artists, and breadwinners in the plays of Henrik Ibsen, Tennessee Williams, and Arthur Miller* (Merlin Books Ltd., 1991），p. 11.

8　William Archer, "Ibsen and English Criticism," *Fortnightly Review*, July 1889, cited from Thomas Portlewait ed., *William Archer on Ibsen: The Major Essays, 1889-1919* (London: Bloomsbury Academic, 1984），p. 17.

9　藤井省三，《铅笔的恋爱，汽车的共和国——胡适的留美经验与〈终身大事〉》，收入"中央"研究院中国文哲研究所筹备处编委会编，《民族国家论述——从晚清、五四到日据时代台湾新文学》（南港："中央"研究院中国文哲研究所筹备处，1995 年），页 211—212。

10　陈素，《五四与妇女解放运动》，收入中国社会科学院近代史研究所编，《五四运动回忆录（下）》（北京：中国社会科学出版社，1979 年），页 1020。

11　碧遥，《廿四年来中国妇女运动走过的路程》，《妇女生活》，卷 1 期 4（1935 年 10 月）。

12　许淑捐，《中国的"娜拉"和挪威的"娜拉"——比较鲁迅和易卜生对妇女解放问题的探索》，《妇女研究论丛》，1994 年第 3 期，页 49—52；李圭嬉，《"五四"小说中所反映的女性意识》，中国文化大学中文所硕士论文，1995，页 177；罗苏文，《女性与近代中国社会》（上海：人民出版社，1996 年），页 440；吴雁南、冯祖贻、苏中立、郭汉民编，《中国近代社会思潮：1840—1949》第 2 卷（湖南：湖南教育出版社，1998 年），页 678—680；王颖，《胡适"健全的个人主义"在五四时期的积极影响》，《理论探讨》，2000 年第 3 期，页 35—37；杨广宇，《平凡的题材 深刻的意蕴——〈玩偶之家〉的社会批判意识》，《安徽师范大学学报（哲学社会科学版）》，卷 26 期 1（1998 年 1 月），页 103；杨新刚，《鲁迅、胡适与茅盾对〈玩偶之家〉解读之比较——兼及三人"五四"时期女性解放思想》，《鲁迅研究月刊》，2012 年 4 期，页 41—49；邹婧婧，《五四时期"娜拉"出走后的时代反思》，《内江师范学院学报》，卷 30 期 11（2015 年），页 48—54；黄慧，《成功冲出家庭禁锢的玩偶——探析〈玩偶之家〉中的娜拉出走以后》，《阴山学刊》，卷 28 期 2（2015 年 4 月），页 47—50；张春田，《思想史视野中的"娜拉"五四前后的女性解放话语》（台北：

新锐文创，2013 年）。

13　曾琦，《妇女问题与现代社会》，《妇女杂志》，卷 8 号 1（1922 年 1 月），页 4。

14　周芳芸，《中国的"娜拉"走后怎样——"五四"新女性自我意识的觉醒与失落》，
　　 收入周芳芸，《中国现代文学悲剧女性形象研究》（成都：天地出版社，1999 年），
　　 页 6。

15　研究清末译介外国女杰的著作很多，例见 Ying Hu, *Tales of Translation: Composing
　　 the New Woman in China, 1899-1918* (Stanford: Stanford University Press, 2000)；夏
　　 晓虹，《晚清女性与近代中国》（北京：北京大学出版社，2004 年）；唐欣玉，《被
　　 建构的西方女杰：〈世界十女杰〉在晚清》（成都：四川大学出版社，2013 年）。

16　蔡祝青，《译本外的文本：清末民初中国阅读视域下的〈巴黎茶花女遗事〉》，辅仁
　　 大学比较文学研究所博士论文，2008。

17　卢文婷，《〈巴黎茶花女遗事〉的翻译与传播策略——兼谈"五四"爱情浪漫主义
　　 话语建构》，《中国现代文学论丛》，2021 年第 1 期（2021 年 7 月），页 172—182。

18　陈独秀，《敬告青年》，《新青年》，卷 1 号 1（1915 年 9 月），页 1—6。

19　Angélique du Toit, "Grand Narrative, Metanarrative," in *The Lyotard Dictionary*, ed.
　　 Stuart Sim (Edinburgh: Edinburgh University Press, 2011)，p. 86-88.

20　梁启超，《新民说》（郑州：中州古籍出版社，1998 年），页 155—156。

第一章　召唤娜拉：国族自强大叙事下的新女性论述

1　宋少鹏，《"西洋镜"里的中国与妇女：文明的性别标准和晚清女权论述》（北京：
　　社会科学文献出版社，2016 年），页 37。

2　须藤瑞代原著，姚毅译，《中国"女权"概念的变迁：清末民初的人权和社会性别》
　　（北京：社会科学文献出版社，2010 年）。

3　宋少鹏，《"西洋镜"里的中国与妇女：文明的性别标准和晚清女权论述》，页 42—
　　51。另见高彦颐（Dorothy Ko）著，苗延威译，《缠足："金莲崇拜"盛极而衰的演变》
　　（台北：左岸文化，2007 年），页 57—95。

4　杨联芬，《晚清女权话语与民族主义》，《励耕学刊》，2007 年第 1 期，页 175—192。

5　例见唐欣玉，《被建构的西方女杰：〈世界十女杰〉在晚清》（成都：四川大学出版社，
　　2013 年）；夏晓虹，《晚清女子国民常识的建构》（北京：北京大学出版社，2016 年）。

6　季家珍著，杨可译，《历史宝筏：过去、西方与中国妇女问题》（南京：江苏人民出版社，
　　2011 年）。

7　除季家珍之外，美国华裔学者胡缨（Ying Hu）的专书，以茶花女、苏菲亚与罗兰
　　夫人为例，探讨清末民初的中国社会如何通过字义（literal）与象征（figurative）两
　　种层次的翻译过程，来塑造并传播某些西方（女性）形象，以助己想象并发展出
　　异于传统的（性别）认同意识。Ying Hu, *Tales of Translation: Composing the New*

Woman in China, 1898-1918 (Stanford: Stanford University Press, 2000).

8 见曹大为,《中国古代女子教育》(北京:北京师范大学出版社,1996年)。

9 关于中下层妇女在家庭外的活动,"中央"研究院近代史研究所研究员赖惠敏关于盛清时期下层社会妇女出走的文章,曾指出当时的下层妇女因面临经济、婚姻或家庭暴力等困境,而有不少离家出走的个案。不过绝大多数女性,尤其是中上层社会者,受礼法与贞操观的制约,仍多被拘束于家中。见赖惠敏,《妇女、家庭与社会:雍乾时期拐逃案的分析》,《近代中国妇女史研究》第8期,2000年6月,页1—40。另见郭松义,《伦理与生活——清代的婚姻关系》(北京:商务印书馆,2000年)。

10 见曹大为,《中国古代女子教育》,页538—558。传统中国的女教内容,不论修身、待人、接物、处世,皆以家族与家庭的各种人际关系为核心而展开,对于妇女的创造力与思考能力,较缺乏启发作用。这也是传统女教与清末以降的女子教育最大不同处之一。另见张倩仪,《另一种童年的告别》(台北:台湾商务印书馆,1997年),页312—317。

11 罗苏文,《女性与近代中国社会》,页113—167。

12 卢燕贞,《中国近代女子教育史:1895—1945》(台北:文史哲出版社,1989年),页25。

13 外国教会在中国本土创办的最早的女子普通学校,是1834年由英国伦敦妇女会经办,在澳门成立的教会小学。至于外国传教士在中国开办较为正规的女子学校,则为1844年由一位英国东方女子协进会阿尔德赛女士在浙江宁波设立的女子学校。孙石月,《中国近代女子留学史》(北京:中国和平出版社,1995年),页39—40。另见王立新,《美国传教士与晚清中国现代化:近代基督新教传教士在华社会文化和教育活动研究》(天津:天津人民出版社,1997年),页227。

14 陈东原曾指出,根据林乐知所著《全地五大洲女俗通考》(1903年)第10集有关1902年教会学校女生数目的统计,除初等蒙学堂不计外,女学生有4373人,占全体学生的43%,不能算不发达。陈东原,《中国的女子教育——过去的历史与现在的缺点》,收入鲍家麟编著,《中国妇女史论集续集》(台北:稻乡出版社,1991年),页250—251。

15 郑观应,《盛世危言》(台北:学术出版社,1965年),页20—21。

16 梁启超,《倡设女学堂启》,《梁启超文集》第2册(台湾:中华书局,1960年),页20。

17 《女学堂禀南洋大臣刘稿》(1898年4月23日),收入中华全国妇女联合会妇女运动历史研究室编,《中国近代妇女运动历史资料(1840—1918)》(北京:中国妇女出版社,1991年),页110。

18 杜学元,《中国女子教育通史》(贵阳:贵州教育出版社,1996年),页301,308;卢燕贞,《中国近代女子教育史:1895—1945》,页29。

19 此事始末见《记女学堂停止原委》,收入中华全国妇女联合会妇女运动历史研究室编,《中国近代妇女运动历史资料(1840—1918)》,页129—130。

20　诸如刊于东京《女学报》第 4 期的《记上海爱国女学校》,《记葆灵女学堂》;刊于
　　1903 年 6 月 16 日《苏报》的《嘉兴爱国女学社简单》;刊于 1903 年 6 月 22 日《苏报》
　　的《上海女子苦学社简单》;刊于 1904 年 10 月 19 日《警钟日报》的《常熟竞化
　　女学校章程》等。见李又宁、张玉法编,《近代中国女权运动史料:1842—1911》
　　下册(台北:传记文学出版社,1975 年),页 994—1250。

21　杜学元,《中国女子教育通史》,页 326。

22　《惠馨女士殉学记》,《东方杂志》,第 3 年期 5 (1906)。

23　夏晓虹,《晚清女性与近代中国》(北京:北京大学出版社,2004 年),页 223—
　　256。

24　卢燕贞,《中国近代女子教育史:1895—1945》,页 31。

25　《学部议覆女学堂章程折》,《中国日报》1907 年 2 月 22 日,引自李又宁、张玉法编,
　　《近代中国女权运动史料:1842—1911》下册,页 974—975。

26　《学部议覆女学堂章程折》,《中国日报》1907 年 2 月 22 日,引自李又宁、张玉法编,
　　《近代中国女权运动史料:1842—1911》下册,页 975。

27　见杜学元,《中国女子教育通史》,页 333。

28　学者罗苏文曾研究并比较三种清末女子教材(1904 年上海出版的《女子新读本》,
　　1905 年上海出版的《最新女子修身教科书》,1907 年北京出版的《女子师范修身
　　教科书》),以从中分析当时社会企图灌输女子的修身(即德育)知识内容。她指
　　出当时既有奉行贤妻良母主义者,也有试图突破贤妻良母主义者,其由此论证清
　　末"兴女学"运动在地区间存在着发展缓急不同的"时差"。见罗苏文,《女性与
　　近代中国社会》,页 145—152。

29　《学部奏遵议设立女子师范学堂折》,引自李又宁、张玉法编,《近代中国女权运动
　　史料:1842—1911》下册,页 990。

30　《女学会书塾开馆章程》,引自中华全国妇女联合会妇女运动历史研究室编,《中国
　　近代妇女运动历史资料(1840—1918)》,页 112。

31　《论女子教育宜定宗旨》,《顺天时报》,1906 年 4 月 20 日,收入李又宁、张玉法编,
　　《近代中国女权运动史料:1842—1911》上册(台北:传记文学出版社,1975 年),
　　页 620—621。

32　关于"贤妻良母"概念在近代东亚的流转与演变的研究,见陈姃湲,《从东亚看近
　　代中国妇女教育:知识分子对"贤妻良母"的改造》(板桥:稻乡出版社,2005)。

33　李又宁,《中国新女界杂志的创刊及内涵》,收入张玉法、李又宁编,《中国妇女史
　　论文集》第 1 辑(台北:台湾商务印书馆,1992 年),页 194。

34　梁启超,《新民说》(郑州:中州古籍出版社,1998 年),页 156。

35　孙石月,《中国近代女子留学史》,页 74—90。

36　同上。

37　《新民说》最早连载于 1902 年到 1906 年的《新民丛报》。

38　梁启超,《新民说》,页 54。

39 与此同时，也有学者对《新民说》的西学与传统成分进行分析，论证传统的根源在梁氏思想中占有相当的分量。见黄克武，《一个被放弃的选择：梁启超调适思想之研究》（南港："中央"研究院近代史研究所，1994 年）；陈匡时，《略论梁启超的〈新民说〉》，收入蔡尚思等著，《论清末民初中国社会》（上海：复旦大学出版社，1983 年），页 70—82。盖言之，梁氏的《新民说》为企图融贯中西思想而为国人塑造新国民性与民族精神的尝试。

40 梁启超，《新民说》，页 46—248。

41 彭明主编，《近代中国的思想历程（1840—1949）》（北京：中国人民大学出版社，1999 年），页 254—256；史云波、董德福，《梁启超：五四新文化运动的先驱》，《中州学刊》总第 109 期，1999 年 1 月，页 126。

42 其文开宗明义地表示，"欲新一国之民，不可不先新一国之小说"。见梁启超，《论小说与群治之关系》，《饮冰室文集》卷三学术类（台南：复汉出版社，1990 年），页 12。

43 Siaobing Tang, *Global Space and the Nationalist Discourse of Modernity: The Historical Thinking of Liang Qichao* (California: Stanford University Press, 1996), p. 47.

44 尹雪曼，《中国新文学史论》（台北："中央"文物供应社，1983 年），页 9—11，19—21。

45 梁启超，《新民说》，页 155—156。

46 以《中国新女界杂志》为例，曾出现"女国民"字眼之文包括炼石，《发刊词》；巾侠，《女德论》（第 1 期，1907 年 2 月）；陈篆，《论中国大耻之一斑》，炼石，《本报五大主义演说》（第 4 期，1907 年 5 月）。《神州女报》中则有季威，《普及教育与女子教育》；社英，《女子宜注重国文论》（第 2 号，1912 年）；社英，《女子承袭遗产问题之商榷（一）》（第 4 期，1912 年）等。《女子世界》中则有莫雄飞，《女中华》（第 5 期，1904 年 5 月）；亚特，《论铸造国民母》（第 7 期，1904 年 6 月）；初我，《新年之感》（第 11 期，1904 年 10 月）等。还有如《女子为国民之母》，《顺天时报》1905 年 6 月 17 日；《论女子教育宜定宗旨》，《顺天时报》1906 年 4 月 17 日；《论文明先女子》，《东方杂志》第 4 卷第 10 期。另见金天翮，《女界钟》（上海：爱国女校，1903 年），页 84。

47 严昌洪，《中国近代社会风俗史》（台北：南天书局，1998 年），页 189。

48 林毓生著，穆善培译，《中国意识的危机：五四时期激烈的反传统主义》（贵阳：贵州人民出版社，1988 年），页 16。

49 "女权"一词，据王政的研究指出，是由 1903 年爱自由者金一所著的《女界钟》加以宣传与散播，而开始盛行于清末乃至民国。见 Zheng Wang, *Women in the Chinese Enlightenment: Oral and Textual Histories*, p. 40。

50 初我，《新年之感》，《女子世界》第 11 期，1904 年 10 月。

51 吕美颐、郑永福，《中国妇女运动（1840—1921）》（河南：河南人民出版社，1990 年），页 120—121。

52　社英，《论女子当具责任心》，《神州女报》第 1 期，1912 年，页 16—17。"凤城蓉
　　君女史"来稿，《婚姻自由论》，《清议报》第 76 册，1901 年 4 月 19 日，转引自中
　　华全国妇女联合会妇女运动历史研究室编，《中国近代妇女运动历史资料（1840—
　　1918)》，页 257。亚特，《论铸造国民母》，《女子世界》第 7 期，1906 年 7 月。

53　另外，较早对外国女性有所勾勒与产生初步认识的，应属赴外旅行观察的文字记录。
　　如王韬在欧洲游历写成的《漫游随录》(1869 年)，对英国女子读书胜于中国，男
　　女交际谨严自好等情形，留下良好的印象。而单士厘所著的首部女子出国旅行记《癸
　　卯旅行记》(1903 年)，则记述她随夫游历日、俄等国所留下的观感。不过这些多
　　属片断，不若传教士较通盘且广泛地介绍外国妇女。见王韬，《漫游随录·扶桑游
　　记》(长沙：湖南人民出版社，1982 年) 页 111, 135；单士厘，《癸卯旅行记》(长沙：
　　湖南人民出版社，1981 年)。

54　1842 年中英《南京条约》，允许英人在五个通商口岸建礼拜堂，并进行传教。1858
　　年 6 月签订的中英天津条约第 8 款：耶稣圣教暨天主教原系为善之道，待人知己。
　　自后凡有传习学者，一体保护，其安分无过，中国官毫不得刻待禁阻。简而言
　　之，此两条款允许传教士进入内陆各省自由布道，并规定传教士有购土地造教堂
　　的权利。这类条约给予传教士来华宣教与置产权，使他们拥有相当大的活动空间
　　与言论自由。见查时杰，《一百七十年来的基督教》，收入林治平编，《基督教入华
　　百七十年纪念集》(台北：宇宙光出版社，1994 年)，页 11；褚德新、梁德主编，《中
　　外约章汇要 1689—1949》(哈尔滨：黑龙江人民出版社，1991 年)，页 133。

55　王立新，《美国传教士与晚清中国现代化：近代基督新教传教士在华社会文化和教
　　育活动研究》，页 146—201。

56　《万国公报》的前身为《教会新报》(Church News)，乃同治 7 年（1868 年）所创
　　办的教会机关报。

57　美国林乐知撰，吴江任保罗述，《论女俗为教化之标志（录女俗通考之末章)》，《万
　　国公报》1903 年 4 月号，转引自李又宁、张玉法编，《近代中国女权运动史料：
　　1842—1911》上册，页 396—402。西方许多开明的知识分子，至少从 19 世纪中
　　叶以降，多承认妇女处境与知识水平的优劣，为评断一国文化高低与社会进步与
　　否的标准。见 Diana H. Coole, *Women In Political Theory: From Ancient Misogyny to
　　Contemporary Feminism* (New York: Harvester Wheatsheaf, 1993)，pp. 119-138。

58　布兰飓撰，林乐知译，蔡尔康录，《美女可贵说》，《万国公报》1899 年 5 月号，引
　　自李又宁、张玉法编，《近代中国女权运动史料：1842—1911》上册，页 176。

59　美国女士美而文撰，林乐知译，吴江任保罗述，《论西国振兴女人之成效》，《万国
　　公报》，1904 年 10 月号，引自《近代中国女权运动史料：1842—1911》上册，页
　　233。

60　见 Ying Hu, *Tales of Translation: Composing the New Woman in China, 1898-1918*, pp.
　　2-3。

61　梁启超，《变法通议·论女学》，《饮冰室文集》第 1 册（台北：中华书局，1960 年)，

页 43。

62 《导言》,《近代中国女权运动史料:1842—1911》上册,页 XLIV;吴雁南、冯祖贻、苏中立、郭汉民编,《中国近代社会思潮:1840—1949》第 2 卷,页 651。

63 根据胡缨的说法,梁启超对清末以前的中国才女之严词抨击("古之号称才女者,则批风抹月,拈花弄草,能为伤春惜别之语,成诗词集数卷,斯为至矣。若此等事,本不能目之为学",《变法通议·论女学》),基本上出自其强国保种的民族主义思想;梁氏因此认为古代这种限于精英阶层的才女文化之风不可取。但梁启超这类的论述模式,对胡缨而言,却有以偏概全之弊,间接否定了中国传统女性曾有过的文学及其他成就。见 Hu Ying, *Tales of Translation: Composing the New Woman in China, 1898-1918*, pp. 6-8。

64 见李孝悌,《清末的下层社会启蒙运动:1901—1911》(南港:"中央"研究院近代史研究所,1998 年,再版),页 5—6。

65 炼石,《发刊词》,《中国新女界杂志》第 1 期,1906 年 12 月,页 2—3。

66 炼石女士,《本报五大主义演说》,《中国新女界杂志》第 2 期,1907 年 3 月。

67 见李又宁,《中国新女界杂志的创刊及内涵》,收入张玉法、李又宁编,《中国妇女史论文集》第 1 辑,页 222—223。

68 爱自由者金一,《女界钟》,页 4。金一在文中对贞德与比切·斯托夫人的原文书写有误,应是 Joan of Arc 与 Harriet Elizabeth Beecher Stowe。前者是英法百年战争中,率领法军击败英军的传奇女英雄,但后来被陷害而被英军烧死。后者为美国名作家,曾著《黑奴吁天录》(Uncle Tom's Cabin; or, Life Among the Lowly, 即《汤姆叔叔的小屋》);其贡献一生于拯救黑奴,倡导平等与博爱。见 Xia Xiaohong, "Ms. Picha and Mrs. Stowe", in *Translation and Creation: Readings of Western Literature in Early Modern China, 1840-1918*, ed. David Pollard (Amsterdam: John Benjamins Publishing Company, 1998), pp. 241-251。至于玛利侬即罗兰夫人,为法国大革命初期吉伦特派之领导人物,为国家与人民奉献心力,后为激进派处死。苏菲亚则为俄国虚无党女英雄,曾刺杀俄皇未成,被捕处死。

69 炼石,《本报五大主义演说》,《中国新女界杂志》第 2 期,1907 年 3 月,页 7。

70 陈撷芬,《中国女子之前途》,《女学报》第 2 年第 4 期,1903 年 11 月,转引自《中国近代妇女运动历史资料(1840—1918)》,页 224。

71 陈撷芬,《中国女子之前途》,页 225。

72 男性知识分子宣扬西方杰出妇女,除了作为凸显中国现状与妇女处境亟待改变的论述策略外,也有意在中国面对西方所处的相对劣势之际,通过对外国女性形象的塑造,掌握新女性典范的诠释权,维持对中国女性的相对优势。借用刘人鹏的话说,那些男性知识分子的心态是:"通过书写与呼吁二万万弱女子,可以不断表达那种厌弃'被征服',而想要居于'征服者'的深层欲望,同时也抒解着'被征服'的焦虑。性别化的书写主体(男性),在书写'女子'的软弱中,暂时脱离了作为非白人、被征服者的位置。"刘人鹏,《"西方美人"欲望里的"中国"与"二万万女子"——晚清以迄五四的国族与妇女》收入刘人鹏，《近代中国女权论述：国族、翻译与性别政治》（台北：学生书局，2000年），页129—197。

73 清池女史，《女子亟宜自立论》，收入李又宁、张玉法编，《近代中国女权运动史料：1842—1911》上册，页375；秋瑾，《秋瑾先烈文集》（台北："中央"文物供应社，1982年），页95。

74 中国之新民（梁启超），《近世第一女杰罗兰夫人传》，《新民丛报》17，18号，1902年9月，转引自李又宁、张玉法编，《近代中国女权运动史料：1842—1911》上册，页319。

75 灵希，《译述三：美国大新闻家阿索里女士传》，《中国新女界杂志》，期1（1907年2月5日），页65—72；梅铸，《史传：法国救亡女杰若安传（白话体）》，《中国新女界杂志》，期3（1907年4月5日），页53—82；灼华，《传记一：大演说家黎佛玛女史传》，《中国新女界杂志》，期4（1907年5月5日），页41—49；槑旃，《传记二：英国小说家爱里阿脱女士传》，《中国新女界杂志》，期4（1907年5月5日），页51—55；《传记一：博爱主义实行家墨德女士传》，《中国新女界杂志》，期5（1907年6月5日），页41—50。

76 见鲍家麟，《辛亥革命时期的妇女思想》，收入鲍家麟编著，《中国妇女史论集》（台北：稻乡出版社，1992年，再版），页284。

77 见阿英，《晚清小说史》（上海：商务印书馆，1937年），页159。

78 见陈天华，《警世钟》，收入张玉法编，《晚清革命文学》（台北：经世书局，1981年），页205。

79 《女军人传》，《女子世界》第2期，1904年元旦，页19。

80 安如，《松陵新女儿传奇》，《女子世界》第2期，1904年（甲辰年）元旦，页46—47。

81 《戒缠足诗十首：第十首》，《女子世界》第5期，1904年4月，页64。另见华振域，《女报颂词》，《女报》第1卷第1期，1909年1月；《追悼秋侠丛录：哀词》，《女子白话旬报》第6期，1912年12月，页39。

82 张昭汉，《抚念时艰悲愤不能自已援笔书此以当哭》，《女子世界》第3期（原15期），1905年，页55。

83 《女学生入学歌》，《女子世界》第10期，1904年9月，页53。

84 郭沫若，《〈娜拉〉的答案》，《郭沫若全集》文学编第19卷（北京：人民文学出版社，1992年），页215—221。鲍家麟也曾指秋瑾"选择的是易卜生小说中娜拉走的路，从玩偶生活中觉醒过来，别了丈夫儿女离家了。"见鲍家麟，《秋瑾与清末妇女运动》，收入鲍家麟编著，《中国妇女史论集》，页348。

85 熊月之，《中国近代民主思想史》（上海：上海人民出版社，1987年），页414—419。

86 徐天啸，《神州女子新史》（台北：稻乡出版社，1993年），页62。

87 鲍家麟，《秋瑾与清末妇女运动》，收入鲍家麟编著，《中国妇女史论集》，页361。

88 秋瑾，《秋瑾先烈文集》，页 95。

89 槟城鹃红女士，《哀女界》，《天铎报》1911 年 1 月 10 日，转引自中华全国妇女联合会妇女运动历史研究室编，《中国近代妇女运动历史资料（1840—1918)》，页 213。

90 秋瑾，《将赴沪别寄尘》，收入秋瑾，《秋瑾先烈文集》，页 7—8。

91 秋瑾，《致王时泽书》，收入秋瑾，《秋瑾先烈文集》，页 113。

92 由于廖仲恺之父为旅美之华侨，深知小脚女人是中国的耻辱，加上身为客家人，其习俗为儿子须娶大脚妇，所以留遗嘱吩咐廖仲恺须娶天足女子。由此二人通过媒妁之言，结成夫妇，人称天足缘。见尚明轩，《何香凝传》（北京：北京出版社，1994 年），页 13—15。

93 唐英绢、刘士璋、安山编，《宋庆龄与何香凝》（北京：中国和平出版社，1992 年），页 2。

94 何香凝，《敬告我同胞姊妹》，收入李又宁、张玉法编，《近代中国女权运动史料：1842—1911》上册，页 404。美世儿（Louise Michel, 1830—1905），法国著名的女革命家。苏太流夫人，俄国民意党人，在 1881 年后成为民意党主要领导者之一。

95 此为中国最早的妇女团体，其宗旨明言"以拯救二万万之女子，复其固有之特权，使之各具国家之思想，以得自尽女国民之天职"，见《共爱会章程》，收入中华全国妇女联合会妇女运动历史研究室编，《中国近代妇女运动历史资料（1840—1918)》，页 353。

96 林维红，《同盟会时代女革命志士的活动》，收入鲍家麟编著，《中国妇女史论集》，页 296—346。

97 郭箴一，《中国妇女问题》（上海：商务印书馆，1935 年），页 202。

98 刘红，《孙中山与中国近代女权运动》，收入《第二届孙中山与现代中国学术研讨会论文集》（台北："国立"国父纪念馆，1999 年），页 235—239。

99 郭箴一，《中国妇女问题》，页 201—202。

100 例见真，《男女之革命》，《新世纪》，1907 年 8 月 3 日；高亚宾，《废纲篇》，《天义》第 11，12 卷合刊，1907 年。当时提出激进女权诉求的组织或刊物，以无政府主义者为主，著例为何震、张旭、徐亚尊、周大鸿等人在东京创立的女子复权会及创办的《天义报》。关于此方面的研究，见蒋俊、李兴芝，《中国近代的无政府主义思潮》（济南：山东人民出版社，1990 年），页 63—65。

101 此可谓近代中国新女性发展自我认同过程中的一大特色，即游移于认同个人与认同国家（或社会）的两难中。女性努力争取了做人的新价值观后，更要继续面对内（家庭）外（社会）革命洪流的挑战。近代中国接二连三的革命潮流，赋予新女性相当大的发展空间，她们却也因此被期许献身群众，面临着丧失自我的危机。

102 见胡缨，《历史书写与西性形象的初立：从梁启超〈记江西康女士〉一文谈起》，《近代中国妇女史研究》第 9 期，2001 年 8 月，页 1—29。

103 见匹志，《今昔女子观》，上海《申报》1912 年 2 月 1 日。

104 见严昌洪，《中国近代社会风俗史》，页 80。

105 张幼仪与徐志摩的离婚，曾被论者称为中国现代史上第一对以"西方形式"离婚的著例。见张邦梅著，谭家瑜译，《小脚与西服：张幼仪与徐志摩的家变》（台北：智库，1999 年），页 VI, 5, 57。

106 胡彬夏，《二十世纪之新女子》，《妇女杂志》第 2 卷第 1 号，1916 年 1 月 5 日，页 2, 10。

107 吴曾兰曾于 1912 年担任《女界报》主笔。她去世后，吴虞将其文章编为《定生慧室遗稿》上下两卷，木刻出版。见赵清、郑城编，《吴虞集》（成都：四川人民出版社，1985 年），页 413, 450。见吴曾兰，《女权平议》，《新青年》第 3 卷第 4 号，1917 年 6 月 1 日，页 1—5。另见许文甄，《辛亥革命时期女权运动的成就》，师大《史学会刊》第 38 期，1994 年 6 月，页 48。

108 有关第一次世界大战对欧美妇女的影响之著作相当多，其中有不少指出虽然战争期间妇女走出家庭为社会与国家服务，并因此于战后获得选举权，但战争的发展过程，却改变并分化了下一代的新女性对女权运动的看法，甚至有走回保守思潮的趋向，许多女性又转向支持所谓的母性运动，为日后法西斯主义的女性政策铺路。见 Françoise Thébaud ed., *A History of Women in the West, V. Toward a Cultural Identity in the Twentieth Century* (Cambridge: Harvard University Press, 1994), pp. 21-75; Harold L. Smith ed., *British Feminish in the Twentieth Century* (London: Edward Elgar Publishing Ltd., 1990), pp. 47-123；Hew Strachan ed., *The Oxford Illustrated History of the First World War* (Oxford: Oxford University Press, 1998), pp. 149-162。不过，对同时期的民初国人而言，他们多半钦羡欧美妇女的活跃表现等具体成就，自然认为值得书写并加以学习。

109 梦九，《欧战声中之妇女（译 Delineator 杂志）》，《妇女杂志》第 2 卷第 3 号，1916 年 3 月 5 日，页 6—8。

110 这些插图包括"沙魏村中贩牛乳之二英女""比国加来罗之女矿工""法国兵工厂中制弹之女工""德意志爱国之女子纷争工作之图""巴黎电车中之女卖票员""德女分配军用杂货品""伦敦搬运行李之女工""伦敦之女屠夫""伦敦之女汽车夫""德国之女邮差"。见梦九，《欧战声中之妇女（译 Delineator 杂志）》，《妇女杂志》第 2 卷第 3 号，1916 年 3 月 5 日，页 6—8。

111 《美国战事中之女工》，上海《申报》1920 年 2 月 13 日。

112 徐天啸，《神州女子新史》，页 99—100。

113 《国民党成立大会纪事》，收入中华全国妇女联合会妇女运动历史研究室编，《中国近代妇女运动历史资料（1840—1918）》，页 592—593。有关民初女子参政运动的发展情形，见王家俭，《民初的女子参政运动》收入张玉法、李又宁编，《中国妇女史论文集》第 2 辑（台北：台湾商务印书馆，1992 年），页 577—608。

114 王跃，《变迁中的心态：五四时期社会心理变迁》（湖南：湖南教育出版社，2000 年），页 74—77。

115 吕美颐、郑永福，《中国妇女运动（1840—1921）》，页 270—277。

116 《临时大总统命令》，《政府公报》中华民国 2 年 6 月 23 日第四百六号。

117 见北洋政府教育部档案，转引自史全生主编，《中华民国文化史》上册（长春：吉林文史出版社，1990 年），页 238。

118 见谈社英编著，《中国妇女运动通史》（南京：妇女共鸣社，1936 年），页 92—93。

119 见《辛亥革命时期刊介绍》第 4 册（北京：人民出版社，1982 年），页 681。

120 《政府公报》第 653 号，收入《中国近代妇女运动历史资料（1840—1918）》，页710—711。

121 《褒扬条例》，上海《申报》1914 年 3 月 16 日。

122 见《节妇殉夫》，天津《大公报》，1914 年 12 月 19 日。《孝感朱烈女》，《妇女时报》1914 年 19 期。《节孝妇之荣光》，上海《申报》1916 年 12 月 23 日。

123 例如第 1 卷第 7 号中的"传记"一栏，有几则烈妇传，旨在褒扬其维护自身贞节节操的自杀行为。

124 丁逢甲，《周烈妇传》，《妇女杂志》第 1 卷第 7 号，1915 年 7 月 5 日，页 4。

125 见施淑仪，《对于烈妇殉夫之感言》，《妇女杂志》第 1 卷第 8 号，1915 年 8 月。

126 蕉心，《对于近世妇女界之针砭》，《妇女时报》第 17 号，1915 年 11 月。

127 如 1912 年到 1913 年的《神州女报》，1915 年与 1916 年之《中华妇女界》等。

128 《时髦派》，上海《申报》1912 年 1 月 18 日。

129 《女界之风气》，上海《申报》1915 年 7 月 4 日。

130 沈佩贞在辛亥革命时曾组织"女子北伐队"，民国初年曾任袁世凯总统府顾问。

131 杨绩荪，《中国妇女活动记》（台北：正中书局，1964 年），页 336。

132 碧遥，《廿四年来中国妇女运动走过的路程》，《妇女生活》，卷 1 期 4（1935 年 10月 1 日）。

133 见郭箴一，《中国妇女问题》，页 202—203。

134 许慧琦，《妇女参政与暴力迷思——从英国"妇女社会与政治联盟"的战斗行动谈起》，《新史学》，卷 9 期 1（1998 年 3 月），页 85—150。

135 见《女子参政同盟会复吕英女子政治及社会联合会电》，上海《时报》1912 年 4月 5 日。

136 《沈佩贞已被拘留》，上海《申报》，1915 年 7 月 3 日。

137 此为根据上海《申报》1915 年 7 月 3 日之要闻报道《沈佩贞已被拘留》。

138 见"杂评二"，《沈佩贞案》，上海《申报》，1915 年 7 月 3 日。

139 在 1915 年 7 月 7 日的上海《申报》之《沈佩贞案公开之详情》报道中，曾引述检察长对审判长所言："现在妇女风俗日坏沉等，此次行动，实于社会风纪最有妨碍，请审判长注意。"

140 例见《取缔自由女子之部饬》，上海《申报》，1914 年 9 月 12 日。

141 刘志琴主编，《近代中国社会文化变迁录》第 3 卷（杭州：浙江人民出版社，1998 年），页 107—108, 143—144, 214—215。

142 丁逢甲，《女界箴言（续）》，《妇女杂志》，卷 4 号 3（1918 年 3 月），页 1。

143 胡宗瑗，《论女子职业教育与道德教育之关系》，《妇女杂志》，卷 4 号 10（1918 年 10 月），页 1。

144 瑞华，《敬告女学生》，《妇女杂志》，卷 1 号 7（1915 年 7 月），页 7。

145 如 1915 年 1 月创刊的《中华妇女界》，便标榜提倡贤母良妻淑女之主义。见刘瑊女士，《中华妇女界祝辞》，《中华妇女界》，卷 1 期 1（1915 年 1 月）。

146 《汤总长之女子教育方针谭》，上海《申报》，1914 年 6 月 28 日。

147 汪集庭，《时式女子与时实女子》，《妇女杂志》，卷 3 号 2（1917 年 2 月），页 17。

148 遐珍，《余之忠告于女学生》，《妇女杂志》，卷 1 号 8（1915 年 8 月）。

149 梁华兰，《女子教育》，《新青年》，卷 2 号 6（1916 年 6 月）。

150 有云此文为吴虞以其妻之名发表；但亦有资料显示此为吴曾兰本人所写，因为她也是一位受教育的知识女性。无论如何，对于女子教育的概念上，相信吴氏夫妻有共同的观点。见吴曾兰，《女界缘起》，《妇女杂志》，卷 1 号 11（1915 年 11 月），页 11。

151 当时所谓文明结婚，即指不须父母之命、媒妁之言而成的婚姻。如《自由结婚》，《时报》，1912 年 9 月 12 日；《文明结婚五更调》，上海《申报》，1912 年 6 月 24 日；柳亚子，《陆君、苏女士文明结婚颂辞（代）》，《磨剑室文录》（上海：上海人民出版社，1993 年），页 179—180。

152 上海《申报》，1912 年 5 月 11 日。

153 如《老夫妻亦求离婚》，《时报》，1912 年 12 月 2 日；《妇人请求离婚》，上海《申报》，1915 年 7 月 6 日。

154 民国《遂安县志》，卷 1，方舆；《夏津县志续编》，卷 5，礼俗；转引自严昌洪，《中国近代社会风俗史》，页 111。

155 《文明女悬挂招夫牌》，《时报》，1918 年 11 月 17 日。

156 如一位王氏因无法忍受其夫丁阿新之凌虐，便逃出家门。《陈诉背夫潜逃之原因》，上海《申报》，1915 年 11 月 6 日。另如《妇人背夫潜逃》，上海《申报》，1916 年 12 月 19 日。另如马桥一位农民徐益山的妻子范氏于婚后 105 天便出走无踪；虽然年余后被丈夫寻获，而地方审检厅也已判决将范氏交由其夫带回，但她却在一出厅后便倔强不愿随夫回家，因而又被官厅拘留，收押候核。《妇人不愿回家》，上海《申报》，1916 年 7 月 12 日。另见《女子一去不回》，上海《申报》，1916 年 11 月 11 日。

157 如沪城鱼行桥附近一位周才根之妻王氏，结婚生四男一女后，与其夫之同业罗老九相约偕逃，虽曾被丈夫寻回，却又一再潜逃，而被扭送官府。《妇人一再潜逃》，上海《申报》，1916 年 12 月 22 日。

158 如浦东洋泾镇一女唐三郎，自幼便被许配给一位浦姓人家，却在迎娶之前失踪不见人影。《女子临嫁私逃》，上海《申报》，1919 年 2 月 13 日。

159 为数不少的外国女传教士与牧师娘，同样在清末中国发挥了传教与兴办女子学校的重要作用。见 Jane Hunter, *The Gospel of Gentility: American Women Missionaries in Turn-of-theCentury China* (New Haven: Yale University Press, 1984)。借用戚世皓的话来说，这批女传教士"都与男传教士并肩工作，与社会接触，出入自如，不受男子的歧视……当了中国将产生的新女性的模范(role models)"。见戚世皓，《辛亥革命与知识妇女》，收入张玉法、李又宁，《中国妇女史论文集》第 2 辑，页555。关于女传教士与牧师娘在中国传教的情形与分布状况，见汤清，《中国基督教百年史》(香港：道声出版社，1987 年)。吴雁南等编的《中国近代社会思潮》亦言清末传教事业中有相当数量的女性，她们对中国妇女问题都相当敏感。见吴雁南、冯祖贻、苏中立、郭汉民编，《中国近代社会思潮：1840—1949》第 2 卷，页 648。

160 曹永洋，《近代西洋戏剧的建筑师——亨利克·易卜生》，《幼狮月刊》，卷 34 期 4 (1976 年 4 月)，页 17。

161 余我，《近代剧的开创者易卜生》，《自由青年》，卷 47 期 2 (1972 年 2 月)，页54—55。

162 James Mcfarlane ed., *The Cambridge Companion to Ibsen* (Cambridge: Cambridge University Press, 1994)，pp. xvi-xix.

163 例如易卜生曾于 1888 年 2 月 26 日写信给友人提及其 *Emperor and Galilean* 一剧即受到德国文学的影响而写出。Mary Morison trans. & ed., *The Correspondence of Henrik Ibsen* (New York: Haskell House Publishers Ltd, 1905)，p. 413.

164 Sally Ledger, *Henrik Ibsen* (London: Northcote House, 1999)，p. 4.

165 Martin Esslin, 'Ibsen and Modern Drama', in Errol Durbach ed., *Ibsen and the theatre: the dramatist in production* (New York: New York University Press, 1980)，p. 71; Joan Templeton, *Ibsens' Women* (Cambridge: Cambridge University Press, 1997)，p. 323.

166 Miriam Alice Franc, *Ibsen is England* (Boston: The Four Seas Company, 1919)，p. 133.

167 Miriam Alice Franc, *Ibsen in England*, p. 24.

168 查尔斯·泰勒，蔡佩君译，《现代性与公共领域的兴起》，收入廖炳惠主编，《回顾现代文化想象》(台北：时报文化，1995 年)，页 57。

169 Sally Ledger, *Henrik Ibsen*, pp. 21-23.

170 Miriam Alice Franc, *Ibsen in England*, p. 134.

171 以上易卜生剧作见《易卜生文集》(北京：人民文学出版社，1995)，第 5、6、7 卷。

172 Martin Esslin, 'Ibsen and Modern Drama', in Errol Durbach ed., *Ibsen and the theatre : the dramatist in production*, pp. 71-72.

173 Einar Haugen, *Ibsen's Drama: Author to Audience* (Minneapolis: University of Minnesota Press, 1979)，p. 14.

174 Michael Egan ed., *Ibsen: the Critical Heritage* (London: Routledge & Kegan Paul Ltd,

1972），p. 451.

175　此处译文引自易卜生著，罗家伦、胡适译，《娜拉》，《新青年》第 4 卷第 6 号，1918 年 6 月，页 566。

176　《娜拉》，《新青年》第 4 卷第 6 号，1918 年 6 月，页 569。

177　见 Frederick J. Marker & Lise-Lone Marker, *Ibsens' Lively art: a Performance Study of the Major Plays* (Cambridge: Cambridge University Press, 1989)，p. 46。

178　当时便有评论家表示，很少有剧作像《娜拉》这样结局出人意料，而引起如此多人的惊愕反应。见 "Representing the Source Text: Ibsen's *Et Dukkehjem / A Doll's House* (1879)"，in Egil Törnqvist, *Transposing Drama: Studies in Representation* (London: Macmillan Education Ltd., 1991)，pp. 84-85。另见 Jennette Lee, *The Ibsen Secret: A Key to the Prose Dramas of Henrik Ibsen* (London: G. P. Putnam's Sons, 1910)，pp. 8-9。

179　见 Gretchen P. Ackerman, *Ibsen and the English Stage 1889-1903* (New York: Garland Publishing, Inc., 1987)，p. 18; Frederick & Lise-Lone Marker, "The First Nora: Notes on the World Premiere of *A Doll's House*"，in Edvard Beyer & M. C. Bradbrook & Inga-Stina Ewbank eds., *Contemporary Approaches to Ibsen* (Oslo: Universitetsforlaget, 1971)，p. 84。

180　英国剧评家威廉·阿彻曾引述《娜拉》在哥本哈根首演后的某篇剧评，提及在育幼院里与同伴玩过家家的 10 岁小女孩向其他小朋友表示，假如她碰到和娜拉同样的处境，她也会跟娜拉一样，离家出走。见 William Archer, "Ibsen and English Criticism"，*Fortnightly Review*, July 1889, in Thomas Portlewait ed., *William Archer on Ibsen: The Major Essays, 1889-1919* (England: Greenwood Press, 1984)，pp. 13-14。

181　三图皆出自 Edvard Beyer & M. C. Bradbrook & Inga-Stina Ewbank eds., *Contemporary Approaches to Ibsen*, pp. 96-97。

182　Frederick Marker & Lise-Lone Marker, "The First Nora: Notes on the World Premiere of *A Doll's House*"，in Edvard Beyer & M. C. Bradbrook & Inga-Stina Ewbank eds., *Contemporary Approaches to Ibsen*, p. 86.

183　见 "One Nora, many Noras"，in Frederick J. Marker & Lise-Lone Marker, *Ibsens' Lively art: a Performance Study of the Major Plays*, pp. 47-48。

184　"One Nora, many Noras"，in Frederick J. Marker & Lise-Lone Marker, *Ibsens' Lively art: a Performance Study of the Major Plays*, p. 48.

185　Ibid.

186　Joan Templeton, *Ibsen's Women* (Cambridge: Cambridge University Press, 1997)，p. 112. 如在英国，首位演出娜拉的珍娜·阿彻琪，以及日本的松井须磨子等，都被人视为如同"娜拉"一般的新女性。

187　见 Einar Haugen, *Ibsen's Drama: Author to Audience* (Minneapolis: University of

Minnesota Press, 1979），p. 66。相较之下，我们将发现娜拉形象日后在中国的发展与传播，并未与著名女演员本身的言行有太大关联。倒是到了 20 世纪 30 年代，才有某位女教员因演出《娜拉》而被解雇的"南京娜拉事件"出现。详见本文第四章第二节。

188 Keith M. May, *Ibsen and Shaw* (London: the Macmillan Press Ltd, 1985)，p. 58；Theodore Jorgenson, *History of Norwegian Literature* (New York: Haskell House Publishers Ltd., 1970)，p. 264.

189 Harold Clurman, *Ibsen* (London: the Macmillan Press Ltd, 1977)，pp. 114-115.

190 安德烈·比尔基埃、克里斯蒂亚娜·克拉比什—朱伯尔、玛尔蒂娜·雪伽兰、弗朗索瓦兹·佐纳邦著，袁树仁、赵克非、邵济源、董芳滨译，《家庭史：现代化的冲击》（北京：生活·读书·新知三联书店，1998 年），页 158—162。

191 见 Edvard Beyer, *Ibsen: The Man and His Work* (New York: Taplinger Publishing Company, 1980)，p. 117。

192 Mary Morison trans. & ed., *The Correspondence of Henrik Ibsen*, pp. 325-327.

193 这名德国女演员名为 Frau Hedwig Niemann-Raabe。见 Einar Haugen, *Ibsen's Drama: Author to Audience* (Minneapolis: University of Minnesota Press, 1979)，p. 10。

194 此位普拉佐伯爵是住在法国的俄国外交官，他曾将易卜生的剧作译为法文本。Mary Morison trans. & ed., *The Correspondence of Henrik Ibsen*, p. 436.

195 《群鬼》写的是一位有个风流丈夫的阿尔文夫人，年轻时曾想离开他，却被她的牧师朋友（他们两人其实互相爱慕）以维护道德为理由而劝留在家，守着名存实亡的家庭。不幸的是，她唯一的儿子早在娘胎里就感染其夫在外传上的梅毒，有致命的遗传性疾病。为了在儿子面前维护其夫的尊严，她把幼子送到国外读书。其夫死后，她将房子改造成孤儿院，却在儿子从国外回来，意外揭穿了他钟意的家中女仆竟是同父异母之妹的事实，孤儿院更在一场火灾中毁于一旦。最后儿子濒于痴呆，阿尔文夫人只能后悔莫及。剧中所谓的"群鬼"，指的是父母传下来的东西，以及各种陈旧的思想信仰。

196 包括德、法、意、俄等国，其后甚至在南美洲国家与澳洲公演。见罗纳德·格雷著，盛宁译，《易卜生———种不同的观点》，收入《易卜生文集》第 8 卷（北京：人民文学出版社，1995 年），页 391；Edvard Beyer, *Ibsen: The Man and His Work*, pp. 121-122.

197 Miriam Alcie Franc, *Ibsen in England*, pp. 57-61.

198 早在《娜拉》以原版面貌出现在英国舞台前，马克思（Karl Marx）的幼女埃莉诺·马克思便与其同居人爱德华·艾威林（Edward Aveling）在 1886 年 1 月 15 日，约了志同道合的友人，办了场《娜拉》剧本的阅读会。这对爱人分别朗读娜拉与郝尔茂二角，柯士达则由日后发扬易卜生主义的剧作家萧伯纳担任。著名艺术家威廉·莫里斯（William Morris, 1834—1896）之女梅·莫里斯（May Morris）充任了林敦夫人的角色。这次的私人表演，可谓易卜生剧作在英国文艺界的初试啼声。
1889 年 6 月 7 日在伦敦新戏院的首演，依照易卜生原剧本表演。在此之前，此剧
曾于 1884 年 3 月 3 日以改编剧本 [名为《毁坏了蝴蝶》(*Breaking a Butterfly*)]
在伦敦上演过，该改编剧大幅修改了《娜拉》的原貌，以致不被人视为《娜拉》
在英国的首度演出。另见 Sally Ledger, *Henrik Ibsen*, p. 1。

199 Michael Egan ed., *Ibsen: the Critical Heritage*, p. 102-108.

200 "Janet Achurch on the difficulty of being Nora," July 1889, in Michael Egan ed., *Ibsen: the Critical Heritage*, p. 125.

201 所谓的"费边社"为 1884 年由萧伯纳与韦伯夫妇（Sidney and Beatrice Webb,
     1859—1947 & 1858—1943）等人在伦敦创立的一个渐进的社会主义团体。事实上，
     关于易卜生究竟是否为女性主义者申言，这是一个值得探讨的问题，可参见 Gail
     Finney, "Ibsen and feminism", in *The Cambridge Companion to Ibsen*, pp. 89-105。

202 见 Sally Ledger, *Henrik Ibsen*, p. 2-3。

203 参见 Ian Britain, "A Transplanted Doll's House: Ibsenism, Feminims and Socialism
     in Late-Victorian and Edwardian England", in Ian Donaldson ed., *Transformations in
     Modern European Drama* (London: The Macmillan Press Ltd, 1983), pp. 24-25。

204 Michael Egan ed., *Ibsen: the Critical Heritage*, p. 376.

205 在这篇小说中，作者叙述了娜拉离家 25 年后所发生的故事。郝尔茂开始酗酒、
     不务正业且被银行解雇；她的两个儿子，一个跟老爸同样是个酒鬼，另一个则是
     侵吞公款者。至于唯一的女儿虽是个纯洁可爱的女孩，却因为拥有一个不甚名
     誉（父亲酗酒母亲出走）的家庭，使其未婚夫最后与她解除婚约。至于身为母亲
     的娜拉，则成了知名度甚高却也毁誉参半的新女性作家，她主持一间沙龙，时常
     进行知识性的会谈；其"所写作的小说⋯⋯使保守人士视为洪水猛兽。她并主张
     废除家庭，高举以爱情为唯一行事的原则。"她的声望并不好，其女也拒绝了与
     她同住的提议。该小说的结局是，一日，娜拉途经车站时被一起事故阻挡，此时
     林敦夫人出现并告知那起意外正是娜拉之女跳河身亡；林敦夫人要娜拉反省这
     些年来她的所作所为造成的种种悲剧，但娜拉仍然不表后悔，并要求车夫加快
     速度以免错过她要搭的火车。见 Sally Ledger, *Henrik Ibsen*, p. 13 以及 Gretchen P.
     Ackerman, *Ibsen and the English Stage 1889-1903*, pp. 58-61。

206 Sally Ledger, *Henrik Ibsen*, p. 13.

207 Michael Robinson ed., *Strindberg's Letters Vol. I 1862-1892* (Chicago: The University
     of Chicago Press, 1992), p. 34, 228.

208 William Archer, "Ibsen and English Criticism", *Fortnightly Review*, July 1889, in
     Thomas Portlewait ed., *William Archer on Ibsen: The Major Essays, 1889-1919*, p. 17.

209 Ibid.

210 Nada Zeineddine, *Because It Is My Name: Problems of Identity experienced by women,
     artists, and breadwinners in the plays of Henrik Ibsen, Tennessee Williams, and Arthur*

Miller (Merlin Books Ltd., 1991），p. 11.

211 此指英国女王维多利亚在位时期（1837—1901），此阶段为英国显著扩张国力的时期，同时也是中产阶级双重性道德价值观形成的重要时期，当时女性普遍被压抑性欲，以至于产生精神性疾病。见 Michel Foucault, *The History of Sexuality: Volume I: An Introduction*, trans. From French by Robert Hurley（New York: Random House, Inc., 1990），pp. 3-13。另见 "A Doll House, or 'The Fortunate Fall'", in Brian Johnston, *Text and Supertext in Ibsen's Drama*（London: The Pennsylvania State University Press, 1989），pp. 137-164。

212 威廉·阿彻便曾指出英国社会存在太多像郝尔茂那样的男性；至于娜拉，则少之又少。见 William Archer, "Ibsen and English Criticism", *Fortnightly Review*, July 1889, in Thomas Portlewait ed., *William Archer on Ibsen: The Major Essays, 1889-1919*, p. 16。

213 此译文出自胡适、罗家伦译，《娜拉》，《新青年》第 4 卷第 6 号，页 570。

214 当时中产阶级男性，多认为其妻天真、幼稚，且活动范围只应在家庭里，凡事以丈夫的意见为依归。见 Richard D. Altick, *Victorian People and Ideas*（New York: W. W. Norton & Co., 1973），pp. 50-59。至于当时西方社会普遍对女性特质的要求，主要是温柔、婉约而顺从，也就是做所谓的"端庄淑女"（the proper lady）。见 Mary Poovey, *The Proper Lady and the Woman Writer, Ideology as Style in the Works of Mary Wollstonecraft, Mary Shelley, and Jane Austen*（London: The University of Chicago Press Ltd., 1984），p. 4。

215 Hjalmar Boyesen, "Open Letters: Henrik Ibsen", in Michael Egan ed., *Ibsen: the Critical Heritage*, pp. 146-147.

216 Robert A. Schanke, *Ibsen in America: a century of Change*（New York: The Scarecrow Press, Inc., 1988），p. 6.

217 James Mcfarlane ed., *The Cambridge Companion to Ibsen*, p. xxii.

218 有关易卜生的剧作在美国的重要演出时间及地点，参见 *Ibsen in America: a Century of Change*, pp. 310-313。

219 Joan Templeton, *Ibsens' Women*, p. 115.

220 Robert A. Schanke, *Ibsen in America: a century of Change*, p. 10.

221 Ibid., pp. 7-11.

222 Katharine Susan Anthony, *Feminism in Germany and Scandinavia*（New York: Henry Holt and Company, 1915），pp. 106107.

223 李玉花，《从娜拉到圣女贞德——试论现代欧洲戏剧中的新女性形象》，《南京师大学报》（社会科学版），1996 年第 3 期，页 83—89。

224 见 Sally Ledger, *Henrik Ibsen*, pp. 1-4。

225 The New Woman 这个名词，在英国最早出现于 1894 年 5 月一位激进作家萨拉·格兰（Sarah Grand）在《北美评论》（*North American Review*）所发表的文章中。

其后这个名词迅速被运用与讨论，广泛见于各类舆论刊物、作品、剧本上。见
Vivien Gardner & Susan Rutherford eds., *The New Woman and Her Sisters: feminism
and theatre 1850-1914* (Ann Arbor: The University of Michigan Press, 1992)，pp. 2-4。

226　日本的新剧运动，企图以写实主义的方式，暴露出社会的各种矛盾与问题，以
求激励观众与社会寻求解决之道。见 Laurel Rasplica Rodd, Yosano Akiko and the
Taish, "Debate over the 'New Woman'", in Gail Lee Bernstein, *Recreating Japanese
Women, 1600-1945* (California: University of California, 1991)，pp. 175-198。

227　见吕理州，《明治维新：日本迈向现代化的历程》（台北：远流出版公司，1994 年）。

228　见费振刚，《中国现代新文学与近代文化——鲁迅、郭沫若同日本文化的交融与
差异》，收入林玉、严绍璗，《传统文化与中日两国社会经济发展》（北京：北
京大学出版社，2000 年），页 442。

229　见 Okazki Yoshie ed., V. H. Viglielmo trans., *Japanese Literature in the Meiji Era*
(BUNSHA, 1955 年)，pp. 96-98, 517-527。

230　见刘崇棱，《日本文学概论》（台北：水牛图书，1994 年），页 279。

231　见刘立善，《日本白桦派与中国作家》（沈阳：辽宁大学出版社，1995 年），页
342。

232　见 Okazki Yoshie ed., V. H. Viglielmo trans., *Japanese Literature in the Meiji Era*, p.
521。

233　见吴廷璆主编，《日本史》（天津：南开大学出版社，1994 年），页 580。

234　见叶渭渠、唐月梅，《20 世纪日本文学史》（青岛：青岛出版社，1999 年），页
128—129。

235　Vera Mackie, *Creating Socialist Women In Japan: Gender, Labour and Activism, 1900-
1937* (Cambridge: Cambridge University Press, 1997)，p. 82.

236　本间久雄著，姚伯麟译，《妇人问题十讲》（上海：学术研究会，1934 年，3 版)，
页 14。

237　本间久雄著，姚伯麟译，《妇人问题十讲》，页 375。

238　自然主义发端于当时日本文艺界，后来扩大成为一股思潮，并着力于介绍外国文
艺作品来加以学习参考；其中即包括易卜生的几部重要剧作。据本间久雄的说法，
由长谷川天溪所创的"现实暴露之悲哀"标语，可为自然主义的简要诠释。本间
久雄著，姚伯麟译，《妇人问题十讲》，页 377—378。

239　高桥康雄，《断髪する女たち——モダンガールの風景》（东京：教育出版株式会社，
1999），页 35。该作者推断夏目漱石应该在写《我是猫》之前，便已读过被翻为《人
形の家》的《娜拉》而受其启发。

240　见《ノラは生きるか》，《国民杂志》，明治 45 年 2 月。转引自高桥康雄，《断髪
する女たち——モダンガールの風景》，页 40—41。

241　该照出自岩桥邦枝，《愛と反逆——近代女性史を創った女たち》，页 61。

242　见 Joan Templeton, *Ibsens' Women*, p. 114。

243 岩桥邦枝，《愛と反逆——近代女性史を創った女たち》（东京：株式会社讲谈社，1984），页 56—61。

244 同上，页 56—70。

245 本间久雄著，姚伯麟译，《妇人问题十讲》，页 373—375。

246 见陈水逢编著，《日本文明开化史略》（台北：台湾商务印书馆，1993 年），页 412。

247 本间久雄著，姚伯麟译，《妇人问题十讲》，页 378—379。

248 此为《青鞜》创办人平冢明子之文，引自易漱瑜，《半年来居东京的实感》，《少年世界》第 1 卷第 8 期，1920 年 8 月 1 日，页 151。

249 岩桥邦枝，《愛と反逆——近代女性史を創った女たち》，页 59—62。

250 胁田晴子、林玲子、永原和子编，《日本女性史》（东京：吉川弘文馆，平成 10 年），页 229。

251 岩桥邦枝，《愛と反逆——近代女性史を創った女たち》，页 59。

252 武田清子，《婦人解放の道標——日本思想史にみるその系譜》（东京：株式会社ドメス出版，1985），页 7；山川菊荣，《日本妇人运动小史》（东京：大和书房，1979），页 101—105。

253 本间久雄著，姚伯麟译，《妇人问题十讲》，页 379。

254 以下为该号有关《娜拉》的文章表列：

作者	文章名称
叶	人形の家より女性問題へ
みとり	イプセンの「人形の家」
君	「人形の家」を讀む
H	ノラさんに
Y	「人形の家」に就て
ジェンネット・リー	「人形の家」（評論）
松井须磨子谈	舞臺の上で困った事
无名氏	「人形の家」に似た劇曲
バーナード・ショー	「人形の家」（評論）

255 见 Vera Mackie, *Creating Socialist Women In Japan: Gender, Labour and Activism, 1900-1937*, p. 82。

256 长谷氏著，上海进步书局编，《现代之女子》（上海：进步书局，1932 年，5 版；初版为 1916 年），页 25—27。

257 见刘立善，《日本白桦派与中国作家》，页 349。

258 易卜生于 1898 年 5 月 26 日在挪威保卫妇女权利协会的庆祝会上，曾发表过如下
谈话："……妇女们为之奋斗的那个事业在我看来是全人类的事业。谁认真读读
我的书，谁就会明白这一点。当然，最好是顺便也解决妇女问题，但我的整个构
想不在这里。我的任务是描写人们。"见易卜生，《1898 年 5 月 26 日在挪威保卫
妇女权利协会的庆祝会上的讲话》，收入《易卜生文集》第 8 卷，页 234。针对易
卜生是否伸张女权或是人权之类的问题，丹麦著名剧评家乔治·布兰德斯（Georg
Brandes）认为早期的易卜生对女性问题其实是很没兴趣的，但后期他成了一位真
正的伟大诗人，放宽了他的心胸与眼界，也关注到妇女处境与社会加诸其上的桎
梏；一言以蔽之，布兰德斯指出易卜生从事了一场"为进步而奋斗的战役"（in
the battle of progress）。见 Georg Brandes, *Henrik Ibsen, A Critical Study* (New York:
Benjamin Blom, Inc., 1964)，p. 77。

第二章　自救娜拉：启蒙觉醒大叙事下的新女性

1 陈独秀，《东西民族根本思想之差异》，《青年杂志》，卷 1 号 4（1915 年 12 月 15 日），
页 1—4。

2 陈独秀，《吾人最后之觉悟》，《青年杂志》，卷 1 号 6（1916 年 2 月 15 日），页 1—4。

3 高力克，《五四启蒙的两种模式——陈独秀与杜亚泉》，《二十一世纪评论》，期 113
（2009 年 6 月），页 18—28。

4 劳勉，《论国家与国民性之关系》，《甲寅》，卷 1 号 6（1915 年 6 月 10 日），页 13。

5 林毓生著，穆善培译，《中国意识的危机："五四"时期激烈的反传统主义》，页
15—93。

6 近代中国从建构民族国家的论述中，逐渐发现国民概念与公民意识。综观前几年的
《新青年》，可发现许多言论对现代国民精神的期许，传达出此类似的信息，即强调个
人对社会国家的责任与贡献，"救国必先有我"（易白沙，《我》，卷 1 号 5），"吾国
欲求自存，必须求之国民自身"（高语罕，《青年与国家之前途》卷 1 号 5）；而"儒
家之爱民与法家之弱民，虽有仁暴宽狭之不同，而其根本不认有个人之自由则一也。"
（光升，《中国国民性及其弱点》，卷 2 号 6）。

7 家义，《个位主义》，《东方杂志》第 13 卷第 2 号，1916 年 2 月 10 日，页 6—10。

8 该文以批判康有为当时视儒家为宗教，并倡议立孔教为国教的举措为起点，申论现
代生活乃"以经济为之命脉，而个人独立主义，乃为经济学生产之大则，其影响遂
及于伦理学。故现代伦理学上之个人人格独立，与经济学上之个人财产独立，互相
证明，其说遂至不可摇动"。陈独秀，《孔子之道与现代生活》，《新青年》，卷 2 号 4
（1916 年 12 月 1 日）。

9 朱栋霖、丁帆、朱晓进编，《中国现代文学史：1917—1997》上册（北京：高等教

育出版社，1999 年），页 9。

10　包括鲁迅、田汉、郭沫若等人，都在赴日求学期间接触并接受易卜生思想。见丹
　　尼尔·哈康逊、伊丽莎白·埃德著，王忠祥译，《易卜生在挪威和中国》，收入《易
　　卜生文集》第 8 卷，页 422；王立明，《郭沫若与外国文学》，《沈阳师范学院学报》
　　（社会科学版），第 23 卷第 5 期，1999 年，页 16。

11　见刘立善，《日本白桦派与中国作家》，页 342—350。

12　此可谓中国最初介绍易卜生的文章。见阿英，《易卜生的作品在中国》，收入阿英，《阿
　　英文集》（香港：生活·读书·新知三联书店，1979 年），页 667。

13　黄继持，《导言：鲁迅的行程》，收入黄继持编，《鲁迅著作选》（台北：台湾商务印书馆，
　　1998 年），页 4—5。

14　鲁迅，《文化偏至论》，收入《鲁迅全集》第 1 卷（北京：人民文学出版社，1989 年），
　　页 46。

15　同上，页 50。

16　同上，页 51—52。

17　同上，页 52。

18　同上，页 49—50。

19　见林毓生，《鲁迅个人主义的性质与含意——兼论"国民性"问题》，《二十一世纪》，
　　期 12（1992 年 8 月），页 90。

20　鲁迅，《摩罗诗力说》，《鲁迅全集》，页 66、98—99。

21　同上，页 75。

22　见孙郁，《20 世纪中国最忧患的灵魂》（北京：群言出版社，1993 年），页 34。

23　陈独秀，《现代欧洲文艺史谭》，《青年杂志》第 1 卷第 4 号，1915 年 12 月 15 日。

24　见胡适，《胡适早年文存》（台北：远流出版公司，1995 年），页 7—15。

25　胡适曾发表过数篇有关女子问题的文章，包括《世界第一女杰贞德传》《中国爱国
　　女杰王昭君传》《敬告中国的女子》《曹大家〈女诫〉驳议》《婚姻篇》等；见胡适，
　　《胡适早年文存》，页 100—155。

26　见余英时，《中国近代思想史上的胡适》（台北：联经出版公司，1984 年），页 21。

27　梁启超，《西学书目表序例》，《饮冰室文集类编》（台北：华正书局，1974 年）。

28　见李奭学，《萧乾论易卜生在中国》，《当代》第 15 期，1987 年 7 月 1 日，页 104。

29　汪叔潜，《新旧问题》，《青年杂志》第 1 卷第 1 号，1915 年 9 月 15 日。

30　后声，《新国家与新教育》，《甲寅》第 1 卷第 8 号，1915 年 8 月 10 日，页 1。

31　《胡适留学日记（四）》，收入《胡适作品集》第 37 册（台北：远流出版公司，1986 年），
　　页 56—57。

32　胡适，《藏晖室札记》（上海：亚东图书馆，1939 年），页 845—846。

33　胡适是在 1910 年获美国庚子赔款的公费资助，先后入美国的康奈尔大学及哥伦比
　　亚大学研究哲学与文学。由日记可发现胡适观赏《群鬼》一剧不止一次；他甚至
　　还看过《群鬼》的影戏。见《胡适留学日记（四）》，收入《胡适作品集》第 37 册，

页 105。

34 见《胡适留学日记（一）》，收入《胡适作品集》第 34 册（台北：远流出版公司，1986 年），页 172—175。

35 见孙隆基，《"世纪末"的鲁迅》，《二十一世纪》第 12 期，1992 年 8 月，页 99—100。"五四"时《群鬼》较著名的译作，数潘家洵刊载于《新潮》1 卷 5 号（1919 年 5 月）的翻译，后收于《易卜生集》上册（台北：台湾商务印书馆，1991 年）。

36 见孙隆基，《"世纪末"的鲁迅》，页 100。

37 胡适，《我的儿子》，收入《胡适作品集》第 6 册《贞操问题》（台北：远流出版公司，1994 年），页 74。

38 《胡适留学日记（二）》，收入《胡适作品集》第 35 册（台北：远流出版公司，1986 年），页 53。

39 例如胡适曾于 1915 年 8 月 9 日的日记中记载他阅读了易卜生的《海妲传》(*Hedda Gabler*，现在的通行译名为《海达·高布乐》)，并表示其"极喜之"。见《胡适留学日记（二）》，页 84。至于胡适曾阅读其书信的证据，则以他曾在日后《易卜生主义》一文中引用了易卜生的《尺牍》(*Letters of Henrik Ibsen*，现在的通行译名为《易卜生书信集》) 中数段文字可见一斑。另见 Elizabeth Eide, *China's Ibsen: From Ibsen to Ibsenism* (London: Curzon Press, 1987), p. 15。另见胡德才，《现代中西戏剧关系的第一块里程碑：胡适的〈终身大事〉和易卜生的〈玩偶之家〉》，《中国文化研究》总第 13 期，1996 年秋，页 122。

40 根据 Robert Schanke 在其书中对易卜生的剧作在美国演出的图表，可知《娜拉》可谓演出次数最频繁的剧目。见 Robert A. Schanke, *Ibsen in America: a century of Change*, pp. 310-312。

41 《胡适留学日记（二）》，收入《胡适作品集》第 35 册，页 190—191。

42 韦莲司在纽约专攻艺术，其父 H. S. Williams 执教于康奈尔大学地质系。两人交往情形，见周明之，《五四时期思想文化的冲突——以胡适的婚姻为例》，收入汪荣祖主编，《五四研究论文集》（台北：联经出版公司，1987 年），页 183—189；周质平，《胡适与韦莲司：深情五十年》（北京：北京大学出版社，1998 年）。

43 见周质平，《胡适与韦莲司：深情五十年》，页 1—15。

44 《胡适留学日记（二）》，收入《胡适作品集》第 35 册，页 57—58、179。

45 《胡适留学日记（三）》，收入《胡适作品集》第 36 册，页 215。

46 胡适，《美国的妇人》，《胡适作品集》第 6 册《贞操问题》，页 41。另见周质平，《胡适与韦莲司：深情五十年》，页 15—17、45。

47 在胡适留美期间，美国的妇女参政运动正进行得如火如荼，并于"一战"进行的同时继续奋斗不懈，终至"一战"结束后获得妇女投票权。参见 Linda G. Ford, *Iron-jawed Angels: The Suffrage Militancy of the National Woman's Party 1912-1920* (Maryland: University Press of America, Inc., 1991)。胡适曾于日记中叙述目睹美国妇女参政运动者示威游行的过程，并表示当日的游街令他感动之事，包括秩序之整肃，心理之庄严，女教习之多，游行者之坚忍耐苦。见《胡适留学日记（三）》，收入《胡适作品集》第 36 册，页 216。

48 白吉庵，《胡适传》（北京：人民出版社，1994 年），页 90—92。

49 欧阳予倩，《自我演戏以来》（上海：神州国光社，1939 年），页 79。

50 当时易卜生被译为伊蒲生。

51 陆镜若口述，冯叔鸾达旨，《伊蒲生之剧》，《俳优杂志》，期 1（1914 年 9 月 20 日），页 4—6。

52 一如阿英所言，"却是中国社会的发展，没有到达需要、也就是真正理解易卜生的阶段"。见阿英，《易卜生的作品在中国》，收入阿英，《阿英文集》，页 668—669。

53 《新青年》曾刊载胡适的新诗、文学专文、译文、札记与通信。

54 见沈松侨，《一代宗师的塑造——胡适与民初的文化、社会》，收入周策纵等著，《胡适与近代中国》（台北：时报文化，1991 年），页 140—147。

55 在 1922 年年底《新青年》停刊之前，《新青年》一共发行过四个专刊，一为"易卜生号"，一为第 6 卷第 5 号（1919 年 5 月）的"马克思主义研究专号"，一为第 7 卷第 4 号（1920 年 3 月 1 日）的"人口问题号"，一为第 7 卷第 6 号（1920 年 5 月 1 日）的"劳动节纪念号"。

56 鲁迅，《〈奔流〉编校后记》，收入《鲁迅全集》第 7 卷（北京：人民文学出版社，1989 年），页 162—163。

57 见 Mao Chen, *Between Tradition and Change: The Hermeneutics of May Fourth Literature* (New York: University Press of America, Inc., 1997), pp. 55-78。

58 鲁迅，《〈奔流〉编校后记》，《鲁迅全集》第 7 卷，页 163。

59 复旦大学研究生王晓昀的博士论文《易卜生与中国》将易卜生进入中国的时代契机概括为：一、以新人格的建设为首要任务的现代思想启蒙运动；二、这一运动对文学（包括戏剧）所提出的揭示现实社会问题的要求；三、妇女解放思潮。其认为这是易卜生在本世纪初的中国思想文化界得以独领风骚的三个主因。转引自胡德才，《现代中西戏剧关系的第一块里程碑：胡适的〈终身大事〉和易卜生的〈玩偶之家〉》，《中国文化研究》，期 13（1996 年秋），页 124。

60 《通信：论译戏剧》，《新青年》，卷 6 号 3（1919 年 3 月 15 日），页 333。

61 萧乾，《易卜生在中国》（"Ibsen in China"），转引自李欤学，《萧乾论易卜生在中国》，《当代》，期 15（1987 年 7 月 1 日），页 105。

62 鲍家麟，《民初的妇女思想（1911—1923）》，收入《中国妇女史论集续集》（台北：稻乡出版社，1991 年），页 308。

63 Elizabeth Eide, *China's Ibsen: From Ibsen to Ibsenism*, pp. 20-22. 胡适的《易卜生主义》一文，更被李欧梵视为"有关对五四个人主义最具影响的陈述（声明）"。见李欧梵，《现代性的追求》（台北：麦田出版社，1996 年），页 94。

64 胡适，《易卜生主义》，《新青年》，卷 4 号 6（1918 年 6 月），页 490—503。事实上，易卜生的剧作与诗文中，也曾展露出浪漫主义、社会主义等思想，但胡适未曾加以说明。可参见 Errol Durbach, 'Ibsen the Romantc': Analogues of Paradise in the Later Plays (London: the Macmillan Press Ltd, 1982)。

65　西方的个人主义思想，相当广泛而难以精确定义，而胡适即选择并认同了易卜生在剧中传达的思想。有关个人主义的源流及其发展，见史蒂文·卢克斯著，朱红文、孔德龙译，《个人主义：分析与批判》（北京：中国广播电视出版社，1993 年）。

66　胡适，《介绍我自己的思想——〈胡适文选〉自序》，收入胡适，《胡适作品集》第18 册《我们走那条路？》（台北：远流出版公司，1988 年，3 版），页 232。

67　Shuei-may Chang, "Casting Off the Shackles of Family: Ibsen's Nora character in Modern Chinese Literature, 1918-1942", Ph. D. dissertation, University of Illinois at Urbana-Champaign, 1994, p. 46.

68　贾祖麟 (J. B. Grieder) 著，张振玉译，《胡适对社会改革的主张与理想》，收入史华慈等著，《近代中国思想人物论：自由主义》（台北：时报文化，1980 年），页324—325。另见杨联芬，《个人主义与性别权力——胡适、鲁迅与五四女性解放叙述的两个维度》，《中山大学学报（社会科学版）》，卷 49 期 4 (2009 年)，页 40—46。

69　Ronald Gray, Ibsen-A Dissenting view: A Study of the Last Twelve Plays (Cambridge: Cambridge University Press, 1977), p. 54.

70　吴二持，《胡适文化思想论析》（北京：东方出版社，1998 年），页 92—105。

71　胡适，《易卜生主义》，页 503—504。

72　John Fitzgerald, Awakening China: Politics, Culture, and Class in the Nationalist Revolution (Stanford: Stanford University Press, 1996), pp. 1-66.

73　胡适，《易卜生主义》，页 492—493。

74　同上，页 493。

75　《国民之敌》在《新青年》的第 5 卷第 1 到 4 号继续刊载，《小爱友夫》则于第 5 卷第 3 号续载。

76　举例而言，《娜拉》在 1882 年于美国密尔沃基市上演时，名为《童妻》(The Child Wife)，1884 年在伦敦上演时，名为《毁坏了蝴蝶》。见 Egil Törnqvist, Ibsen: A Doll's House (Cambridge: Cambridge University Press, 1995), p. 65。并见 Gretchen P. Ackerman, Ibsen and the English Stage 1889-190, p. 18。

77　袁振英日后仍持续写作有关易卜生戏剧及思想的评论。见袁振英，《易卜生传》（香港：受匡出版部，1928）。

78　袁振英，《易卜生传》，《新青年》，卷 4 号 6 (1918 年 6 月)，页 612—613。

79　Shu-fen Chang, "Ibsen on the Early Stage of Chinese Spoken Drama", "国立"成功大学外语学院硕士论文，1998 年，页 8。

80　瘦鹃，《"社会柱石"小引》，《小说月报》，卷 11 号 3 (1920 年 3 月)。

81　茅盾，《谈谈〈傀儡之家〉》，《文学周报》，期 176 (1925 年 6 月)。

82　胡适，《介绍我自己的思想——〈胡适文选〉自序》，《胡适作品集》，第 18 册《我们走那条路？》，页 232。

83　陈独秀，《偶像破坏论》，《新青年》，卷 5 号 2（1918 年 8 月），页 91。

84　唐俟，《随感录：四六》，《新青年》，卷 6 号 2（1919 年 2 月 15 日），页 213。

85　易卜生，《1898 年 5 月 26 日在挪威保卫妇女权利协会的庆祝会上的讲话》，收入《易
　　卜生文集》，第 8 卷，页 234。

86　如吕美颐、郑永福，《中国妇女运动（1840—1921）》，页 283；王世林，《娜拉走后
　　怎样？》，《四川三峡学院学报》，卷 16 期 1（2000 年第 1 期），页 27—29；李光荣，
　　《从婚恋作品看中国妇女解放的艰难历程》，《云南学术探索》，1997 年第 6 期，页
　　68—72；唐宁丽，《试谈五四女性文学的双重文本》，《南京师大学报》（社会科学版），
　　1998 年第 4 期，页 87—92；李圭嬉，《"五四"小说中所反映的女性意识》，中国
　　文化大学中文所硕士论文，1995 年，页 28、43—44、177—178；杨新刚，《鲁迅、
　　胡适与茅盾对〈玩偶之家〉解读之比较——兼及三人"五四"时期女性解放思想》，
　　《鲁迅研究月刊》，2012 年 4 期（2012 年），页 41—49。

87　留美华裔学者孟悦在其以文学文本为主的相关研究中，认为近代中国女性在建立
　　主体性过程中，经历了所谓的 desexualizing effect。其与本文所谓的娜拉在"五四"
　　时期被塑造出的"去性别"原始本质，精神上是相通的。Meng Yue, "Female
　　Images and National Myth," in *Gender Politics in Modern China: Writing and Feminism*,
　　ed. Tani E. Barlow (Durham: Duke University Press, 1993), pp. 118-136.

88　Shuei-may Chang, *Casting Off the Shackles of Family: Ibsen's Nora Figure in Modern
　　Chinese Literature, 1918-1942*（New York: Peter Lang, 2004），pp. 28-39.

89　周昌龙，《五四时期知识分子对个人主义的诠释》，收入周昌龙，《新思潮与传统：
　　五四思想史论集》（台北：时报文化，1995 年），页 28。

90　胡适，《新思潮的意义》，《新青年》，卷 7 号 1（1919 年 12 月），页 6。

91　欲实践此种批判态度，共分三方面，分别为"研究当前具体和实际的问题""输入
　　学理"与"整理国故"。见胡适口述，唐德刚译注，《胡适口述自传》（台北：传记
　　文学出版社，1983 年，再版），页 177。

92　胡适口述，唐德刚译注，《胡适口述自传》，页 177。

93　胡适，《介绍我自己的思想——〈胡适文选〉自序》，收入胡适，《胡适作品集》第
　　18 册《我们走那条路？》（台北：远流出版公司，1988 年，3 版），页 232。

94　胡适，《美国的妇人》，《新青年》，卷 5 号 3（1918 年 9 月），页 223。另见王素霞，
　　《论五四先驱文化人格的现代性》，《山东师大学报》（社会科学版），2000 年第 2 期，
　　页 29。

95　刘大杰，《易卜生》（上海：商务印书馆，1935 年，国难后第 1 版），页 62。

96　胡适，《易卜生主义》，页 490—503。

97　江勇振，《男性与自我的扮相：胡适的爱情、躯体、与隐私观》，收入熊秉真主编，
　　《欲掩弥彰：中国历史文化中的"私"与"情"——公义篇》（台北：汉学研究中心，
　　2003 年），页 195—226。作者曾解释在胡适"知识男性唱和的园地"（指能与胡适

在学识领域对得上话且互相投机的朋友）里，原本还有陈衡哲与韦莲司两位女性，但随着两位女性与胡适感情关系的变化与时间的推移，她们在"唱和圈"中的地位也逐渐边缘化；很快地，在胡适回国后不久，那个"唱和圈"便已完全变为男性专属的天地了。

98 有关"五四"时期的个人主义思想，参见周昌龙，《五四时期知识分子对个人主义的诠释》，收入周昌龙，《新思潮与传统：五四思想史论集》，页 13—41。

99 王星拱，《奋斗主义底一个解释》，《新青年》第 7 卷第 5 期，1920 年 4 月 1 日。

100 新村运动的主要倡导者为周作人。他有意引进日本学者武者小路实笃等人在 1910 年发起的新村运动，即以互助为基础，非暴力为手段，建立半耕半读与自给自足的农村自治社区。但当时的发展，证明这类过于理想化的桃花源式生活并不实际，无法解决中国当时所面临的种种问题，也不能改善人性。秉持新村理念而成立的"北京工读互助团"，在实行后不到 3 个月就遭遇困难而无法继续。见周作人，《日本的新村》，收入《周作人先生文集·艺术与生活》（台北：里仁书局，1982 年），页 401；William C. L. Chow, "Chou Tso-jen and the New Village Movement"，《汉学研究》，卷 10 期 1（1992 年 6 月），页 105—135。

101 见李今，《个人主义与五四新文学》（哈尔滨：北方文艺出版社，1992 年），页 16—22。

102 余英时，《中国近代个人观的改变》，收入余英时，《中国文化与现代变迁》（台北：三民书局，1992 年），页 185。余英时认为这种"大我淹没小我"的趋向，是"五四"的个体主义迅速向群体本位的社会主义一端转化的重要原因。

103 关于"小我"与"大我"此种"公"与"私"之间的观念互动及其发展，始终是前近代与近代中国知识分子关注的课题。黄克武即指出，自 19 世纪 80 年代以来，中国思想界从公私的角度出发，对自由、权利、民主与国民等问题进行的思索与讨论，已普及到一般知识分子。从清末到民初"五四"时期，新知识分子更援用西方个人主义思想，以建立并重塑中国的国民性，促进人民的民族意识，以为强国之基础。见黄克武，《从追求正道到认同国族——明末至清末中国公私观念的重整》，收入黄克武、张哲嘉主编，《公与私：近代中国个体与群体之重建》（南港："中央"研究院近代史研究所，2000 年），页 59—112。

104 胡适，《不朽》，《新青年》第 6 卷第 2 期，1919 年 2 月 15 日。

105 见林毓生著，穆善培译，《中国意识的危机：五四时期激烈的反传统主义》，页 111—112。

106 近代中国个人主义的色彩，有随着民族主义情绪的不断增强而渐黯淡的趋势。此与西方尊重个性发展、不强调个人与社会一致性的个人主义思想，有所差别。见汪晖，《中国现代历史中的"五四"启蒙运动》，收入许纪霖编，《二十世纪中国思想史论（上）》（上海：东方出版中心，2000 年），页 46—50。

107 易白沙，《我》，《新青年》，卷 1 号 5（1916 年 1 月），页 5—6；陈独秀，《新青年》，《新青年》，卷 2 号 1（1916 年 9 月 1 日）。

108 学者林岗认为，五四运动（包含新文化运动与学生运动）基本上是由两种因素相互作用的结果，即独立批判精神与个人主义态度，及民族主义的要求与热情。前者先促成了少数先觉者思想文化上的"根本觉悟"，并唤醒群众，后者则力求实现建构民族国家的"根本解决"。见林岗，《民族主义、个人主义与五四运动》，收入中国社会科学院科研局编，《五四运动与中国文化建设：五四运动七十周年学术讨论会论文选》上册（北京：社会科学文献，1989 年），页 411—434。另见张灏，《重访五四：论"五四"思想的两歧性》，收入《二十世纪中国思想史论（上）》，页 4—9，21—24。

109 John Fitzgerald, *Awakening China: Politics, Culture, and Class in the Nationalist Revolution* (Stanford: Stanford University Press, 1996), pp. 99-101. 另见王颖，《胡适"健全的个人主义"在五四时期的积极影响》，《理论探讨》，2000 年第 3 期，页 35—37。

110 本间久雄著，瑟庐译，《性的道德底新倾向》，《妇女杂志》，卷 6 号 11（1920 年 11 月 5 日），页 1。

111 杨广宇，《平凡的题材 深刻的意蕴——〈玩偶之家〉的社会批判意识》，《安徽师大学报》（哲学社会科学版），卷 26 期 1（1998 年 1 月），页 103。

112 罗家伦，《妇女解放》，《新潮》，卷 1 号 1（1919 年 10 月），页 9；玄庐，《女子解放从那做起？：其八》，《星期评论》，号 9（1919 年 8 月 3 日）；雁冰，《男女社交公开问题管见》，《妇女杂志》，卷 6 号 2（1920 年 2 月）；《觉悟》，《觉悟》，期 1（1919 年 12 月）。

113 陆玉芹，《五四新文化运动与人的解放》，《盐城师范学院学报》（哲学社会科学版），1999 年第 4 期，页 81。

114 陈望道，《中国女子底觉醒》，《新女性》，卷 1 号 9（1926 年 9 月），页 639。陈望道在该文中所指的文艺，是《娜拉》与《群鬼》这一类破坏偶像思想的作品。

115 相关言论见鞠普，《毁家谭》，《新世纪》第 49 号，1908 年 5 月 30 日；汉一，《毁家论》，《天义报》第 4 卷，1907 年 7 月 25 日。

116 李大钊，《由经济上解释中国近代思想变动的原因》，《新青年》，卷 7 号 2（1920 年 1 月 1 日），页 51。

117 沈雁冰，《家庭改制的研究》，收入中华全国妇女联合会妇女运动历史研究室编，《五四时期妇女问题文选》（北京：生活·读书·新知三联书店，1981 年），页 255。

118 周策纵等著，《五四与中国》（台北：时报文化，1982 年，6 版），页 493。

119 余英时，《五四文化精神的反省》，收入王跃、高力克编，《五四：文化的阐释与评价——西方学者论五四》（山西：山西人民出版社，1989 年），页 45。

120 李璜，《学钝室回忆》（台北：传记文学，1973 年），页 24。

121 吴雁南、冯祖贻、苏中立、郭汉民编，《中国近代社会思潮：1840—1949》第 2 卷，页 678—680。

122　鲁迅在 1923 年秋季受聘为"女高师"讲师，同年 12 月 26 日应邀在该校文艺会讲演。由于该校学生曾公演易卜生的《娜拉》一剧，鲁迅便以此讲演做出回应。见黄继持编，《鲁迅著作选》（台北：台湾商务印书馆，1998 年），页 133。该篇最初发表于 1924 年"女高师"的《文艺会刊》第 6 期，后鲁迅再将原文重加订正，发表在同年 8 月 1 日《妇女杂志》第 10 卷第 8 号。后来，成名的白族女作家陆晶清，也曾忆述鲁迅这场演讲。见陆晶清，《鲁迅先生在女师大》，收入潘颂德、王效祖编，《陆晶清诗文集》（成都：四川大学出版社，1997 年），页 233。

123　沈卫威，《五四知识分子思想——行为的逆差与冲突——以鲁迅、胡适、茅盾为例》，收入刘青峰编，《胡适与现代中国文化转型》（香港：中文大学出版社，1994 年），页 179。另见陈素贞，《中国／台湾的娜拉哪里去？——从鲁迅〈娜拉走后怎样〉谈廖辉英的〈油麻菜籽〉，兼比较鲁迅〈祝福〉与〈伤逝〉笔下的女性困境》，《中国现代文学理论季刊》，期 15（1999 年 9 月），页 345—360。

124　王确，《儒文化与中国现代文学的精神走向》，《东北师大学报》（哲学社会科学版），2000 年第 1 期，页 49。

125　鲁迅，《娜拉走后怎样》，《鲁迅全集》第 1 卷，页 163。

126　余英时，《自我的失落与重建——中国现代的意义危机》，收入余英时，《中国文化与现代变迁》，页 211。

127　关于"五四"时代知识分子的"集体出走"，将在本文下一部分进行分析与检讨。

128　见 Vera Schwarcz, "Ibsen's Nora: The Promise and the Trap", *Bulletin of Concerned Asian Scholars*, Vol. 7, No. 1, Jan.-March 1975, pp. 3-5.

129　简瑛瑛，《叛逆女性的绝叫：从〈傀儡家庭〉到〈莎菲女士的日记〉》，《中外文学》，卷 18 期 10（1990 年 3 月），页 55。另见吴怡萍，《北伐前后妇女解放观的转变——以鲁迅、茅盾、丁玲小说为中心的探讨》，"国立"政治大学历史所硕士论文，1994 年，页 33—37。

130　梁云，《女性解放道路上的求生情结——从子君、陈白露现象看女性解放价值观》，《社会科学辑刊》，1999 年第 3 期（总第 122 期），页 136。

131　鲁迅在《伤逝》里，以涓生之口数度问道"那里去呢？"，包括因为无法忍受在家里与子君的相处而走出家门，不知"往那里去"；得知子君返回父家却猝死的消息后，也困惑于"那里去呢？"的茫然未知。见鲁迅，《伤逝》，收入《鲁迅全集》第 2 卷（北京：人民文学出版社，1989 年），页 120—129。

132　鲁迅，《伤逝》，收入《鲁迅全集》第 2 卷，页 129。

133　罗家伦，《妇女解放》，《新潮》，卷 2 号 1（1919 年 10 月），页 1—3。

134　Wang Zheng, *Women in the Chinese Enlightenment: Oral and Textual Histories* (Berkeley: University of California Press, 1999), pp. 55-61.

135　刘人鹏，《近代中国女权论述：国族、翻译与性别政治》（台北：学生书局，2000 年），页 129—197；Ching-kiu Stephen Chan, "The Language of Despair: Ideological Representations of the 'New Woman' by May Fourth Writers", in Tani E. Barlow ed.,

Gender Politics in Modern China（London: Duke University Press, 1993），pp.13-32.

136 胡适，《易卜生主义》，页 504。

137 有关胡适对个人主义的定义及其态度，可参考对照其《易卜生主义》与《非个人主义的新生活》(1920) 两文。收入《胡适作品集》第 6 册《贞操问题》（台北：远流出版公司，1994 年），页 9—28、131—142。另见郭颖颐，《世纪末重看胡适对个人主义的见解》，收入刘青峰编，《胡适与现代中国文化转型》，页 257—268；张宝明，《启蒙与革命——"五四"激进派的两难》（上海：学林出版社，1998 年），页 180—183。

138 胡适这种温和而不流于激情的自由主义立场，始终贯彻于他的思想与对许多事情的看法中。例如五四爱国运动时，他并不主张学生激情地罢课走上街头，为的也是希望青年们冷静地以充实知识来增进报效国家的能力。见吕实强，《胡适对学生运动的态度》，收入周策纵等著，《胡适与近代中国》，页 253—274。

139 虽然本章第二节将叙述胡适曾承袭《娜拉》的精神而创作《终身大事》，该剧女主角也同样离家出走，但整体来看胡适对易卜生主义及娜拉的诠释，应可谓他要求妇女首先做到的是"自立"，而非全体出走。

140 胡适，《易卜生主义》，页 504—505。

141 同上，页 505。

142 关于当时的学生界对于现实不满、大力鼓吹各种新式思想、并倾向集体活动的普遍性发展，参见叶嘉炽，《五四与学运》，收入汪荣祖编，《五四研究论文集》（台北：联经出版公司，1979 年），页 43—45。

143 林贤治，《娜拉：出走或归来》（天津：百花文艺出版社，1999 年），页 2。

144 李欧梵，《现代性的追求》，页 95。

145 庞朴，《继承"五四"超越"五四"》，收入林毓生等著，《五四：多元的反思》（香港：三联书店，1989 年），页 123—138。

146 胡适与鲁迅等出生于 19 世纪末的五四导师们，在自身婚恋与其反传统言论之间，总存在着相当大的差距，即言语激烈而行为保守；究其实，多与其从小接受的孝道与家庭观念有关。参见周明之，《五四时期思想文化的冲突——以胡适的婚姻为例》，收入汪荣祖主编，《五四研究论文集》，页 177—208。另见沈卫威，《五四知识分子思想——行为的逆差与冲突——以鲁迅、胡适、茅盾为例》，收入刘青峰编，《胡适与现代中国文化转型》，页 169—190。

147 斯铎曼医生乃易卜生《人民公敌》中的男主角，象征着不屈从于多数人的意见、敢说老实话攻击社会腐败情形的个人。

148 舒衡哲著，李国英等译，《中国的启蒙运动：知识分子与五四遗产》（太原：山西人民出版社，1989 年），页 134。

149 见吴雁南、冯祖贻、苏中立、郭汉民编，《中国近代社会思潮：1840—1949》第 2 卷，页 678—680；李圭嬉，《"五四"小说中所反映的女性意识》，中国文化大学中文所硕士论文，1995 年，页 177；刘光宇、冬玲，《女性角色演变与中国妇女解放——

中国现代女性文学的文化透视》,《山东师大学报》(社会科学版),2000 年第 2 期,
页 11。

150 见邵宁宁,《牢笼抑或舟船——20 世纪中国文学中"家"的形象演变》,《西北师
大学报》(社会科学版),卷 36 期 5(1999 年 9 月),页 25。

151 在"五四"时代及其后的中国社会里,常出现以"傀儡"或"玩物"来谑称新女
性在社会上的表现与地位。见张丹孜,《跳出新旧式的傀儡圈子以外》,《妇女月报》,
卷 1 期 4(1935 年 5 月 1 日),页 13。

152 曾琦,《妇女问题与现代社会》,《妇女杂志》,卷 8 号 1(1922 年 1 月),页 3—6;
甘阳,《自由的理念:"五四"传统之阙失面——为"五四"七十周年而作》,收
入林毓生等著,《五四:多元的反思》,页 68。

153 陶履恭,《女子问题》,卷 4 号 1(1918 年 1 月 15 日),页 14—19。

154 李人杰,《男女解放》,《星期评论》,号 31(1920 年 1 月 4 日),第 6 张。这篇文
章引发一位署名"蓓玉"的女性作者大为震怒,认为他散播"侮辱女子之男女解
放说"。见蓓玉,《侮辱女子之男女解放说》,《星期评论》,号 34 第 2 张(1920 年
1 月 26 日)。

155 我天,《今日中国女子的三得三失》,《女青年》月刊,卷 9 期 2(1930 年 2 月),页 3。

156 同上。

157 蔡畅,《五一纪念与妇女经济独立》,《妇女周报》,号 85(1925 年 5 月 3 日)。

158 陈独秀,《妇女问题与社会主义》,《广东群报》,1921 年 1 月 31 日,转引自中华
全国妇女联合会妇女运动历史研究室编,《五四时期妇女问题文选》,页 80—83。

159 刘再复,《百年来中国三大意识的觉醒及今日的课题》,《历史月刊》,期 110(1997
年 3 月),页 85。

160 张爱玲,《走!走到楼上去》,收入金宏达、于青编,《张爱玲文集》第 4 卷(合肥市:
安徽文艺出版社,1992 年),页 73。

161 同上。

162 见姚玳玫,《冰心·丁玲·张爱玲——"五四"女性神话的终结》,《学术研究》
1997 年第 9 期,页 91。

163 家为,《封建残余下的婚姻制度》,上海《申报》,1934 年 3 月 17 日。

164 施存统,《"工读互助团"底实验和教训》,《星期评论》,号 48(1920 年 5 月 1 日),
第 7 张。工读互助团于 1919 年年底发起于北京,参加者为北京的青年,他们揭橥"劳
工神圣""互助"的理想,欲实行共产的实验生活。见季陶,《我对于工读互助团
的一考察》,《星期评论》,号 42(1920 年 3 月 21 日)。青年女性随后亦继之发起
女子工读互助团,见《女子工读互助团》,上海《申报》,1920 年 3 月 30 日。

165 有许多史料与二手著作,皆记载五四运动时期众多女学生走出家庭参加爱国运动
的事迹,并因此有助于男女社交的公开、新女性意识的提升,以及妇女解放运动
的发展。因本文论述重点不在此,故不予赘述。参见中国社会科学院近代史研究
所编,《五四运动回忆录(上)》(湖南:中国社会科学出版社,1979 年);上海市

妇女联合会,《上海妇女运动史(1919—1949)》(上海:上海人民出版社,1990 年),页 46—61;青长蓉等编著,《中国妇女运动史》(成都:四川大学出版社,1989 年),页 47—59。

166 吕美颐、郑永福,《中国妇女运动(1840—1921)》,页 329—339。

167 刘再复,《百年来中国三大意识的觉醒及今日的课题》,页 83。

168 同上,页 84。

169 试看署名"苣君"的作者在 20 世纪 20 年代末列举七大要项,以为新妇女的要素:"新妇女的态度要庄严而和蔼。新妇女的脑筋要冷静而清楚。新妇女的眼光要远大而深切。新妇女的行为要光明而正大。新妇女的思想要革命而猛进。新妇女的胸襟要宽阔而爽直。新妇女的知识要渊深而宏博。新妇女的人格要高尚而纯洁。"由此可知新女性之不易为,以及时人对新女性期许之高。见苣君,《新妇女的要素》,《妇女共鸣》第 15 期,1929 年 11 月 1 日,页 14。此外,王政则将"五四"作家共同打造出的新女性特质,归纳为独立、社会责任感、改良的心理、批判的心智、互助的精神、服务群众的热忱、学习欲、开放与正直的态度、健康的身体等。见 Zheng Wang, *Women in the Chinese Enlightenment: Oral and Textual Histories*, p. 82。

170 妙然,《新妇女与旧家庭》,《新妇女》,卷 1 号 2(1920 年 1 月),页 7。

171 阿英,《易卜生的作品在中国》,收入阿英,《阿英文集》,页 670—671。

172 曾琦,《妇女问题与现代社会》,《妇女杂志》,卷 8 号 1(1922 年 1 月),页 4。

173 袁振英,《易卜生传》,页 612—613。

174 本间久雄原著,薇生译,《近代剧描写的结婚问题》,《妇女杂志》,卷 8 号 7(1922 年 7 月),页 52—53。

175 舒衡哲著,李国英等译,《中国的启蒙运动:知识分子与五四运动》,页 134。

176 杨广宇,《平凡的题材 深刻的意蕴——〈玩偶之家〉的社会批判意识》,《安徽师大学报》(哲学社会科学版),卷 26 期 1(1998 年 1 月),页 103;夏茵英,《西方文学女性形象新解读》,《中山大学学报》(社会科学版),卷 39 期 5(1999 年 5 月),页 32。

177 田汉,《吃了"智果"以后的话》,《少年世界》,卷 1 期 8(1920 年 8 月),页 6—8。此处田汉所描绘的夏娃,出自英国诗人弥尔顿(John Milton, 1608—1674)的名著《失乐园》(*Paradise Lost*)。

178 见费丝言,《由典范到规范:从明代贞节烈女的辨识与流传看贞节观念的严格化》(台北:台大文史丛刊,1998 年)。

179 许慧琦,《20 世纪 20 年代的恋爱与新性道德论述——从章锡琛参与的三次论战谈起》,《近代中国妇女史研究》,期 16(2008 年 12 月),页 29—92。

180 蓝志先,《蓝志先答胡适书:贞操问题》,《新青年》,卷 6 号 4(1919 年 4 月 15 日),页 400。

181 同上。

182 胡适,《胡适答蓝志先书》,《新青年》,卷 6 号 4(1919 年 4 月 15 日),页 419。

183　综观刊于《新青年》上的书信答辩，可发现胡适与蓝志先主要的歧见，在于双方
　　　对自由恋爱与自由离婚的看法上。

184　《我所希望于男子者》，《妇女杂志》，卷 10 号 10（1924 年 10 月），页 1513—
　　　1528。

185　心珠女士，《我所希望于男子者：四》，《妇女杂志》，卷 10 号 10（1924 年 10 月），
　　　页 1518。

186　谦弟（张履谦），《我所认为新女子者：一》，《新女性》，卷 1 号 11（1926 年 11 月），
　　　页 804。

187　美国高曼女士（E. Goldman）著，震瀛译，《近代戏剧论》，《新青年》，卷 6 号 2（1919
　　　年 2 月 15 日），页 186。

188　茅盾，《从〈娜拉〉说起——为〈珠江日报·妇女周刊〉作》，收入《茅盾全集》
　　　第 16 卷（北京：人民文学出版社，1988 年），页 140—142。

189　曾琦，《妇女问题的由来》，《妇女杂志》，卷 8 号 7（1922 年 7 月），页 8—9。

190　速水猛著，君实译，《自医学观之良妻贤母主义（续）》，《妇女杂志》，卷 5 号 8（1919
　　　年 8 月），页 9—10。

191　见旅冈，《期望于中国娜拉者》，《女子月刊》第 4 卷第 10 号，1936 年 10 月 1 日，
　　　页 15—16。

192　这部小说描写的是一位俄国公爵女儿安娜的一生，着重于刻画其门当互对却缺乏
　　　感情基础的婚姻，以及后来与另一男性发展出的爱情故事。最后安娜的命运就在
　　　其夫不肯放手、其爱人无能保护之、社会舆论与环境压迫所致，走上卧轨自杀一途，
　　　以悲剧收场。

193　鲁迅曾在 1928 年写道：“关于这十九世纪的俄国的巨人（注：即托尔斯泰），中
　　　国前几年虽然也曾经有人的介绍，今年又有人叱骂，然而他于中国的影响，其实
　　　也还是等于零。”鲁迅，《集外集·〈奔流〉编校后记七》，《鲁迅全集》第 7 卷，
　　　页 190。

194　见沉慧，《娜拉的出走与安娜卡列尼娜的自杀》，《现代妇女》，卷 3 期 1（1944 年
　　　1 月）；胡勇，《三个不幸家庭的反抗女性——安娜、娜拉、繁漪比较谈》，《南昌
　　　教育学院学报》1999 年第 3 期，页 43—44。

195　倩文，《五四运动与妇女》，《北平妇女》，期 2（1936 年 5 月 27 日）。

196　昌树，《娜拉何处去》，《女子月刊》，卷 2 期 10（1934 年 10 月），页 2943—2944。
　　　另见伯钧，《中国的“拉娜”到何处去？》，上海《申报》，1934 年 8 月 26 日。

197　旅冈，《期望于中国娜拉者》，《女子月刊》第 4 卷第 10 号，1936 年 10 月 1 日，
　　　页 15。

198　阿英，《易卜生的作品在中国》，收入阿英，《阿英文集》，页 670—671。

199　陈素，《五四与妇女解放运动》，收入中国社会科学院近代史研究所编，《五四运
　　　动回忆录（下）》，页 1020。

200　鲁迅，《〈奔流〉编校后记》，收入《鲁迅全集》第 7 卷，页 156—157。

201 胡德才，《现代中西戏剧关系的第一块里程碑——胡适的〈终身大事〉和易卜生的〈玩偶之家〉》，《中国文化研究》，1996 年秋之卷（总第 13 期），页 121。

202 包括胡适、罗家伦译，《娜拉》（上海：永华书局，1936 年）；沈佩秋译，《娜拉》（上海：启明书局，1937 年）；翟一我译，《傀儡家庭》（上海世界出版社，1947 年）；沈子复译，《玩偶夫人》（上海：永祥印书馆，1948 年）等。

203 陈素，《五四与妇女解放运动》，收入中国社会科学院近代史研究所编，《五四运动回忆录（下）》，页 1020。另见沈卫威，《文化·心态·人格——认识胡适》（郑州：河南大学出版社，1991 年），页 42。

204 张秀熟，《五四运动在四川的回忆》，艾芜，《五四的浪花》，皆收入中国社会科学院近代史研究所编，《五四运动回忆录（下）》，页 882, 969。

205 Kwok-kan Tam, "Ibsen in China: Reception and Influence," Comparative Literature Ph. D. dissertation, University of Illinois at Urbana-Champaign, 1984, p. 164.

206 余上沅，《晨报与戏剧》，北平《晨报副刊》，1922 年 12 月 1 日，版 17。

207 仁佗，《看了女高师两天演剧以后的杂谈》，《晨报副刊》，1923 年 5 月 11 日。

208 同上。

209 根据仁佗所述，观众群中不时可听见无聊的掌声与"吁"声，开门声与讲话声不断，每逢台上的动作或语言略为异常便随意拍掌叫好，台上越哭台下就越笑，买二等票去坐头等位等。见仁佗，《看了女高师两天演剧以后的杂谈》，《晨报副刊》，1923 年 5 月 11 日。

210 芳信，《看了娜拉后的零碎感想》，《晨报副刊》，1923 年 5 月 12 日。

211 同上。

212 芳信，《看了娜拉后的零碎感想（续)》，《晨报副刊》，1923 年 5 月 13 日。

213 同上。

214 仁佗，《看了女高师两天演剧以后的杂谈》，《晨报副刊》，1923 年 5 月 11 日。

215 林如稷，《又一看了女高师两天演剧以后的杂谈》，《晨报副刊》，1923 年 5 月 16 日。

216 罗苏文，《都市文化的商业化与女性社会形象》，收入叶文心等著，《上海百年风华》（台北：跃升文化，2001 年），页 57—110。

217 西滢，《看新剧与学时髦》，《晨报副刊》，1923 年 5 月 24 日。事实上，关于这次《娜拉》的演出，还牵涉到时人对译自西方的戏剧之接受程度的问题。因该问题离本节主题稍远，故略过不论。

218 陈西滢曾说明他们提早走的原因，不是《娜拉》的戏过于深奥看不下去，其实主要还在于剧场对于声控方面的设计不良，观众大声喧哗，演员发声无法传到剧场各处，以致看得听得很痛苦，干脆一走了之。见西滢，《看新剧与学时髦》，《晨报副刊》，1923 年 5 月 24 日。

219 徐志摩，《我们看戏看的是什么？》，《晨报副刊》，1923 年 5 月 24 日。

220 关于当时中国文艺界出现以文学研究会和创造社为首的"人生与艺术"论战。前者强调"为人生而艺术"，后者则提倡"为艺术而艺术"。观以上有关《娜拉》演出的讨论与争议，可以说与当时的文艺氛围不无关系。参见范泉主编，《中国现代文学社团流派辞典》（上海：上海书店，1993 年），页 221—223。当时曾有论者指出，"二十年来的文艺思潮，是相当地紊乱的；但它的主潮却是写实主义"。而"许多人说文学研究会的写实是很明显的，但初期的创造社却是很浪漫的，其实不然，他们虽曾倾倒于西洋浪漫作家，但他们的作风仍多写实的倾向，例如张资平⋯⋯"。由此可见，在基本上以写实主义为文艺主潮的 20 世纪 20 年代，可以说，多数创作都是"有所为而发"的。见朱维之，《中国文艺思潮史略》（上海：长风书店，1939 年），页 172—174。

221 洪深，《导言》，《中国新文学大系·戏剧集》（上海：良友图书，1935 年），页 23。

222 当时胡适与傅斯年等人多批评旧式戏剧内容不具教育人心的作用，而纷纷提倡改良戏剧与白话对白，使其成为启迪民众与教育社会的利器。见胡适，《文学进化观念与戏剧改良》；傅斯年，《戏剧改良各面观》、《再论戏剧改良》，《新青年》，卷 5 号 4（1918 年 10 月）。

223 傅彦长，《话剧与歌剧的建设》，上海《申报》，1926 年 9 月 3 日。

224 周慧玲，《女演员、写实主义、"新女性"论述——晚清到五四时期中国现代剧场中的性别表演》，《近代中国妇女史研究》，期 4（1996 年 8 月），页 87—133。

225 孔庆东，《1921：谁主沉浮》（济南：山东教育出版社，1998 年），页 128—130。

226 周慧玲，《女演员、写实主义、"新女性"论述——晚清到五四时期中国现代剧场中的性别表演》，页 89；范泉主编，《中国现代文学社团流派辞典》，页 12—13。

227 芳信，《看了娜拉后的零碎感想（续）》，《晨报副刊》，1923 年 5 月 13 日。

228 何一公，《女高师演的〈娜拉〉》，《晨报副刊》，1923 年 5 月 18 日。

229 Kwok-kan Tam, "Ibsen in China: Reception and Influence," Comparative Literature Ph. D. dissertation, University of Illinois at Urbana-Champaign, 1984, p. 169.

230 缜生，《北京的警察厅真聪敏！》，《晨报副刊》，1924 年 12 月 20 日。

231 《鄂教厅令禁各学校办演新剧》，上海《申报》，1925 年 4 月 15 日。

232 邵柏性、熊佛西，《男女合演的讨论》，《晨报副刊》，1922 年 11 月 21 日。

233 见洪深，《导言》，《中国新文学大系·戏剧集》，页 84；见顾仲彝，《中国新剧运动的命运》，《新月》卷 4 期 1（1932 年 9 月），页 5。当时该剧演出名称为《傀儡之家》。

234 大嗤，《新剧漫谈》，上海《申报》，1925 年 5 月 21 日。

235 曹聚仁，《"奇事中的奇事"》，上海《申报》，1935 年 7 月 10 日。

236 《县立务本女学开廿五周年纪年会》，上海《申报》，1926 年 10 月 25 日；《记务本二十五周纪念会之第二日》，上海《申报》，1926 年 10 月 26 日。

237 见云鸿，《关于天津的剧运》，上海《中华日报》，1934 年 12 月 30 日。

238 见余上沅，《伊卜生的艺术》，《新月》，卷 1 期 3（1928 年 5 月）；张嘉铸，《伊卜生的思想》，《新月》，卷 1 期 3（1928 年 5 月）；《易卜生百年诞辰纪念》，上海《申报》，1928 年 3 月 17 日；士钺，《易卜生诞生百年纪念的意义》，上海《申报》，1928 年 3 月 18 日；骏，《欧洲的易卜生诞生百年纪念》，上海《申报》，1928 年 3 月 18 日；《易卜生诞生百年纪念》，天津《大公报》，1928 年 3 月 26 日；《怎样了解易卜生的社会剧》，天津《大公报》，1928 年 4 月 11 日；僧友，《介绍易卜生》，天津《大公报》，1928 年 11 月 23 日。

239　《美蒂剧社第一次公演》，上海《申报》，1929 年 4 月 11 日。这则报道说明美蒂剧社为劳动大学的学生所组成，他们曾于去年（1928 年）的游艺会中演过《娜拉》一剧。

240　《游艺消息：关于"娜拉"》，天津《大公报》，1928 年 10 月 16 日。

241　曹禺，《曹禺自传》（江苏：江苏文艺出版社，1996 年），页 37。另见《今日举行之南开周年庆祝会》，天津《益世报》，1928 年 10 月 17 日。

242　子健，《介绍南开新剧团公演之易卜生名剧娜拉——一名"玩偶家庭"》，天津《庸报》，1928 年 10 月 21 日。

243　见中华民国文艺史编纂委员会编，《中华民国文艺史》（台北：正中书局，1975 年），页 722。事实上，从 1934 年到 1936 年，经常可见《娜拉》的上演，其与当时的社会思潮有密切关联；这部分将于本文第四章有深入讨论。

244　除了上文所介绍的北京、天津、上海与南京的《娜拉》公演之外，据报载，济南的民众教育馆教育戏剧组预定在 1935 年要演出《娜拉》。见邓雪涤，《话剧在济南》，南京《中央日报》，1935 年 1 月 22 日。此外，自 1922 年起，武汉各校剧社已先后演出《终身大事》《娜拉》等剧。见中华民国文艺史编纂委员会编，《中华民国文艺史》，页 718—719。

245　不少记述《娜拉》在"五四"上演的著作，总是以"到处都在上演《娜拉》"一笔带过，令人怀疑这所谓的"到处"，到底所指何处？但至少本文搜罗的演出情形，可证明在若干沿海城市的确时有《娜拉》的演出。例见高大伦、范勇海译，《中国女性史（1851—1958）》（成都：四川大学出版社，1987 年），页 107。

246　张晓丽，《〈新青年〉的女权思想及其影响》，《史学月刊》，1998 年第 4 期，页 110。

247　Zheng Wang, Women in the Chinese Enlightenment: Oral and Textual Histories, p. 50.

248　周芳芸，《中国的"娜拉"走后怎样——"五四"新女性自我意识的觉醒与失落》，收入周芳芸，《中国现代文学悲剧女性形象研究》（成都：天地出版社，1999 年），页 6。

249　杨念群，《五四的另一面："社会"观念的形成与新型组织的诞生》（上海：上海人民出版社，2019 年），页 136—204。

250　雷良波、陈阳凤、熊贤军著，《中国女子教育史》（武汉：武汉出版社，1993 年），页 319—322。

第三章　抗婚娜拉：自由婚恋大叙事下的新女性

1　刘慧英，《"妇女主义"：五四时代的产物——五四时期章锡琛主持的〈妇女杂志〉》，《南开学报》（哲学社会科学版），期 6（2007 年 11 月），页 1—8。

2　"妇女问题研究会"于 1922 年成立于上海，通讯处为商务印书馆编译所，由章锡琛负责。该会成员有李宗武、沈雁冰、吴觉农、周作人、周建人、胡愈之、胡学志、倪文宙、夏丏尊、张近芬、张梓生、陈德征、章锡琛、黄惟志、程婉珍、杨贤江、蒋凤子。《妇女问题研究会简章》，《妇女杂志》，卷 8 号 8（1922 年 8 月），页 120—121。

3　《编辑余录》，《妇女杂志》，卷 8 号 7（1922 年 7 月），页 124。

4　记者，《我们今后的态度》，《妇女杂志》，卷 10 号 1（1924 年 1 月），页 2—7。

5　瑟庐，《近代思想家的性欲观与恋爱观》，《妇女杂志》，卷 6 号 10（1920 年 10 月），页 1；张娴，《妇女解放的我见》，《妇女杂志》，卷 10 号 1（1924 年 1 月），页 362。

6　许慧琦，《爱伦凯在中国：文化转译与性别化论述》，《近代中国妇女史研究》，期 37（2021 年 6 月），页 1—69。

7　例如上海《民国日报》从 1921 年到 1923 年的"妇女评论"专栏，《妇女杂志》等刊物上的诸多文章。有人还认为"五四"时期的妇女运动，在相当大的程度上，是以婚姻问题为核心而展开的。见杨东莼，《评十九年来的妇女运动》，《妇女杂志》第 17 卷第 1 号，1931 年 1 月 1 日，页 12。

8　王光祈，《"少年中国"之创造》，《少年中国》第 1 卷第 2 期，1919 年，页 6。

9　如 1919 年开辟的上海《民国日报》附刊《觉悟》，便是当时人公开讨论婚姻问题的渠道之一；1921 年以来上海《申报》中的"自由谈"有家庭专刊，亦不乏对婚姻与家庭问题的讨论。1921 年东南大学教授陈鹤琴就曾以问卷调查方式调查男学生的婚姻状况及对婚姻的意见，见东方杂志社编，《家庭与婚姻》（上海：商务印书馆，1923 年）。

10　20 世纪 30 年代仍有人言："夫今日青年男女，受欧美新思想之冲击，辄曰：自由恋爱，自由择配，自由离婚，创造新家庭等等。"见徐宗泽，《妇女问题》（上海：圣教杂志社，1930 年），页 19。

11　近代中国社会曾出现"自由恋爱"与"恋爱自由"两种名词；在 20 世纪 20 年代前期，前者主要被指称为性放荡与不负责任地追逐爱情，后者则是在选择恋爱的前提下尊重互相的意志自由。但后来这两个名词逐渐混用。本书主要以"自由恋爱"来概称当时传入中国的外来婚恋思想，包括易卜生、爱伦·凯、萧伯纳及卡彭特诸人所提倡的理念。相关论述，见爱伦·凯著，朱舜琴译，《恋爱与结婚》（上海：光明书局，1933 年，7 版），页 96；张佩芬女士编译，《现代思潮与妇女问题》（上海：泰东图书局，1928 年），页 2—4。

12　李欧梵，《现代性的追求》，页 147。

13　冰，《解放与恋爱》，《民国日报·妇女评论》，1922 年 3 月 29 日。

14　转引自乔以钢，《低吟高歌：20世纪中国女性文学论》（天津：南开大学出版社，
　　1998年），页23。

15　"通信"，《少年中国》，期4（1919年10月15日），页65。

16　王一知，《走向革命——五四回忆》，收入中国社会科学院近代史研究所编，《五四
　　运动回忆录（上）》，页510。

17　见陶钝，《"五四"在山东农村》，收入中国人民政治协商会议全国委员会文史资料
　　委员会编，《五四运动亲历记》（北京：中国文史出版社，1999年），页218—221；
　　张秀熟，《五四运动在四川的回忆》，收入中国社会科学院近代史研究所编，《五四
　　运动回忆录（下）》（湖南：中国社会科学出版社，1979年），页883。

18　隋灵璧等，《五四时期济南女师学生运动片断》，《五四运动回忆录（下）》，页
　　689—690。

19　见李澄之，《五四运动在山东》，《五四运动回忆录（下）》，页664。

20　旅冈，《漫话"娜拉年"与"戏剧年"》，上海《申报》，1935年12月27日。

21　《觉悟》，《觉悟》第1期，1919年12月。

22　时人曾忆及"当时女学生不敢讲社交，不敢多和男子见面，风气是十分闭塞的。
　　她们都愿意加入以男子为基本队伍的新民学会，就充分表现了她们求解放、求改
　　造的勇气"。见周世钊，《湘江的怒吼——五四前后毛主席在湖南》，收入中国社会
　　科学院近代史研究所编，《五四运动回忆录（上）》，页436。

23　罗琼，《妇女解放问题基本知识》（北京：人民出版社，1986年），页75—76。

24　周谷城，《中国社会之变化》（上海：上海书店，1989年），页90—91。

25　仲华，《嫁前与嫁后的恋爱问题》，《妇女杂志》，卷15号10（1929年10月），页
　　65。

26　同上。

27　雪岩，《现代女子解放的流弊》，《女青年》月刊，卷9期7（1930年7月），页
　　34—37。

28　罗敦伟，《中国之婚姻问题》（上海：大东书局，1931年），页36。

29　晓风（陈望道），《男女社交问题底障碍》，《民国日报》副刊《妇女评论》第7期，
　　1921年9月14日。

30　晓风（陈望道），《男女社交底自由》，《民国日报》副刊《妇女评论》第10期，
　　1921年10月5日。

31　黄震瀛，《对于男女社交应有的觉悟》，《女子月刊》第2卷第8期，1934年8月1日，
　　页2672—2674。

32　关于女青年会在华致力从事的社会服务事业及其贡献，参见安珍荣，《中华基督教
　　女青年会研究》，台湾师范大学历史所硕士论文，2001年6月，页179—295。

33　《勇于自谋的女子解除了旧俗的婚约》，天津《大公报》，1929年2月9日。

34　有关该会工作成果，见蒋逸霄，《天津妇协救济科一年来的工作（续）》，天津《大
　　公报》，1929年9月19日，10月17日，10月31日。当时有论者谓"妇女协会一

年以来的工作,使受压迫的妇女得解放,使堕落的女子得拯救,使依赖人的女子得到生活的技能"。见心冷,《妇协一周年》,天津《大公报》1929 年 9 月 11 日。

35　陶果人,《一个从恶婚姻里奋斗出来的少女》,《妇女共鸣》,期 17(1929 年 12 月),页 35—39。

36　沈雁冰,《家庭改制的研究》,收入中华全国妇女联合会妇女运动历史研究室编,《五四时期妇女问题文选》,页 249。

37　爱伦·凯著,朱舜琴译,《恋爱与结婚》,页 271。另见许慧琦,《爱伦凯在中国:文化转译与性别化论述》,《近代中国妇女史研究》,期 37(2021 年 6 月),页 1—69。

38　厨川白村著,Y.D. 译,《近代的恋爱观》,《妇女杂志》,卷 8 号 2(1922 年 2 月),页 11。

39　同上。

40　恂斋,《自由结婚父母应处监察地位》,上海《申报》,1922 年 7 月 23 日。另见顾富良,《我来解决青年之三个问题》,上海《申报》,1923 年 10 月 4 日。

41　云,《不彻底的自由恋爱》,天津《大公报》,1931 年 3 月 16 日。

42　《自由恋爱害了我终身》,天津《大公报》,1931 年 8 月 9 日。

43　周芳芸,《中国的"娜拉"走后怎样——"五四"新女性自我意识的觉醒与失落》,收入周芳芸,《中国现代文学悲剧女性形象研究》,页 21。

44　李峙山,《妇女会工作计划之商讨》,《妇女共鸣》,卷 2 期 3(1933 年 3 月),页 31。

45　记者,《青年女子的"恋爱"与"婚姻"》,天津《大公报》"妇女与家庭",1928 年 4 月 19 日。

46　同上。

47　桥叟,《恋爱热潮下离婚重婚增多的救济》,《妇女共鸣》,期 12(1929 年 9 月 15 日),页 27—33。

48　邹迟,《谈女人——看了影片"女人"以后》,《平凡》,卷 1 号 7(1934 年 8 月 16 日),页 16—18。

49　例见《淫妇畏罪破境重圆》,天津《大公报》,1928 年 4 月 5 日;《淫妇私逃反称被逐》,天津《大公报》,1928 年 5 月 27 日;《妇人淫奔被姑寻获》,上海《申报》,1929 年 4 月 19 日;《欺夫懦弱淫奔》,上海《申报》,1929 年 5 月 30 日。

50　潘光旦曾指出,"国人对于家庭问题,三四年前已有热烈而详细之讨论。言专书则有《家庭问题》,《家庭新论》,《中国之家庭问题》,妇女杂志之《家庭问题号》,女青年会之《家庭问题讨论集》等;言定期刊物,则有家庭研究社之《家庭研究》;此外关于妇女、婚姻、性道德、生育限制……等问题之文字,与家庭问题有直接关系者,尤指不胜数"。见潘光旦,《中国之家庭问题》(上海:商务印书馆,1934 年),页 1。另外蓝承菊的硕士论文曾对"五四"时期的婚姻问题有详细讨论,并锁定《民国日报》副刊《觉悟》,《晨报副刊》关于"爱情定则的讨论",以及 1923

年《妇女杂志》关于郑振埙的离婚诉求，进行的讨论与分析。见蓝承菊，《五四新思潮冲击下的婚姻观（1915—1923)》，台湾师范大学历史所硕士论文，1993，页178—245。

51 蓝承菊，《五四新思潮冲击下的婚姻观（1915—1923)》，页69—88。

52 本间久雄原著，薇生译，《近代剧描写的结婚问题》，《妇女杂志》，卷8号7（1922年7月)，页50—53。

53 William Archer, "Ibsen and English Criticism," *Fortnightly Review*, July 1889, in Thomas Portlewait ed., *William Archer on Ibsen: The Major Essays, 1889-1919* (England: Greenwood Press, 1984)，p. 17.

54 颜筼，《贞操观革命的呼声》，《妇女杂志》，卷10号7（1924年7月)，页1077。

55 见张静如、刘志强主编，《北洋军阀统治时期中国社会之变迁》（北京：中国人民大学出版社，1992年)，页348。

56 吴问天，《改良婚制的先声》，上海《申报》1924年6月8日。

57 吴县建设局局长魏祖摩，年28；与南京第一女子师范学堂毕业生周汝芬，年22。

58 漱小六子，《新家庭建设记》，上海《申报》，1927年10月20日。

59 如1923年到1924年上海《申报》本埠增刊上的《婚礼汇志》。

60 张静如、刘志强主编，《北洋军阀统治时期中国社会之变迁》，页306。

61 曾有作者以这四种类型为例说明20世纪20到30年代的婚姻问题，其以"有读书没读书"作为新与旧之间的大致分野。见陆合丰，《婚姻问题的严重形态底分析》，《妇女共鸣》，卷2期12（1933年12月)，页34—37。

62 见朔一，《离婚与妇女问题》，《妇女杂志》，卷8号4（1922年4月)，页81。

63 顾绮仲、张勉寅，《我们的结婚》，《妇女杂志》，卷8号1（1922年1月)，页33。

64 刘恨我，《新旧婚姻》上海《申报》，1924年3月23日。

65 香蕖，《敬告已有旧婚约之新少年》，上海《申报》，1923年5月25日。

66 天，《卷首语：快快把各人的'狐狸尾巴'斩去罢！》，《女青年》月刊，卷9期6（1930年6月)，页1。

67 君玉，《自由结婚》，上海《申报》，1922年10月22日。

68 易家钺、罗敦伟，《中国家庭问题》（台北：水牛出版社，1972年，再版)，页11。

69 同上。

70 许慧琦《〈妇女杂志〉所反映的自由离婚思想及其实践——从性别差异谈起》，《近代中国妇女史研究》，期12（2004年12月)，页65—114。

71 崔溥，《救济无爱情的夫妇唯一的方法："离婚"》，《共进》半月刊，期26（1922年11月25日)。

72 最常见被引述的西方学者，包括爱伦·凯、卡彭特、萧伯纳、倍倍尔、罗素等。见罗敦伟，《中国之婚姻问题》，页128—135；生田长江、本间久雄著，林本、毛咏棠、李宗武译，《社会改造之八大思想家》（上海：商务印书馆，1931年，7版)，页181—280；本间久雄著，姚伯麟译，《妇人问题十讲》，页11—66；爱伦·凯著，朱舜琴译，《恋爱与结婚》。

73 邹恺，《现代妇女问题》（上海：大东书局，1933年），页45。另见荫，《爱伦凯的
自由离婚及其反对论》，《妇女周刊》，号17（1925年4月8日）。

74 张佩芬女士编译，《现代思潮与妇女问题》，页13。

75 罗敦伟，《中国之婚姻问题》，页133—134。

76 此处所谓白话文故事版，指该名译者"朔一"，将此剧以小说的故事体裁叙述，而
非逐句将《娜拉》剧中的对白悉数翻出。

77 朔一，《易卜生名剧〈娜拉〉本事》，《妇女杂志》，卷8号4（1922年4月），页
206。

78 沈雁冰，《离婚与道德问题》，《妇女杂志》，卷8号4（1922年4月），页13。

79 瑟庐，《从七出上看来中国妇女的地位》，《妇女杂志》，卷8号4（1922年4月），
页103。

80 （美）强特勒著，周作人译，《现代戏剧上的离婚问题》，《妇女杂志》，卷8号4（1922
年4月），页68。

81 B.L.女士，《离婚问题的实际和理论》，《妇女杂志》，卷8号4（1922年4月），页
37。

82 罗家伦、胡适译，《娜拉》，《新青年》，卷4号6（1918年6月），页572。

83 本间久雄原著，薇生译，《近代剧描写的结婚问题》，《妇女杂志》，卷8号7（1922
年7月），页52—53。

84 兹九，《失睦与离婚问题》，《女青年》月刊，卷14期3（1935年3月），页13—
14。

85 郭箴一，《中国妇女问题》，页65、79。

86 该令引自"晓"（陈望道），《"限制离婚"底昏迷》，《民国日报·妇女评论》，期29
（1922年2月22日）。

87 《司法部限制离婚》，《妇女杂志》，卷10号1（1924年1月），页296。

88 见茅仲复编著，《中国社会五大问题》（1930年），页94—99；陈碧云编，《现代妇
女丛谈》（上海：亚东图书，1938年，再版），页8—9；彭慧，《民族抗战与妇女
的任务》（汉口：汉口大众出版社，1938年），页14—15；鲁妇编著，《妇女问题
新讲》（香港：新民主出版社，1949年），页27—28。

89 如有一篇报道，讲一位曾就读上海某中学的女子被父母嫁给富家顽钝儿，生一子，
却与公婆及丈夫都无法相处。后公婆继亡，"今岁，革军进占苏省，一时妇女解放
之呼声甚高，女之旧同学，多有任职党部者，知女受压迫于旧家庭，过其非人生活，
咸群为不平。女之舅父某，平时颇怜女之境遇，至是乃复允助其经济，女既得外
界之援助，遂毅然提出与乃夫离婚"。最后的结果是她成功离婚，其子归夫，"将
来成人长大，须赡养其母之终身"。见松庐，《记虎女犬婿之离婚案》，上海《申报》，
1927年9月22日。

90 相关的报道非常多，诸如丈夫事业无成，令妻子归宁借贷无成，即野蛮对待，妻

子不得已出外任看护自活，并申请离婚，见《十四年夫妻一朝离异》，上海《申报》，1927 年 6 月 22 日。或因丈夫宠妾虐妻，妻子要求别居分产，见《十一年夫妻要求别居》，上海《申报》，1927 年 7 月 24 日。另如沈氏其夫卫晚子"无恒业，夺去妆奁，叫她归宁作工养伊"，并曾殴打过她，以致她申请离婚。见《少妇请求离婚》，上海《申报》，1927 年 8 月 4 日。还有少妇唐氏自称其"平日待遇，无异征服之亡国奴隶，惟现在常盛倡自由之时代，实不甘处此压迫之下，为此来案请离婚等情"，见《少妇控夫虐待请求离异》，上海《申报》，1927 年 10 月 31 日。更有妇人控告丈夫重婚虐待，而请求离婚之事，见《妇人控夫重婚虐待请求离异》，上海《申报》，1928 年 2 月 23 日。

91　《沪离婚统计》，天津《大公报》，1928 年 9 月 21 日。

92　1926 年到 1928 年天津市每年离婚案件分别为 24 起，35 起与 33 起。见《天津最近三年间离婚案件之统计》，天津《大公报》，1929 年 2 月 10 日；《天津最近三年间离婚案件之统计（续昨）》，天津《大公报》，1929 年 2 月 11 日；《天津最近三年间离婚案件之统计（续昨）》，天津《大公报》，1929 年 2 月 12 日。

93　《司法行政部发表一年内离婚案统计》，《女铎》，卷 24，12（1936 年 5 月 1 日），页 44—45。

94　陈学昭，《时代妇女》（上海：女子书店，1932 年），页 3—4。

95　王钥东，《对于新时代妇女的忠告》，《女青年》月刊，卷 9 号 8（1930 年 10 月），页 32—34。

96　金仲华，《妇女问题的各方面》（上海：开明书店，1934 年），页 120—121。

97　清晖，《不愿离婚预备离婚》，天津《大公报》，1930 年 3 月 8 日。

98　如陈独秀，《自杀论》，《新青年》，卷 7 号 2（1920 年 1 月 1 日）；志希，《是青年自杀还是社会杀青年》，《新潮》，卷 2 号 2（1919 年 12 月 1 日）；守常，《青年厌世自杀问题》，《新潮》，卷 2 号 2（1919 年 12 月 1 日）；《自杀：其一与其二》，《新社会》，期 5（1919 年 12 月 11 日）。

99　见《女子只有这一条路吗？》，《妇女日报》，号 62（1924 年 3 月 9 日）；《失恋自杀》，《妇女日报》，号 64（1924 年 3 月 11 日）；《自杀的妇女》，《妇女日报》，号 65（1924 年 3 月 12 日）；《社评》，《妇女周报》，期 44（1924 年 6 月 25 日）；玖，《两桩值得注意的事件》，《妇女旬刊》，号 282（1928 年 9 月 30 日），页 6。另外，根据上海市社会局编的 1928 年 8 月份统计，在自杀原因里，家庭问题就占了 43.12%。见钧，《自杀与离婚》，上海《申报》，1928 年 10 月 25 日。

100　龚冠英，《争婚姻自由的一个方法》，《妇女杂志》，卷 8 号 1（1922 年 1 月 1 日），页 28。另见梦苇，《离婚问题》，《妇女杂志》，卷 8 号 4（1922 年 4 月 1 日），页 171。

101　鲁迅，《娜拉走后怎样》，《鲁迅全集》第 1 卷，页 164。

102　汪精卫，《什么是反革命》，《共进》半月刊，期 94、95（1925 年 12 月 1 日），页 25。

103　当时社会有许多关于革命与恋爱的相关讨论，如洪瑞钊，《革命与恋爱》（上海：

民智书局，1928 年）；张威，《恋爱与革命》，《广州民国日报》，1926 年 4 月 26 日；徐谷冰，《革命青年的恋爱问题》，《广州民国日报》，1926 年 5 月 7 日；《广东妇女运动历史资料》第 5 册（广东省妇女联合会，1991 年），页 153—170；张岭山，《革命与恋爱》，北平《世界日报》，1933 年 7 月 31 日。

104 宋炳辉，《茅盾：都市子夜的呼号》（上海：上海教育出版社，2000 年），页 112—114。

105 陈碧云，《妇女自杀问题之检》，《东方杂志》，卷 33 号 11，1936 年 6 月 1 日，页 111—115。当时报纸相关文章，如雅菲，《自杀》，上海《申报》，1934 年 3 月 2 日；一平，《自杀问题》，上海《申报》，1934 年 3 月 18 日；波光，《自杀》，上海《申报》，1934 年 3 月 26 日；梦若，《都市社会与自杀事件》，上海《申报》，1934 年 3 月 28 日；明掌，《自杀精神》，上海《申报》，1934 年 6 月 11 日；碧波，《严重的自杀问题》，南京《中央日报》，1935 年 2 月 22 日。

106 《内政部调查各大城市自杀统计》，重庆《国民公报》，1935 年 2 月 14 日。

107 每月的自杀数字，1 月是 50 人，2 月是 80 人，3 月是 88 人，4 月是 93 人，5 月是 131 人，6 月是 112 人，7 月是 120 人，金石音，《今日女律师的特别责任》，《妇女共鸣》期 52（1931 年 7 月 15 日），页 11—12。

108 宸，《青年女性自杀潮》，上海《申报》，1934 年 2 月 28 日。

109 章锡琛，《新思想旧道德的新女子》，《新女性》，卷 3 号 6（1928 年 6 月），页 609—612。

110 详细原委，见吕芳上，《革命与恋爱：一九二〇年代中国知识分子的情爱难局》，"近代中国的妇女、国家与社会（1600—1950）"会议论文，2001 年 8 月 23—25 日，页 10—11；熊权，《"革命加恋爱"现象与左翼文学思潮研究》（北京：人民出版社，2013 年），页 75—76。关于张竞生的爱情故事，另见陈漱渝，《五四文坛麟爪》（北京：中国文史出版社，1998 年），页 283—285。

111 记者，《青年女子的"恋爱"与"婚姻"》，天津《大公报》，1928 年 4 月 19 日；英哲，《论李静淑与葛天民事件》，天津《大公报》，1933 年 10 月 15 日。

112 香苏，《李欣淑女士出走后所发生的影响（续）》，长沙《大公报》，1920 年 2 月 29 日。

113 苏润波，《赵女士自杀案的"舆论"》，长沙《大公报》，1919 年 11 月 20 日。

114 灐波，《离婚漫谈》，天津《大公报》，1928 年 8 月 16 日。

115 曳白，《怎样救济过渡期间的妇女》，天津《大公报》，1928 年 8 月 23 日。

116 此处的"时代牺牲者"，借用自庐隐小说《时代的牺牲者》。该小说写的是一位由父母做主而结婚的女子，被无义的丈夫以在国外读书时因重病而看护妇结婚的理由所骗，被要求签下离婚书以解决看护妇指控他重婚并要他赔偿损失的纠纷，后来通过友人的告知，才发现丈夫竟然是想追求另一个有钱的新女性。庐隐将这类被弃被离的女性称之为"时代牺牲者"，确实相当贴切，本书因而予以借用申论。见《时代的牺牲者》，收入庐隐，《庐隐代表作》（北京：华夏出版社，1998 年），页 135—145。

117　见鲁迅，《娜拉走后怎样》，《鲁迅全集》第 1 卷，页 159—164。

118　描述这种情形的作品，可见严棣，《心影》，《新妇女》，卷 3 号 1（1920 年 7 月 1 日），页 26；钱剑秋，《软化吗？》，《新妇女》，卷 3 号 4（1920 年 8 月 15 日），页 31。另见家为，《封建残余下的婚姻制度》，上海《申报》，1934 年 3 月 17 日。

119　杜君慧，《妇女问题讲话》（重庆：新知书店，1945 年，再版），页 64。

120　见麦惠庭，《中国家庭改造问题》（上海：上海书店，1990 年），页 67—78。

121　见陈学昭，《时代妇女》，页 8—9。

122　妙然，《新妇女与旧家庭》，《新妇女》，卷 1 号 2（1920 年 1 月 15 日），页 7。另见易卜生著，沈子复译，《玩偶夫人》（上海：永祥印书馆，1948 年），页 119—120。

123　见雪岩，《现代女子解放的流弊》，《女青年》月刊，卷 9 号 7（1930 年 7 月），页 33—39。

124　陈学昭，《时代妇女》，页 53。

125　金仲华，《妇女问题》（上海：商务印书馆，1933 年），页 33。

126　从《娜拉》剧情可以推想，娜拉与其夫当初是因他们认为的自由恋爱而结合，但当某件事发生时，她才恍然于这份自由婚姻所隐藏的危机—— 丧失自我的危机——而决心离去。

127　孟悦、戴锦华，《浮出历史地表：中国现代女性文学研究》（台北：时报文化，1993 年），页 62。

128　见《旧式婚姻之流毒》，《新娘舆中自刎之惨闻》，长沙《大公报》，1919 年 11 月 15 日；《新娘自刎案之余闻》，长沙《大公报》，1919 年 11 月 17 日。

129　《新娘舆中自刎之惨闻》，长沙《大公报》，1919 年 11 月 15 日。

130　兼公，《改革婚制之牺牲者》，长沙《大公报》，1919 年 11 月 15 日。

131　泽东，《对于赵女士自杀的批评》，长沙《大公报》，1919 年 11 月 16 日。

132　陶毅，《关于赵女士自刎以后的言论》，收入中华全国妇女联合会妇女运动历史研究室编，《五四时期妇女问题文选》，页 203。

133　彭明，《五四运动史》（北京：人民出版社，1998 年），页 641。

134　1911 年向警予 16 岁，便离家先到常德女子师范就读，第二年便转学到长沙湖南省立第一女子师范。见戴绪恭，《向警予传》（北京：人民出版社，1981 年），页 8—30。

135　谷茨，《向警予》，《中共党史人物传》第 6 卷（陕西：人民出版社，1982 年），页 68；戴绪恭，《向警予传》，页 35—37。

136　蔡畅，《缅怀向警予同志》，收入中国社会科学院近代史研究所编，《五四运动回忆录（上）》，页 491。

137　刘昂，《回忆五四前后的向警予同志》，收入中国社会科学院近代史研究所编，《五四运动回忆录（上）》，页 496—499。

138　金达侃，《难为其新郎》，上海《申报》，1927 年 11 月 5 日。

139 同上。

140 当时男性嫌弃所谓旧式女子最多之处，在于她们没读书，还缠足。胡适、鲁迅这类新文化运动健将，对其妻子江冬秀与朱安，都抱有这种心态。诸如此类之新式男子，不胜其数，更多是以此为理由而要求与妻子离婚，以遂其自由结婚之理想者。

141 因为娜拉在剧中曾言，那是他们结婚八年来第一次正正经经地对谈。

142 《临嫁潜逃的罪》，《晨报副刊》，1924 年 3 月 13 日。

143 罗敦伟、易家钺，《中国家庭问题》，页 23。

144 孙陵，《我熟识的三十年代作家》（台北：成文出版社，1980 年），页 1—9；《陈君起烈士传略》，江苏省妇女联合会编，《妇女运动史资料 1》（出版地与出版者不详，1983 年），页 6—8；陈漱渝，《五四文坛鳞爪》，页 227—232；谢冰莹，《女兵自传》（台北：东大图书，1985 年，再版）；王一知，《走向革命——五四回忆》，收入中国社会科学院近代史研究所编，《五四运动回忆录（上）》，页 508；康克清，《康克清回忆录》（北京：解放军出版社，1993 年），页 1—31。

145 张树栋、李秀领，《中国婚姻家庭的嬗变》（台北：南天书局，1996 年），页 240—245。

146 湖州市政协文史工作组，《五四运动中的湖州学生》，《五四运动亲历记》，页 243—244。

147 例见《鼓姬之家庭革命》，天津《大公报》，1929 年 11 月 18 日；《少女逃婚》，天津《大公报》，1930 年 1 月 9 日。

148 《自由女控父母阻止真爱情》，上海《申报》，1928 年 9 月 21 日。

149 关于女子财产权的解释，见《女子继承之解释》，上海《申报》，1929 年 5 月 9 日；《女子财产继承权解释已确定》，天津《大公报》，1929 年 5 月 16 日；《女子财产权优于男子 母家夫家可继承双份》，天津《大公报》，1929 年 5 月 17 日。至于民法方面，1929 年 5 月 23 日，政府公布民法总则，于同年 10 月 10 日施行；亲属继承两篇，则于 1930 年 12 月 26 日公布，并于翌年 5 月 5 日施行。大体上除细节外，国民党是本着男女平等的原则来制定此法。相较于过去，确有进步之处。见赵凤喈，《中国妇女在法律上之地位》（台北：稻乡出版社，1993 年），页 153—204。

150 《女子控母舅阻止婚姻自由》，上海《申报》，1927 年 8 月 24 日；《未婚而孕之自由恋爱案定期宣判》，上海《申报》，1927 年 9 月 7 日；《自由恋爱婚姻宣判有效》，上海《申报》，1927 年 9 月 12 日。

151 关于此案详细始末及其丰富的社会意义、女性能动性的展现与传播媒介的影响，见 Qiliang He, *Feminism, Women's Agency, and Communication in Early Twentieth-Century China: The Case of the Huang-Lu Elopement* (Cham, Switzerland: Palgrave Macmillan, 2018)。

152 《陆根荣判决书》，上海《申报》，1930 年 7 月 3 日。

153 《黄慧如举一雄》，上海《申报》，1929 年 3 月 8 日。

154 《死矣黄慧如》，上海《申报》，1929 年 3 月 25 日。

155　玖，《两桩值得注意的事件》，《妇女旬刊》号 282-3-4（1928 年 9 月 30 日），页 7—8。

156　如 1928 年 12 月上演的京剧《黄慧如与陆根荣》，1929 年《可怜的黄慧如》，上海舞台《头本黄慧如》《二本黄慧如》；1933 年《陆根荣从军》等。见上海《申报》1929 年 4 月 28 日广告（七）；《春云渐展的世界形势》，《良友画报》期 76（1933 年 5 月）。相关讨论，见郑霞，《黄慧如致陆根荣之情书》，上海《申报》，1928 年 12 月 3 日；胡尧昌，《记黄慧如的一夕话》，上海《申报》，1929 年 1 月 18 日；仙逝，《黄慧如女士》，上海《申报》，1929 年 4 月 6 日；《黄陆恋爱问题》，天津《大公报》，1928 年 9 月 20 日；侬侬女士，《是恋爱吗？》，天津《大公报》，1928 年 9 月 27 日。至于小说者，则如上海秋叶社出版的《黄慧如之死》，见《黄慧如之死今日出版》，上海《申报》，1929 年 4 月 9 日。另见罗苏文，《都市文化的商业化与女性社会形象》，收入叶文心等著，《上海百年风华》，页 102—103。

157　严元章，《黄慧如——一个平凡的恋爱者》，《青年妇女》，期 32（1928 年 8 月 6 日）；赓夔，《从陆根荣自己口中——批评黄陆事件》，上海《民国日报》，1928 年 11 月 3 日；虚我，《我也来谈谈黄慧如女士》，《青年妇女》，期 32（1928 年 8 月 6 日）；吾冠，《也从黄慧如女士说起》，上海《民国日报》，1928 年 9 月 5 日。

158　吾冠，《也从黄慧如女士说起》，上海《民国日报》，1928 年 9 月 5 日；徐诚莹，《为市党部及妇女协会进一言》，《青年妇女》，期 33（1928 年 9 月 20 日）；曾也鲁，《"陆黄艳史"本事——我对于陆黄案的一种解释》，《青年妇女》，期 33（1928 年 9 月 20 日）。

159　流云，《两种感想 也关于黄女士》，《青年妇女》，期 32（1928 年 8 月 6 日）。

160　见赓夔，《再批评黄陆事件 答郑启中先生》，上海《民国日报》，1928 年 11 月 6 日。

161　无情，《请有以语我来 我也来评黄陆奸案》，上海《民国日报·觉悟》，1928 年 9 月 8 日。

162　吾冠，《也从黄慧如女士说起》，上海《民国日报》，1928 年 9 月 5 日。

163　非虚，《"我也来谈谈黄慧如女士"》，《青年男女》期 33（1928 年 9 月 20 日）。

164　陈碧月，《大陆女性婚恋小说：五四时期与新时期的女性意识书写》（台北：秀威，2002 年），页 39—40。

165　《庐隐小传》，收入《庐隐代表作》（北京：华夏出版社，1998 年），页 386—387。

166　庐隐，《庐隐自传·其他》，收入《庐隐代表作》，页 385。

167　刘大杰，《黄庐隐》，收入罗家伦等著，《名家写名家》（台北：牧村图书，2001 年），页 216—217。

168　董竹君，《我的一个世纪》（北京：生活·读书·新知三联书店，1997 年），页 179。

169　同上，页 183。

170　同上。

171　《想、焦、狂》，上海《新民晚报》1947 年 2 月连载，转引自董竹君，《我的一个世纪》，页 312—313。

172 谦弟，《妇女与社会》（上海：光明书局，1929 年），页 94—97。

173 见茜记，《活跃在实业界上的女战士——座谈会纪录》，《妇女生活》第 1 卷第 2 期，1935 年 8 月，页 125—127。另参见董竹君，《我的一个世纪》。

174 图四出处：《世纪人生：董竹君传奇的概述图》，《百度百科》，https://baike.baidu.hk/item/%E4%B8%96%E7%B4%80%E4%BA%BA%E7%94%9F%EF%BC%9A%E8%91%A3%E7%AB%B9%E5%90%9B%E5%82%B3%E5%A5%87/17593266，撷取日期：2023 年 7 月 16 日。图五出处：《锦江饭店创始人董竹君曾住在愚园路》，《新民晚报》，2023 年 5 月 30 日，版 15，https://paper.xinmin.cn/html/xmwb/2023—05—30/15/162304.html，撷取日期：2023 年 7 月 16 日。

175 《一个到民间来的女友——读了董女士留下的信》，谦弟，《妇女与社会》，页 94—97；茨莫，《我生涯中的一大转变——一个弃妇的自白》，《妇女生活》，卷 1 期 1（1935 年 7 月），页 130；先，《重读"娜拉"以后》，上海《申报》，1934 年 8 月 12 日。这些实例，都是受到娜拉的启发与鼓励，而决心勇敢面对挫折，向前迈进，寻求新生。

176 张幼仪离婚后，努力教育自己，并成为上海女子商业储蓄银行副总裁，及云裳服装行总经理。见张邦梅著，谭家瑜译，《小脚与西服：张幼仪与徐志摩的家变》（台北：智库，1999 年）。

177 杨之华，《文坛史料》（上海：中华日报社，1944 年，3 版），页 250—251。

178 见乐瑶女子，《被弃的女子》，天津《大公报》1928 年 8 月 9 日；《离婚女子的出路》，上海《申报》，1933 年 2 月 20 日。

179 洪深，《导言》，《中国新文学大系·戏剧集》，页 20。

180 周作人，《人的文学》《新青年》，卷 5 号 6（1918 年 12 月），页 575。

181 同上，页 580。

182 谢晓霞，《浅谈"五四"文学中的个性主义》，《西安联合大学学报》，卷 2 期 1（1999 年 1 月），页 61—64。

183 茅盾曾引述《小说月报》一篇文章的统计，说明"五四"时期以恋爱为主题的小说分量相当大。见茅盾，《〈中国新文学大系·小说一集〉导言——文学研究会诸作家》，《茅盾论中国现代作家作品》（北京：新华书店，1980 年），页 13—14。

184 张玲霞，《中国现代文学中的娜拉情结》，《中国研究月刊》，1997 年 1 月号。

185 周扬，《现实主义试论》，《文学》，卷 6 号 1（1936 年 1 月）。

186 学者贵志浩认为，"人的发现"与"女性尊严的重塑"是娜拉现象的女性意识核心。见贵志浩，《发现与逃离："娜拉现象"之女性意识透析》，《浙江师大学报》（社会科学版），卷 25 期 3（2000 年），页 18—21。另见王世林，《娜拉走后怎样？》，《四川三峡学院学报》，卷 16 期 1（2000 年 1 月），页 27。

187 张光芒，《中国文化：是否需要"第四次觉醒"？——兼谈 20 世纪中国文学史的重建》，《文艺争鸣》，1999 年第 3 期（1999），页 31。

188 杨义，《二十世纪华人家庭小说的模式与变迁》，收入杨义，《中国历朝小说与文化》

（台北：业强出版社，1993 年），页 407—408。

189 孟悦、戴锦华，《浮出历史地表：中国现代女性文学研究》，页 62。

190 该剧女主角田亚梅，出身于中西文化交融的家庭，母亲以求观音娘娘的诗签和找
     算命仙占卜，来为女儿定终身。父亲虽然斥之为迷信，却抬出祖宗祠堂的规矩，
     表示他们家与女儿男友五百年前为同姓，因而不准结合，分明把自己的名声看
     得比女儿的幸福还重要。在这样的家庭与父母组合下，女主角接受了男友的建议：
     "此事只关系我们两人，与别人无关。你该自己决断。"她留下"这是孩儿的终身
     大事，孩儿应该自己决断"的纸条，离家而去。见胡适，《终身大事》，《新青年》，
     卷 6 号 3（1919 年 3 月），页 311—319。

191 鲁迅，《上海文艺之一瞥》，收入《鲁迅全集》第 4 卷，页 295。

192 杨联芬，《个人主义与性别权力——胡适、鲁迅与五四女性解放叙述的两个维度》，
     《中山大学学报（社会科学版）》，卷 49 期 4（2009 年），页 40—46。

193 胡德才，《现代中西戏剧关系的第一块里程碑——胡适的〈终身大事〉和易卜生
     的〈玩偶之家〉》，《中国文化研究》，1996 年秋之卷（总第 13 期），页 121—125。

194 洪深，《导言》，《中国新文学大系·戏剧集》，页 23。

195 胡适，《终身大事》，页 319。

196 欧阳予倩，《艺术与革命》，上海《申报》，1927 年 7 月 7 日。

197 周慧玲，《女演员、写实主义、"新女性"论述——晚清到五四时期中国现代剧场
     中的性别表演》，页 111。

198 当时类似的写作模式，例如"时代浪潮冲击——家庭专制压迫——愤而出走"，
     或"时代浪潮冲击——现实社会黑暗——导致道德伦丧"等。见胡星亮，《论"五四"
     社会问题剧》，《南京大学学报》（哲学·人文·社会科学），1999 年第 4 期，页
     61—62。

199 见陈漱渝，《五四文坛麟爪》，页 37—38。

200 见李澄之，《五四运动在山东》，收入中国社会科学院近代史研究所编，《五四运
     动回忆录（下）》，页 664。

201 见鲁迅，《日记》，收入《鲁迅全集》第 14 卷，页 359。

202 见孔庆东，《1921：谁主沉浮》，页 126。

203 见黄勖志，《关于天津女权请愿团的回忆》，收入中共天津市委党史资料征集委员
     会、天津市妇女联合会编《邓颖超与天津早期妇女运动》（北京：中国妇女出版社，
     1987 年），页 572。

204 见《"终身大事"：中华公学新剧之一幕》，上海《申报》，1923 年 12 月 4 日；中
     华民国文艺史编纂委员会，《中华民国文艺史》，页 718。

205 见中华民国文艺史编纂委员会编，《中华民国文艺史》，页 719。

206 见《神州女学演剧预志》，上海《申报》，1926 年 6 月 24 日。

207 彭慧，《班门弄斧》，桂林《力报》，1944 年 2 月 15 日。

208 "三个叛逆的女性"分别为卓文君、王昭君与聂嫈。

209 即在家不必从父，出嫁不必从夫，夫死不必从子。

210 郭沫若，《卓文君》，收入《郭沫若全集》文学编第 6 卷（北京：人民文学出版社，1986 年），页 55。

211 郭沫若，《卓文君》，页 57。

212 郭沫若，《写在〈三个叛逆的女性〉后面》，收入《郭沫若全集》文学编第 6 卷，页 143。

213 欧阳予倩，《潘金莲》，《新月》，卷 1 号 4（1928 年 6 月 10 日）。

214 苏琼，《异性书写的历史——〈潘金莲〉：从欧阳予倩到魏明伦》，《江苏社会科学》2000 年第 3 期，页 181—184。

215 胡星亮，《论"五四"社会问题剧》，《南京大学学报》（哲学·人文·社会科学），1999 年第 4 期，页 56—62。

216 余青（欧阳予倩），《回家以后》，《东方杂志》，卷 21 号 20（1924 年 10 月），页 109—128。

217 蔡秀女，《易卜生主义与现代中国话剧运动（1918—1928）》，中国文化大学艺术研究所戏剧组硕士论文，1986 年，页 125—136。

218 章锡琛，《吴自芳与娜拉和阿尔夫夫人：评戏剧社公演的"回家以后"》，上海《妇女周报》，期 64（1924 年 12 月 21 日）页 1—3。

219 建人，《中国的女性型》，《妇女周报》，期 64（1924 年 12 月 21 日），页 2。

220 同上。

221 《征文当选"我所认为新女子者"》，《新女性》，卷 1 号 11（1926 年 11 月），页 801—841。

222 调孚，《看了弃妇以后》，《妇女周报》，期 68（1925 年 1 月 11 日），页 4。

223 蔡秀女，《易卜生主义与现代中国话剧运动（1918—1928）》，页 150。

224 虽然有人将《伤逝》视为鲁迅对"娜拉出路问题"的进一步回应，借由批判个性解放与社会解放的脱节，凸显生存中无法摆脱的物质制约。但也有人从鲁迅在现实人生的境遇着手，解释他之所以在当时写下《伤逝》，是一种告别由旧式婚姻结成的发妻朱安，以开始与许广平展开新生的忏悔与哀悼。见郑虹，《无法拯救的困境——由〈伤逝〉引出的思考》，《深圳大学学报》（人文社会科学版），卷 16 期 4（1999 年 11 月），页 80—82；王萍涛、刘家思，《与旧式婚姻告别的宣言——〈伤逝〉主题新论》，《安庆师范学院学报》（社会科学版），卷 17 期 4（1998 年 10 月），页 94—99。见梁云，《女性解放道路上的求生情结——从子君、陈白露现象看女性解放价值观》，《社会科学辑刊》，1999 年第 3 期（1999），页 135—136。

225 鲁迅，《伤逝》，收入《鲁迅全集》第 2 卷，页 110—131。

226 同上，页 112。

227 谢晓霞，《浅谈"五四"文学中的个性主义》，《西安联合大学学报》，卷 2 期 1（1999 年 1 月），页 63。

228 庐隐，《胜利以后》，收入《庐隐短篇小说选》（上海：女子书店，1935 年）

229 陈学昭，《寸草心》(上海：新月书店，1927 年)，页 114—117。

230 王爱松，《"十字街头"的徘徊与抉择——1927 年~1937 年知识分子题材小说综论》，《社会科学研究》，2000 年第 2 期，页 127—133。

231 邵宁宁，《牢笼抑或舟船——20 世纪中国文学中"家"的形象演变》，《西北师大学报》(社会科学版)，卷 36 期 5 (1999 年 9 月)，页 26。

232 柯惠铃，《她来了：后五四新文化女权观，激越时代的妇女与革命，1920—1930》(新北市：台湾商务印书馆，2018 年)，页 213—246。

233 《蚀》三部曲分别为《幻灭》(1927 年)、《动摇》(1927—1928 年)、《追求》(1928 年)。

234 吴怡萍，《北伐前后妇女解放观的转变——以鲁迅、茅盾、丁玲小说为中心的探讨》，"国立"政治大学历史所硕士论文，1994 年，页 55—61、92—101。

235 贵志浩，《发现与逃离："娜拉现象"之女性意识透析》，浙江师大学报(社会科学版)，卷 25 期 3 (2000 年 3 月)，页 18—21。

236 周芳芸，《中国的"娜拉"走后怎样——"五四"新女性自我意识的觉醒与失落》，收入周芳芸，《中国现代文学悲剧女性形象研究》，页 8—15。

237 茅盾，《虹》，收入《茅盾全集》第 2 卷，页 44。

238 同上，页 45。

239 Edvard Beyer, *Ibsen: the Man and His Work* (New York: Taplinger Publishing Company, 1980)，p. 119.

240 丁尔纲，《新民主主义文化革命大潮中茅盾妇女观的形成与发展》，收入中国茅盾文学研究会编，《茅盾与二十世纪》(北京：华夏出版社，1997 年)，页 106—129。

241 茅盾，《女作家丁玲》，《茅盾论中国现代作家作品》(北京：北京大学出版社，1980 年)，页 101。

242 王章陵，《中国大陆反共文艺思潮》(台北：黎明文化，1979 年)，页 205—206。

243 丁玲，《梦珂》，页 47。

244 王章陵，《中国大陆反共文艺思潮》(台北：黎明文化，1979 年)，页 209。

245 刘思谦，《"娜拉"言说：中国现代女作家心路纪程》，页 147。

246 同上，页 146。

247 孟悦、戴锦华，《浮出历史地表：中国现代女性文学研究》，页 184。

248 白薇，《跳关记》，收入谢冰莹等著，《女作家自传选集》(耕耘出版社，194? 年)，页 43—92；阎纯德编，《20 世纪中国著名女作家传》上卷(北京：中国文联出版公司，1995 年)，页 17—50。另见谭力，《论白薇及其作品的女性解放意识》，《社会科学》1999 年第 6 期，页 75—78；杭苏红，《"观念解放"还是"情感解放"？——民初湖南新女性"离家"的实践困境》，《妇女研究论丛》，2016 年第 1 期，页 65—70、114。

249 见盛英主编，《二十世纪中国女性文学史》(天津：人民出版社，1995 年)，页 149。

250 见杨玉峰，《一九四九年以前易卜生的译介在中国》，《东方文化》，卷 20 期 1（1982 年），页 62。

251 白薇，《打出幽灵塔》，收入《中国新文学大系 1927—1937》第 15 卷戏剧集（上海：上海文艺出版社，1985 年），页 76。

252 见盛英主编，《二十世纪中国女性文学史》，页 153。

253 见刘思谦，《"娜拉"言说：中国现代女作家心路纪程》，页 16—19。另见谢冰莹等著，《女作家自传选集》（耕耘出版社，194？年），页 8—38。

254 孙侠夫，《叛逆》（上海：新宇宙书店，1928 年），页 70。

255 同上，页 94—96。

256 同上，页 98—99。

257 该篇小说于 1931 年在《时报》连载发表，1933 年初版。

258 杨义，《二十世纪华人家庭小说的模式与变迁》，收入杨义，《中国历朝小说与文化》，页 388。

259 巴金，《家》，收入李今编选，《中国现代文学百家：巴金》上卷（北京：华夏出版社，1997 年），页 27。

260 世范，《从"娜拉走后怎样"谈到现代妇女应当怎样（续）》，北平《世界日报》，1934 年 4 月 4 日。

第四章 志业娜拉：平权解放大叙事下的新女性

1 关于民初女性提倡女子兴实业的活动，见柯惠铃，《近代中国革命运动中的妇女（1900—1920）》（太原：山西教育出版社，2012 年），页 102—103。

2 柯惠铃，《她来了：后五四新文化女权观，激越时代的妇女与革命，1920—1930》页 19—30。

3 刘志琴主编，《近代中国社会文化变迁录》第 3 卷（杭州：浙江人民出版社，1998 年），页 450—452。

4 热，《长沙第一个积极奋斗的——李欣淑女士》，长沙《大公报》，1920 年 2 月 17 日；热，《长沙第一个积极奋斗的——李欣淑女士（续）》，长沙《大公报》，1920 年 2 月 18 日。

5 香苏，《李欣淑女士出走后所发生的影响（续）》，长沙《大公报》，1920 年 2 月 29 日。

6 同上。

7 《上海女子商店之调查》（新闻），《解放画报》，期 8（1921 年 2 月 28 日）。

8 谈社英编著，《中国妇女运动通史》，页 163—168；《妇女界名流提倡女子职业，发起纯女子商店，全部由女子主持》，《时事新报》，1932 年 11 月 14 日；周曙山，《提倡妇女职业之我见》，《妇女共鸣》，卷 1 期 11（1932 年 11 月）。

9 向警予，《今后中国妇女的国民革命运动》，《妇女杂志》，卷 10 号 1（1924 年 1 月），页 28—29。

10 如任律师的钱剑秋与史良、任医生的杨步伟、任《民声报》《妇女月刊》主编的陆寒波、任《女子月刊》主编的黄心勉、任《大公报》记者的蒋逸霄、任教育家的曾宝荪、任演员的胡蝶等。

11 黄卓甫,《谈谈女警察》,南京《中央日报》,1936年12月2日;《女警察招募三十名试办》,天津《大公报》,1933年3月9日。女性任军职方面,见李又宁,《北伐时期的妇女》,收入《中华民国建国史·第三篇:统一与建设(二)》(台北:"国立"编译馆,1989年),页784—785。

12 韦拔,《偶感》,上海《申报》,1934年1月9日。

13 上文作者韦拔便认为,当时中国的失业人口,少说也约有一亿左右。

14 1930年,天津《大公报》曾做过关于妇女职业生活的调查,其种类繁多,包括理发师、女巫、洗衣妇、教师、店员、刺绣社长、鼓姬、女子图画学校教员、产科医生、皮革商店主、中医师、小贩、交际员、雕塑家、广播电台播报员、杂耍姑娘、售货员、游艺场女职员、澡堂女堂倌、看厕妇、银行职员、地方法院职员、妇女救济院主任、女佣、歌女、国货陈列所看守、星相家等。其中绝大多数,却都待遇不佳,并非有工作就一定能享有经济独立的温饱生活。见《津市职业的妇女生活》,天津《大公报》,1930年2月到5月。

15 这类介绍所胪列应征妇女须具备的条件之一,为"确无反革命行为者"。见《妇女的新生路:津市妇女职业介绍所将予女界以极大帮助》,《大公报》,1930年8月9日。

16 1930年2月,根据天津市训练部调查该市33个机关的工作人员所做的统计,全体共2858人,女性竟只有12名,仅占0.4%。《市训练部调查三十三机关工作人员》,天津《大公报》,1930年2月11日。此外,1933年度中央府院部会及直辖机关的女公务员的人数,据统计共有457人,只占总数的2%。《廿二年度女公务员人数总计》,《女铎》,卷23期9(1935年2月),页76。

17 在1919年7月到11月的《星期评论》(第8,9,10,22,23,25号),曾有一次"女子解放从那里做起?"的专题讨论,参与发表意见的十数位论者,最多人以为女子解放应从女子教育做起,次之为从经济独立做起。见吕芳上,《革命之再起:中国国民党改组前对新思潮的回应(1914—1924)》(南港:"中央"研究院近代史研究所,1989年),页436—444。

18 见刘宁元主编,《中国女性史类编》(北京:北京师范大学出版社,1999年),页257—258。

19 凤子,《女子解放与女子教育》,《妇女杂志》,卷10号11(1924年11月),页1662。

20 徐宝山,《男子与女子应否施以同样的教育》,《妇女杂志》,卷10号11(1924年11月),页1734。

21 何觉余,《妇女运动的错路及正轨》,《妇女杂志》,卷10号4(1924年4月),页591。

22 程谪凡在书中明言自己的女子教育立场是反对贤妻良母主义的"人"的教育;这

种观念又是从"五四"时期发轫的。见程谪凡，《中国现代女子教育史》（上海：中华书局，1936 年），页 87—93、247—258。

23　见汉俊，《女子怎样才能得到经济独立》，上海《民国日报·妇女评论》，1921 年 8 月 17 日。

24　陈问涛，《提倡独立性的女子职业》，《妇女杂志》，卷 7 号 8（1921 年 8 月），页 7—11。

25　日本学者山川菊荣曾言："关于主张把女子由对于男性之经济的从属中解放出来这一点，成为这时代妇女解放论者的特征。"见山川菊荣著，高希圣译，《妇女自觉史》（上海：泰东图书局，1930 年），页 86—87。

26　季陶，《中国女子的地位》，《星期评论》，号 11（1919 年 8 月 17 日）。

27　见 Y. D.，《职业与妇女》，《妇女杂志》，卷 7 号 11（1921 年 11 月），页 8—11。

28　周凤文，《妇女职业问题的检讨》，《妇女月报》，卷 3 期 2（1937 年 2 月），页 15。

29　君珊，《"从傀儡家庭出来以后"》，《蔷薇》，期 50（1927 年 11 月 15 日）。

30　程谪凡，《中国现代女子教育史》，页 178—180。此处须解释的是，程谪凡在其书中的统计表列出 1923 年度全国大学学生总数为 34,880 人，女生数 887 人，女生占总数的百分比应是 2.54% 左右而非 25.40%，应出于笔误，特提出说明。

31　自我，《女子高等教育之统计》，《妇女共鸣》，卷 1 期 12（1932 年 12 月），页 19—20。

32　俞庆棠，《三年来之中国女子教育》，《江苏教育》，卷 4 期 1、2（1935 年 2 月），收入中国国民党党史史料编纂委员会主编，《革命文献》第 55 辑《抗战前教育政策与改革》（台北："中央"文物供应社，1971 年），页 446。

33　同上，页 454。

34　杜学元，《中国女子教育通史》，页 505—507。

35　女子师范学生的数量，1922 年度为 6724 人，占全体师范学生数 17.57%；到 1930 年度，则有 22,612 人，占全体数 24.17%。而 1931、1932、1933 与 1935 年度其所占全体数的比例，分别为 21.31%、23.72%、24.09% 与 22.89%，可见女子师范人数在整体比例上有停滞的迹象。见李美玲，《中国近代女子教育研究（1912—1949）》，台湾师范大学教育学系硕士论文，1998 年，页 152—161。

36　女子职业教育学生总数，1922 年度有 3,029 人，占全体职业学生数 7.42%；其人数与比例都持续上升。到 1931 年度，女子职业学生共 11,317 人，占全体职业学生数 28.02%。但在随后的发展中，如 1932 与 1936 年度，都见女学生比例下降（分别为 25.13% 与 17.77%）。见李美玲，《中国近代女子教育研究（1912—1949）》，页 162—171。

37　我天，《今日中国女子的三得三失》，《女青年》月刊，卷 9 期 2（1930 年 2 月），页 3。

38　孟如，《中国之妇女文盲》，《东方杂志》，卷 31 号 1（1934 年 1 月），页 1—6。

39　慕晖，《妇女的新生》，《新生》，卷 1 期 36（1934 年 10 月 13 日），页 738—739。关于女招待与女店员的相关研究，见许慧琦，《训政时期的北平女招待（1928—

1937）——关于都市消费与女性职业的探讨》，《中央研究院近代史研究所集刊》，期 48（2005 年 6 月），页 47—95；连玲玲，《"追求独立"或"崇尚摩登"？——近代上海女店职员的出现及其形象塑造》，《近代中国妇女史研究》，期 14（2006 年 12 月），页 1—50。

40 昌树，《娜拉何处去》，《女子月刊》，卷 2 期 10（1934 年 10 月），页 2945。

41 同上，页 2943。

42 孟如，《中国的娜拉》，《东方杂志》，卷 31 号 15（1934 年 8 月），页 1—4。

43 陈学昭，《时代妇女》，页 24；"许广平致鲁迅之信"，1925 年 4 月 25 日，《鲁迅景宋通信集：〈两地书〉的原信》（长沙：湖南人民出版社，1984 年），页 51。

44 陈子，《妇女的效用》，上海《中华日报》，1935 年 3 月 1 日。

45 杨振声，《女子的自立与教育》，《独立评论》，号 32（1932 年 12 月 25 日），页 11；顾绥人编著，（张鸿飞插图）《女性群象插画本》（上海：千秋出版社，1937 年），页 97。

46 纪清漪，《新刑法二三九条之实施》，《独立评论》，号 159（1935 年 7 月 14 日），页 14—15。

47 规中，《妇女的职业技能》，上海《申报》，1934 年 2 月 25 日。

48 峙山，《献给南京市革命的姊妹们》《妇女共鸣》，卷 2 期 7（1933 年 7 月），页 10。

49 妙神，《花瓶》，上海《申报》，1934 年 10 月 1 日。

50 林宗素，《告全国女同胞书》，《女铎》，期 20，第 6 册（1931 年 11 月），页 8。

51 峙山，《献给南京市革命的姊妹们》，《妇女共鸣》，卷 2 期 7（1933 年 7 月），页 10。

52 许藩，《'娜拉'与'花瓶'》，上海《中华日报》，1935 年 2 月 12 日。

53 雪因，《北平师大女学生生活概况》，天津《大公报》"妇女与家庭"，1934 年 4 月 15 日。

54 顾绥人编著，（张鸿飞插图）《女性群象插画本》，页 97—98。

55 珠，《办公室里的花瓶》，上海《申报》，1932 年 7 月 6 日。

56 健农，《机关里的花瓶》，南京《新民报》，1935 年 1 月 13 日。

57 乔峰，《恶风》，《妇女杂志》，卷 8 号 10（1922 年 10 月），页 19—20。

58 白石，《女职员》（职业生活），《新生》，卷 1 期 33（1934 年 9 月 22 日），页 657。

59 姚冷君，《敬告知识阶级的女子》，《妇女旬刊》，号 184（1925 年 10 月 10 日），页 3—4。

60 白石，《女职员》（职业生活），《新生》，卷 1 期 33（1934 年 9 月 22 日），页 657。

61 同上。

62 金石音，《请问拒用女职员者》，《妇女共鸣》，期 44（1931 年 3 月 15 日），页 21—27。

63 同上。

64 例如山东济南有位省政府事务员成桂香女士，因其"任职多年，勤苦耐劳"，而被委为牛照局龙口分局长。此消息传出后，成为美谈，因为当时妇女担任税收机关的长官，是很稀罕的。见《鲁省新委牛照女局长》，《女铎》，卷 23 期 9（1935 年 2

月），页72—73。

65 杨懿熙，《怎样才能洗去"花瓶"的耻辱》，上海《大晚报》，1935 年 3 月 8 日。

66 雪秋，《杂谈女职员与花瓶》，北平《世界日报》，1935 年 5 月 18 日。

67 茹逎焘，《中国妇女经济问题》（出版地不详：1929），页44—46。

68 刘恒，《女子职业与职业女子》，《东方杂志》第 33 卷第 3 号，1936 年 2 月 1 日，
    页101—112。

69 20 世纪 30 年代仍有论者批评当时的女子教育，只是装饰教育，"虽然有些希望进
    学校，得学问，以预备将来应付社会的女子，但因学校的不务实际，全无求实学，
    所以毕业后，学非所用，用非所学，处处碰钉子。于是，那些想进校求智识的妇女，
    也为之裹足不前。稍为有智识的，则因受着西洋物质文明的洗礼，只从装饰学去
    研究，而没有注意到人格的修养，求真正的学问"。见影丝，《教育问题和职业问题》，
    《女子月刊》第 2 卷第 7 期，1934 年 7 月 1 日，页 2517—2520。

70 单伦理，《堕落的女子与女子的堕落》，《女青年》月刊，第 9 卷第 1 期，1930 年 1 月，
    页15—16。

71 黄华节，《中国妇女应上那儿跑：九》，《妇女旬刊》第 19 卷第 1 号，1935 年 1 月 1 日，
    页5。

72 先，《"社会人"自述——娜拉出走后在社会的一角》，上海《申报》"妇女园地"，
    1934 年 12 月 23 日。

73 此书乃萧伯纳为妇女写的《知识妇女的社会主义、资本主义、苏维埃主义与法
    西斯主义指南》（*The Intelligent Woman's Guide to Socialism, Capitalism, Sovietism
    and Fascism*）。这本书初版是 1928 年，但笔者引用的版本是其 1937 年重印本。
    见 George Bernard Shaw, *The Intelligent Woman's Guide to Socialism, Capitalism,
    Sovietism and Fascism* (London: Penguin Books Ltd., 1937)，p. 383。

74 许广平，《从女性的立场说"新女性"》，《许广平忆鲁迅》（广东：广东人民出版社，
    1979 年），页 264。

75 如沪江大学校长刘湛恩与其妻王立明，跨足政界与教育界的王孝英及其政界夫婿
    李大超，语言学家赵元任与其医生太太杨步伟等。

76 《离婚女子的出路》，上海《申报》，1933 年 2 月 2 日。

77 椒园，《妇女职业问题与家庭》，《女青年》月刊，卷 14 期 5（1935 年 4 月），页 1—
    2。作者于该文中指出，虽然"五四"以来有不少人提倡女子发展职业，但仍有许
    多抱持"妇德""妇容"等旧道德立场，或是现代享乐主义心态，反对妇女发展职业，
    以嫁人为终身职志，甚至女大学生也不乏做此想者。

78 《易卜生之功罪》，天津《大公报》，1930 年 12 月 10 日。

79 宁一，《摩登女子和毛断女子》，上海《申报》，1934 年 9 月 1 日。

80 "西俗东渐"此名词借用自严昌洪之文。见严昌洪，《五四运动与社会风俗变迁》，
    收入《五四运动八十周年学术研讨会论文集》（台北："国立"政治大学文学院，
    1999 年），页 670—671。

81 罗苏文，《女性与近代中国社会》，页436。

82 游鉴明，《近代华东地区的女球员（1927—1937）：以报刊杂志为主的讨论》，《中央研究院近代史研究所集刊》，期32（1999年12月），页57—122。

83 Leo Ou-fan Lee, *Shanghai Modern:: The Flowering of a New Urban Culture in China, 1930-1945* (Massachusetts: Harvard University Press, 1999), pp. 64-81.

84 在当时被视为新有闲阶级者，包括银行股东、交易所投机家、公司股票持有人、都市土地所有者、房东等，此类货币财产所有人，都靠着金融资本主义所开创的各种组织与信用关系，过其游闲生活，而有人谓"他们自己是'游浪老'，他们的子女是'游浪儿'。他们的招牌是'绅商'，他们的子女招牌是'大学生'"。见衡，《"新的女性生活由消费到生产！"》，北平《世界日报》，1935年11月13日。

85 黄俊邦，《新式女子的陷阱》，《女子月刊》，卷1期2（1933年4月），页11—14。作者指出新有闲阶级对于新式女子有两种相反的要求，其一是赏鉴与玩弄，其二是占有。这在以前是娼妓和闺女分担，而今则为新式女子一手包办。而新式女子为求享受得起这种权利，自然须使尽浑身解数，吸引众人的注意与青睐，以获得感情或物质的满足。

86 欧阳卫民，《中国消费经济思想史》（北京：中共中央党校出版社，1994年），页342—351。

87 严昌洪，《中国近代社会风俗史》，页80。

88 刘志琴主编，《近代中国社会文化变迁录》第1卷（杭州：浙江人民出版社，1998年），页129—131、561—564。

89 有关现代消费主义的意识形态所展现的诸多形式，参见让·鲍德里亚（Jean Baudrillard）著，蔡崇隆译，《消费社会与消费欲望》，《当代》，期65（1991年9月），页48—71。消费主义不仅意指人们在选择、考虑与购买物品前后的行为，同时也包含在整个消费经验与过程中所反映并呈现出的心理／社会影响。简而言之，其所指涉与涵括的，是一种生活方式，具有近代社会特征与特质的生活方式。另见Steven Miles, *Consumerism: as a Way of Life*. London: Sage Publications, 1998, pp. 1-6。

90 当时便有论者批评时下的电影事业"为了吸收金钱使做资本主义下的弱小屠宰者，将一些极度资产阶级式的繁荣生活方程式，深深输入观众的骨髓中，藉资促成一般意志薄弱醉心时髦女子的虚荣心象，现时中国自命摩登的女子们，受了电影的迷醉，一切生活方式都演成了电影明星化"。可知这类都市娱乐工业，对年青女子的影响之大。见辉霍，《电影与妇女》，北平《世界日报》，1932年10月22日。

91 包括贵州、广西、陕西、山西、吉林、西康、青海、宁夏、东省特别区、南京、北平、青岛、汉口等省市。以上数据，见程谪凡，《中国现代女子教育史》，页216—220。

92 李美玲，《中国近代女子教育研究（1912—1949）》，页159，163。

93 包括上海医学院、上海商学院、复旦大学、上海中国公学、上海法学院、上海持志学院、上海法治学院、上海正风文学院、上海东亚体育专科学校、上海美术专科学校、上海新华艺术专科学校等。见李美玲，《中国近代女子教育研究（1912—

1949)》，页 217。

94　程序，《新女性的职业问题》，《时事新报》"学灯"，期 158（1935 年 2 月 12 日）。

95　陈碧云，《妇女问题论文集》（上海：中华基督教女青年会全国协会，1935 年），页 134—135。

96　晓莺女士，《女学生是红萝卜》，上海《民国日报》，1928 年 10 月 23 日。

97　素，《女子读书等于办嫁妆？》，上海《民国日报》，1928 年 11 月 11 日。该作者认为，抱持这种虚荣心的女学生，占十之七八。

98　徐舒，《关于学生们的性生活》，上海《申报》，1934 年 7 月 21 日。

99　恨侬，《女子堕落的原因》，上海《申报》，1923 年 5 月 11 日。

100　"摩登狗儿"乃当时直译自英文"modern girl"的新词汇。

101　《我所希望于女子者》，《妇女杂志》，卷 10 号 10（1924 年 10 月），页 1529—1544。

102　宗树男，《我所希望于女子者：七》，《妇女杂志》，卷 10 号 10（1924 年 10 月），页 1541。

103　张丹孜，《跳出新旧式的傀儡圈子以外》，《妇女月报》，卷 1 期 1、2 期（1935 年 3 月 1 日）。

104　见秋枫，《妇女生计的研讨》，天津《大公报》"妇女与家庭"，1933 年 10 月 22 日。

105　绍光，《我所知道的一位摩登女子》，上海《申报》，1932 年 8 月 2 日。

106　徐世光，《显微镜下的摩登女子》，《女铎》，期 21，第 3、4 册（1932 年 8、9 月），页 8。

107　同上。

108　例见《繁华都市的魔力 乡下女子来了便不想回去》，天津《大公报》，1928 年 11 月 17 日。

109　"舟子之未婚妻 来沪后变为摩登女"，上海《申报》，1932 年 1 月 25 日。

110　姜异生，《我为什么反对时髦》，上海《申报》，1923 年 6 月 23 日。

111　发文，《上海妇女之不良观念》，上海《申报》，1924 年 4 月 3 日。

112　余竹籁，《装饰与人格的关系——敬告艳装的女学生》，《妇女杂志》，卷 8 号 1（1922 年 1 月），页 19—22。另见曾息学，《妇女之敌是谁》，《妇女杂志》，卷 8 号 5（1922 年 5 月），页 332—337。

113　宋化欧，《北京妇女之生活》，《妇女杂志》，卷 12 号 10（1926 年 10 月），页 43。

114　陈碧云，《"摩登少女"的新倾向》，《女子月刊》，卷 2 期 3（1934 年 2 月），页 2081。

115　冉子，《摩登妇女与贤妻良母》，天津《大公报》，1931 年 7 月 29 日。

116　莫湮，《中国妇女到那里去》，《东方杂志》，卷 33 号 17（1936 年 9 月），页 257。

117　石忱，《附劝摩登女子歌》，《女铎》，期 21，第 3、4 册（1932 年 8、9 月），页 11。

118　诸如寰，《国庆纪念告革命的妇女》，北平《世界日报》，1932 年 10 月 11 日；旋风，

《中国妇女的任务》，北平《世界日报》，1933年3月8日；衡，《谈中国民族革命运动之妇女动员问题》，北平《世界日报》，1933年5月23日；娴汝，《大战前妇女应有的准备》，北平《世界日报》，1935年10月1日；子燕，《二次大战与中国妇女》，北平《世界日报》，1936年1月20日。

119　陈学昭，《时代妇女》，页18—19；静之，《中国女子教育的危机》，《江苏教育》第3卷第4期，1934年4月，收入中国国民党党史史料编纂委员会主编，《革命文献》第55辑《抗战前教育政策与改革》，页472。

120　顾卧佛，《摩登无国难》，上海《申报》，1933年3月25日。

121　刘秉彝，《摩登论》，上海《申报》，1933年10月8日。

122　诸如影呆，《女人与国货》，上海《申报》，1933年12月21日；仰莽，《妇女国货年之应有工作》，上海《申报》，1934年1月11日；立秋，《国货与摩登妇女》，上海《申报》，1934年1月18日；吴雅非，《献给"妇女国货年"的妇女们》，上海《申报》，1924年3月22日；冯雪英，《妇女国货年献词》，《女子月刊》，卷2期1（1934年1月），页1850。

123　见天津《大公报》，1934年11月22日。

124　黄康屯，《妇女国货年的棒喝调》，上海《申报》，1934年1月1日。

125　夏英哲，《论廿三年我国妇女界两件事》，《国闻周报》，卷12期1（1935年1月）。

126　雅非，《破坏摩登》，上海《申报》，1934年3月31日。

127　如汪瘦秋，《谈摩登破坏团》，上海《申报》，1934年4月12日。另徐懋庸的《摩登之破坏》（1934年4月17日），梅子的《摩登无罪》（1934年5月1日）同样提及此事件。

128　云裳，《论"摩登女郎"之所由产生》，《妇女共鸣》，卷2期6（1933年6月），页27—33。

129　刘秉彝，《摩登论》，上海《申报》，1933年10月8日；立斋，《"摩登"的内容和形式》，上海《申报》，1933年12月5日。

130　金，《何谓时代女儿（下）》，《北京日报》，1935年2月24日。

131　《矫正"民主""摩登"两个名辞的误解：汪院长在国府纪念周演讲》，上海《申报》，1934年6月19日。

132　刘秉彝，《摩登论》，上海《申报》，1933年10月8日；立斋，《"摩登"的内容和形式》，上海《申报》，1933年12月5日。

133　陈何必，《知识妇女不应甘为贤妻良母》，北平《世界日报》，1932年8月27日。该作者认为，真正的摩登妇女应具有健全的身体，大无畏的精神，丰富的知识。改造的思想，创造的能力。

134　莹，《日本人心目中的中国摩登女性与女子教育》，北平《世界日报》，1935年4月3日；贻，《再谈"摩登""矛盾"》，天津《大公报》，1932年7月1日。

135　学裘，《摩登女子的三大矛盾》，上海《申报》，1932年11月7日。

136　《介绍一篇有价值的论文"摩登的妇女"》，天津《大公报》，1931年8月23日。

137　一士，《中西剧本中之妇女与家庭》，天津《大公报》，1928 年 5 月 30 日。

138　《旧剧何尝不能警觉群众：在看戏的有无常识》，天津《大公报》，1928 年 6 月 6 日。

139　伯钧，《中国的"拉娜"到何处去？》，上海《申报》，1934 年 8 月 26 日。

140　夏叔调，《三个摩登女性中的最摩登者》，上海《申报》，1932 年 1 月 12 日。

141　陆征宪，《摩登青年的分析》，天津《大公报》，1931 年 3 月 24 日；筱景，《谈谈
　　　摩登男子》，北平《世界日报》，1932 年 10 月 17 日；罗逸，《摩登男子》，上海《申
　　　报》，1932 年 7 月 15 日。

142　金光楣，《从漂亮小姐说到漂亮少爷（一）》，上海《民国日报》，1928 年 12 月 21 日；
　　　《从漂亮小姐说到漂亮少爷（二）》，上海《民国日报》，1928 年 12 月 22 日。

143　君惕，《摩登老太》，上海《申报》，1933 年 11 月 28 日。

144　论者苏凤曾以其编辑《上海社会》的经验，指出"迷惑于上海的繁华者的失足，
　　　简直不知已害了多少人。"见苏凤，《到上海去》，上海《民国日报》，1928 年 10
　　　月 23 日；苏凤，《社会的诱惑力量》，上海《民国日报》，1928 年 11 月 19 日。

145　Leo Ou-fan Lee, *Shanghai Modern: The Flowering of a New Urban Culture in China,
　　　1930-1945*；罗苏文，《女性与近代中国社会》，页 407—439。

146　Ng Chun Bong, Cheuk Pak Tong, Wong Ying, Yvonne Lo compiled, *Chinese Woman
　　　and Modernity: Calendar Posters of the 1910s~1930s* (Hong Kong: Joint Publishing
　　　Ltd., 1996) .

147　高郁雅，《从〈良友画报〉封面女郎看近代上海的"摩登狗儿"(Modern Girl)》，《国
　　　史馆馆刊》复刊第 26 期，1999 年 6 月，页 57—96；李克强，《〈玲珑〉杂志建构
　　　的摩登女性形象》，《二十一世纪》，期 60（2000 年 8 月），页 92—98。

148　秉英，《农村妇女奔入都市》，北平《世界日报》，1935 年 6 月 22 日。

149　周菊川，《"妇女国货年"》，《良友画报》，期 84（1934 年 3 月）。

150　杜重远，《在重重压迫下国货该怎样谋出路（一）》，上海《申报》，1933 年 1 月 1 日。
　　　据该作者所述，中国自 1877 年至 1931 年，对外贸易年年入超；而 1926 至 1931
　　　五年间的入超数，竟高达过去 55 年来的五分之一以上。其情形之严重，可想而之。

151　瑞，《堕落的社会》，上海《申报》，1932 年 5 月 6 日。

152　曙山译，《新居格氏的摩登青年论》，《妇女共鸣》，卷 2 期 8（1933 年 8 月），页
　　　35。

153　顾绥人编著，（张鸿飞插图）《女性群象插画本》，页 169—170。

154　斐，《女大学生的前途》，《女子月刊》，卷 2 期 7（1934 年 7 月），页 2523。

155　云裳，《谁在推销化装品？》，上海《申报》"妇女园地"，1934 年 8 月 26 日。

156　金，《何谓时代女儿（上）》，《北京日报》，1935 年 2 月 23 日。

157　《新装魔障》，天津《大公报》，1930 年 4 月 26 日。

158　粼，《自甘玩物与讲求美育》，天津《大公报》，1928 年 10 月 18 日。其文中有言："自
　　　甘玩物的妇女固讲修饰，而讲修饰的未必是自甘玩物啊……现在有人以为妇女服
　　　饰美丽一点，便嘲骂她为自甘玩物，这实在不免是'矫枉过正'！"关于爱美的

问题,《女子月刊》第 2 卷第 10 期,还曾针对"女性的爱美是不是妇运前途的阻力"此一主题,广求征文发表意见。其中除了吴拟男均严正地回答:"女性的爱美不但是妇运前途的阻力,而且是女性堕落之路"。以外,多数的男女读者投书,都抱持爱美应不与"妇运"发展成绝对反比,而且自然的健康美和人工的清洁美,更不会是"妇运"前途的阻力。见《女子月刊》,卷 2 期 10(1934 年 10 月)。

159 柳亚子,《磨剑室文录》,页 1173。

160 到 20 世纪 20 年代,与性吸引力或性产业有关的服务业,除了以往的娼馆与茶馆外,已扩大到包括按摩业、女导游(female "guides"),还有脱衣舞表演者。见 Stella Don, *Shanghai: The Rise and Fall of a Decadent City* (New York: Harper Collins, 2000),p. 147。

161 松,《陕西女子解放的曙光》,《共进》半月刊,期 49(1923 年 11 月 10 日)。

162 璿声,《摩登妇女的势力》,上海《申报》,1934 年 8 月 7 日。

163 蒋蕙,《妇女解放与转形期的家庭问题》,《女青年》月刊,卷 15 期 3(1936 年 3 月),页 23—30。

164 凌强,《读了娜拉之后》,《女子月刊》,卷 2 期 11(1934 年 11 月),页 3094。

165 自从 19 世纪 90 年代开始,在美国、欧洲、日本等国家,开始出现所谓的"新女性"形象,多半指称受过教育,且活跃于各种女权议题诸如参政、劳工、生育控制等的女性,或是文学上的新女性形象。到了后期,新女性的定义逐渐因后来女性对身体的掌握,与经济与社会持续发展等因素,而变得多元化。20 世纪 20 年代至 30 年代,西方开始出现各式各样对新女性的不同称呼与定义:诸如"Gibson Girls"、"flappers"、"gold diggers"和"modern girls"。这些后起的各色女性形象自有其外貌特色,且并非由男性掌控塑造。参见 Kristine Harris, "The *New Woman* Incident: Cinema, Scandal, and Spectacle in 1935 Shanghai", in Sheldon Hsiao-peng Lu ed., *Transnational Chinese Cinemas: Identity, Nationhood, Gender.* Honolulu: University of Hawaii Press, 1997. pp. 287; James F. Mcmillan, *Housewife or Harlot: The Place of Women in French Society 1870~1940* (The Harvester Press, 1981),pp. 163-165。

166 茅盾,《从〈娜拉〉说起——为〈珠江日报·妇女周刊〉作》,收入《茅盾全集》第 16 卷,页 140—142。

167 毛安柯,《妇女经济独立之悲剧》,《女子月刊》,卷 2 期 3(1934 年 2 月 15 日),页 2045—2064。

168 如达泉,《各国的妇女问题与妇女运动概观》,《女铎》,卷 13 期 9(1935 年 2 月),页 35—43;B. Mskine Guetzweteh 原著,君泽译,《最近妇女参政运动之新进展》,《女子月刊》,卷 2 期 7(1934 年 7 月),页 2566—2571;Hilary Newitt 原著,董琼南译,《大时代的妇女》(上海:黎明书局,1938 年),页 4—5。

169 Nancy F. Cott, "The Modern Woman of the 1920s, American Style", in Françoise Thébaud ed., *A History of Women in the West.* V. Toward a Cultural Identity in the

Twentieth Century (Cambridge, MA: Harvard University Press, 1994), pp. 76-78.

170 Nancy F. Cott, *The Grounding of Modern Feminism* (New Haven: Yale University Press, 1987).

171 Nancy F. Cott, "The Modern Woman of the 1920s, American Style", in *A History of Women in the West*. Vol. V, ed. Françoise Thébaud, pp. 76-91.

172 James F. Mcmillan, *Housewife or Harlot: The Place of Women in French Society 1870-1940* (Sussex: Harvester Press, 1981), pp. 163-165. 有关 20 世纪 20 年代美国对"摩登女子"形象的一般见解，当时曾有人论及："摩登女子不尽然满足于爱情，婚姻，与纯粹的家庭职业。她想要有自己的经济收入。她想有自己的工作。她想要有某些也许可以完成个人企图心的自我表达方式。但同时，她也想要有丈夫，家庭与小孩。至于如何调和这两种真实生活中的欲望，则是一大难题。"见 Elaine Showalter ed., *These Modern Women Autobiographical Essays from the Twenties* (New York: The Feminist Press, 1978), pp. 4-5。

173 Anne-Marie Sohn, "Between the Wars in France and England," in *A History of Women in the West*. Vol. V, ed. Françoise Thébaud, pp. 92-119.

174 鼓励妇女生育的国家，包括法国、德国、意大利、西班牙、捷克、奥地利、瑞典、爱尔兰与挪威等国；其动机虽然不尽相同，却都希望增加国家生育率。见孙昌树，《德国奖励结婚的原因》，《女子月刊》，卷 2 期 4（1935 年 5 月），页 2324—2325。

175 Victoria de Grazia, "How Mussolini Ruled Italian Women", in Françoise Thébaud ed., *A History of Women in the West*. V., pp. 120-125.

176 Alexander De Grand, *Italian Fascism: Its Origins & Development* (London: University of Nebraska Press, 2000), pp. 138-163.

177 冯启宏，《法西斯主义与三○年代中国政治》（台北："国立"政治大学历史学系，1998），页 10—11。

178 学者曾指出，意大利与德国在有关妇女政策上，至少有一大差异，即前者没有后者所具有的种族主义（racism）倾向。德国在 20 世纪 30 年代与 40 年代，消灭了境内绝大多数的犹太籍妇女，并对各种少数民族妇女实施禁止生育主义（antinatalism）的严厉措施，这是妇女史以往较少注意到的。见 Gisela Bock, "Nazi Gender Policies and Women's History," in *A History of Women in the West*. Vol. V, ed. Françoise Thébaud, pp. 149-158。

179 皎云，《国际妇女节与"回到家庭去"的运动》，《华北日报》，"妇女周刊"，期 11（1935 年 3 月 8 日）。

180 见 Victoria de Grazia, *How Fascism Ruled Women: Italy, 1922-1945* (Berkeley: University of California Press, 1992), pp. 1-17。

181 Hilary Newitt 原著，董琼南译，《大时代的妇女》，页 50。

182 见 Gisela Bock, "Nazi Gender Policies and Women's History," pp. 149-150。

183 见 Leila J. Rupp, *Mobilizing Women For War: German and American Propaganda,*

1939-1945 (Princeton: Princeton University Press, 1978), pp. 15-16。

184 Hilary Newitt 原著，董琼南译，《大时代的妇女》，页 12。

185 Clifford Kirkpatrick, *Woman in Nazi Germany* (London: Jarrolds Publishers Ltd., 1939), pp. 92-115.

186 孙昌树，《德国奖励结婚的原因》，《女子月刊》，卷 2 期 4（1935 年 5 月），页 2327。

187 梁成，《欧洲独裁统治下的妇女》，《女青年》月刊，卷 14 期 5（1935 年 4 月），页 7。

188 Hilary Newitt 原著，董琼南译，《大时代的妇女》，页 14。

189 Leila J. Rupp, *Mobilizing Women For War: German and American Propaganda, 1939-1945*, pp. 11-50.

190 在整个 20 世纪 20 年代及其后，中国社会持续地输入并介绍各式有关苏联的情况，其中包括苏联妇女、儿童与婚姻问题方面的发展。如朱枕薪编译，《俄罗斯之妇女》（上海：民智书局，1923 年）；抱扑，《赤俄游记》（上海：北新书局，1927 年再版）；近藤荣藏著，何盈译，《新俄的妇女》（上海：芳草书店，1929 年）；J. Smith 著，菜咏裳、董绍明译，《苏俄的妇女》（上海：中华书局，1930 年）；钱啸秋，《苏联的新妇女》（上海：良友图书，1932 年）；樊英，《苏联妇女的生活》（上海：申报文库，1933 年）；H. Harmsen 著，袁文彬译，《苏俄妇女与儿童》（上海：中华书局，1934 年）；霍尔（Fannina W. Halle）著，蒲耀琼译，《苏俄妇女》（上海：商务印书馆，1938 年再版)；谢烈布林尼柯夫著，庵青译，《苏联妇女的地位》（上海：生活书店，1938 年）；谊农编，《苏联的妇女》（上海：世界书局，1938 年）等。

191 樊英，《苏联妇女的生活》（上海：申报文库，1933 年），页 5；柯仑泰著，李文泉译，《新妇女生活讲话》（上海：光明书局，1938 年，再版），页 290。

192 武堉干，《近十年来的中国国际贸易》，收入中国文化建设协会编，《十年来的中国》第 2 册（上海：商务印书馆，1939 年，3 版），页 211—262。另见杨格（Arthur N. Young），《中国的财政改革》，收入薛光前编，《艰苦建国的十年》（台湾：正中书局，1971 年），页 83—105。

193 陈岱孙，《"不景气"的展进》，《国闻周报》，卷 12 期 22（1935 年 6 月 10 日）。

194 刘镜园，《中国经济的分析及其前途之预测》，收入王礼锡、陆晶清编著，《中国社会史的论战：一、二》（上海：上海书店，1990 年），页 1—47。

195 英国排斥女教员的理由包括：教男孩是男教师的责任，女教师不能使男学生的能力尽量发挥，以及男教员失业人数的加多。见玉白，《谈英国排斥女教员运动》，《妇女月报》，第 2 卷第 3 期，1936 年 3 月，页 1。

196 郁瑚，《斥"妇女专应回到家庭去"的胡说》，《妇女月报》，卷 1 期 1，2（1935 年 3 月）；春峰，《关于"妇女回到家庭中去"》，北平《世界日报》，1934 年 6 月 7 日。

197 陈碧云编，《现代妇女丛谈》，页 113；碧云，《德国贤妻良母制的复活》，上海《申报》，1934 年 5 月 20 日；梁成，《欧洲独裁统治下的妇女》，《女青年》月刊，卷 14 期 5（1935 年 4 月），页 5—6。

198 家为，《广东重视"贤母良妻"教育》，上海《申报》，1936 年 4 月 22 日。

199 李赋京，《无论如何女子总是女子》，《国闻周报》，卷 12 期 9（1935 年 3 月 11 日）。

200 中国文化建设协会编，《十年来的中国》第 2 册。

201 徐慧，《中国国民党的妇女政策》，重庆《妇女月刊》，卷 1 期 6（1942 年 2 月），页 21—25。

202 张树栋、李秀领，《中国婚姻家庭的嬗变》，页 256—257。

203 蒋逸霄，《三十年来中国妇女运动的演进》，《国闻周报》，卷 8 期 11（1931 年 3 月 23 日）。

204 1930 年 12 月 16 日，中华民国立法院公布出版法，其中第四章《出版品登载事项之限制》中第 19 条，明令出版品的登载不得出现下列情形：一、意图破坏中国国民党或三民主义者；二、意图颠覆国民政府或损坏中华民国利益者；三、意图破坏公共秩序者；四、妨害善良风俗者。《国闻周报》的论者，曾批评此法条文用语过于简略，"苟非——列举，附以明确范围，则出版法成为恶法，妨害民意之表现，阻碍文化之发展，祸患之大，有过于洪水猛兽矣"。该论者因而主张"制定出版法，应以保障言论思想自由为基本原则，不应以拘束言论思想为立法精神"。《附录：出版法》，《国闻周报》，卷 7 期 48（1930 年 12 月 8 日）；《出版法与言论自由》，《国闻周报》，卷 9 期 14（1932 年 4 月 11 日）。

205 《新生活运动沿革》，《新运十四周年纪念特辑》（台湾：新生活运动促进会，1948 年），页 13—15。

206 萧继宗编，《新生活运动史料》，《革命文献》第 68 辑（台北："中央"文物供应社，1975 年），页 1。

207 此类言论可参见于右任，《新生活运动与民族复兴》，萧继宗编，《新生活运动史料》，页 120。

208 萧继宗编，《新生活运动史料》，页 4、11。

209 《新生活运动纲要》，新生活运动促进总会编，《民国二十三年新生活运动总报告》（台北：文海出版社，1989 年），页 123—124。

210 蒋介石，《新生活运动第二期的目的和工作的要旨》，萧继宗编，《新生活运动史料》，页 49。

211 宋美龄，《中国的新生活》，萧继宗编，《新生活运动史料》，页 99。

212 徐庆誉，《新生活运动与文化——六月一四在天津南开大学讲》，新生活运动促进总会编，《民国二十四年全国新生活运动（上）》（台北：文海出版社，1989 年），页 83—84。

213 新生活运动妇女指导委员会，对工作的推动非常积极，于各地设妇女工作委员会，另有妇女新生活运动队，每机关成立一家，负责附近的清洁检查，以及成立识字班等任务。见皮以书，《中国妇女运动》（台北：妇联画刊社，1973 年），页 69。

214 新生活运动发起后，南京正中书局发行了一系列"新生活丛书"，包括蒋中正，《新生活运动》；陈立夫，《中国国民党员与新生活运动》；陈立夫，《新生活与民生史观》；汪兆铭，《新生活与民族复兴》；邹树文，《新生活与乡村建设》；陈衡哲，《新生活与妇女解放》；唐学咏，《新生活与礼乐》；刘瑞恒，《新生活与健康》；林风眠，《艺术家与新生活运动》；胡叔异，《儿童的新生活》；范苑声，《农民的新生活》；王汉良，《店员的新生活》；张公权，《银行行员的新生活》；胡朴安，《校长的新生活》；周代殷，《警察的新生活》；朱培德，《军官的新生活》；王平陵，《文艺家的新生活》；唐槐秋，《戏剧家的新生活》；洪深，《电影界的新生活》；萧友梅，《音乐家的新生活》；傅岩，《妇女的新生活》；东世澄，《新生活与旧社会》。另见《各地出版新生活运动书籍一览》，新生活运动促进总会编，《民国二十四年全国新生活运动（上）》，页 156—157。

215　杜聪明，《新生活运动之进展及目标》，《新运十四周年纪念特辑》，1948 年 2 月，页 5。

216　见皮以书，《中国妇女运动》，页 69。

217　宋美龄，《新生活运动》，萧继宗编，《新生活运动史料》，页 108—109。

218　傅岩，《妇女的新生活》（南京：正中书局，1935 年），页 15。

219　同上，页 31—49。

220　三八国际妇女节，起源于 1910 年社会主义者在丹麦首都国际会议的议决，从此以后该日便成为各国妇女群集要求解放的重要节日。见谷良，《国际妇女日与妇女问题》，《妇女之声》，第 11 期，1926 年 3 月 11 日。至于中国开始纪念并庆祝该节日，是始自 1924 年。见刘宁元主编，《中国女性史类编》（北京：北京师范大学出版社，1999 年），页 3。

221　《省妇女会昨举行三八妇女节纪念会》，江西《民国日报》，1934 年 3 月 9 日。

222　黄心勉，《新妇女运动与新生活运动》，《女子月刊》，卷 2 期 4（1934 年 5 月），页 2279。

223　陈衡哲，《新生活与妇女解放》（南京：正中书局，1934 年），页 12。

224　同上，页 73—77。

225　《编辑后记》，《独立评论》，号 137（1935 年 1 月 27 日），页 22。

226　如 1925 年天津省长李景林曾给当地女校下了一道训令，内容指出："查国家提倡女学，原为女子修养高尚德性，学习应有知识见见。须知今日之良好女生，即为异日之良妻贤母。关系国家社会前途，至为重要。乃近来主持女校者，务以新奇，于号召女生年幼无识，往往盲从，以致学风日颓，漫无约束。或慕社交公开之说，交游不避男女之嫌，或倡自由恋爱之风，结婚不服家长之命。以奇邪为可喜，以放荡为开通。破礼教之大防，败名节而不顾。狂澜莫挽，贻害无穷。本兼省长服官桑梓，遗谊难坐视，兹特从严取缔，明定各条，通令遵照：（一）凡在校女士严禁自由结婚。（一）现在各男女学校职教员，查系自由结婚者，一概辞退，不得藏匿，以免传染恶习，而正风化……（一）自本学期起，禁止男女同学……（一）各校女生及教职员，不准学演戏剧。"见《'贤妻良母'的女子教育》，《京报》附刊，期 41（1925 年 9 月 23 日）。

227　《苏教厅严禁表演歌舞》，天津《大公报》，1932 年 12 月 14 日。

228　《粤省约束女职员服装》，《妇女共鸣》，卷 2 期 7（1933 年 8 月），页 12—13。

229　《旧京整顿风化》，南京《新民报》，1934 年 12 月 4 日。

230　《元旦实行取缔奇装》，南京《新民报》，1935 年 1 月 2 日；《挽浇风砺末俗取缔肉感广告》，南京《新民报》，1935 年 2 月 4 日。

231　《禁止影院中男女同坐》，上海《民报》，1935 年 1 月 13 日。

232　醉黎，《电影院男女分座问题》，上海《社会日报》，1935 年 1 月 20 日。

233　凡，《"男女有别"的怪禁令》，《妇女文化》，卷 1 期 2（1936 年 9 月），页 56。

234　禁条包括："一、禁止男女共车，二、禁止男女同食，（无论官署家庭，茶楼酒馆，一律禁止男女同食。女人须俟男人食终，方可进食。）三、禁止男女同住，（旅馆一律禁止男女同住一室。）四、禁止军人人民同行，五、点影馆禁止开映男女同演影片。至于陈伯南将军提倡尊经复古，海军司令张之英提倡禁男女同泳以及男女散发之区别等案，皆经该会通过全部实施。"见丹枫，《复古运动声中的禁映男女共演影片（上）》，上海《申报》，1934 年 8 月 10 日。

235　《蒋介石取缔妇女奇装异服》，《女铎》，卷 23 期 3、4（1934 年 8，9 月），页 88—89。

236　《理发业厉行新生活》，南京《中央日报》，1935 年 1 月 23 日；《理发业厉营新生活：禁止烫发昨开始实行》，南京《中央日报》，1935 年 2 月 2 日。《平市整顿风化》，《女铎》，第 23 卷第 9 期，1935 年 2 月，页 76。《禁止妇女烫发之消息》，《女铎》，第 23 卷第 10 期，1935 年 3 月，页 68。《取缔妇女奇装异服》，南京《中央日报》，1935 年 2 月 26 日。《包头新运会禁止绸缎商店悬挂裸体画》，天津《庸报》，1935 年 2 月 12 日。《豫省禁烫发 妓女不禁》，上海《时报》，1935 年 2 月 11 日。

237　对于党部与政府当时常拿妇女顶上之事做文章与下命令，有论者以《间不容发》为名，故意表示这一定是极端分子造谣，否则"我们的蒋介石，大事一日万机，断不致有如许闲情逸致来仔细留心到我们弱女子身上几根毛发"。文末论者的态度转趋强硬："人民身体有自由权，载在国法，男女一样。倘不犯法，谁也不应该侵犯谁，这回是什么败类，竟欲假借蒋介石来威吓我们弱女子！我们虽弱，但遇到有无端想侵犯我们的，我们定万不会示弱。"见直心互木，《间不容发》，南京《新民报》，1935 年 1 月 23 日。

238　见梅屑，《女人烫发》，上海《社会日报》，1935 年 2 月 23 日；竹禅，《读唐三之"蒋夫人发表取缔妇女剪发烫发意见有感"后》，南京《新民报》，1935 年 2 月 27 日。

239　前羽，《我们应当为自由奋斗》，北平《世界日报》，1934 年 8 月 11 日。

240　梅魂，《干吗要取缔奇装异服！》，南京《新民报》，1934 年 12 月 17 日。

241　余景陶，《谈中国本位文化》，《独立评论》，号 149（1935 年 5 月 5 日），页 16。

242　胡晓，《胡适思想与现代中国》（合肥：安徽人民出版社，1993 年），页 242。

243　诸如汪欣，《反对小学读经——因为儿童不需要这样的教材》，北平《世界日报》，1935 年 2 月 17 日；维拉，《漫谈"读经"》，上海《中华日报》，1935 年 3 月 22 日；家为，《历史固会重现的吗？——"文言"与"白话"的论战的再演》，上海《申报》，1934年6月28日；李子魁，《读经与新文化运动》，《独立评论》，号138（1935年2月17日），页19—21。

244 周志澄，《无奇不有》，《新生》，卷1期26（1934年8月4日），页522。

245 凡，《"男女有别"的怪禁令》，《妇女文化》，卷1期2（1936年9月15日）；仆，《三从复古》，《妇女文化》，卷1期2（1936年9月15日），页53—54。"仆"以1936年9月6日"中央"社南京电的内容为例："'湖南选举总监督凌漳以公民资格，无分男女，而女性俗多从姓不称名，其誓词签名办法，及公民证册内，应如何填造，特电国选总事务所请示办法。总所据电后，以法院判决案件，于遇两个以上雷同姓氏之女子时，即于其姓氏之下加以注释：如某某人之妻，此次办理登记，即可采用该项办法，凡已嫁女子，于其誓词签名及公民证册内，注以某某人之妻，夫不在者，注某某人之母，其未嫁之女，则注以某某人之女等语，指令知照。'（录自八月八日新闻报）这一新闻里面，明白地告诉我们，中国的女子，还没有独立的人格，连口头上名义上的平等，也还谈不到。她们只是某人之女，之妻，之母。'未嫁从父'，'已嫁从夫'，'夫死从子''三从'的老花样，又复古了。"

246 宸，《取缔妇女奇装异服》，上海《申报》，1934年6月14日。

247 叶楚伧，《新生活运动最好的滋养料是什么》，收入《新生活运动言论集》（中国国民党中央执行委员会宣传委员会，1935年），页124。

248 李子魁，《读经与新文化运动》，《独立评论》，号138（1935年2月17日），页20。

249 任教于岭南大学的陈序经，曾对1934年开始的中西文化论战始末稍做说明："当时（按：指1933年）广东当局，正实行祀孔而趋向于复古，中大社会学系主任胡体乾先生，因而发起中国文化问题演讲会，要我12月29再作公开演讲一次。我的演讲稿发表于民国23年正月的民国日报。因为了我这次的演讲，还引起一场很热烈的文化论战。在演讲方面，除我外，还有许地山先生，及中山大学数位教授。在文字方面发表者，有谢扶雅，张磐，陈安仁，张君劢，卢观伟，吕学海，冯恩荣诸先生及其他十数位。文章之发表者，有好几十篇，时间延长了一年之久。"见陈序经，《一年来国人对于西化态度的变化》，《国闻周报》，卷13期3（1935年12月30日）。

250 署名的十位教授为王新命、何炳松，武堉干、苏寒冰、黄文山、陶希圣、章益、陈高佣、樊仲云、萨孟武。《中国本位的文化建设宣言（一）》，上海《民报》，1935年1月11日，《中国本位的文化建设宣言（二）》，上海《民报》，1935年1月12日。

251 贾新民主编，《20世纪中国大事年表》（北京：中国人民大学出版社，1992年）页180。参与中国文化建设运动与中西文化论战者，为数众多，参见马芳若编，《中国文化建设讨论集》（上海：上海书店，1989年）。

252 仲易，《谈中国本位文化》，南京《中央日报》，1935年1月25日；言心哲，《社会调查与中国本位的文化建设》，南京《中央日报》，《社会调查》，期23（1935

年3月4日）。

253 裕，《中国本位的文化建设》，上海《民报》，1935年1月23日。

254 《吴醒亚谈中国本位文化建设》，上海《民报》，1935年1月21日。

255 1935年1月31日，南京文化界名流齐聚撷英饭店，举行首都文化座谈会，讨论文化建设问题，提议成立文化团体，以便进行文化建设工作。被邀与会学者计有方东美、谢寿康、蒋复璁、辛树帜、唐启宇、丁文江、楼桐孙、方希孔、吴贻芳、陈裕光、吴南轩、孙恭度、陈百年、陈立夫等人。《昨在撷英饭店举行首都文化座谈会》，南京《新民报》，1935年1月31日。同年3月21日，中国社会问题研究会邀请专家学者举行座谈，以期讨论建设本位文化的具体方案。《本位文化建设案》，南京《新民报》，1935年3月21日。

256 胡适，《试评所谓"中国本位的文化建设"》，收入麦发颖编，《全盘西化言论三集》（广州：岭南大学学生自治会，1935年），页48—51。

257 沈昌晔，《论文化的创造——致张季同先生》，收入麦发颖编，《全盘西化言论三集》，页38。

258 胡适，《试评所谓"中国本位的文化建设"》，收入麦发颖编，《全盘西化言论三集》，页53—54。

259 胡适，《为新生活运动进一解》，《独立评论》，号95（1934年4月8日），页19。

260 胡适，《为新生活运动进一解》，页20。

261 《矫正"民主""摩登"两个名辞的误解：汪院长在国府纪念周演讲》，上海《申报》，1934年6月19日。

262 际云，《"新道德"与"旧道德"》，上海《申报》，1934年4月3日。

263 吾，《人心很古》，上海《申报》，1933年8月2日。

264 早在1928年，国民党中央党校校长蒋介石便在南京对国民党中央党校新生的训词中，指出时人应"牺牲个人的自由平等，去求国家的自由平等"。见《牺牲个人的自由平等求国家的自由平等》，天津《益世报》，1928年10月19日。天津县教育局，还通告各校应"添授三民主义，实现以党义施教"。见《教育局令各校实师党化教育》，天津《益世报》，1928年10月14日。这类要求牺牲个人成全国家的思想，充斥于20世纪30年代的中国社会，也因而导致民主与独裁的辩论。参见丁文江，《民主政治与独裁政治》，天津《大公报》，1934年12月18日；《独立评论》，第133、134、137号相关文章。另见胡适、蒋廷黻等著，《民主与独裁论战》（台北：龙田出版社，1981年）至于言论控制方面，除了本文上述的出版法公布施行外，直到1935年，仍持续进行中。如四川善后督办署，以该市各大书坊，多有反动书籍出现，"诱惑无知民众，趋向苏联赤化途径"，特令饬卫戍司令，严予查禁。见《善后督办署严令卫戍部实行查禁各种反动书籍》，重庆《国民公报》，1935年2月26日。

265 陈令仪，《一九三四年妇女团体速写》，《中华妇女节制协会年刊》（上海：中华妇女节制协会，1934年），页4。

266　根据谈社英的记载，1927年各地国民党部妇女在政府的支援下，成立妇女协会，
　　　后遵1930年1月国民党中央颁布的改良民众团体方案，于1930年冬皆改组为救
　　　济会。继而复因1934年国民党中央改颁妇女团体法令，又改组为妇女会，"盖屡
　　　次改组，均由中央法令之变更，换言之，实为被动之改组也"。可想而知，当时
　　　主要的妇女团体，多受党及党的意识形态所限；连文化团体如妇女共鸣社，其出
　　　版刊物《妇女共鸣》亦多国民党立场之观点。见谈社英编著，《中国妇女运动通史》，
　　　页222—239。吕云章也曾指出："自民国十六年北伐完成，十九年党部组织改变，
　　　妇女部取消后，轰轰烈烈，震动一时的妇女运动，逐渐冷静而趋于消灭。降至民
　　　国二十年春，全国各地，除尚有名存实亡的妇女团体，妇女机关外，切实从事于
　　　妇女工作者，屈指可数。"见吕云章，《妇女问题论文集》（上海：女子书店，1933年），
　　　页16—17。

267　陈衡哲，《复古与独裁势力下妇女的立场》，《独立评论》，第159号，1935年7月
　　　14日，页6。

268　远宜，《敬告误解新生活运动者》，《妇女月报》，第1卷第7期，1935年7月，页1—2。

269　有关"妇女回家"的争论，在近代中国史上共有三次。第一次是在20世纪30年
　　　代，第二次是在20世纪40年代，第三次则发生在20世纪80年代。见丁娟，《20
　　　世纪的中国女性主义》，收入丘仁宗，金一虹，王延光编，《中国妇女和女性主义
　　　思想》（上海：中国社会科学出版社，1998年），页72—74。

270　林语堂，《婚嫁与女子职业》，上海《时事新报》，1933年9月13日。

271　力行，《漫些谈贤妻良母问题》，《女子月刊》，卷3期3（1935年3月），页
　　　3795—3796。

272　丁娟，《20世纪的中国女性主义》，收入丘仁宗，金一虹，王延光编，《中国妇女
　　　和女性主义思想》，页73—74。

273　传琛，《论说：关于出走问题》，天津《女师学院季刊》，第3卷1—2期（1935年
　　　1月10日），页99—103。

274　昌树，《娜拉何处去》，《女子月刊》，卷2期10（1934年10月），页2943。另见文干，
　　　《从易卜生的"娜拉"说到中国妇女运动》，《女子月刊》，卷2期10（1934年10月），
　　　页2946—2950。

275　若，《中国现阶段的妇女运动往那里去？》，北平《世界日报》，1934年6月11日。

276　余英时曾比较中西保守派意义之不同，说明近代中国思想冲突的焦点，在于传统
　　　与现代之争——以中国文化代表传统，以西方文化代表现代——因此"一个人是
　　　保守还是激进，并不在于他对现状的态度（因为人人都是否定现状的），而是取
　　　决于他对中国文化传统的看法"。换言之，当时被喻为保守派者，指的是针对现
　　　状而言，要求变革少、或应恢复传统之人。见余英时，《中国近代思想史上的激
　　　进与保守》，收入许纪霖编，《二十世纪中国思想史论（上）》，页430—431。

277　黄寄萍访问张默君时问道："现代妇女的动向，意见纷歧，有主张向外奋斗的，
　　　有主张对内主持家政的；有主张内外兼顾的折衷论的……"因此本文将走中间路

线者称为折中派。见黄寄萍,《新女性讲话》(上海:联华出版社,1937年),页7。

278 如《五月十三日德国定为慈母节》、《墨索里尼保护一般女子》,《女铎》,第23卷第1—2期,1934年6月,页94;《希特勒治下德国妇女地位:贤妻良母主义》;《希特勒演说妇女天职在教养》,《女铎》,卷23期6(1934年11月),页72—73。

279 陈玉白,《妇女职业与社会事业》,《妇女月报》,卷1,第1、2期合刊(1935年3月),页9。

280 光义,《良妻贤母主义的不通》,《妇女杂志》,卷10号1(1924年1月),页365。

281 李赋京,《无论如何女子总是女子》,《国闻周报》,卷12期9(1935年3月11日)。

282 期,《妇女职业问题》,上海《时事新报》"学灯",期179(1935年7月9日)。

283 《中国妇女应上那儿跑》,《妇女旬刊》,卷19号1(1935年1月1日),页1。

284 见郑午昌《中国妇女应上那儿跑:二》、黄华节《中国妇女应上那儿跑:九》,《妇女旬刊》,卷19号1(1935年1月1日),页2—5;程瀚章,《中国妇女应上那儿跑:一一》,《妇女旬刊》,卷19号1(1935年1月11日),页18;刘宇,《中国妇女应上那儿跑:三三》,《妇女旬刊》,卷19号5(1935年2月11日),页53—54。

285 《苏曾祥博士谈女权与女能》,收入黄寄萍,《新女性讲话》,页80。

286 昌树,《娜拉何处去》,《女子月刊》,卷2期10(1934年10月),页2944。

287 兹九,《娜拉在中国》,上海《申报》"妇女园地",期53(1935年2月24日)。

288 猛亚,《谈中国娜拉》,《妇女月报》,卷1期1/2(1935年3月1日),页17—18。

289 朱玉蝶,《零感》,《今代妇女》,7月号,期30(1931年7月),页32;上官公仆,《贤妻良母主义》,《女子月刊》,卷2期11(1934年11月),页3089。

290 署名"雪岑"的作者指出这类"妇女回到厨房去"的主张,无非是想遏止妇女运动以巩固男权。"然倡之者寡,和之者众""我们妇女的当中,也竟然有人跟着'妇女回家'的口号而倡以良妻贤母为圭臬。见雪岑,《中国妇女运动的危机》,《妇女月报》,卷1期7(1935年7月),页3—5。

291 寸思,《贤妻良母》,北平《世界日报》,1936年1月16日。

292 郑锡瑜,《评新贤妻良母主义》,《妇女月报》,卷1期5(1935年6月),页1。

293 《张默君女士论妇女问题》,黄寄萍,《新女性讲话》,页3—4。

294 《刘王立明访问记》,收入黄寄萍,《新女性讲话》,页27。

295 俞治成,《家庭访问记:刘王立明女士》,上海《申报》,1934年6月21日。

296 见盛英,《略论陈衡哲的妇女观》,《妇女研究论丛》,2000年第1期,页35—37。

297 陈衡哲,《复古与独裁势力下妇女的立场》,《独立评论》,期159(1935年7月14日),页4。

298 《王孝英女士谈妇女解放》,收入黄寄萍,《新女性讲话》,页47。

299 金光楣,《"妇女协进会宣言批判"之批判》,上海《大晚报》卷19号1(1935年1月)1934年12月5日。

300 见郁达夫《中国妇女应上那儿跑:一》、陈小蝶《中国妇女应上那儿跑:三》、罗家伦《中国妇女应上那儿跑:五》、易君左《中国妇女应上那儿跑:八》,《妇女旬刊》,

卷 19 号 1 (1935 年 1 月 1 日),页 2—5;徐蔚南,《中国妇女应上那儿跑:二一》,《妇女旬刊》,卷 19 号 3 (1935 年 1 月 21 日),页 31。

301　见国民党中央执行委员会秘书处编印,《宣言及重要决议案》,1941 年,页 46。

302　1928 年的中国国民党第二届中央执行委员会会议,在宣言中有:"对于女子教育尤须确认培养博大慈祥之健全母性,实为救国救民之要图,优生强种之基础。"1929 年,国民党第三次全国代表大会,也确立教育实施方针:"男女教育机会均等,女子教育并须注重陶冶健全之德性,保持母性之特质,并建设良好之家庭生活及社会生活。"1935 年 11 月 23 日,国民党第五次全国代表大会,宣言中在女子教育方面,再度明言"培养仁慈博爱体力智识两俱健全之母性,以挽种族衰亡之危机,奠国家社会坚实之基础"见李纯仁,《中国女子教育之史底考察》,《江苏教育》第 3 卷第 4 期,1934 年 4 月,收入中国国民党党史史料编纂委员会主编,《革命文献》第 55 辑《抗战前教育政策与改革》,页 477;中国国民党中央执行委员会编印,《中国国民党历次会议宣言及重要决议案汇编》第 2 册,1941 年,页 633—634。

303　韩学章,《"三八"在上海》,《女子月刊》卷 4 期 4 (1936 年 4 月),页 34—36。

304　《各地纪念国际妇女节》,上海《民报》,卷 11 期 11 (1934 年 3 月 19 日) 1935 年 3 月 9 日。

305　《首都纪念三八节 竟有男人在会中主张妇女回家去》,北平《世界日报》,1936 年 3 月 12 日。

306　猛亚,《谈中国娜拉》,《妇女月报》,卷 1 期 1/2 (1935 年 3 月 1 日),页 17—18。

307　上官公仆曾指出,20 世纪 30 年代以来中国妇女运动的命运,"陷于最悲惨的境地",原因在于当时有"两种异曲同工的主张,和殊途同归的方式":"第一种主张,是复古主义,这是一般上层的封建势力所主张的。他们公开的提倡旧道德,旧礼教,旧伦理,从尊孔读经以至大开节妇的盛宴,从干涉男女同行,同泳,到禁止男女同学,从干涉女子的露臂,裸腿,到禁止散发,烫发,都借了'复兴民族''维持风化'的幌子,来掩盖他们的丑态。第二种主张,是提倡新的贤妻良母主义,这是一般买办性的资产阶层,以及这一阶层的许多附属品所主张的。他们所用的怀柔政策,是比较复古主义者的高压手段聪明得多。"见上官公仆,《三年来的中国妇女运动》,《女子月刊》,卷 4 期 3 (1936 年 3 月),页 30—33。

308　鹃冰,《娜拉走后究竟怎样》,《国闻周报》,卷 11 期 11 (1934 年 3 月 19 日),页 5。

309　"编者按",《国闻周报》,卷 11 期 11 (1934 年 3 月 19 日),页 5。

310　高磊,《关于娜拉出走》,《国闻周报》,卷 11 期 18 (1934 年 5 月 7 日),页 1—2。

311　同上。

312　昌树,《娜拉何处去》,《女子月刊》,卷 2 期 10 (1934 年 10 月),页 2944。

313　例如林伍,《谈南京的娜拉事件》,《大晚报》,1935 年 2 月 21 日;江寄萍,《"娜拉走后究竟怎样"读后》,《国闻周报》,卷 11 期 13 (1934 年 4 月 2 日),页 3。

314　张真,《怎样做一九三六年的妇女?》,北平《世界日报》,1936 年 1 月 13 日。

315 上官公仆，《三年来的中国妇女运动》，《女子月刊》，卷 4 期 3（1936 年 3 月），页 30—33。

316 齐连，《过渡时期是没有的！》，上海《申报》，1934 年 9 月 23 日；郑锡瑜，《评新贤妻良母主义》，《妇女月报》，卷 1 期 5（1935 年 6 月），页 1。

317 一丁，《贤妻良母主义的复活》，《北平新报》副刊《妇女》，期 52（1936 年 9 月 10 日）。

318 何景元，《新贤妻良母主义发凡》，北平《晨报》，1935 年 2 月 25 日。

319 陈荫萱，《读〈新贤妻良母主义发凡〉后》，《女子月刊》，卷 3 期 4（1935 年 4 月），页 4061。

320 不过，1936 年 1 月，上海《申报》新设的"妇女专刊"一栏，编者周瘦鹃在《发刊辞》中表明其立场："在编者瞧来，妇女们的出处，还须采用折衷办法，就是社会和国家有事时，便当挺身而出，为社会为国家直接服务，社会和国家没事时，那么不妨退守在家庭中，做伊们的贤妻良母。……我以为妇女们离不了家庭，家庭中实在需要一位贤妻良母。"可见这个新的"妇女专刊"栏，又走回折中路线了。见周瘦鹃，《发刊辞》，上海《申报》"妇女专刊"，期 1（1936 年 1 月 11 日）。

321 见上海市妇女联合会编，《上海妇女运动史（1919—1949）》（上海：上海人民出版社，1990 年），页 84。

322 齐连，《过渡时期是没有的！》，上海《申报》，1934 年 9 月 23 日。

323 黄心勉，《中国妇女应上那儿跑：三五》，《妇女旬刊》，卷 19 号 5（1935 年 2 月 11 日），页 55。

324 凌强，《读了娜拉之后》，《女子月刊》，卷 2 期 11（1934 年 11 月），页 3094—3095。

325 铁心，《中国妇女问题》，《新生周刊》，卷 1 期 12（1934 年 6 月 23 日），页 386—387。

326 世范，《从"娜拉走后怎样"谈到现代妇女应当怎样》，北平《世界日报》，1934 年 4 月 3 日。

327 一引，《今后妇女需要的是什么》，《平凡》，卷 1 号 7（1934 年 8 月 16 日），页 15—16。

328 文干，《从易卜生的"娜拉"说到中国妇女运动》，《女子月刊》，卷 2 期 10（1934 年 10 月），页 2949—2950。

329 蜀龙，《读了"从贤妻良母到贤夫良父"以后——参看本年一月份妇女生活》，《妇女共鸣》，卷 5 期 2（1936 年 2 月 20 日），页 35。

330 春峰，《关于"妇女回到家庭中去"》，北平《世界日报》，1934 年 6 月 7 日。

331 秉英，《关于走入社会抑返归家庭》，北平《世界日报》，1934 年 12 月 12 日；夏英哲，《理想中的娜拉》，《国闻周报》，卷 11 期 15（1934 年 4 月 16 日），页 3。

332 庐隐，《今后妇女的出路》，《女声》半月刊，卷 1 期 12（1933 年 3 月 15 日），页 2—3。

333 慕晖，《妇女的新生》，《新生》，卷 1 期 36（1934 年 10 月 13 日）。页 738—740。

334 《从新启蒙运动谈到妇女问题》，《北平新报》副刊《妇女》，期85（1937年5月20日）。

335 上官公仆，《妇女与家庭》，《女子月刊》，卷3期9（1935年9月），页4877。

336 编者，《妇园一周年》，上海《申报》，1935年2月10日。

337 啸云，《中国妇女究竟往那里跑》，《女青年》月刊，卷15期8（1936年8月），页15。

338 陈荫萱，《读〈新贤妻良母主义发凡〉后》，《女子月刊》，卷3期4（1935年4月），页4059；碧云，《未来的世界大战与妇女》，《女青年》月刊，卷15期6（1936年6月），页9。

339 署名"铁心"的论者曾言："主妇的尊荣，是在那里诱惑着；良妻贤母的呼声，是从这社会里喊出来的在后面督责着。再则，中国娜拉的生活有些资本主义化了。一切的服用，没有方法从出卖自己的劳力来获着。假如不愿意堕落，如都市里一些出卖肉体的职业—舞女，娼妓，女侍等等，是再没有比回到家庭里来得容易满足自己物质的欲望的。故从学校出来的摩登女子，第一件事情恐怕不是找职业，而是找个有钱供给花费的丈夫。这不是侮辱现代的女性，事实确是如此。"见铁心，《中国妇女问题》，《新生周刊》，卷1期12（1934年6月23日），页387。

340 铁心，《中国妇女问题》，《新生周刊》，卷1期12（1934年6月23日），页386。

341 《告全国妇女界》，上海《大晚报》，1935年3月8日。

342 在国际贸易方面，"九·一八"事变以后的6年，基本上处于衰落局面，原因包括：一、东北沦陷，而东北原在国际贸易上占有相当分量；二、世界经济恐慌，使进出口的数额减少；三、我国关税不断提高，日本商人又大量走私，影响正常贸易发展。见张玉法，《中国现代史》（台北：东华书局，1991年9版），页526—533。另外，据1935年的调查，在22省的1001县中，约有百分之十四的农家，或全家或一部分，流徙都市或他乡，估计全国约有2000万人离村。见张玉法，《中国现代史》（台北：东华书局，1991年9版），页516。

343 《这一年》，上海《申报》，1931年12月31日。

344 有位原在银行任职员的女读者投书上海《申报》"妇女专刊"，述说她在结婚生子后，不得不放弃职业，回到家中的原因，便在于家里雇来照顾小孩与打扫家务的娘姨，费用实在过高，不如她将工作辞掉回家自己看小孩来得划算。见叙良，《我回到家庭去了》，上海《申报》"妇女专刊"，1936年8月8日。

345 黄少先，《今后妇女运动的正确道路》，《妇女杂志》，卷15号8（1929年8月），页21。

346 卢燕贞，《中国近代女子教育史：1895—1945》，页135—136。

347 铁心，《中国妇女问题》，《新生周刊》，卷1期12（1934年6月23日），页386。

348 月宸，《人心日古中的两性道德问题》，《妇女生活》，卷1期2（1935年8月），页5。

349 李大钊，《战后之妇人问题》，《新青年》，卷6期2（1919年2月15日），页141—147；陈望道，《我想（二）》，《新妇女》，卷4号4（1920年11月15日），页 1—2。

350 永默，《读了铟冰先生的"娜拉走后究竟怎样"（续）》，北平《世界日报》，1934年 5 月 13 日。

351 中共基本上对于纯粹为争取女性权益而运作的女权运动，抱持的是批判的立场，认为这是不切实际而仅是空想。这样的态度，在 1928 年在莫斯科召开的第 6 次全国代表大会中，表达出来。见 Elisabeth Croll, *Feminism and Socialism* (London: Routledge, 1978), p. 185.

352 猛亚，《谈中国娜拉》，《妇女月报》，卷 1 期 1/2（1935 年 3 月 1 日），页 17—18；世范，《从"娜拉走后怎样"谈到现代妇女应当怎样（续）》，北平《世界日报》，1934 年 4 月 4 日。

353 茨莫，《我生涯中的一大转变——一个弃妇的自白》，《妇女生活》，卷 1 期 1（1935 年 7 月），页 130；先，《重读"娜拉"以后》，上海《申报》，1934 年 8 月 12 日。这些实例，都是中国女性受到"娜拉"的启发与鼓励，则决心勇敢面对挫折，向前迈进，寻求新生。

354 李辉群，《中国国民革命与妇女》，《妇女共鸣》期 9（1929 年 8 月），页 9—13。

355 凌强，《读了娜拉之后》，《女子月刊》，卷 2 期 11（1934 年 11 月），页 3094。

356 碧遥，《娜拉三态》，《妇女生活》，卷 1 期 1（1935 年 7 月），页 21。

357 碧遥，《廿四年来中国妇女运动走过的路程》，《妇女生活》，卷 1 期 4（1935 年 10 月）。

358 夏英哲，《理想中的娜拉》，《国闻周报》，卷 11 期 15（1934 年 4 月 16 日），页 2。

359 于立忱，《娜拉脱离家庭的原因与走后怎样的问题》，《国闻周报》，卷 11 期 16（1934 年 4 月 23 日），页 3。

360 李一评，《新女性》（下），上海《时事新报》，1935 年 2 月 8 日。

361 陈廉贞，《做个平凡的女性吧！》，《平凡》，卷 1 号 8（1934 年 9 月），页 12。

362 雨桩，《使娜拉出走的是什么？——与樊仲云先生谈妇女的天职》，《妇女生活》，卷 1 期 3（1935 年 9 月），页 8。

363 罗苏文，《女性与近代中国社会》，页 457—460。

364 于立忱，《娜拉脱离家庭的原因与走后怎样的问题》，《国闻周报》，卷 11 期 16（1934 年 4 月 23 日），页 4。

365 伯钧，《中国的"拉娜"到何处去？》，上海《申报》，1934 年 8 月 26 日。另见章新，《怎样找寻我们的出路？》，《浙江青年》，卷 1 期 2（1934 年 12 月），页 175—180。

366 晓如，《鲁迅先生与女性解放》，《女青年》月刊，卷 15 期 9（1936 年 11 月），页 19。

367 碧遥，《"薇薇"与"娜拉"》，《妇女生活》，卷 1 期 2（1935 年 8 月），页 18—23。

368 须予，《从娜拉到华伦夫人——为萧伯纳来华而作》，《女声》半月刊，卷 1 期 11（1933 年 3 月 1 日），页 3—6。

369 金仲华，《妇女问题的各方面》，页 17；钱子衿，《妇女与文学》，《上海工部局女子中学丁丑年刊》，1937 年，页 78。

370 杨振声,《娜拉与络斯墨 (Rosmer)》,《国闻周报》,卷 11 期 20 (1934 年 5 月 21 日),
     页 1—3。

371 汾芬,《走出家庭以后娜拉的正当出路:观"秦公使的身价"后杂感》,《中央日报》,
     1936 年 7 月 11 日。

372 夏英哲,《理想中的娜拉》,《国闻周报》,卷 11 期 15 (1934 年 4 月 16 日),页 4。

373 樊仲云,《集锦录:旧事重提话"娜拉"》,上海《文化建设》,卷 1 期 11 (1935 年
     8 月),页 134—136。

374 雨桩,《使娜拉出走的是什么? 与樊仲云先生谈妇女的天职》,上海《妇女生活》,
     卷 1 期 3 (1935 年 9 月),页 5—8。

375 邹迟,《谈女人——看了影片"女人"以后》,《平凡》,卷 1 号 7 (1934 年 8 月 16
     日),页 21。

376 林梧,《二十世纪四十年代的娜拉》,《时事新报》,1935 年 6 月 27 日,第四张,版 1。

377 公孙萌,《诺拉后话》,《妇女生活》,卷 1 期 2 (1935 年 8 月),页 14。

378 苏菲亚,《告出走十五年后"娜拉"们》,《时事新报·学灯》,1934 年 6 月 5 日,
     第三张,版 3。

379 夏英哲,《论廿三年我国妇女界两件事》,《国闻周报》,卷 12 期 1(1935 年 1 月 1 日)。

380 磨风艺社是个在 1933 年成立的青年剧团。其于 1935 年元旦,在陶陶大戏院举行
     该社第三次公演,剧目为《娜拉》。见《青年剧团:磨风艺社》,上海《中华日报》,
     1935 年 3 月 10 日。

381 川老戍,《关于"娜拉"的公演》,南京《新民报》,1935 年 1 月 7 日。

382 照片出处:《娜拉在南京》,上海《艺术画报》,期 2 (1935 年 2 月 10 日),页
     19—20。

383 照片出处:许彦葛,《"娜拉"在南京掀起的风波》,上海《艺术画报》,期 3 (1935
     年 3 月 15 日),页 13—14。

384 《何日才有光明之路 娜拉为演话剧而失业》,南京《新民报》,1935 年 2 月 2 日。

385 《轰动一时的"娜拉"》,上海《女青年》月刊,第 14 卷 3 期 (1935 年 3 月 15 日),
     页 45—53;张致中,《艺术的牺牲者"娜拉"王光珍辞职前后 (上)》,上海《大
     晚报》,1935 年 2 月 16 日;《南京娜拉事件的经过》,上海《剧周刊》,期 27 (1935
     年 2 月 26 日),页 1—8。

386 太阳,《光荣的"娜拉"! 轰动京门一件事》,上海《新闻报》,1935 年 2 月 11 日。

387 马式武在公开信中,虽表示辞退王光珍之教职,与她演出《娜拉》无关,但却丝
     毫未提及辞退她的真正原因。见《兴中门马校长也曾演过话剧:退聘王光珍另有
     原因昨日函本报》,南京《新民报》,1935 年 2 月 5 日。除此之外,更有兴中门
     小学几乎全体教员致函《新民报》主编,表示从不知王光珍排演与演出《娜拉》
     一剧之事,以之解释她被辞退之因并非演戏。见《全体来函》,南京《新民报》,
     1935 年 2 月 6 日。

388 《京市女生演剧风潮》,上海《大晚报》,1935 年 2 月 18 日。

389 《何日才有光明之路 娜拉为演话剧而失业》，南京《新民报》，1935 年 2 月 2 日。

390 同上。

391 根据《大晚报》记载，当时参加这场件论战的文人包括交通部常务次长张道藩、
国民党中央党部文艺科科长孙德中、卜少夫、夏莱、石江、青波、侯鸣皋、莲田、
怨者、孙芹荪、中间人、双用、莲子、陈德怀、金禾、《朝报》记者、《新民报》记者、
《华报》记者等。见张致中，《艺术的牺牲者"娜拉"王光珍解职前后（下）》，上
海《大晚报》，1935 年 2 月 17 日。报道南京娜拉事件之报纸，至少包括南京《新
民报》、《朝报》、上海《申报》、《新闻报》、《大晚报》、《中华日报》、《社会日报》、
江西《民国日报》等。论者还称，当时"讨论娜拉问题的文章便风起云涌地出现
于大小各报上。俨然为民国廿四年的大事件，中国戏剧运动的新资料"。见张致中，
《艺术的牺牲者"娜拉"王光珍解职前后（上）》，上海《大晚报》，1935 年 2 月 16 日；
逯翔，《多事的娜拉，光荣的娜拉》，天津《益世报》，1935 年 2 月 8 日，版 14。

392 《再说娜拉》，《朝报》，1935 年 2 月 7 日，转引自《女青年》月刊，卷 14 期 3（1935
年 2 月），页 50—51；《京市女生演剧风潮》，《大晚报》，1935 年 2 月 18 日，转
载于《女青年》，月刊第 14 卷第 3 期，页 52—53。另见器重，《为王光尊女士鸣
不平》，《妇女旬刊》，第 19 卷第 6 号（总号第 636 号），1935 年 2 月 21 日，页
72。有关这位"南京娜拉"之名，有报刊载"王光珍"，也有载"王光尊"者。
笔者查阅多种相关报刊，认为该女应名王光珍，特此说明。

393 张道藩，《光荣的娜拉》，南京《新民报》，1935 年 2 月 4 日，第 6 版。

394 张道藩，《质问开除演剧的教员和学生的几位校长》，南京《新民报》，1935 年 2
月 5 日；张道藩，《娜拉的教员职务不是为演剧辞退的吗？》，南京《新民报》，
1935 年 2 月 6 日。

395 孙德中，《"娜拉"为社会所牺牲了吗？》，南京《新民报》，1935 年 2 月 5 日。

396 苏芹荪，《团结是力量 干就是出路》，南京《新民报》，1935 年 2 月 7 日。

397 卜少夫，《慰"娜拉"及其她》，南京《新民报》，1935 年 2 月 7 日。

398 《市社会局长 昨召娜拉询话》，南京《新民报》，1935 年 2 月 6 日。

399 《妇女文化促进会派员慰问娜拉》，南京《新民报》，1935 年 2 月 6 日。

400 《再说娜拉》，《朝报》，1935 年 2 月 7 日，转引自《女青年》月刊，卷 14 期 3（1935
年 2 月），页 51。《妇女界集议援助娜拉》，南京《新民报》，1935 年 2 月 8 日。

401 石江，《读兴中门小学马校长来函后》，南京《新民报》，1935 年 2 月 6 日。

402 双用，《伸冤与造冤》，南京《新民报》，1935 年 2 月 7 日。

403 梅屑，《赶娜拉回家》，上海《社会日报》，1935 年 2 月 14 日。

404 旅冈，《漫话"娜拉年"与"戏剧年"》，上海《申报》，1935 年 12 月 27 日。

405 碧梧，《娜拉演在南京》，上海《女声》，卷 3 期 9（1935 年 2 月 28 日），页 2。

406 石江，《祸不单行的"娜拉"——失业之后恐将失家》，南京《新民报》，1935 年
2 月 7 日；幽槐，《"娜拉"的失业有感》，南京《新民报》，1935 年 2 月 16 日。

407 《友人传出消息 娜拉有了出路》，南京《新民报》，1935 年 2 月 11 日。

408 《有人要求"娜拉"再公演》，南京《新民报》，1935 年 2 月 8 日。

409 《磨风剧社再度公演"娜拉"昨午回京》，南京《新民报》，1935 年 3 月 7 日。

410 磨风艺社，《再演"娜拉"献词》，南京《新民报》，1935 年 3 月 8 日。

411 锦梅，《娜拉重演》，南京《新民报》，1935 年 3 月 8 日。

412 《磨风剧社再度公演"娜拉"昨午回京》，南京《新民报》，1935 年 3 月 7 日。

413 屈轶，《"娜拉"与妇女》，南京《新民报》，1935 年 3 月 8 日。

414 《磨风艺社昨停演"娜拉"回了家》，南京《新民报》，1935 年 3 月 9 日。

415 《乘兴而来败兴返"南京娜拉"骑驴去》，南京《新民报》，1935 年 3 月 10 日。

416 该宣言署名者为王任叔、施春瘦（又名施玉）、瞿白音、蒋树强、王家绳、李希之、
      王小洛。见《上月名话剧"娜拉"停演迷》，南京《新民报》，1935 年 4 月 20 日。

417 有学者便指出，国民党禁演《娜拉》的理由，是它败坏了公共道德。丹尼尔·哈
      康逊、伊丽莎白·爱德著，王忠祥译，《易卜生在挪威和中国》，收入《易卜生文集》
      第 8 卷，页 427。

418 旅冈，《期望于中国娜拉者》，《女子月刊》，卷 4 号 10（1936 年 10 月），页 15—
      16。

419 灵武，《娜拉，更勇敢些！》，上海《中华日报》，1935 年 2 月 24 日。

420 论者"旅冈"于《漫话"娜拉年"与"戏剧年"》中，对所谓的"娜拉年"提出
      解释："这一年是个动乱的年代，在中国尤其是多事之秋。今年刚开始（元旦），
      因为在南京演出了一幕易卜生的'娜拉'，就掀起了一场巨剧逐浪的'娜拉事件'，
      轰动了各地的妇女和关心妇女运动的人们；因之，今年以作为五四妇女解放运动
      的'备忘录'的'娜拉'底公演，也就特别多。由于妇女问题在今年之特别受人
      重视，和当作反抗的武器之一的'娜拉'底公演之频繁，所以，今年无形中倒被
      定为中国的'娜拉年'了。"旅冈，《漫话"娜拉年"与"戏剧年"》，上海《申报》，
      1935 年 12 月 27 日。吴怡萍的硕士论文《北伐前后妇女解放观的转变——以鲁迅、
      茅盾、丁玲小说为中心的探讨》（"国立"政治大学历史所，1994 年）曾指 1934
      年为娜拉年，此事征之史料，应属 1935 年才是。另见旅冈，《期望于中国娜拉者》，
      《女子月刊》，卷 4 号 10（1936 年 10 月）；《娜拉公演通讯（五）》，上海《申报》，
      1935 年 6 月 21 日；罗苏文，《女性与近代中国社会》，页 466；Kristine Harris, "The
      New Woman Incident: Cinema, Scandal, and Spectacle in 1935 Shanghai", in Sheldon
      Hsiao-peng Lu ed., *Transnational Chinese Cinemas: Identity, Nationhood, Gender.*
      Honolulu: University of Hawaii Press, 1997. pp. 277-302。

421 《上海市商会呈市府请取缔奇装异服》、《黎本危再嫁之消息》，《女铎》，卷 23 期
      10（1935 年 3 月），页 72。

422 《青岛下令驱逐黎本危拟居平》，南京《新民报》，1935 年 2 月 2 日。

423 金粉，《鲁沙氏与危文绣》，上海《社会日报》，1935 年 2 月 11 日。

424 《鲁涤平昨日逝世》、《鲁涤平之如夫人沙氏昨晚堕楼殉节》，南京《中央日报》，
      1935 年 2 月 1 日。据熟知鲁氏家庭情形的人说，鲁家是最古式的家，所以沙氏

从 13 岁跟着鲁氏起，在鲁家十四五年，不使认识一个字，想来鲁家一定是墨守"女子无才便是德"的古训。见聂国云，《速醒！！！（续）》，江西《民国日报》，1935 年 2 月 15 日。

425 金粉，《鲁沙氏与危文绣》，上海《社会日报》，1935 年 2 月 11 日。

426 谢元范，《杂谈危文绣的再醮》，南京《中央日报》，1935 年 2 月 11 日。

427 类似的观点，见大风，《从危文绣改嫁说起》，上海《社会日报》，1935 年 2 月 27 日。

428 民国以来，妾制的存在，基本上根据 1914 年 12 月 24 日颁行的暂行新刑律补充条例第十二条之规定"刑律第 82 条第 2 项及第 3 项第一款称妻者，于妾准用之，第 289 条，称有夫之妇者，于有家长之妾准用之……"到 1928 年刑法颁布时，已无关妾之规定，应认自 1928 年 7 月 1 日刑法施行之日起，妾制已废除。见赵凤喈，《中国妇女在法律上之地位》，页 202。

429 秉英，《有感于黎本危的结婚》，北平《世界日报》，1935 年 1 月 18 日。

430 《白发红颜人间佳话》，上海《大晚报》，1935 年 2 月 7 日。

431 梅屑，《老人新婚年》，上海《社会日报》，1935 年 2 月 21 日。关于张海若娶杨嗣贤之报导，见《老翰林娶妙龄女子》，上海《时报》，1935 年 2 月 19 日；《才女嫁翰林》，上海《时报》，1935 年 2 月 22 日

432 《危文绣与熊希龄》，南京《新民报》，1935 年 2 月 14 日。

433 《告全国妇女界》，上海《大晚报》，1935 年 3 月 8 日。

434 Christina Kelley Gilmartin, *Engendering the Chinese Revolution: Radical Women, Communist Politics, and Mass Movements in the 1920s* (Berkeley: University of California Press, 1995), pp. 45-48, 104-109.

435 将熊、危两事联想讨论的文章，一时间还不少。见完叟，《由熊秉三想到黎本危》，北平《益世报》，1935 年 2 月 10 日；史小梅，《关于危文绣的再醮》，《华北日报》，1935 年 2 月 15 日。妇女同盟会的陈令仪对危氏再醮问题发表意见时，也把此事与熊毛婚姻对比起来，批评社会的双重道德眼光。见《妇女团体援助危文绣再醮》，上海《民报》，1935 年 2 月 18 日。

436 《假使危文绣再醮蒋孟麟》，上海《民报》，1935 年 1 月 27 日。

437 论者指出，赛金花当年嫁洪状元时，年仅 14 岁，成为寡妇时也只 20 岁。谢元范，《杂谈危文绣的再醮》，南京《中央日报》，1935 年 2 月 11 日。

438 何实图，《三件事所给于我们的教训》，南京《新民报》，1935 年 2 月 23 日。

439 茅盾，《〈娜拉〉的纠纷》，收入《茅盾全集》第 16 卷，页 39—41。

440 礼，《社会杂写：中国的娜拉》，南京《中国社会》，第 1 卷 4 期（1935 年 4 月 15 日），页 73—77。

441 林郁沁（Eugenia Lean）著，郭汛徹译，《公德或私仇——1930 年代中国"情"的国族政治》，收入黄克武、张哲嘉主编，《公与私：近代中国个体与群体之重建》，页 249—252；林郁沁著，陈湘静译，《施剑翘复仇案：民国时期公众同情的兴起与影响》（南京：江苏人民出版社，2011 年）。

442 笑予，《论施剑翘刺孙传芳》，《妇女共鸣》，卷 5 期 1（1936 年 1 月 20 日），页 5。

443 唐萍僧，《施剑翘女士被特赦》，《女子月刊》，卷 4 期 11（1936 年 11 月），页 54—57。

444 林郁沁著，郭汛徹译，《公德或私仇——1930 年代中国"情"的国族政治》，页 245—253。

445 《老大嫁作商人妇，黎本危情非得已》，奉天《盛京时报》，1935 年 1 月 26 日。

446 猛亚，《谈中国娜拉》，《妇女月报》，卷 1 期 1，2（1935 年 3 月）。

447 兹九，《娜拉在中国》，上海《申报》"妇女园地"，期 53（1935 年 2 月 24 日）。

448 娜蕙，《胜利》，《妇女共鸣》，期 52（1931 年 7 月 15 日），页 37—40。

449 白冰，《滚！》，《女子月刊》，卷 1 期 8（1933 年 10 月），页 133。

450 白冰，《滚！》，《女子月刊》，卷 1 期 8（1933 年 10 月），页 136。

451 白薇，《从麦伦中学的游艺会出来》，上海《申报》，1934 年 7 月 5 日。

452 丹枫，《记麦伦中学公演》，上海《申报》，1934 年 7 月 4 日。

453 见"插图"，上海《中华日报》副刊版，1935 年 1 月 13 日。

454 文干，《从易卜生的"娜拉"说到中国妇女运动》，《女子月刊》，卷 2 期 10（1934 年 10 月），页 2948。

455 椰月，《大学皇后》，《女子月刊》，卷 3 期 1（1935 年 1 月），页 3576。

456 同上，页 3577—3578。

457 同上，页 3581。

458 畬一，《记"娜拉"》，上海《金钢钻》（1935 年 7 月 19 日），页 2。

459 黄维钧，《阮玲玉传》（长春：北方妇女儿童出版社，1988 年），页 192。

460 李一评，《新女性》（上），上海《时事新报》，1935 年 2 月 7 日。

461 赞，《新女性》，上海《新闻报》，1935 年 2 月 7 日。

462 论者指出，《新女性》影片里描写了"傀儡式的家庭妇女""有着小布尔乔亚根性而独立谋生的妇女"，以及"摆脱了一切羁累有着新的觉悟的妇女"三种类型。这种分类法在当时国产片里特别时髦（如《三个摩登女性》《女人》等）。见一舟，《新女性》，上海《民报》，1935 年 2 月 7 日。

463 《联华影片公司侮辱新闻记者》、石江《"新女性"侮辱记者》，南京《新民报》，1935 年 2 月 12 日；吴素鸿，《关于"新女性"影片侮辱新闻记者问题》，南京《新民报》，1935 年 2 月 16 日。

464 《昨开第三次电影座谈会》，南京《新民报》，1935 年 2 月 18 日。

465 银太岁，《关于"新女性"》，南京《新民报》，1935 年 3 月 2 日。

466 此四家影院为东海影院、光华影院、明星影院、东南影院。见上海《新闻报》从 1935 年 2 月至 5 月中下旬的电影广告栏。

467 《阮玲玉昨服毒自杀殒命》，上海《中华日报》，1935 年 3 月 9 日。

468 据报载，1934 年 1 月 11 日，唐季珊曾以妨害名誉罪诉张达民于特别第一法院，结果张达民被判无罪。1935 年 2 月 27 日，张达民反向特别第二法院控告阮玲玉与唐季珊侵占窃盗及伪造文书罪，后经裁定合并为妨害家庭案讯办。该案本应于3 月 9 日开庭审讯，不料阮玲玉竟于 8 日便自杀身亡。见《阮玲玉》，上海《新闻报》，1935 年 3 月 10 日。

469 《阮玲玉两封绝命书》，上海《新闻报》，1935 年 3 月 10 日。

470 《万人凭吊 艺人阮玲玉昨大殓》，上海《中华日报》，1935 年 3 月 12 日。

471 《万人空巷竞看 阮玲玉昨殡葬》，上海《中华日报》，1935 年 3 月 15 日。

472 《悼阮玲玉女士》，天津《庸报》，1935 年 3 月 10 日。

473 有论者指出："关于阮玲玉女士的自杀，彻头彻尾是封建残余促成的，封建残余的代表者当然是黄色记者，张达民，唐季珊以及阮玲玉自身中所包有的观念！"见《悼阮"舆论"》，上海《中华日报》，1935 年 3 月 16 日。另有人指出直接间接害死阮玲玉者，为舆论、社会、金钱与恋爱四者。见向英，《阮玲玉死在封建余孽之下》，上海《中华日报》1935 年 3 月 20 日；谢影笑《"关于谁杀害了阮玲玉？"》、海若《谁杀害了阮玲玉？》，上海《中华日报》1935 年 3 月 20 日；苇静，《谁杀害了阮玲玉》，上海《中华日报》1935 年 3 月 17 日；韦定白，《阮玲玉之死》，上海《中华日报》1935 年 3 月 18 日；白菜，《谁杀害了阮玲玉》，上海《中华日报》，1935 年 3 月 27 日；王大公，《谁杀害了阮玲玉》，上海《中华日报》，1935 年 3 月 28 日；赵华，《阮玲玉本身不正确的意识杀害了她自己》，上海《中华日报》，1935 年 3 月 21 日。另见慕容，《谁杀害了阮玲玉》，上海《中华日报》，1935 年 3 月 28 日；包围，《谁杀害了阮玲玉》，上海《中华日报》，1935 年 3 月 28 日；景仁芳，《谁杀害了阮玲玉》，上海《中华日报》，1935 年 3 月 27 日。浦怀西，《谁杀害了阮玲玉》，上海《中华日报》，1935 年 3 月 28 日；金君敏，《阮玲玉女士自杀之检讨》，上海《中华日报》，1935 年 3 月 20 日；永绥，《谁杀害了阮玲玉》，上海《中华日报》，1935 年 3 月 28 日；爱珲，《"谁杀害了阮玲玉"的批判》，上海《中华日报》，1935 年 4 月 6 日。

474 金满成，《阮玲玉太可惜了》，上海《中华日报》，1935 年 3 月 14 日。

475 孙啸凤，《阮玲玉自杀与妇女解放问题》，南京《新民报》，1935 年 3 月 12 日。

476 论者"向英"表示这个题材之所以重要，在于阮玲玉"恰称地象征了我们目前的中国社会"，并"恰称地代表了我们中国的要求解放的妇女们"："她外受着资本帝国主义的侵入，麻醉。内受着封建残余之联合了现代中国的所谓高等华人的玩弄，摧毁，这几种巨大魔力压迫下的中国妇女，是怎样地由忍耐、屈伏、耻求，侥幸，以至终于自杀。这过程中的窒息，苦闷，绝望，是极鲜明地照示了我们广大的群众，这条路是行不通的！阮玲玉之死，这个人主义的幸运儿之终于自杀，正是前车可鉴呀！"见向英，《我们前卫的艺术家们 请抓住这个动人的题材！——关于阮玲玉之死》，上海《中华日报》，1935 年 4 月 3 日。

477 Kristine Harris, "The *New Woman* Incident: Cinema, Scandal, and Spectacle in 1935 Shanghai", in *Transnational Chinese Cinemas: Identity, Nationhood, Gender*, ed. Sheldon Hsiao-peng Lu (Honolulu: University of Hawaii Press, 1997), pp. 289-290.

478 达，《新女性》，上海《新闻报》，1935 年 2 月 7 日。

479 唐纳，《论"新女性"的批评》，上海《民报》，1935 年 2 月 26 日。

480 赞，《新女性》，上海《新闻报》，1935 年 2 月 7 日。

481 尘鼎，《关于"新女性"的影片，批评及其他》，上海《中华日报》，1935 年 3 月 2 日。

482 姚璋，《"娜拉"的教义》，上海《光华附中半月刊》，卷 3 期 7—8（1935 年 5 月 1 日），页 13—19。

483 孙师毅，《新女性作意》，《良友画报》，期 100（1934 年 12 月），页 41。

484 赞，《新女性》，上海《新闻报》，1935 年 2 月 7 日。

485 达，《新女性》，上海《新闻报》，1935 年 2 月 7 日；凌雄，《"新女性"我观》，上海《大晚报》，1935 年 2 月 11 日；陈秉权，《"新女性"我评》，上海《新闻报》，1935 年 2 月 12 日；雅言，《"新女性"观感》，上海《大晚报》，1935 年 2 月 14 日；卫道，《新女性杂观杂感》，上海《大晚报》，1935 年 2 月 10 日；尘鼎，《关于"新女性"的影片，批评及其他》，上海《中华日报》，1935 年 3 月 2 日。虽然学者周慧玲曾撰文表示《新女性》对李阿英的形象"塑造得刻板健康，虽然'政治正确'，但是一个没有冲突的角色，反而难以说服人"，不过，根据当时影评意见与其他学者（包括以下将提及的张英进）的相关研究可发现，李阿英作为 20 世纪 30 年代（尤其是左翼人士心目中的）"新女性"形象的说服性，是该片中最有力者。参见周慧玲，《"性感野猫"之革命造型：创作、行销、电影女演员与中国现代性的想象（1933—1935）》，《近代中国妇女史研究》，期 9（2001 年 8 月），页 106—110。

486 《新女性》，上海《联华画报》，卷 5 期 3（1935 年 2 月），页 10—11。

487 Kristine Harris, "The *New Woman* Incident: Cinema, Scandal, and Spectacle in 1935 Shanghai", in Sheldon Hsiao-peng Lu ed., *Transnational Chinese Cinemas: Identity, Nationhood, Gender*. Honolulu: University of Hawaii Press, 1997. pp. 288.

488 张英进，《三部无声片中上海现代女性的构形》，收入汪晖、余国良编，《上海：城市、社会与文化》（香港：香港中文大学，1998 年），页 177。

489 同上，页 184。

490 虽然有论者认为韦明的反封建性，不应被抹杀（见史牧，《关于机械论，现实主义与"新女性"》，上海《中华日报》，1935 年 5 月 1 日），不过多数评论人仍视自杀者即失败者，不足为新女性之代表。

491 雅言，《"新女性"观感》，上海《大晚报》，1935 年 2 月 14 日。

492 上官公仆，《妇女与家庭》，《女子月刊》，卷 3 期 9（1935 年 9 月），页 4874—4875。

493 《戏剧通讯》，上海《申报》，1935 年 6 月 23 日。该剧导演团为万籁天，赵默，徐韬。

494 《'娜拉'底演员》，上海《申报》，1935 年 6 月 21 日。

495 照片出处："娜拉"，卡尔登摄影，《中华图画杂志》，期 36（1935 年 8 月），页 26。

496 R. 特里尔著，刘路新译，《江青全传》（河北：河北人民出版社，1995 年），页

49—52。

497 蓝苹，《我与娜拉》，上海《中国艺坛画报》，第 96 期（1939 年 9 月 13 日），页 1。

498 同上。

499 丁望，《江青简传》（香港：当代中国研究所，1967 年），页 1—4。

500 润德，《业余剧人首次公演"娜拉"问题剧观感》，上海《新闻报本埠附刊》（1935 年 6 月 29 日），页 9；徐懋庸，《看了娜拉之后》，上海《时事新报》（1935 年 6 月 30 日），第三张，版 4；方之中，《娜拉》，上海《申报》（1935 年 7 月 1 日），页 25；曹聚仁，《"奇事中的奇事"》，上海《申报》，1935 年 7 月 10 日；尤娜，《评"娜拉"的演技》，上海《申报》，1935 年 7 月 22 日；苏灵，《观〈娜拉〉演出》，上海《晨报》，1935 年 7 月 2 日。

501 林梧，《二十世纪四十年代的娜拉》，上海《时事新报》"新上海娜拉特辑"，1935 年 6 月 27 日。

502 徐懋庸，《闻〈娜拉〉将公演有感》；丽尼，《"在门槛上"与"傀儡家庭"》；林梧，《二十世纪四十年代的娜拉》，上海《时事新报》，1935 年 6 月 27 日。

503 冰，《"娜拉"再度出走》，上海《福尔摩斯》，1935 年 3 月 8 日，页 2。

504 《"娜拉"在"自由神"里》，上海《申报》，1935 年 8 月 27 日。

505 方岩，《自由神与中国妇女》，《电通半月画报》，期 6（1935 年 8 月 1 日）。

506 《由"娜拉"说到"自由神"》，上海《申报》，1935 年 7 月 5 日。

507 导演团，《我们对于"娜拉"的认识》，上海《上海商报》，1935 年 6 月 27 日，版 4。

508 易乔，《易卜生的"娜拉"：写在"女性的解放"公演前》，上海《戏剧杂志》，卷 3 期 4（1939 年 10 月），页 11—14。

509 例见淑宜，《妇女呼声：我们要做现代娜拉》，上海《东山》，第 2 卷 1 期（1940 年 1 月 1 日），页 5—6。抗战时与女权议题有关的各种论辩，见吕芳上，《抗战时期的女权论辩》，《近代中国妇女史研究》，期 2（1994 年 6 月），页 81—115。

结论

1 笔者意在强调，西方对于《娜拉》的相关讨论，实在相当广泛；从中提出的问题，包括"娜拉为何要离家？""她的离家是正确的吗？""娜拉应不应欺骗她丈夫？""她为欺骗行为所做出的自我辩护可被接受吗？"等等。至于该剧除娜拉之外的其他角色，包括娜拉之夫郝尔茂、其好友兰克大夫、娜拉的好友林敦夫人与当年借钱给娜拉后来勒索她的柯士达，由于生动反映了 19 世纪后半叶以来所谓西方资产阶级社会的种种人物形象，因而都是舆论与剧评家关注与讨论的对象。进而，《娜拉》剧中第 2 幕的塔兰泰拉舞，更被视为象征娜拉的性格与心境，而屡被提出讨论。见 Jennette Lee, *The Ibsen Secret: A Key to the Prose Dramas of Henrik Ibsen* (London: G. P. Putnam's Sons, 1910) , pp. 8-19。但上述这些在欧美国家时常可见的讨论，到了中国却只剩下对娜拉一人出走举动的关注，除却茅盾在其小说《蚀》中提出了林敦夫人之外，鲜少有人在意该剧内容与其他角色。

2　昌树，《娜拉何处去》，《女子月刊》，卷 2 期 10（1934 年 10 月），页 2944。

3　从报刊新闻可知，直到抗日战争结束后的国共内战后期，仍有抗婚娜拉的踪迹。见《南昌的"娜拉"三八节出走》，上海《益世报》，1949 年 3 月 24 日，版 2。

4　《八个"娜拉"的出走》，上海《联合晚报》，1946 年 6 月 7 日，版 3。

5　李玉兰认为，对"现代女性"（modern woman）论述的掌控，是近代因政党与商业等势力纷纷崛起而日趋边缘化的改革派知识分子，欲努力再度加入国家论述并以之翻身而展现的企图。见 Louise Edwards, "Policing the Modern Woman in Republican China," in *Modern China* 26, No. 2（April 2000）: 115-147。

6　"老大哥在看着你"是英国左翼作家乔治·奥威尔（George Orwell, 1903—1950）在 1949 年出版的反乌托邦小说《一九八四》（*Nineteen Eighty-Four*）中的著名标语。"老大哥"（Big Brother）是该小说叙述的大洋国权力的象征与最高领袖。这则标语不断提醒着人民，他们的所作所为都被监视着。

7　茅盾，《〈娜拉〉的纠纷》，收入《茅盾全集》第 16 卷，页 39—41。

8　如论者孟如所言，"在我国的娜拉的境遇中，我们可以看到的是：她们接受了空洞的参政权，接受了偏狭的遗产继承权，应着奢侈事业的发展而进入百货商店或衣饰店为售货员或服饰表演员，也乘着官僚机关的增多而为机械式的书记或助员：这一切都是在迎合现状的原则下进行的"。见孟如，《中国的娜拉》，《东方杂志》第 31 卷第 15 号，1934 年 8 月 1 日，页 1—4。

9　吕芳上，《娜拉出走以后——五四到北伐青年妇女的活动》，《近代中国》，期 29（1992 年 12 月），页 111—128。

10　谢冰莹，《女兵自传》。

11　高大伦、范勇编译，《中国女性史（1851—1958）》，页 139—152。

12　1927 年国共分裂后的国民党与共产党统治模式，吕芳上以"党权政治"名之。在这类政治意识形态中，党执政者可以以"维护国家与党的安全"为前提，限制个人的言论与自由。见吕芳上，《五四时期的妇女运动》，收入陈三井主编，《近代中国妇女运动史》，页 232—254。

13　白佩兰在其论文中曾指出，包括麦惠庭、潘光旦、易佳乐、罗敦伟、盛朗西、陈顾远、陈东原、傅尚林、廖建民、雷海中、台光殿与包真等人，都是 20 世纪 20 年代以来，对中国的家庭问题投注心力的知识分子。在他们的关注课题中，却并未见从《娜拉》寻求启发的思考与论述。见白佩兰，《危急中的家庭：1920—1940 年中国知识分子论家庭》，收入李小江等编，《性别与中国》，北京：生活·读书·新知三联书店，1994 年），页 38—62。

14　李小江，《妇女研究在中国》（郑州：河南人民出版社，1991 年），页 97。

15　李小江，《我们用什么话语思考女人？——以及谁制造话语并赋予它内涵》，收入丘仁宗、金一虹、王延光编，《中国妇女和女性主义思想》，页 107。

16 同上，页103—104。

17 事实上，站在21世纪初的今日回顾当时历史，可知父权意识形态并非经济社会状
    况改变后，便可自然随之改变；家庭、性关系与两性权力规范等，都仍有待两性
    共同协商并重塑更为平等的关系。当代的社会主义女性主义者，便批判马克思主
    义具有"性别盲"的弊病，只图解决资本主义的问题，却无视父权制度对妇女在
    公私领域的种种压迫。见顾燕翎主编，《女性主义理论与流派》（台北：女书文化，
    1996年），页29—70、181—214。

18 游鉴明，《台湾地区的妇运》，收入陈三井主编，《近代中国妇女运动史》，页468—
    553。

19 见吕秀莲，《新女性主义》（台北：前卫出版社，1995年，4版），页154—162。

20 见李继锋，《中国大陆的妇女运动》，收入陈三井主编，《近代中国妇女运动史》，
    页592—596。另见林松乐，《关于性别角色的几次争论》，收入李小江等编，《平等
    与发展》（北京：生活·读书·新知三联书店，1997年），页385—388。

21 一般说来，西方第一代新女性的主要活跃年代，为19世纪80年代至90年代；
    第二代新女性的活动高峰期，则在20世纪20年代至30年代。见Sally Ledger,
    The New Woman: Fiction and Feminism at the Fin de Siècle (Manchester: Manchester
    University Press, 1997), pp. 1-34; Nancy Woloch, *Women and the American
    Experience* (New York: Alfred A. Knopf Inc., 1984), p. 269-306。

22 Juliet Gardiner ed., *The New Woman* (Collins & Brown, 1993), pp. 1-7; Elaine
    Showalter, *Sexual Anarchy: gender and culture at the fin de siècle* (New York: Viking,
    1990), pp. 38-58.

23 Norman Rhodes, *Ibsen and the Greeks: The Classical Greek Dimension in Selected
    Works of Henrik Ibsen as Mediated by German and Scandinavian Culture* (London:
    Associated University Press, 1995), p. 126.

24 Betty Friedan, *Feminine Mystique* (New York: W. W. Norton, 1983), p. 32.

25 程兆熊，《娜拉出走后的世界归宿》，屯溪《前线日报》，1942年3月7日，版6。

26 激进女性主义视性别压迫为所有压迫的根源，否决了阶级、种族或国家等其他解
    放应先于女性解放的各种论调。顾燕翎曾说明为何《女性主义理论与流变》将原
    先在《女性主义理论与流派》中的"基进女性主义"改为"激进女性主义"之
    因。见顾燕翎，《激进女性主义——不再基进 About the Chinese translation of radical
    feminism》，女性主义起点站，2019年3月9日，撷取日期：2023年7月25日，
    http://feminist—original.blogspot.com/2019/03/about—chinese—translation—of—
    radical.html。另见顾燕翎主编，《女性主义理论与流派》（台北:女书文化，1996年）；
    顾燕翎主编，《女性主义理论与流变》（台北：女书文化，2020年）。

27 除了政治、社会与经济等的情势，导致女性无法掌握自身解放的发展方向外，笔
    者认为也许可从中国人出于对群己分界的思索而产生的"重群体，轻个人"思想，
    以及中国人在建立民族国家过程中的"重义务，轻权利"倾向，来解释女性始终

难以掌握自身出走或回家的主导权之因。

28 鲁迅，《娜拉走后怎样》，《鲁迅全集》第 1 卷，页 163。

29 较著名者，如黄心勉、黄碧遥、杜君慧、沈兹九、陈学昭、杨之华、谈社英、于立忱、王孝英、庐隐、罗琼、白薇等。

30 当时女性论者发表意见的园地，包括《妇女共鸣》《妇女生活》《女声》《女青年》月刊等女性刊物，以及《国闻周报》《独立评论》《东方杂志》等重要的时论刊物。

31 刘臻，《话剧〈玩偶之家〉再登国家大剧院，延续任鸣导演对现实的思考》，搜狐网，2023 年 1 月 30 日，撷取日期：2023 年 7 月 18 日，https://www.sohu.com/a/635505214_114988。

32 生活中心采访报导，《歌剧院初夏节目展现多元能量 4 档展演含音乐演奏及表演》，Yahoo! 新闻，2023 年 4 月 14 日，撷取日期：2023 年 7 月 14 日，https://tw.news.yahoo.com/%E6%AD%8C%E5%8A%87%E9%99%A2%E5%88%9D%E5%A4%8F%E7%AF%80%E7%9B%AE%E5%B1%95%E7%8F%BE%E5%A4%9A%E5%85%83%E8%83%BD%E9%87%8F—4%E6%AA%94%E5%B1%95%E6%BC%94%E5%90%AB%E9%9F%B3%E6%A8%82%E6%BC%94%E5%A5%8F%E5%8F%8A%E8%A1%A8%E6%BC%94—103015493.html。

33 "A Doll's House," https://adollshousebroadway.com/. Also see Jesse Green, "Review: Jessica Chastain Plots an Escape From 'A Doll's House'," *New York Times*, accessed July 18, 2023, https://www.nytimes.com/2023/03/09/theater/a—dolls—house—review—jessica—chastain.html.

34 "Jessica Chastain stars in A DOLL'S HOUSE on Broadway," YouTube, accessed July 26, 2023, https://www.youtube.com/watch?v=—HnGm7shIPM.

35 林培瑞，《中国现代女权运动——"从上往下"与"从下往上"》，《VOA 美国之音》，2023 年 2 月 7 日，撷取日期：2023 年 7 月 14 日，https://www.voacantonese.com/a/perry—link—on—chinese—women—movement—20230206/6950542.html。

36 贾素之的文章见：https://hk.news.yahoo.com/%E4%BD%9C%E7%88%B2-%E5%9C%8B%E5%AE%B6%E6%84%8F%E5%BF%97-%E7%9A%84%E5%85%A9%E7%A8%AE%E5%8F%AD%E5%A5%B3%E8%A7%80-%E5%85%B1%E9%9D%92%E5%9C%98%E4%B8%AD%E5%A4%AE%E7%8B%A0%E6%89%B9-%E6%A5%B5%E7%AB%AF%E5%A5%B3%E6%AC%8A-203200281.html (Yahoo! 新闻，2022 年 4 月 24 日，撷取日期：2024 年 1 月 19 日)。

37 蜀龙，《中国娜拉们往何处去》，《妇女共鸣》，卷 5 期 3（1936 年 3 月 20 日），页 25。

38 王青亦，《制造性别：现代中国的性别传播》（北京：社会科学文献出版社，2016 年），页 11。

39 易卜生著，罗家伦、胡适译，《娜拉》，《新青年》第 4 卷第 6 号，1918 年 6 月，页 569。

参考书目

中文部分

史料与史料集

中国国民党中央执行委员会秘书处编印，《宣言及重要决议案》，1941年。

中国国民党中央执行委员会编印，《中国国民党历次会议宣言及重要决议案汇编》第2册，1941年。

中华全国妇女联合会妇女运动历史研究室，《五四时期妇女问题文选》，北京：生活·读书·新知三联书店，1981年。

中华全国妇女联合会妇女运动历史研究室编，《中国近代妇女运动历史资料（1840—1918)》，北京：中国妇女出版社，1991年。

江苏省妇女联合会编，《妇女运动史资料1》，出版地与出版者不详，1983年。

李又宁、张玉法编，《近代中国女权运动史料：1842—1911》上、下册，台北：传记文学出版社，1975年。

广东妇女运动历史资料编纂委员会编，《广东妇女运动历史资料》第1册，广东省妇女联合会，1991年。

文集（包括全集、小说、书信集）

丁玲，《丁玲文集》第4卷，长沙：湖南人民出版社，1984年。

《中国新文学大系1927—1937》第15卷戏剧集，上海：上海文艺出版社，1985年。

中国社会科学院科研局编，《五四运动与中国文化建设——五四运动七十周年学术讨论会论文选》上册，北京：社会科学文献出版社，1989年。

易卜生，《易卜生文集》，北京：人民文学出版社，1995年。

易卜生著，沈子复译，《玩偶夫人》。上海：永祥印书馆，1948 年。

易卜生著，沈佩秋译，《娜拉》，上海：启明书局，1937 年。

易卜生著，胡适、罗家伦译，《娜拉》，上海：永华书局，1936 年。

易卜生著，翟一我译，《傀儡家庭（娜拉）》，上海世界出版社，1947 年。

金宏达、于青编，《张爱玲文集》第 4 卷，合肥：安徽文艺出版社，1992 年。

阿英，《阿英文集》，香港：生活．读书．新知三联书店，1979 年。

柳亚子，《磨剑室文录》，上海：上海人民出版社，1993 年。

秋瑾，《秋瑾先烈文集》，台北："中央"文物供应社，1982 年。

胡适，《胡适早年文存》，台北：远流出版公司，1995 年。

胡适，《胡适作品集》，台北：远流出版公司，1986 年。

胡适，《藏晖室札记》，上海：亚东图书馆，1939 年。

茅盾，《茅盾全集》，北京：人民文学出版社，1988 年。

梁启超，《梁启超文集》，台湾：中华书局，1960 年。

梁启超，《饮冰室文集》，台湾：中华书局，1960 年。

梁启超，《饮冰室文集类编》，台北：华正书局，1974 年。

郭沫若，《郭沫若全集》文学编第 19 卷，北京：人民文学出版社，1992 年。

潘颂德、王效祖编，《陆晶清诗文集》，成都：四川大学出版社，1997 年。

《鲁迅景宋通信集：〈两地书〉的原信》，长沙：湖南人民出版社，1984 年。

鲁迅，《鲁迅全集》，北京：人民文学出版社，1989 年。

《庐隐代表作》，北京：华夏出版社，1998 年。

庐隐，《庐隐短篇小说选》，上海：女子书店，1935 年。

专书

丁望，《江青简传》，香港：当代中国研究所，1967 年。

上海市妇女联合会，《上海妇女运动史（1919—1949）》，上海：上海人民出版社，1990 年。

山川菊荣，高希圣译，《妇女自觉史》，上海：泰东图书局，1930 年。

"中央"研究院中国文哲研究所筹备处编委会编，《民族国家论述：从晚清、五四到日据时代台湾新文学》，南港："中央"研究院中国文哲研究所筹备处，1995 年。

中共天津市委党史资料征集委员会与天津市妇女联合会编，《邓颖超与天津早期妇女运动》，北京：中国妇女出版社，1987 年。

中国人民政治协商会议全国委员会文史资料委员会编，《五四运动亲历记》，北京：中国文史出版社，1999 年。

中国文化建设协会编，《十年来的中国》2 册，上海：商务印书馆，1939 年，3 版。

中国社会科学院近代史研究所编，《五四运动回忆录》上下两册，北京：中国社会科学出版社，1979 年。

台湾"教育部"主编，《中华民国建国史》第三篇：统一与建设（二），台北："国立"编译馆，1989 年。

中华民国文艺史编纂委员会编，《中华民国文艺史》，台北：正中书局，1975。

王立新，《美国传教士与晚清中国现代化：近代基督新教传教士在华社会文化和教育活动研究》，天津：天津人民出版社，1997年。

王青亦，《制造性别：现代中国的性别传播》，北京：社会科学文献出版社，2016年。

王章陵，《中国大陆反共文艺思潮》，台北：黎明文化，1979年。

王礼锡、陆晶清编著，《中国社会史的论战一、二》，上海：上海书店，1990年。

王韬，《漫游随录·扶桑游记》，长沙：湖南人民出版社，1982年。

王跃，《变迁中的心态：五四时期社会心理变迁》，湖南：湖南教育出版社，2000年。

王跃、高力克编，《五四：文化的阐释与评价——西方学者论五四》，山西：山西人民出版社，1989年。

尹雪曼，《中国新文学史论》，台北："中央"文物供应社，1983年。

孔庆东，《1921：谁主沉浮》，济南：山东教育出版社，1998年。

皮以书，《中国妇女运动》，台北：妇联画刊社，1973年。

生田长江、本间久雄著，林本、毛咏棠、李宗武译，《社会改造之八大思想家》，上海：商务印书馆，1931年，7版。

史全生主编，《中华民国文化史》上册，长春：吉林文史出版社，1990年。

史华慈等著，《近代中国思想人物论：自由主义》，台北：时报文化，1980年。

史蒂文·卢克斯著，朱红文、孔德龙译，《个人主义：分析与批判》，北京：中国广播电视出版社，1993年。

白吉庵，《胡适传》，北京：人民出版社，1994年。

朱枕薪译，《俄罗斯之妇女》，上海：民智书局，1923年。

朱栋霖、丁帆、朱晓进编，《中国现代文学史：1917—1997》上册，北京：高等教育出版社，1999年。

朱维之，《中国文艺思潮史略》，上海：长风书店，1939年。

本间久雄著，姚伯麟译，《妇人问题十讲》，上海：学术研究会，1934年，3版。

吴二持，《胡适文化思想论析》，北京：东方出版社，1998年。

吴廷璆主编，《日本史》，天津：南开大学出版社，1994年。

吴雁南、冯祖贻、苏中立、郭汉民编，《中国近代社会思潮：1840—1949》第2卷，湖南：湖南教育出版社，1998年。

李小江，《妇女研究在中国》，郑州：河南人民出版社，1991年。

李小江编，《性别与中国》，北京：生活·读书·新知三联书店，1994年。

李今，《个人主义与五四新文学》，哈尔滨：北方文艺出版社，1992年。

李孝悌，《清末的下层社会启蒙运动：1901—1911》，南港："中央"研究院近代史研究所，1998年，再版。

李欧梵，《现代性的追求》，台北：麦田出版社，1996年。

李璜，《学钝室回忆》，台北：传记文学，1973年。

邱仁宗、金一虹、王延光编，《中国妇女和女性主义思想》，上海：中国社会科学出版社，1998年。

宋少鹏，《"西洋镜"里的中国与妇女：文明的性别标准和晚清女权论述》，北京：社会科学文献出版社，2016年。

宋炳辉，《茅盾：都市子夜的呼号》，上海：上海教育出版社，2000年。

丁守和主编，《辛亥革命时期期刊介绍》第4册，北京：人民出版社，1982年。

吕秀莲，《新女性主义》，台北：前卫出版社，1990年，4版。

吕美颐、郑永福，《中国妇女运动（1840—1921）》，河南：河南人民出版社，1990年。

吕理州，《明治维新：日本迈向现代化的历程》，台北：远流出版公司，1994年。

杜君慧，《妇女问题讲话》，重庆：新知书店，1945年，再版。

杜学元，《中国女子教育通史》，贵阳：贵州教育出版社，1996年。

余英时，《中国近代思想史上的胡适》，台北：联经出版公司，1984年。

汪荣祖编，《五四研究论文集》，台北：联经出版公司，1979年。

沈卫威，《文化·心态·人格——认识胡适》，开封：河南大学出版社，1991年。

东方杂志社编，《家庭与婚姻》，上海：商务印书馆，1923年。

抱扑，《赤俄游记》，上海：北新书局，1927年再版。

金天翮，《女界钟》，上海：爱国女校，1903年。

金仲华，《妇女问题》，上海：商务印书馆，1933年。

金仲华，《妇女问题的各方面》，上海：开明书店，1934年。

长谷氏著，上海进步书局编，《现代之女子》，上海：进步书局，1932年，5版。

吕芳上，《革命之再起：中国国民党改组前对新思潮的响应（1914—1924）》，南港："中央"研究院近代史研究所，1989年。

吕云章，《妇女问题论文集》，上海：女子书店，1933年。

林郁沁著，陈湘静译，《施剑翘复仇案：民国时期公众同情的兴起与影响》，南京：江苏人民出版社，2011年。

林毓生等著，《五四：多元的反思》，香港：三联书店，1989年。

林毓生著，穆善培译，《中国意识的危机：五四时期激烈的反传统主义》，贵阳：贵州人民出版社，1988年。

林贤治，《娜拉：出走或归来》，天津：百花文艺出版社，1999年。

周谷城，《中国社会之变化》，上海：上海书店，1989年。

周昌龙，《新思潮与传统：五四思想史论集》，台北：时报文化，1995年。

周芳芸，《中国现代文学悲剧女性形象研究》，成都：天地出版社，1999年。

周策纵等著，《五四与中国》，台北：时报文化，1982年，6版。

周质平，《胡适与韦莲司：深情五十年》，北京：北京大学出版社，1998年。

尚明轩，《何香凝传》，北京：北京出版社，1994年。

青长蓉等编著，《中国妇女运动史》，成都：四川大学出版社，1989年。

阿英，《晚清小说史》，上海：商务印书馆，1937年。

孟悦、戴锦华，《浮出历史地表：中国现代女性文学研究》，台北：时报文化，1993年。

季家珍著，杨可译，《历史宝筏：过去、西方与中国妇女问题》，南京：江苏人民出版社，2011年。

近藤荣藏著，何盈译，《新俄的妇女》，上海：芳草书店，1929 年。

茅仲复编著，《中国社会五大问题》，出版地不详，1930 年。

茅盾，《茅盾论中国现代作家作品》，北京：北京大学出版社，1980 年。

范泉主编，《中国现代文学社团流派辞典》上海：上海书店，1993 年。

柯仑泰著，李文泉译，《新妇女生活讲话》，上海：光明书局，1938 年，再版。

柯惠铃，《她来了：后五四新文化女权观，激越时代的妇女与革命，1920—1930》，新北市：
台湾商务印书馆，2018 年。

柯惠铃，《近代中国革命运动中的妇女（1900—1920）》，太原：山西教育出版社，2012 年。

洪瑞钊，《革命与恋爱》，上海：民智书局，1928 年。

胡适、蒋廷黻等著，《民主与独裁论战》，台北：龙田出版社，1981 年。

胡适口述，唐德刚译注，《胡适口述自传》，台北：传记文学出版社，1983 年，再版。

胡晓，《胡适思想与现代中国》，合肥：安徽人民出版社，1993 年。

高大伦、范勇编译，《中国女性史（1851—1958）》，成都：四川大学出版社，1987 年。

高彦颐著，苗延威译，《缠足："金莲崇拜"盛极而衰的演变》，台北：左岸文化，2007 年。

陈三井主编，《近代中国妇女运动史》，台北：近代中国出版社，2000 年。

陈水逢编著，《日本文明开化史略》，台北：台湾商务印书馆，1993 年。

陈姃湲，《从东亚看近代中国妇女教育：知识分子对"贤妻良母"的改造》，板桥：稻
乡出版社，2005 年。

陈漱渝，《五四文坛鳞爪》，北京：中国文史出版社，1998 年。

陈碧月，《大陆女性婚恋小说：五四时期与新时期的女性意识书写》，台北：秀威，2002 年。

陈碧云，《妇女问题论文集》，上海：中华基督教女青年会全国协会，1935 年。

陈碧云编，《现代妇女丛谈》，上海：亚东图书，1938 年，再版。

陈学昭，《寸草心》，上海：新月书店，1927 年。

陈学昭，《时代妇女》，上海：女子书店，1932 年。

陈衡哲，《新生活与妇女解放》，南京：正中书局，1934 年。

H. Harmsen 著，袁文彬译，《苏俄妇女与儿童》，上海：中华书局，1934 年。

袁振英，《易卜生传》，香港：受匡出版部，1928 年。

徐天啸，《神州女子新史》，台北：稻乡出版社，1993 年。

徐宗泽，《妇女问题》，上海：圣教杂志社，1930 年。

孙石月，《中国近代女子留学史》，北京：中国和平出版社，1995 年。

孙侠夫，《叛逆》，上海：新宇宙书店，1928 年。

孙郁，《20 世纪中国最忧患的灵魂》，北京：群言出版社，1993 年。

孙陵，《我熟识的三十年代作家》，台北：成文出版社，1980 年。

茹逦焘，《中国妇女经济问题》，出版地不详：1929 年。

唐欣玉，《被建构的西方女杰：〈世界十女杰〉在晚清》，成都：四川大学出版社，2013 年。

唐英绢、刘士璋、安山编，《宋庆龄与何香凝》，北京：中国和平出版社，1992 年。

马芳若编，《中国文化建设讨论集》，上海：上海书店，1989 年。

郭松义，《伦理与生活——清代的婚姻关系》，北京：商务印书馆，2000 年。

郭箴一，《中国妇女问题》，上海：商务印书馆，1935 年。

夏晓虹，《晚清女子国民常识的建构》，北京：北京大学出版社，2016 年。

夏晓虹，《晚清女性与近代中国》，北京：北京大学出版社，2004 年。

曹大为，《中国古代女子教育》，北京：北京师范大学出版社，1996 年。

曹禺，《曹禺自传》，江苏：江苏文艺出版社，1996 年。

张玉法，《中国现代史》，台北：东华书局，1991 年，9 版。

张玉法、李又宁编，《中国妇女史论文集》第 1 辑，台北：台湾商务印书馆，1992 年。

张玉法、李又宁编，《中国妇女史论文集》第 2 辑，台北：台湾商务印书馆，1992 年。

张玉法编，《晚清革命文学》，台北：经世书局，1981 年。

张邦梅著，谭家瑜译，《小脚与西服：张幼仪与徐志摩的家变》，台北：智库，1999 年。

张佩芬女士编译，《现代思潮与妇女问题》，上海：泰东图书局，1928 年。

张春田，《思想史视野中的"娜拉"五四前后的女性解放话语》，台北：新锐文创，
  2013 年。

张倩仪，《另一种童年的告别》，台北：台湾商务印书馆，1997 年。

张树栋、李秀领，《中国婚姻家庭的嬗变》，台北：南天书局，1996 年。

张静如、刘志强主编，《北洋军阀统治时期中国社会之变迁》，北京：中国人民大学出版社，
  1992 年。

张宝明，《启蒙与革命——"五四"激进派的两难》，上海：学林出版社，1998 年。

康克清，《康克清回忆录》，北京：解放军出版社，1993 年。

盛英主编，《二十世纪中国女性文学史》天津：人民出版社，1995 年。

梁启超，《新民说》，郑州：中州古籍出版社，1998 年。

麦惠庭，《中国家庭改造问题》，上海：上海书店，1990 年。

麦发颖编，《全盘西化言论三集》，广州：岭南大学学生自治会，1935 年。

单士厘，《癸卯旅行记》，长沙：湖南人民出版社，1981 年。

乔以钢，《低吟高歌：20 世纪中国女性文学论》，天津：南开大学出版社，1998 年。

黄克武，《一个被放弃的选择：梁启超调适思想之研究》，南港："中央"研究院近代史
  研究所，1994 年。

黄克武、张哲嘉主编，《公与私：近代中国个体与群体之重建》，南港："中央"研究院
  近代史研究所，2000 年。

黄寄萍，《新女性讲话》，上海：联华出版社，1937 年。

黄维钧，《阮玲玉传》，长春：北方妇女儿童出版社，1988 年。

彭明，《五四运动史》，北京：人民出版社，1998 年。

彭明主编，《近代中国的思想历程（1840—1949）》，北京：中国人民大学出版社，1999 年。

彭慧，《民族抗战与妇女的任务》，汉口：汉口大众出版社，1938 年。

超构，《延安的新女性》，收入《延安的女性》，中西图书社，1946 年。

傅岩，《妇女的新生活》，南京：正中书局，1935 年。

汤清，《中国基督教百年史》，香港：道声出版社，1987 年。

冯启宏，《法西斯主义与三〇年代中国政治》，台北："国立"政治大学历史学系，1998 年。

费丝言，《由典范到规范：从明代贞节烈女的辨识与流传看贞节观念的严格化》，台北：台大文史丛刊，1998年。

J. Smith 著，菜咏裳、董绍明译，《苏俄的妇女》，上海：中华书局，1930年。

邹恺，《现代妇女问题》，上海：大东书局，1933年。

程谪凡，《中国现代女子教育史》，上海：中华书局，1936年。

须藤瑞代原著，姚毅译，《中国"女权"概念的变迁：清末民初的人权和社会性别》，北京：社会科学文献，2010年。

叶文心等著，《上海百年风华》，台北：跃升文化，2001年。

叶渭源、唐月梅，《20世纪日本文学史》，青岛：青岛出版社，1999年。

杨之华，《文坛史料》，上海：中华日报社，1944年，3版。

杨念群，《五四的另一面："社会"观念的形成与新型组织的诞生》，上海：上海人民出版社，2019年。

杨义，《中国历朝小说与文化》，台北：业强出版社，1993年。

杨绩荪，《中国妇女活动记》，台北：正中书局，1964年。

《新生活运动言论集》，中国国民党中央执行委员会宣传委员会，1935年。

新生活运动促进总会编，《民国二十三年新生活运动总报告》，台北：文海出版社，1989年。

新生活运动促进总会编，《民国二十四年全国新生活运动（上）》，台北：文海出版社，1989年。

董竹君，《我的一个世纪》，北京：生活·读书·新知三联书店，1997年。

Hilary Newitt 原著，董琼南译，《大时代的妇女》，上海：黎明书局，1938年。

雷良波、陈阳风、熊贤军著，《中国女子教育史》，武汉：武汉出版社，1993年。

爱伦·凯著，朱舜琴译，《恋爱与结婚》，上海：光明书局，1933年，7版。

贾新民主编，《20世纪中国大事年表》，北京：中国人民大学出版社，1992年。

褚德新、梁德主编，《中外约章汇要1689—1949》，哈尔滨：黑龙江人民出版社，1991年。

熊月之，《中国近代民主思想史》，上海：上海人民出版社，1987年。

熊权，《"革命加恋爱"现象与左翼文学思潮研究》，北京：人民出版社，2013年。

舒衡哲著，李国英等译，《中国的启蒙运动：知识分子与五四运动》，太原：山西人民出版社，1989年。

赵清、郑城编，《吴虞集》，成都：四川人民出版社，1985年。

赵凤喈，《中国妇女在法律上之地位》，台北：稻乡出版社，1993年。

郑观应，《盛世危言》，台北：学术出版社，1965年。

刘人鹏，《近代中国女权论述：国族、翻译与性别政治》，台北：学生书局，2000年。

刘大杰，《易卜生》，上海：商务印书馆，1935年，国难后第1版。

刘立善，《日本白桦派与中国作家》，沈阳：辽宁大学出版社，1995年。

刘志琴主编，《近代中国社会文化变迁录》第1卷，杭州：浙江人民出版社，1998年。

刘志琴主编，《近代中国社会文化变迁录》第3卷，杭州：浙江人民出版社，1998年。

刘思谦，《"娜拉"言说：中国现代女作家心路纪程》，上海：上海文艺出版社，1993年。

刘崇棱，《日本文学概论》，台北：水牛图书，1994年。

R·特里尔著，刘路新译，《江青全传》，河北：河北人民出版社，1995 年。

刘宁元主编，《中国女性史类编》，北京：北京师范大学出版社，1999 年。

潘光旦，《中国之家庭问题》，上海：商务印书馆，1934 年。

谈社英编著，《中国妇女运动通史》，南京：妇女共鸣社，1936 年。

樊英，《苏联妇女的生活》，上海：申报文库，1933 年。

蒋俊、李兴芝，《中国近代的无政府主义思潮》，济南：山东人民出版社，1990 年。

欧阳予倩，《自我演戏以来》，上海：神州国光社，1939 年。

欧阳卫民，《中国消费经济思想史》，北京：中共中央党校出版社，1994 年。

鲁妇编著，《妇女问题新讲》，香港：新民主出版社，1949 年。

谊农编，《苏联的妇女》，上海：世界书局，1938 年。

阎纯德编，《20 世纪中国著名女作家传》（上卷），北京：中国文联出版公司，1995 年。

鲍家麟编著，《中国妇女史论集》，台北：稻乡出版社，1992 年，再版。

鲍家麟编著，《中国妇女史论集续集》，台北：稻乡出版社，1991 年。

霍尔著，蒲耀琼译，《苏俄妇女》，上海：商务印书馆，1938 年再版。

钱啸秋，《苏联的新妇女》，上海：良友图书，1932 年。

卢燕贞，《中国近代女子教育史》，台北：文史哲出版社，1989 年。

萧继宗编，《新生活运动史料》，《革命文献》第 68 辑，台北："中央"文物供应社，1975 年。

薛光前编，《艰苦建国的十年》台湾：正中书局，1971 年。

谢冰莹，《女兵自传》，台北：东大图书，1985 年，再版。

谢冰莹等著，《女作家自传选集》，耕耘出版社，194?。

谢烈布尔尼柯夫著，庵青译，《苏联妇女的地位》，上海：生活书店，1938 年。

谦弟，《妇女与社会》，上海：光明书局，1929 年。

戴绪恭，《向警予传》，北京：人民出版社，1981 年。

罗家伦等著，《名家写名家》，台北：牧村图书，2001 年。

罗敦伟，《中国之婚姻问题》，上海：大东书局，1931 年。

罗敦伟、易家钺，《中国家庭问题》，台北：水牛出版社，1972 年，再版。

罗琼，《妇女解放问题基本知识》，北京：人民出版社，1986 年。

罗苏文，《女性与近代中国社会》，上海：人民出版社，1996 年。

严昌洪，《中国近代社会风俗史》，台北：南天书局，1998 年。

顾绥人编著，（张鸿飞插图）《女性群象插画本》，上海：千秋出版社，1937 年。

顾燕翎主编，《女性主义理论与流派》，台北：女书文化，1996 年。

顾燕翎主编，《女性主义理论与流变》，台北：猫头鹰出版社，2020 年。

报纸

《力报》，桂林，1944 年。

《大公报》，天津，1914—1934 年。

《大公报》，长沙，1919—1920 年。

《大晚报》，上海，1935 年。
《大锡报》，无锡，1946 年。
《上海商报》，上海，1935 年。
《中央日报》，南京，1935—1936 年。
《中华日报》，上海，1934—1935 年。
《民国日报》，上海，1928 年。
《民国日报》，江西，1934—1935 年。
《民国日报》，广州，1926 年。
《民报》，上海，1934—1935 年。
《北京日报》，北京，1935 年。
《申报》，上海，1912—1936 年。
《世界日报》，北平，1932—1936 年。
《京报》，北京，1925 年。
《社会日报》，上海，1935 年。
《青岛时报》，青岛，1935 年。
《政府公报》，1913 年。
《前线日报》，屯溪，1942 年。
《时事新报》，上海，1932—1935 年。
《时报》，上海，1918，1935 年。
《益世报》，天津，1928，1935，1949 年。
《妇女日报》，天津，1924 年。
《晨报》，上海，1935 年。
《晨报》，北平，1922，1935 年。
《庸报》，天津，1935 年。
《国民公报》，重庆，1935 年。
《新民报》，南京，1934—1935 年。
《新闻报》，上海，1935 年。
《华北日报》，北平，1935 年。
《联合报》，台北，2000 年。
《联合晚报》，上海，1935 年。

期刊

《小说月报》，1920 年。
《女子月刊》，1933—1936 年。
《女子世界》，1904—1907 年。
《女子白话旬报》，1912 年。
《女青年》，1930，1935—1936 年。

《女青年月刊》，1935—1936 年。

《女师学院季刊》，1935 年。

《女报》，1909 年。

《女铎》，1931—1936 年。

《女声》，1933，1935 年。

《上海工部局女子中学丁丑年刊》，1937 年。

《今代妇女》，1931 年。

《少年中国》，1919 年。

《少年世界》，1920 年。

《文化建设》，1935 年。

《文学》，1936 年。

《文学周报》，1925 年。

《中国社会》，1935 年。

《中国新女界杂志》，1907 年。

《中国艺坛画报》，1939 年。

《中华妇女界》，1915—1916 年。

《中华妇女节制协会年刊》，1935 年。

《中华图画杂志》，1934 年。

《天义报》，1907 年。

《平凡》，1934 年。

《甲寅》，1915 年。

《民国日报·妇女评论》，1921 年。

《北平妇女》，1933 年。

《北平新报》，1936—1937 年。

《共进》半月刊，1922—1925，1933 年。

《光华附中半月刊》，1935 年。

《良友画报》，1933—1934 年。

《东方杂志》，1906，1916，1924，1934—1937 年。

《青年妇女》，1928 年。

《青年杂志》，1915 年。

《金钢钻》，1935 年。

《神州女报》，1912—1913 年。

《星期评论》，1919—1920 年。

《俳优杂志》，1914 年。

《浙江青年》，1934 年。

《现代妇女》，1944 年。

《晨报副刊》，1922—1924 年。

《国闻周报》，1930—1932，1934—1935 年。

《时代学生》，1946 年。

《时事新报·学灯》，1934 年。

《新女性》，1926，1928 年。

《新月》，1928，1932 年。

《新生》，1934 年。

《新生周刊》，1934 年。

《新世纪》，1907 年。

《新社会》，1919 年。

《新青年》，1915—1919 年。

《新妇女》，1920 年。

《新闻报本埠附刊》，1935 年。

《新潮》，1919 年。

《解放画报》，1921 年。

《妇女文化》，1936 年。

《妇女月报》，1935—1937 年。

《妇女之声》，1926 年。

《妇女生活》，1935—1936 年。

《妇女共鸣》，1929—1936 年。

《妇女旬刊》，1925，1928，1935 年。

《妇女时报》，1914 年。

《妇女周报》，1925 年。

《妇女周刊》，1925 年。

《妇女周报》，1924，1937 年。

《妇女杂志》，1915—1924，1926，1929 年。

《电通半月画报》，1935 年。

《福尔摩斯》，1935 年。

《剧周刊》，1935 年。

《戏剧杂志》，1939 年。

《独立评论》，1932，1934—1935 年。

《蔷薇》，1927 年。

《艺术画报》，1935 年。

《觉悟》，1919 年。

文章

丁尔纲，《新民主主义文化革命大潮中茅盾妇女观的形成与发展》，收入中国茅盾文学研究会编，《茅盾与二十世纪》，北京：华夏出版社，1997 年。

王世林，《娜拉走后怎样？》，《四川三峡学院学报》，第 16 卷第 1 期（2000 年第 1 期），页 27—29。

王立明，《郭沫若与外国文学》，《沈阳师范学院学报》(社会科学版)，第 23 卷第 5 期 (1999 年)，页 16—20。

王素霞，《论五四先驱文化人格的现代性》，《山东师范大学学报》(社会科学版)，2000 年第 2 期，页 27—33。

王确，《儒文化与中国现代文学的精神走向》，《东北师范大学学报》(哲学社会科学版)，2000 年第 1 期，页 47—51。

王萍涛、刘家思，《与旧式婚姻告别的宣言——〈伤逝〉主题新论》，《安庆师范学院学报》(社会科学版)，第 17 卷第 4 期 (1998 年 10 月)，页 94—99。

王爱松，《"十字街头"的徘徊与抉择——1927 年～1937 年知识分子题材小说综论》，《社会科学研究》，2000 年第 2 期，页 127—133。

王颖，《胡适"健全的个人主义"在五四时期的积极影响》，《理论探讨》，2000 年第 3 期，页 35—37。

丹尼尔·哈康逊、伊莉莎白·爱德著，王忠祥译，《易卜生在挪威和中国》，收入《易卜生文集》第 8 卷，北京：人民文学出版社，1995 年。

巴金，《家》，收入李今编选，《中国现代文学百家：巴金》上卷，北京：华夏出版社，1997 年。

史云波、董德福，《梁启超：五四新文化运动的先驱》，《中州学刊》，总第 109 期 (1999 年 1 月)，页 124—130。

江勇振，《男性与自我的扮相：胡适的爱情、躯体、与隐私观》，收入熊秉真主编，《欲掩弥彰——中国历史文化中的"私"与"情"·公义篇》，台北：汉学研究中心，2003 年。

李玉花，《从娜拉到圣女贞德——试论现代欧洲戏剧中的新女性形象》，《南京师范大学学报》(社会科学版)，1996 年第 3 期，页 83—89。

李光荣，《从婚恋作品看中国妇女解放的艰难历程》，《云南学术探索》，1997 年第 6 期，页 68—72。

李克强，《〈玲珑〉杂志建构的摩登女性形象》，《二十一世纪》第 60 期 (2000 年 8 月)，页 92—98。

李纯仁，《中国女子教育之史底考察》，《江苏教育》第 3 卷第 4 期，1934 年 4 月，收入中国国民党党史史料编纂委员会主编，《革命文献》第 55 辑《抗战前教育政策与改革》，台北："中央"文物供应社，1971 年。

李奭学，《萧乾论易卜生在中国》，《当代》第 15 期 (1987 年 7 月 1 日)，页 102—107。

余我，《近代剧的开创者易卜生》，《自由青年》，第 47 卷第 2 期 (1972 年 2 月 1 日)，页 54—59。

余英时，《中国近代思想史上的激进与保守》，收入许纪霖编，《二十世纪中国思想史论 (上)》，上海：东方出版中心，2000 年。

余英时，《中国近代个人观的改变》，收入余英时，《中国文化与现代变迁》，台北：三民书局，1992 年。

吕芳上，《抗战时期的女权论辩》，《近代中国妇女史研究》，第 2 期（1994 年 6 月），页 81—115。

吕芳上，《革命与恋爱：一九二〇年代中国知识分子的情爱难局》，"近代中国的妇女、国家与社会（1600—1950）"会议论文，2001 年 8 月 23—25 日。

吕芳上，《娜拉出走以后——五四到北伐青年妇女的活动》，《近代中国》，第 29 期（1992 年 12 月 1 日），页 103—128。

吕实强，《胡适对学生运动的态度》，收入周策纵等著，《胡适与近代中国》，台北：时报文化，1991 年。

沈松侨，《一代宗师的塑造——胡适与民初的文化、社会》，收入周策纵等著，《胡适与近代中国》，台北：时报文化，1991 年。

谷茨，《向警予》，《中共党史人物传》第 6 卷，陕西：人民出版社，1982 年。

汪晖，《中国现代历史中的"五四"启蒙运动》，收入许纪霖编，《二十世纪中国思想史论（上）》，上海：东方出版中心，2000 年。

沈卫威，《五四知识分子思想——行为的逆差与冲突——以鲁迅、胡适、茅盾为例》，收入刘青峰编，《胡适与现代中国文化转型》，香港：香港中文大学，1994 年。

邵宁宁，《牢笼抑或舟船——20 世纪中国文学中"家"的形象演变》，《西北师范大学学报》（社会科学版），第 36 卷第 5 期（1999 年 9 月），页 23—27，103。

让·鲍德里亚著，蔡崇隆译，《消费社会与消费欲望》，《当代》，第 65 期（1991 年 9 月），页 48—71。

周作人，《日本的新村》，收入《周作人先生文集·艺术与生活》，台北：里仁书局，1982 年。

周明之，《五四时期思想文化的冲突——以胡适的婚姻为例》，收入汪荣祖主编，《五四研究论文集》，台北：联经出版公司，1987 年。

周慧玲，《"性感野猫"之革命造型：创作、营销、电影女演员与中国现代性的想象（1933—1935）》，《近代中国妇女史研究》，第 9 期（2001 年 8 月），页 57—120。

周慧玲，《女演员、写实主义、"新女性"论述——晚清到五四时期中国现代剧场中的性别表演》，《近代中国妇女史研究》，第 4 期（1996 年 8 月），页 87—133。

林松乐，《关于性别角色的几次争论》，收入李小江等编，《平等与发展》，北京：生活·读书·新知三联书店，1997 年。

林毓生，《鲁迅个人主义的性质与含意——兼论"国民性"问题》，《二十一世纪》，第 12 期（1992 年 8 月），页 83—91。

杭苏红，《"观念解放"还是"情感解放"？——民初湖南新女性"离家"的实践困境》，《妇女研究论丛》，2016 年第 1 期（2016 年 1 月），页 65—70，114。

姚玳玫，《冰心·丁玲·张爱玲——"五四"女性神话的终结》，《学术研究》，1997 年第 9 期，页 88—92。

胡勇，《三个不幸家庭的反抗女性——安娜、娜拉、繁漪比较谈》，《南昌教育学院学报》，1999 年第 3 期，页 41—45。

胡星亮，《论"五四"社会问题剧》，《南京大学学报》（哲学·人文·社会科学），1999 年第 4 期，页 88—92。

胡德才,《现代中西戏剧关系的第一块里程碑：胡适的〈终身大事〉和易卜生的〈玩偶之家〉》,《中国文化研究》,总第 13 期（1996 年秋）,页 121—126。

胡缨,《历史书写与西性形象的初立：从梁启超〈记江西康女士〉一文谈起》,《近代中国妇女史研究》,第 9 期（2001 年 8 月）,页 1—29。

查时杰,《一百七十年来的基督教》,收入林治平编,《基督教入华百七十年纪念集》,台北：宇宙光出版社,1994 年。

查尔斯·泰勒著,蔡佩君译,《现代性与公共领域的兴起》,收入廖炳惠主编,《回顾现代文化想象》,台北：时报文化,1995 年。

洪深,《导言》,《中国新文学大系·戏剧集》,上海：良友图书,1935 年。

俞庆棠,《三年来之中国女子教育》,《江苏教育》,第 4 卷第 1、2 期（1935 年 2 月）,收入中国国民党党史史料编纂委员会主编,《革命文献》第 55 辑《抗战前教育政策与改革》,台北："中央"文物供应社,1971 年。

高力克,《五四启蒙的两种模式——陈独秀与杜亚泉》,《二十一世纪评论》,第 113 期（2009 年 6 月）,页 18—28。

高郁雅,《从〈良友画报〉封面女郎看近代上海的"摩登狗儿"(Modern Girl)》,《国史馆馆刊》复刊第 26 期（1999 年 6 月）,页 57—96。

陆玉芹,《五四新文化运动与人的解放》,《盐城师范学院学报》（哲学社会科学版）,1999 年第 4 期,页 81—83。

陈匡时,《略论梁启超的〈新民说〉》,收入蔡尚思等著,《论清末民初中国社会》,上海：复旦大学出版社,1983 年。

陈素贞,《中国/台湾的娜拉哪里去？——从鲁迅"娜拉走后怎样"谈廖辉英的〈油麻菜籽〉,兼比较鲁迅〈祝福〉与〈伤逝〉笔下的女性困境》,《中国现代文学理论季刊》,第 15 期（1999 年 9 月）,页 345—360。

连玲玲,《"追求独立"或"崇尚摩登"？——近代上海女店职员的出现及其形象塑造》,《近代中国妇女史研究》,第 14 期（2006 年 12 月）,页 1—50。

夏茵英,《西方文学女性形象新解读》,《中山大学学报》（社会科学版）,第 39 卷第 5 期（1999 年 5 月）,页 29—35。

孙隆基,《"世纪末"的鲁迅》,《二十一世纪》,第 12 期（1992 年 8 月）,页 92—106。

唐宁丽,《试谈五四女性文学的双重文本》,《南京师范大学学报》（社会科学版）,1998 年第 4 期,页 87—92。

郭颖颐,《世纪末重看胡适对个人主义的见解》,收入刘青峰编,《胡适与现代中国文化转型》,香港：中文大学出版社,1994 年。

梁云,《女性解放道路上的求生情结——从子君、陈白露现象看女性解放价值观》,《社会科学辑刊》,1999 年第 3 期（总 122 期）,页 135—141。

许文甄,《辛亥革命时期女权运动的成就》,台湾师范大学《史学会刊》,第 38 期（1994 年 6 月）,页 41—51。

许淑捐,《中国的"娜拉"和挪威的"娜拉"——比较鲁迅和易卜生对妇女解放问题的探索》,《妇女研究论丛》,1994 年第 3 期,页 49—52。

许广平，《从女性的立场说"新女性"》，《许广平忆鲁迅》，广东：广东人民出版社，1979年。

许慧琦，《1920年代的恋爱与新性道德论述——从章锡琛参与的三次论战谈起》，《近代中国妇女史研究》，第16期（2008年12月），页29—92。

许慧琦，《训政时期的北平女招待（1928—1937）——关于都市消费与女性职业的探讨》，《中央研究院近代史研究所集刊》，第48期（2005年6月），页47—93。

许慧琦，《妇女参政与暴力迷思——从英国"妇女社会与政治联盟"的战斗行动谈起》，《新史学》，第9卷第1期（1998年3月），页85—151。

许慧琦，《爱伦凯在中国：文化转译与性别化论述》，《近代中国妇女史研究》，期37（2021年6月），页1—69。

许慧琦《〈妇女杂志〉所反映的自由离婚思想及其实践——从性别差异谈起》，《近代中国妇女史研究》，第12期（2004年12月），页69—114。

曹永洋，《近代西洋戏剧的建筑师——亨利克·易卜生》，《幼狮月刊》，第43卷第4期（1976年4月），页16—21。

张光芒，《中国文化：是否需要"第四次觉醒"？——兼谈20世纪中国文学史的重建》，《文艺争鸣》，1999年第3期，页30—36。

张玲霞，《中国现代文学中的娜拉情结》，《中国研究月刊》1997年1月号。

张英进，《三部无声片中上海现代女性的构形》，收入汪晖、余国良编，《上海：城市、社会与文化》，香港：香港中文大学，1998年，页171—190。

张晓丽，《〈新青年〉的女权思想及其影响》，《史学月刊》，1998年第4期，页110—112。

张灏，《重访五四——论"五四"思想的两歧性》，收入许纪霖编，《二十世纪中国思想史论（上）》，上海：东方出版中心，2000年。

盛英，《略论陈衡哲的妇女观》，《妇女研究论丛》，2000年第1期，页35—37。

贲志浩，《发现与逃离："娜拉现象"之女性意识透析》，《浙江师范大学学报》（社会科学版），第25卷第3期（2000年），页18—21。

费振刚，《中国现代新文学与近代文化——鲁迅、郭沫若同日本文化的交融与差异》，收入林玉、严绍璗编，《传统文化与中日两国社会经济发展》，北京：北京大学出版社，2000年。

邹婧婧，《五四时期"娜拉"出走后的时代反思》，《内江师范学院学报》，卷30期11（2015年），页48—54。

黄慧，《成功冲出家庭禁锢的玩偶——探析〈玩偶之家〉中的娜拉出走以后》，《阴山学刊》，第28卷第2期（2015年4月），页47—50。

黄继持，《导言：鲁迅的行程》，收入黄继持编，《鲁迅著作选》，台北：台湾商务印书馆，1998年。

游鉴明，《近代华东地区的女球员（1927—1937）：以报刊杂志为主的讨论》，《中央研究院近代史研究所集刊》，第32期，1999年12月，页57—122。

《新生活运动沿革》，《新运十四周年纪念特辑》，台湾：新生活运动促进会，1948年2月。

杨玉峰，《一九四九年以前易卜生的译介在中国》，《东方文化》，第20卷第1期（1982年），页 55—66。

杨新刚，《鲁迅、胡适与茅盾对〈玩偶之家〉解读之比较——兼及三人"五四"时期女性解放思想》，《鲁迅研究月刊》，2012 年 4 期，页 41—49。

杨广宇，《平凡的题材 深刻的意蕴——〈玩偶之家〉的社会批判意识》，《安徽师范大学学报》（哲学社会科学版），第 26 卷第 1 期（1998 年 1 月），页 100—104。

杨联芬，《个人主义与性别权力——胡适、鲁迅与五四女性解放叙述的两个维度》，《中山大学学报（社会科学版）》，第 49 卷第 4 期（2009 年），页 40—46。

杨联芬，《晚清女权话语与民族主义》，《励耕学刊》，2007 年第 1 期，页 175—192。

郑虹，《无法拯救的困境——由〈伤逝〉引出的思考》，《深圳大学学报》（人文社会科学版），第 16 卷第 4 期（1999 年 11 月），页 80—86。

刘光宇、冬玲，《女性角色演变与中国妇女解放——中国现代女性文学的文化透视》，《山东师范大学学报》（社会科学版），2000 年第 2 期，页 10—14。

刘再复，《百年来中国三大意识的觉醒及今日的课题》，《历史月刊》，第 110 期（1997 年 3 月），页 78—89。

刘红，《孙中山与中国近代女权运动》，收入《第二届孙中山与现代中国学术研讨会论文集》，台北："国立"国父纪念馆，1999 年。

刘慧英，《"妇女主义"：五四时代的产物——五四时期章锡琛主持的〈妇女杂志〉》，《南开学报》（哲学社会科学版），第 6 期（2007 年 11 月），页 1—8。

静之，《中国女子教育的危机》，《江苏教育》第 3 卷第 4 期，1934 年 4 月，收入中国国民党党史史料编纂委员会主编，《革命文献》第 55 辑《抗战前教育政策与改革》，台北："中央"文物供应社，1971 年。

卢文婷，《〈巴黎茶花女遗事〉的翻译与传播策略——兼谈"五四"爱情浪漫主义话语建构》，《中国现代文学论丛》，2021 年第 1 期（2021 年 7 月），页 172—182。

赖惠敏，《妇女、家庭与社会：雍乾时期拐逃案的分析》，《近代中国妇女史研究》，第 8 期（2000 年 6 月），页 1—40。

谢晓霞，《浅谈"五四"文学中的个性主义》，《西安联合大学学报》，第 2 卷第 1 期，（1999 年 1 月），页 61—64。

谭力，《论白薇及其作品的女性解放意识》，《社会科学》，1999 年第 6 期，页 75—78。

严昌洪，《五四运动与社会风俗变迁》，收入《五四运动八十周年学术研讨会论文集》，台北："国立"政治大学文学院，1999 年。

苏琼，《异性书写的历史——〈潘金莲〉：从欧阳予倩到魏明伦》，《江苏社会科学》，2000 年第 3 期，页 181—186。

博硕士论文

安珍荣，《中华基督教女青年会研究》，台湾师范大学历史所硕士论文，2001 年 6 月。

李圭嬉，《"五四"小说中所反映的女性意识》，中国文化大学中文所硕士论文，1995 年。

李美玲，《中国近代女子教育研究（1912—1949）》，台湾师范大学教育所硕士论文，

1998 年。

吴怡萍,《北伐前后妇女解放观的转变——以鲁迅、茅盾、丁玲小说为中心的探讨》,"国立"政治大学历史所硕士论文,1994 年。

蔡秀女,《易卜生主义与现代中国话剧运动 (1918—1928)》,中国文化大学艺术研究所戏剧组硕士论文,1986 年。

蔡祝青,《译本外的文本:清末民初中国阅读视域下的〈巴黎茶花女遗事〉》,辅仁大学比较文学研究所博士论文,2008 年。

蓝承菊,《五四新思潮冲击下的婚姻观 (1915—1923)》,"国立"台湾师范大学历史所硕士论文,1993 年。

英文部分

专书

Ackerman, Gretchen P. *Ibsen and the English Stage 1889-1903*. New York: Garland Publishing, Inc., 1987.

Altick, Richard D. *Victorian People and Ideas*. New York: W. W. Norton & Co., 1973.

Anthony, Katharine Susan, *Feminism in Germany and Scandinavia*. New York: Henry Holt and Company, 1915.

Barlow, Tani E. ed. *Gender Politics in Modern China: Writing and Feminism*. London: Duke University Press, 1993.

Bernstein, Gail Lee. *Recreating Japanese women, 1600-1945*. California: University of California, 1991.

Beyer, Edvard. *Ibsen: The Man and His Work*. New York: Taplinger Publishing Company, 1980.

Beyer, Edvard & Bradbrook, M. C. & Ewbank, Inga-Stina eds. *Contemporary Approaches to Ibsen*. Oslo: Universitetsforlaget, 1971.

Bong, Ng Chun & Tong, Cheuk Pak & Ying, Wong & Lo, Yvonne compiled. *Chinese Woman and Modernity: Calendar Posters of the 1910s-1930s*. Hong Kong: Joint Publishing Ltd., 1996.

Boulding, Kenneth E. *The Image*. New York: University of Michigan, 1956.

Brandes, George, *Henrik Ibsen, A Critical Study*. New York: Benjamin Blom, Inc., 1964.

Chang, Shuei-may. *Casting Off the Shackles of Family: Ibsen's Nora Figure in Modern Chinese Literature, 1918-1942*. New York: Peter Lang, 2004.

Chen, Mao. *Between Tradition and Change: The Hermeneutics of May Fourth Literature*. New York: University Press of America, Inc., 1997.

Clurman, Harold. *Ibsen*. London: the Macmillan Press Ltd, 1977.

Coole, Diana H. *Women in Political Theory: From Ancient Misogyny to Contemporary*

Feminism. New York: Harvester Wheatsheaf, 1993.

Cott, Nancy F. *The Grounding of Modern Feminism*. New Haven: Yale University Press, 1987.

Croll, Elisabeth J. *Feminism and Socialism in China*. London: Routledge & K. Paul, 1978.

Don, Stella. *Shanghai: The Rise and Fall of a Decadent City*. New York: HarperCollins, 2000.

Donaldson, Ian ed. *Transformations in Modern European Drama*. London: The Macmillan Press Ltd, 1983.

Durbach, Errol ed. *Ibsen and the theatre: the dramatist in production*. New York: New York University Press, 1980.

Durbach, Errol. *'Ibsen the Romantc' : Analogues of Paradise in the Later Plays*. London: the Macmillan Press Ltd, 1982.

Edwards, Louise. "Policing the Modern Woman in Republican China", in *Modern China*, Vol. 26, No. 2, April 2000, pp. 115-147.

Egan, Michael ed. *Ibsen: The Critical Heritage*. London: Routledge & Kegan Paul Ltd, 1972.

Eide, Elizabeth. *China's Ibsen: From Ibsen to Ibsenism*. London: Curzon Press, 1987.

Fitzgerald, John. *Awakening China: Politics, Culture, and Class in the Nationalist Revolution*. Stanford: Stanford University Press, 1996.

Ford, Linda G. *Iron-jawed Angels: The Suffrage Militancy of the National Woman's Party 1912-1920*. Maryland: University Press of America, Inc., 1991.

Foucault, Michel. *The History of Sexuality: Volume I: An Introduction*. Translated by Robert Hurley. New York: Random House, Inc., 1990.

Franc, Miriam Alice. *Ibsen is England*. Boston: The Four Seas Company, 1919.

Friedan, Betty. *Feminine Mystique,* New York: W. W. Norton, 1983.

Gardiner, Juliet ed. *The New Woman*. Collins & Brown, 1993.

Gardner, Vivien & Rutherford, Susan eds. *The New Woman and Her Sisters: feminism and theatre 1850-1914*. Ann Arbor: The University of Michigan Press, 1992.

Gilmartin, Christina Kelley. *Engendering the Chinese Revolution: Radical Women, Communist Politics, and Mass Movements in the 1920s*. Berkeley: University of California Press, 1995.

Grand, Alexander De. *Italian Fascism: Its Origins & Development*. London: University of Nebraska Press, 2000.

Gray, Ronald. *Ibsen – a Dissenting View: A Study of the Last Twelve Plays*. Cambridge: Cambridge University Press, 1977.

Grazia, Victoria de. *How Fascism Ruled Women: Italy, 1922-1945*. Berkeley: University of California Press, 1992.

Haugen, Einar. *Ibsen's Drama: Author to Audience*. Minneapolis: University of Minnesota Press, 1979.

He, Qiliang. *Feminism, Women's Agency, and Communication in Early Twentieth-Century*

China: The Case of the Huang-Lu Elopement. Cham, Switzerland: Palgrave Macmillan, 2018.

Hunter, Jane. *The Gospel of Gentility: American Women Missionaries in Turn-of-the-Century China.* New Haven: Yale University Press, 1984.

Johnston, Brian. *Text and Supertext in Ibsen's Drama.* London: The Pennsylvania State University Press, 1989.

Jorgenson, Theodore. *History of Norwegian Literature.* New York: Haskell House Publishers Ltd., 1970.

Kirkpatrick, Clifford. *Woman in Nazi Germany.* London: Jarrolds Publishers Ltd., 1939.

Ledger, Sally. *Henrik Ibsen.* London: Northcote House, 1999.

Ledger, Sally. *The New Woman: Fiction and Feminism at the Fin de Siècle,* Manchester: Manchester University Press, 1997.

Lee, Jennette, *The Ibsen Secret: A Key to the Prose Dramas of Henrik Ibsen.* London: G. P. Putnam's Sons, 1910.

Lee, Leo Ou-fan. *Shanghai Modern: The Flowering of a New Urban Culture in China, 1930-1945.* Massachusetts: Harvard University Press, 1999.

Mackie, Vera. *Creating Socialist Women in Japan: Gender, Labour and Activism, 1900-1937.* Cambridge: Cambridge University Press, 1997.

Marker, Frederick J. & Marker. Lise-Lone. *Ibsens' Lively art: a Performance Study of the Major Plays.* Cambridge: Cambridge University Press, 1989.

May, Keith M. *Ibsen and Shaw.* London: the Macmillan Press Ltd, 1985.

Mcfarlane, James ed. *The Cambridge Companion to Ibsen.* Cambridge: Cambridge University Press, 1994.

Mcmillan, James F. *Housewife or Harlot: The Place of Women in French Society 1870~1940.* The Harvester Press, 1981.

Miles, Steven. *Consumerism: as a Way of Life.* London: Sage Publications, 1998.

Morison, Mary trans. & ed. *The Correspondence of Henrik Ibsen.* New York: Haskell House Publishers Ltd, 1905.

Pollard, David ed. *Translation and Creation: Readings of Western Literature in Early Modern China, 1840-1918.* Amsterdam: John Benjamins Publishing Company, 1998.

Poovey, Mary. *The Proper Lady and the Woman Writer, Ideology as Style in the Works of Mary Wollstonecraft, Mary Shelley, and Jane Austen.* London: The University of Chicago Press Ltd., 1984.

Portlewait, Thomas ed. *William Archer on Ibsen: The Major Essays, 1889-1919.* England: Greenwood Press, 1984.

Rhodes, Norman. *Ibsen and the Greeks: The Classical Greek Dimension in Selected Works of Henrik Ibsen as Mediated by German and Scandinavian Culture.* London: Associated University Press, 1995.

Robinson, Michael ed. *Strindberg's Letters Vol. I 1862-1892*. Chicago: The University of Chicago Press, 1992.

Rupp, Leila J. *Mobilizing Women for War: German and American Propaganda, 1939-1945*. Princeton: Princeton University Press, 1978.

Schanke, Robert A. *Ibsen in America: a century of Change*. New York: The Scarecrow Press, Inc., 1988.

Shaw, George Bernard. *The Intelligent Woman's Guide to Socialism, Capitalism, Sovietism and Fascism*. London: Penguin Books Ltd., 1937.

Showalter, Elaine ed. *These Modern Women Autobiographical Essays from the Twenties*. New York: The Feminist Press, 1978.

Showalter, Elaine. *Sexual Anarchy: Gender and Culture At the fin de siècle*. New York: Viking, 1990.

Sim, Stuart ed. *The Lyotard Dictionary*. Edinburgh: Edinburgh University Press, 2011.

Smith, Harold L. ed. *British Feminism in the Twentieth Century*. London: Edward Elgar Publishing Ltd., 1990.

Strachan, Hew ed. *The Oxford Illustrated History of the First World War*. Oxford: Oxford University Press, 1998.

Tang, Siaobing. *Global Space and the Nationalist Discourse of Modernity: The Historical Thinking of Liang Qichao*. California: Stanford University Press, 1996.

Templeton, Joan. *Ibsens' Women*. Cambridge: Cambridge University Press, 1997.

Thébaud, Françoise ed. *A History of Women in the West, V. Toward a Cultural Identity in the Twentieth Century*. Cambridge: Belknap Press of Harvard University Press, 1994.

Törnqvist, Egil. *Transposing Drama: Studies in Representation*. London: Macmillan Education Ltd., 1991.

Törnqvist, Egil. *Ibsen: A Doll's House*. Cambridge: Cambridge University Press, 1995.

Wang, Zheng. *Women in the Chinese Enlightenment: Oral and Textual Histories*. Berkeley: University of California Press, 1999.

Ying, Hu. *Tales of Translation: Composing the New Woman in China, 1898-1918*. Stanford: Stanford University Press, 2000.

Yoshie, Okazki ed. *Japanese Literature in the Meiji Era*. Translated by V. H. Viglielmo. Tokyo: Ōbunsha,1955.

Zeineddine, Nada. *Because It Is My Name: Problems of Identity experienced by women, artists, and breadwinners in the plays of Henrik Ibsen, Tennessee Williams, and Arthur Miller*. Merlin Books Ltd., 1991.

文章

Chow, William C. L. "Chou Tso-jen and the New Village Movement",《汉学研究》, 第 10

卷第 1 期，1992 年 6 月，页 105—135。

Harris, Kristine. "The *New Woman* Incident: Cinema, Scandal, and Spectacle in 1935 Shanghai", in Sheldon Hsiao-peng Lu ed. *Transnational Chinese Cinemas: Identity, Nationhood, Gender*. Honolulu: University of Hawaii Press, 1997.

Schwarcz, Vera. "Ibsen's Nora: The Promise and the Trap", *Bulletin of Concerned Asian Scholars* 7, no. 1 (Jan-March 1975): 3-5.

博硕士论文

Chang, Shu-fen, "Ibsen on the Early Stage of Chinese Spoken Drama", "国立"成功大学外语学院硕士论文，1998 年.

Chang, Shuei-may. "Casting off the shackles of family: Ibsen's Nora character in modern Chinese literature, 1918-1942." PhD diss., University of Illinois at Urbana-Champaign, 1994.

Tam, Kwok-kan. "Ibsen in China: Reception and Influence." PhD diss., University of Illinois at Urbana-Champaign, 1984.

日文部分

专书

山川菊荣，《日本妇人运动小史》，东京：大和书房，1979 年。

岩桥邦枝，《愛と反逆——近代女性史を創った女たち》，东京：株式会社讲谈社，1984 年。

武田清子，《婦人解放の道標——日本思想史にみるその系譜》，东京：株式会社ドメス出版，1985 年。

胁田晴子、林玲子、永原和子编，《日本女性史》，东京：吉川弘文馆，平成 10 年。

高桥康雄，《斷髪する女たち——モダンガールの風景》，东京：教育出版株式会社，1999 年。

网站

中文网站

生活中心探访报道，《歌剧院初夏节目展现多元能量 4 挡展演含音乐演奏及表演》，Yahoo! 新闻，2023 年 4 月 14 日，https://tw.news.yahoo.com/%E6%AD%8C%E5%8A%87%E9%99%A2%2%E5%88%9D%E5%A4%8F%E7%AF%80%E7%9B%AE

%E5%B1%95%E7%8F%BE%E5%A4%9A%E5%85%83%E8%83%BD%E9%87%8F-
4%E6%AA%94%E5%B1%95%E6%BC%94%E5%90%AB%E9%9F%B3%E6%A8%8
2%E6%BC%94%E5%A5%8F%E5%8F%8A%E8%A1%A8%E6%BC%94-103015493.
html。

林培瑞,《中国现代女权运动——"从上往下"与"从下往上"》,《VOA 美国之音》,
2023 年 2 月 7 日, https://www.voacantonese.com/a/perry-link-on-chinese-women-
movement-20230206/6950542.html。

搜狐网,《永远不要低估一个女人的力量》, 2022 年 10 月 20 日, https://www.sohu.com/
a/594105402_121124744。

贾素之,《作为"国家意志"的两种厌女观:"极端女权"大战共青团中央揭示了什
么问题?》,《端传媒》, 2022 年 4 月 25 日, 撷取日期:2023 年 7 月 25 日, https://
theinitium.com/article/20220425-opinion-china-feminism-nationalism-incel/。

刘臻,《话剧〈玩偶之家〉再登国家大剧院, 延续任鸣导演对现实的思考》, 搜狐网,
2023 年 1 月 30 日, https://www.sohu.com/a/635505214_114988。

顾燕翎,《激进女性主义——不再基进 About the Chinese translation of radical feminism》,
女性主义起点站, 2019 年 3 月 9 日, http://feminist-original.blogspot.com/2019/03/
about-chinese-translation-of-radical.html。

英文网站

"A Doll's House." https://adollshousebroadway.com/.

Green, Jesse. "Review: Jessica Chastain Plots an Escape From 'A Doll's House'." New
York Times,https://www.nytimes.com/2023/03/09/theater/a-dolls-house-review-jessica-
chastain.html.

"Jessica Chastain stars in A DOLL'S HOUSE on Broadway." YouTube, https://www.
youtube.com/watch?v=-HnGm7shIPM.